21世纪经济管理精品教材·会计学系列

丛书主编：王立彦　于增彪　刘志远

International Accounting

国际会计学

郝振平　编著

清华大学出版社
北京

内 容 简 介

本书在参考国内外优秀国际会计学著作的基础上,构思了新的框架和内容,在继承前人已有传统积累的同时,吸收国际会计界近年来的研究成果,结合国际会计实务与国际财务报告准则方面的最新发展情况,讲解和探讨国际会计的基本理论和基本实务。全书共分十五章,分别讲解国际会计的基本概念、各国会计规则的形成和发展、会计准则的国际趋同、跨国公司涉及的主要财务会计问题和管理会计问题以及国际审计与会计监管。

本书的读者对象为会计学专业本科生和硕士研究生以及涉及国际会计问题的实务工作者。

本书封面贴有清华大学出版社防伪标签,无标签者不得销售。
版权所有,侵权必究。举报: 010-62782989,beiqinquan@tup.tsinghua.edu.cn。

图书在版编目(CIP)数据

国际会计学/郝振平编著. —北京:清华大学出版社,2014(2024.8重印)
(21世纪经济管理精品教材·会计学系列)
ISBN 978-7-302-37934-8

Ⅰ. ①国… Ⅱ. ①郝… Ⅲ. ①国际会计-高等学校-教材 Ⅳ. ①F811.2

中国版本图书馆 CIP 数据核字(2014)第 207794 号

责任编辑: 杜　星
封面设计: 汉风唐韵
责任校对: 宋玉莲
责任印制: 杨　艳

出版发行: 清华大学出版社
网　　址: https://www.tup.com.cn, https://www.wqxuetang.com
地　　址: 北京清华大学学研大厦 A 座　　　邮　编: 100084
社 总 机: 010-83470000　　　　　　　　　　邮　购: 010-62786544
投稿与读者服务: 010-62776969, c-service@tup.tsinghua.edu.cn
质量反馈: 010-62772015, zhiliang@tup.tsinghua.edu.cn
课件下载: https://www.tup.com.cn, 010-83470332

印 装 者: 三河市君旺印务有限公司
经　　销: 全国新华书店
开　　本: 185mm×260mm　　印　张: 17.75　　字　数: 404 千字
版　　次: 2014 年 10 月第 1 版　　　　　　印　次: 2024 年 8 月第 9 次印刷
定　　价: 45.00 元

产品编号: 046620-03

21世纪经济管理精品教材·会计学系列
编委会名单

丛书主编：王立彦　于增彪　刘志远

委　　员：（以姓氏拼音为序）

　　　　　陈关亭　陈武朝　郝振平　刘志远

　　　　　王立彦　谢德仁　于增彪　周晓苏

在中国会计日益向国际化方向发展和中国会计准则进一步与国际趋同之时,我国广大财会人员和从事国际投资与国际经营活动的管理人员需要对会计的国际状况有一个基本的认识,对会计准则国际趋同的形势有一个全面的了解,以提高跨国经营管理水平和涉外经济管理能力;同时对国际性会计问题也需要进行深层次的探讨和研究。经过十几年的引进和吸收,我国对有关国际会计方面的理论和实务已经有了比较成熟的理解和认识,需要进行总结和提高。编写本书旨在满足这些方面的需求,以助力我国社会主义市场经济的发展和国际会计研究水平的提高。

本书在参考国内外优秀国际会计学著作的基础上,构思了新的框架和内容,在继承前人已有传统积累的同时,吸收国际会计界近年来的研究成果,结合国际会计实务与国际财务报告准则方面的最新发展情况,讲解和探讨国际会计的基本理论和基本实务。

全书共分十五章,分别讲解国际会计的基本概念、各国会计规则的形成和发展、会计准则的国际趋同、跨国公司涉及的主要财务会计问题和管理会计问题以及国际审计与会计监管。

第一章为概论,从现代会计的国际发展出发,梳理现代会计发展脉络,探讨国际会计形成的经济背景,进而研究概括国际会计的基本概念。通过中国利用外资的历程和途径引出中国企业涉及的国际会计问题,然后介绍中国公司进入国际资本市场的实例。最后概述国际会计的主要内容。

第二章为会计模式的国际分类。首先讨论各国会计环境的差异,从国际会计的研究起点,说明分析各国会计环境特征及差异的意义,然后剖析会计环境差异的成因,包括法律因素、政治因素、经济因素、税收因素、文化因素、教育因素。在会计模式与会计实务的国际分类方面,介绍缪勒的开创性工作、五大会计模式和乔伊与米克的分类。

第三章为国际金融市场和信息披露要求。首先介绍金融市场的分类和主要经济功能、金融市场有效运行的条件;然后介绍世界金融市场的基本概念和世界主要资本市场。信息披露要求方面讨论国外市场的一般要求和世界上一些主要证券交易所的上市要求。

第四章为跨国公司及其国际会计问题。从跨国经营及跨国公司的发展中,说明跨国公司组织结构的基本类型和发展趋势。跨国公司相关的会计问题既包括财务会计问题,也包括管理会计问题,包括跨国公司全面计划的设计与组织及相应的计划体系模型,以及跨国公司遇到的财务会计问题。

第五章为各国会计规则的形成和发展。对会计规则形成和发展的理论进行分析。美国会计准则的发展具有示范作用,故首先介绍美国会计准则的制定与实施,然后介绍若干典型国家的会计准则,包括英国、法国和德国的会计准则。其他若干国家和地区的会计准则包括中国、日本、澳大利亚和加拿大以及欧洲若干国家和中、南美洲若干国家。

第六章为会计准则的国际趋同。首先讨论会计准则国际趋同的必要性与主要障碍;然后介绍政府间组织的协调活动与趋同努力,若干国际性利益集团的协调活动;最后重点介绍国际会计准则委员会及其国际财务报告准则。

第七章为国际财务报告。首先讨论国际财务报告的理论基础及其编报中面临的问题;然后介绍跨国公司回应国际需求的措施;接下来介绍国际会计准则委员会的财务报告概念框架;最后讨论国际财务报表分析问题。

第八章为价格变动与公允价值会计。首先讨论价格变动与公允价值会计的基本理论;然后介绍现行成本会计模式和一般购买力会计模式;最后讨论价格变动与公允价值会计若干问题。

第九章为外币业务会计与外币报表折算。首先介绍一些基本概念;然后分别讨论外币业务会计和外币报表折算。外币业务会计包括记录外币经济业务中的两种业务观、期汇交易的会计处理和衍生工具带来的会计问题。外币报表折算包括外币报表折算的意义与方法、折算损益的披露、折算方法的发展与应用趋势以及外币报表折算与通货膨胀调整。

第十章为国际审计与会计监管。首先介绍国际审计的基本概念,然后介绍国际会计师事务所的发展过程。在介绍各国审计准则的基础上概述国际审计准则的发展和内容,同时还说明了中国审计准则的发展状况。接下来讨论跨国公司审计实务以及跨国公司内部审计与审计委员会。最后讨论了会计监管问题,包括美国萨班思—奥克斯雷法案及监管新模式、若干国家的会计监管制度和会计监管机构国际性组织。

第十一章为跨国公司的内部控制与预算管理。首先是跨国经营活动的全球控制,然后是跨国公司的内部控制。国际经营活动中的预算管理包括战略在预算管理中的重要性、预算在国际经营活动中的意义和作用、配套管理信息系统的建立、影响预算的主要因素分析、可供选择的预算形式和方法等。

第十二章为外汇风险管理。首先讨论外汇风险管理的概念及汇率影响因素,然后介绍外汇风险的类别和计量。对外汇风险的控制分别从交易敞口控制、经济敞口控制和折算敞口控制进行阐述。最后探讨了中国企业外汇风险管理问题。

第十三章为国际转移价格。首先讨论国际转移价格的意义和目的,然后介绍国际转移价格的影响因素和定价方法。跨国公司转移价格定价策略包括低价销售、高价购买的策略和高价销售、低价购买的策略。最后介绍各国政府对跨国公司转移价格的监管情况。

第十四章为国际税务。首先介绍税收原则与税基和税负,然后说明三种不同的国际所得税税制,并讨论了中国企业海外投资的所得税影响。在国际税务筹划部分讨论了国际双重征税和税收管辖权、避免国际双重征税以及税收饶让和避税港等问题。

第十五章为跨国公司业绩评价。首先介绍跨国公司常用业绩评价指标,然后介绍跨国公司业绩评价实务。跨国公司业绩评价指标设置中的主要问题包括跨国公司组织结构的影响、跨国公司筹资安排的影响、产品特征对业绩评价指标的影响、通货膨胀的影响、货币汇率的影响、国家风险问题、是否将管理者的业绩与子公司业绩分离、是否将国外的子公司看作是利润中心、不可控因素对正确评价的影响以及关键业绩指标问题。

书中缺陷和不足在所难免,欢迎读者批评指正,并提出宝贵的意见和建议。

郝振平

2014 年 5 月 1 日

第一章 概论 … 1

第一节 现代会计的国际发展 … 1
一、现代会计的新纪元 … 1
二、现代会计国际发展脉络 … 2

第二节 国际会计的概念 … 5
一、国际会计形成的经济背景 … 5
二、国际会计的定义 … 6

第三节 中国企业涉及的国际会计问题 … 8
一、利用外资的历程和途径 … 8
二、中国公司进入国际资本市场的实例 … 9

第四节 国际会计的主要内容 … 10
一、国际会计的概念与各国会计环境的差异分析 … 10
二、国际金融市场和跨国公司 … 10
三、各国会计与国际会计 … 11
四、国际财务报告及其分析 … 11
五、价格变动与公允价值会计 … 11
六、外币业务会计与外币报表折算 … 11
七、国际审计与会计监管 … 12
八、跨国公司的内部控制、预算管理与外汇风险控制 … 12
九、跨国转移价格和国际税务 … 12
十、跨国公司业绩评价 … 12

复习思考题 … 13
本章参考文献 … 13

第二章 会计模式的国际分类 … 14

第一节 各国会计环境的差异 … 14
一、国际会计的研究起点 … 14
二、分析各国会计环境特征及差异的意义 … 14

第二节 会计环境差异成因剖析 ... 15
一、法律因素 ... 15
二、政治因素 ... 16
三、经济因素 ... 17
四、税收因素 ... 18
五、文化因素 ... 19
六、教育因素 ... 20

第三节 会计模式与会计实务的国际分类 ... 21
一、缪勒的开创性工作 ... 21
二、五大会计模式 ... 22
三、乔伊和米克的分类：公允反映对遵守法规 ... 24

复习思考题 ... 25
本章参考文献 ... 25

第三章 国际金融市场和信息披露要求 ... 26

第一节 金融市场及其有效运行 ... 26
一、金融市场的分类和主要经济功能 ... 26
二、金融市场的有效运行 ... 27

第二节 世界金融市场的一体化 ... 28
一、世界金融市场的基本概念 ... 28
二、在国外资本市场筹资的动机 ... 28
三、世界主要资本市场 ... 29

第三节 信息披露要求 ... 32
一、国外市场的一般要求 ... 32
二、证券交易所的上市要求 ... 33
三、成本效益分析 ... 35

复习思考题 ... 36
本章参考文献 ... 36

第四章 跨国公司及其国际会计问题 ... 37

第一节 跨国经营及跨国公司的发展 ... 37
一、跨国经营与直接投资 ... 37
二、跨国直接投资的原因分析 ... 39
三、跨国公司的发展 ... 40

第二节 跨国公司组织结构的基本类型和发展趋势 ... 42
一、跨国公司组织结构的影响因素 ... 42
二、跨国公司组织结构的若干类型 ... 43
三、跨国公司组织结构的发展趋势 ... 48

  第三节 跨国公司的会计问题 ……………………………………………… 50
    一、跨国公司的计划体系趋于全面计划管理 ……………………… 50
    二、全面计划的设计与组织 ………………………………………… 51
    三、计划体系模型 …………………………………………………… 51
    四、跨国公司遇到的国际会计问题 ………………………………… 52
  复习思考题 ……………………………………………………………… 55
  本章参考文献 …………………………………………………………… 55

第五章 各国会计规则的形成和发展 ……………………………………… 56

  第一节 会计规则形成和发展的理论分析 …………………………… 56
    一、会计领域里的利益相关者 ……………………………………… 56
    二、会计规则形成过程中的影响力分析 …………………………… 56
  第二节 美国的会计准则 …………………………………………… 58
    一、"公认会计原则"及利益相关者 ………………………………… 58
    二、基本的法律环境 ………………………………………………… 61
    三、会计准则的制定与实施 ………………………………………… 62
  第三节 若干典型国家的会计准则 …………………………………… 64
    一、英国的会计准则 ………………………………………………… 64
    二、法国的会计准则 ………………………………………………… 68
    三、德国的会计准则 ………………………………………………… 73
  第四节 其他若干国家和地区的会计准则 ………………………… 76
    一、中国的会计准则 ………………………………………………… 76
    二、日本的会计准则 ………………………………………………… 80
    三、澳大利亚和加拿大的会计准则 ………………………………… 84
    四、欧洲若干国家的会计准则 ……………………………………… 87
    五、中南美洲若干国家的会计准则 ………………………………… 91
  复习思考题 ……………………………………………………………… 92
  本章参考文献 …………………………………………………………… 92

第六章 会计准则的国际趋同 ………………………………………………… 94

  第一节 会计准则国际趋同的必要性与主要障碍 ………………… 94
    一、会计准则国际趋同的必要性 …………………………………… 94
    二、会计准则国际趋同中的主要障碍 ……………………………… 95
  第二节 政府间组织的协调活动与趋同努力 ……………………… 96
    一、联合国的协调活动 ……………………………………………… 96
    二、欧盟的会计准则趋同 …………………………………………… 99
  第三节 若干国际性利益集团的协调活动 ………………………… 103
    一、投资者及其相关组织对可比财务信息的要求 ………………… 103

二、债权人及其相关组织对会计趋同的影响 …………………………… 103
　　三、国际性工会组织对会计趋同形成压力 ……………………………… 104
　　四、经济合作与发展组织的协调活动 …………………………………… 104
第四节　民间会计职业团体的趋同成果 ………………………………………… 105
　　一、国际会计准则委员会及其国际财务报告准则 ……………………… 105
　　二、国际和地区性会计职业团体的作用 ………………………………… 112
复习思考题 …………………………………………………………………………… 113
本章参考文献 ………………………………………………………………………… 114

第七章　国际财务报告 ……………………………………………………………… 115

第一节　国际财务报告的理论基础及其编报中面临的问题 …………………… 115
　　一、财务报告是重要的决策信息载体 …………………………………… 115
　　二、国际财务报告编报中面临的问题 …………………………………… 117
第二节　回应国际需求的措施 …………………………………………………… 118
　　一、跨国公司信息披露的压力和阻力 …………………………………… 118
　　二、跨国公司对国际需求的回应措施 …………………………………… 119
　　三、关于双重报告问题的讨论 …………………………………………… 120
第三节　财务报告概念框架 ……………………………………………………… 121
　　一、制定概念框架的目的 ………………………………………………… 121
　　二、概念框架的主要内容 ………………………………………………… 122
　　三、一般目的财务报告的目标 …………………………………………… 122
　　四、有用财务信息的质量特征 …………………………………………… 123
第四节　国际财务报表分析 ……………………………………………………… 124
　　一、运用财务比率分析 …………………………………………………… 124
　　二、弄清影响因素 ………………………………………………………… 124
　　三、利用分析框架和工具 ………………………………………………… 126
复习思考题 …………………………………………………………………………… 127
本章参考文献 ………………………………………………………………………… 127

第八章　价格变动与公允价值会计 ………………………………………………… 128

第一节　价格变动与公允价值会计的基本理论 ………………………………… 128
　　一、价格变动对财务信息的影响 ………………………………………… 128
　　二、反映价格变动影响的主要方式 ……………………………………… 129
　　三、物价变动会计的若干概念 …………………………………………… 130
　　四、公允价值会计概述 …………………………………………………… 132
第二节　现行成本会计模式 ……………………………………………………… 132
　　一、现行成本会计模式的基本概念 ……………………………………… 132
　　二、现行成本会计模式的调整步骤 ……………………………………… 133

三、现行成本会计模式举例 …………………………………………………………… 134
　　四、现行成本会计模式的优点及局限性 ………………………………………………… 137
第三节　一般购买力会计模式 …………………………………………………………… 137
　　一、一般购买力会计模式的调整步骤 …………………………………………………… 137
　　二、一般购买力会计模式举例 …………………………………………………………… 139
　　三、一般购买力会计模式的优点及局限性 ……………………………………………… 142
第四节　价格变动与公允价值会计若干问题 …………………………………………… 142
　　一、公允价值会计满足决策有用性目标 ………………………………………………… 142
　　二、混合计量模式将长期存在 …………………………………………………………… 143
　　三、通货膨胀会计的现状 ………………………………………………………………… 145
复习思考题 ……………………………………………………………………………………… 148
本章参考文献 …………………………………………………………………………………… 148

第九章　外币业务会计与外币报表折算 …………………………………………… 150

第一节　概述 ……………………………………………………………………………… 150
　　一、外汇和外汇市场 ……………………………………………………………………… 150
　　二、外汇交易与外币折算 ………………………………………………………………… 151
　　三、汇兑损益 ……………………………………………………………………………… 152
第二节　外币业务会计 …………………………………………………………………… 152
　　一、记录外币经济业务中的两种业务观 ………………………………………………… 152
　　二、期汇交易的会计处理 ………………………………………………………………… 154
　　三、衍生工具带来的会计问题 …………………………………………………………… 157
第三节　外币报表折算 …………………………………………………………………… 159
　　一、外币报表折算的意义与方法 ………………………………………………………… 159
　　二、折算损益的披露 ……………………………………………………………………… 163
　　三、折算方法的发展与应用趋势 ………………………………………………………… 165
　　四、外币报表折算与通货膨胀调整 ……………………………………………………… 168
复习思考题 ……………………………………………………………………………………… 168
本章参考文献 …………………………………………………………………………………… 169

第十章　国际审计与会计监管 ………………………………………………………… 170

第一节　国际审计的基本概念 …………………………………………………………… 170
　　一、国际审计产生的原因 ………………………………………………………………… 170
　　二、国际审计中的国别差异 ……………………………………………………………… 171
第二节　国际会计师事务所 ……………………………………………………………… 173
　　一、国际会计师事务所初步形成阶段 …………………………………………………… 173
　　二、国际会计师事务所合并发展阶段 …………………………………………………… 173
　　三、国际会计师事务所形成国际网络 …………………………………………………… 174

国际会计学

第三节　各国审计准则与国际审计准则 ······ 176
　一、各国审计准则 ······ 176
　二、国际审计准则 ······ 176
　三、中国审计准则 ······ 178
第四节　跨国公司审计实务 ······ 180
　一、跨国公司审计的基本点 ······ 180
　二、审计策略 ······ 181
　三、审计范围 ······ 181
　四、与其他注册会计师的合作 ······ 182
　五、对合并报表进行审计 ······ 182
　六、中国跨境企业的审计 ······ 183
第五节　跨国公司内部审计与审计委员会 ······ 184
　一、跨国公司内部审计 ······ 184
　二、跨国公司审计委员会 ······ 185
第六节　会计监管 ······ 185
　一、《萨班思-奥克斯雷法案》及监管新模式 ······ 185
　二、若干国家的会计监管制度 ······ 186
　三、会计监管机构国际性组织 ······ 187
复习思考题 ······ 187
本章参考文献 ······ 187

第十一章　跨国公司的内部控制与预算管理 ······ 189

第一节　跨国经营活动的全球控制 ······ 189
　一、管理控制的发展阶段和主要内容 ······ 189
　二、管理控制与组织结构 ······ 190
　三、管理控制的实务分析 ······ 191
第二节　跨国公司的内部控制 ······ 194
　一、内部控制的性质和作用 ······ 194
　二、内部控制和风险管理的基本框架 ······ 195
第三节　国际经营活动中的预算管理 ······ 198
　一、战略在预算管理中的重要性 ······ 198
　二、预算在国际经营活动中的意义和作用 ······ 199
　三、配套管理信息系统的建立 ······ 200
　四、影响预算的主要因素分析 ······ 201
　五、可供选择的预算形式和方法 ······ 202
复习思考题 ······ 204
本章参考文献 ······ 204

第十二章　外汇风险管理 ... 206

第一节　外汇风险管理的概念及汇率影响因素 ... 206
一、外汇风险管理概述 ... 206
二、影响汇率变动的主要因素 ... 208

第二节　外汇风险的类别和计量 ... 210
一、外汇风险的类别 ... 210
二、外汇风险的计量 ... 211

第三节　外汇风险的控制 ... 212
一、交易敞口的控制 ... 213
二、经济敞口的控制 ... 216
三、折算敞口的控制 ... 217
四、中国企业外汇风险管理问题 ... 217

复习思考题 ... 218
本章参考文献 ... 218

第十三章　国际转移价格 ... 220

第一节　国际转移价格的意义和目的 ... 220
一、实现利润最大化 ... 220
二、确保资源最佳利用 ... 220
三、完善公司经营策略 ... 221
四、促进分权经营管理 ... 221

第二节　国际转移价格的影响因素和定价方法 ... 221
一、国际转移价格定价的影响因素 ... 221
二、国际转移价格定价方法 ... 223

第三节　跨国公司转移价格定价策略 ... 225
一、低价销售、高价购买的策略 ... 225
二、高价销售、低价购买的策略 ... 228
三、跨国公司转移价格定价策略中的两难境地 ... 228

第四节　各国政府对跨国公司转移价格的监管 ... 229
一、各国政府的反应 ... 229
二、各国税务当局认可的定价方法和采取的措施 ... 230

复习思考题 ... 231
本章参考文献 ... 232

第十四章　国际税务 ... 233

第一节　税收原则与税基和税负 ... 233
一、税收原则 ... 233

二、税种与税负 ································· 234
　　三、税基计算中的国际对比 ····················· 234
　　四、资本利得与年度亏损计税规定的国际对比 ······· 235
第二节　国际所得税税制 ····························· 235
　　一、传统税制 ································· 236
　　二、归属税制 ································· 236
　　三、分率税制 ································· 238
　　四、中国企业海外投资的所得税影响 ············· 238
第三节　国际税务筹划 ····························· 240
　　一、国际双重征税和税收管辖权 ················· 240
　　二、避免国际双重征税 ························· 241
　　三、税收饶让和避税港 ························· 243
复习思考题 ······································· 245
本章参考文献 ····································· 246

第十五章　跨国公司业绩评价 ····················· 247

第一节　跨国公司常用业绩评价指标 ··················· 247
　　一、传统的业绩评价指标 ······················· 247
　　二、杜邦财务分析与业绩评价系统 ··············· 248
　　三、经济增加值评价体系 ······················· 250
　　四、平衡计分卡绩效管理工具 ··················· 254
第二节　跨国公司业绩评价实务 ······················· 259
　　一、美国跨国公司业绩评价指标的选择 ··········· 259
　　二、英国跨国公司业绩评价指标的选择 ··········· 260
　　三、日本跨国公司业绩评价指标的选择 ··········· 260
第三节　跨国公司业绩评价指标设置中的主要问题 ······· 260
　　一、跨国公司组织结构的影响 ··················· 261
　　二、跨国公司筹资安排的影响 ··················· 261
　　三、产品特征对业绩评价指标的影响 ············· 261
　　四、通货膨胀的影响 ··························· 262
　　五、货币汇率的影响 ··························· 262
　　六、国家风险问题 ····························· 263
　　七、是否将管理者的业绩与子公司业绩分离 ······· 263
　　八、是否将国外的子公司看作是利润中心 ········· 264
　　九、不可控因素对正确评价的影响 ··············· 264
　　十、关于关键业绩指标 ························· 265
复习思考题 ······································· 265
本章参考文献 ····································· 266

第一章 概 论

本章从会计的国际发展中说明国际会计是各国会计发展到一定阶段的产物,国际会计的形成需要一定的条件。在阐述国际会计产生的经济背景的基础上解释国际会计的概念并给出其定义。中国改革开放以后,从利用外资开始,中国企业涉及了国际会计问题,随着中国公司进入国际资本市场的实例增多,学习和研究国际会计问题具有了更强的现实意义。

第一节 现代会计的国际发展

一、现代会计的新纪元

现代会计的新纪元始于 1494 年,其里程碑性的标志是该年意大利人卢卡·帕乔利(Luca Pacioli)的不朽之作《算术、几何、比及比例概要》(*Summa de Arithmetica, Geometria, Proportioni et Proportonalita*)在威尼斯出版。该书中有专门介绍威尼斯复式记账法的章节,这些章节的归纳和论述是最早问世的系统地全面阐述借贷复式记账法的文献,它的出版确立了意大利当时在会计方面的世界领先地位。13 世纪至 14 世纪,随着国际贸易的发展,以威尼斯为中心的地中海贸易区形成,从而奠定了借贷复式记账法产生和获得初步发展的经济基础。关于复式记账法的起源有多种说法,但是以借贷复式记账法为特征的意大利起源说有较多的史料予以支持。国际会计界普遍认为,帕乔利的著作为科学的借贷复式记账法在世界的传播创造了条件、做出了贡献。

美国会计学家利特尔顿(A. C. Littleton)认为复式记账法的产生需要 7 项条件:①阅读与写作的能力;②纸张的普遍运用;③阿拉伯数字的采用;④稳定的币制;⑤公民财产权的普遍化;⑥资本积累的出现及再投资;⑦信用关系的产生和流行。会计史学家们认为,13 世纪的意大利已经具备了这些条件,威尼斯以及热那亚和佛罗伦萨等已经发展成为商业、贸易、金融和制造业的中心城市,由此可以推断,在此进程中在意大利产生和发展了借贷复式记账法。

在帕乔利的著作问世之前,意大利人已经使用和积累了许多当时比较先进的簿记方法。如有一个叫苏卓兄弟的商店将其 1406 年至 1443 年所发生的交易用交互分录方法进行记录,并创立资本账户和损益账户;佛罗伦萨存有较多当时的账簿,早期的账簿主要是债务记录,后来逐渐引进了债权、费用和经营成果的记录;现存的热那亚市政厅簿记被认为是已发现的账簿中具备复式簿记特征最早的会计记录;1430 年以后威尼斯的巴巴锐哥商店第一次使用按字母顺序排列的分类账,并且在以后的年度里对账目开始进行结算;1458 年班里犹托克述里发表了关于复式分录簿记方法的论文,文中不仅总结了"借"与"贷"的概念,而且讨论了结账和结转损益的问题。

帕乔利曾在佩鲁贾大学、比萨大学和罗马大学任教,并担任过家庭教师和修道院院长,他学识广博,在数学、医学、建筑等诸多领域都颇有造诣。他的《算术、几何、比及比例概要》被称为"数学大全",共分五部分:代数和算术、代数和算术在商业中的应用、簿记、货币和兑换、纯几何学和应用几何学。其中簿记部分共36章,讲解了借贷复式记账法,此外还讲解了以日记账、分录账和总账构成的账簿体系,并说明了结账的步骤和试算表的编制方法。帕乔利有关簿记的总结和论述在当时的世界范围内确实反映和代表了会计文献和会计实务的最高水平,并且借贷复式记账法目前仍在世界范围内被广泛采用,故将帕乔利著作的问世看作是现代会计的开端,得到了世界上大多数国家会计师们的认可。

二、现代会计国际发展脉络

(一) 在欧洲大陆的发展

从16世纪开始,欧洲的商业中心逐步由地中海沿岸转到了大西洋沿岸。尼德兰革命时期和之后,资本主义工商业得到了进一步的发展。在此期间,意大利簿记的传入在促进经济发展的同时也带动了地区会计的进步。在意大利复式记账法传入欧洲其他国家之前,这些国家的会计实务已经有了相当的发展。如14世纪初英国人开始对资产负债项目进行分类,1334年以后有分类的直栏记载账页,在账页的左方叙述交易的事实,右方记录交易的金额。差不多在同一时期,德国人赫曼约翰和卫丁博格将1329年至1360年所发生的交易进行详细叙述,著有《14世纪簿记》,不过所用的方法并没有创造性的突破。

16世纪到17世纪,意大利复式记账法逐步传入德国、法国、西班牙、葡萄牙和荷兰,借贷复式记账法在这些国家中得到了应用并有了进一步的完善和发展。处于这一时期商业中心的荷兰在吸收意大利复式记账法的同时,改进了确定和计算一个会计期间的收入的方法,使会计知识和方法体系增添了新的内容。荷兰人西蒙·斯蒂文(Simon Stevin)于1605年出版了《数学惯例法》,其中第五部分为会计学,他总结了当时的会计实务,主张开展年度财务决算,提出了资产负债表和利润表的萌芽形式。随着商品经济的发展,荷兰会计发展到了当时世界的领先地位,并影响到了英国和北欧其他国家。

(二) 在英国的发展

意大利先进会计方法传入英国后,为英国产业革命的发展做出了重大贡献,对生产力大发展起到了促进作用,使适应经济发展需要的新会计技术和制度的创新成为可能。到19世纪,英国会计与其经济一样在世界上达到了最先进的水平。产业革命的发展对会计的作用提出了新的要求,随着生产规模和技术水平的提高,大批大量生产的大规模企业日益增加,固定资产规模扩大,折旧会计应运而生,并且产生了间接费用和存货成本的分配方法。另一方面,企业组织的基本形式也从独资和合伙转向了有限责任公司和股份有限公司,为适应这些新发展的需求,英国会计师们创造了相应的会计理论和方法与之相匹配。

英国在会计审计领域中做出了许多开创性贡献,奠定了影响广泛持久的英国会计模式的基础。公司制企业发展以后,英国产生了世界上最早的公司法。公司法一直是公司财务报告的主要法律依据,公司法对公司财务会计和报告做出总括规定,提出基本要求,包括对公司应编制的财务报表种类和报表的格式内容等;会计职业团体对其会员提供各种指南进行指导,以使公司法中有关规定得到遵守;进入 20 世纪下半叶,由独立的准则制定机构制定会计准则对会计实务进行具体规范,这样英国公司法的执行一直以来在很大程度上要依靠非政府的准则制定机构通过制定具体规则来完成。

英国是现代职业会计制度的发祥地,这种制度目前已扩展到世界上许多国家。伴随着公司税赋和个人税赋的增加,产生了新的税务会计制度和程序。英国是创造"真实与公允反映"概念的国家,对世界上许多其他国家产生了重要的影响。在英国会计实务中,财务报告应对公司财务状况和经营成果给予"真实与公允"的反映被认为是压倒一切的最高要求。

"真实与公允反映"的一般要求是,公司财务报告必须符合公司法和公认会计惯例的规定,公司如果这样做了,就被认为是"真实与公允"地反映了公司的财务状况和经营成果;如果在某些情况下,按照公司法和公认会计惯例的要求编报财务报表不能给予"真实与公允"的反映时,公司可以不按公司法和公认会计惯例的要求去做,但必须在报表附注中解释原因和产生的影响。[①]

英国的第一部公司法诞生于 1844 年,以后根据情况的变化和新问题的出现曾多次对公司法进行修订,所以公司法的内容随着社会经济的发展在不断地发展和变化。早在 16 世纪,英国已经出现了经皇家特许而成立的有限责任公司,但由于当时经营者与所有者是一体的,对财务报表要求不高,财务报表并不显得十分重要。19 世纪以后公司法人的出现使公司所有权和管理权出现了分离,财务报表开始重要起来。1844 年出台的第一部公司法确立了公司的法人地位,同时规定公司要有会计记录,并要编制年度资产负债表,全面、公允地向股东揭示公司的财务状况。

1856 年英国将此前颁布过的公司法及其各种补充规定进行合并,颁布了合并后的公司法。1856 年公司法取消了 1844 年公司法中关于会计和审计的强制性条款,代之以适用面更广、选择性更强的会计和审计规范,要求公司从自身利益出发,自觉地公布有关会计信息。

英国公司法的发展中不断地出现某年公司法的补充规定,然后过若干年合并一次,以此经历过几次发展、合并的过程,每次在会计和审计方面都有一些新的要求。1862 年的公司法要求股利只能从利润中分配,以达到资本保全和保护债权人利益的目的;1900 年公司法针对公司管理者与投资者分离的情况,提出进行强制性审计的要求;1908 年公司法要求公开招股公司将会计记录在注册处备案待查。1929 年公司法进一步规定公司招股章程中增报对公司利润及股利分配进行审计的审计报告,公司要披露所采用的基本会计方法,要向股东提供年度利润表(未规定其内容和必须审计)、资产负债表的详细内容、格式以及估价方法,报表编制要"真实和正确"。

1948 年公司法是合并了以前几年的公司法后重新制定的,1967 年、1976 年、1980 年和 1981 年等四年的公司法是对 1948 年公司法的补充和修订。这五部公司法都是作为单独的立法存在的,在执行和引用时需要互相参照,多有不便。1985 年议会通过新的公司

---

① 王德宝,仇林明英. 真实和公允[J]. 会计研究,1999(1):41-43.

法，将上述五部公司法加以合并，使之成为一部统一的公司法规。1985年公司法长达747节（不包括附则），其中有关会计、审计的规定主要在第7部分中，并按以下顺序排列：①会计记录；②会计报告期；③一般报表格式与内容；④董事会报告和审计报告的规定；⑤年度报告的提交及其在公司注册机构存档的规定。各公司每年必须向其股东提交资产负债表和利润表，并且控股公司应编报控股公司及其子公司的集团财务报表。公司法要求各公司编制的财务报表必须做到"真实与公允"，并任命合格的审计师对财务报表是否"真实与公允"提出报告。

1989年和2006年对1985年公司法两度进行补充和修订。1989年公司法主要是将欧共体第7、8号指令的要求纳入英国公司法，涉及会计和审计的问题主要有两个方面：集团报表和审计人员。1989年公司法对集团的界定和控制的概念等方面做出了新的规定；对审计人员的任命、辞职和撤换提出了新的要求。2006年公司法补充和修订的内容涉及强化中小企业地位、明确股东在公司治理中的积极作用以及改革公司设立与运营法律制度等多个方面，此次补充和修订旨在服务经济，以保持并继续强化英国的国际竞争力。

（三）在美国的发展

进入20世纪，美国的经济实力不断增长。尤其是第二次世界大战以后，美国经济取得了绝对的优势，美国的会计也相应地在资本主义世界里取得了主导的地位。之后，美国的会计理论和实务对世界许多国家都产生了重要的影响。随着企业管理水平的不断提高和各种经济业务的日益复杂，对会计理论和方法提出了更高的要求，而美国以其经济实力为基础在会计研究方面投入了巨大的人力、物力和财力，使得美国会计理论和技术水平逐渐地居于世界领先地位。

在现代会计的中心从英国转移到美国的过程中，包括被流放的罗杰·马维克（Roger Marwick）和阿瑟·扬（Arthur Young）等会计先驱们都做出了重要贡献。美国一些会计学者的著述为使会计学成为一门独立学科奠定了基础并发挥了重要作用，如佩顿（William Paton）的《会计理论》、加宁（John Canning）的《会计中的经济学》、佩顿和利特尔顿的《公司会计准则绪论》等。可以说20世纪会计上的许多重大成就，基本上都源于美国，比如，财务会计和管理会计的划分，两者形成具有内在联系的现代企业会计信息系统，前者专司对外报告职能、服务于市场（主要是投资人和债权人）对会计信息的需求；后者则加工和提供成本、效益等内部信息，满足企业经营管理者的需要。再如，"公认会计原则"（generally accepted accounting principles, GAAP）概念的创造以及财务会计准则的制定已产生全球性影响。

为维护一个完善的资本市场，美国国会授权政府依法规范上市公司应予披露的财务报表和其他财务信息，由此促进了会计准则的制定和发展。为了不断完善会计准则体系，围绕着会计的记录、计量、确认、报告，产生了各种会计理论。20世纪70年代以后，一些会计学者运用多种研究方法、多角度研究分析会计信息的作用，使经验研究和实证研究取得了重要进展与成功，促进会计理论和会计实务迈上了一个新台阶。

第二节　国际会计的概念

一、国际会计形成的经济背景

会计的国际发展是国际会计产生的一个重要条件，但还不是国际会计本身。国际会计作为一个独立学科形成于20世纪，发展的主导因素是经济方面。对国际会计的形成具有尤为明显作用的经济背景主要有两个方面，一是国际经营活动的发展，其中主要是跨国公司的发展；二是随着全球金融市场一体化的深入，国际资本市场的形成和扩大。

跨国商品交换构成了最初的国际经营活动。16世纪和17世纪在殖民主义扩张过程中，出现了最早的国外投资活动，经济水平较高的国家在各殖民地进行直接投资，最初是掠夺原材料，进而制造产品，最后几乎完全垄断了殖民地的经济贸易。18世纪和19世纪的产业革命促进了资本主义生产力的极大发展。到19世纪末20世纪初，资本主义进入垄断阶段，在一些发展起来的资本主义国家开始出现大量的"过剩资本"，由此使得资本输出成为了普遍的现象。一些大型企业通过对外直接投资，在国外设立了分支机构和子公司。跨国公司开始在国际经营活动中扮演主角。

企业在国际经营活动中遇到了一些新的会计问题，如货币换算问题，会计以货币为计量尺度进行会计记录和报告，但在跨国交易中会使用不止一种货币，于是产生了外币交易会计问题。因此国际经营活动中提出新的会计问题是以往以一个国家为基础建立起来的会计理论和方法所不能解决的。

一个企业在其他国家开展经营活动，设立分支机构或子公司，首先遇到的一个问题是如何选用适当的会计准则进行会计处理。这里有两种情况：一种情况是选用资本输出国的会计准则。一个企业在其他国家开展的经营活动按本国的会计准则进行会计处理。这种情况主要反映在一个企业在其他国家建立独资企业，或是经济发达国家在经济落后国家建立分支机构或子公司的经营活动中。另一种情况是选用资本输入国的会计准则。也就是一个企业在其他国家设立分支机构或子公司开展经营活动，按所在国的会计准则进行会计处理。无论哪种情况，都因企业的经营活动超出了一个国家的范围，客观上要求对其他国家的会计准则和实务，以及与会计有关的立法情况和企业组织的形式进行研究和比较。

跨国公司的经营活动在多个国家中展开，除整个跨国公司要面对多个国家的会计准则或会计制度的情况外，还会涉及的会计问题有：各个分支机构或子公司在使用不同的货币单位记账；各国通货膨胀率不同，财务报告的数据与实际的财务状况和经营成果就会有一定的出入；整个跨国公司的财务报表需要合并，如何使合并报表真实反映综合的财务状况和经营成果，等等，这些情况都需要有新的会计理论和方法来加以解决。另外，跨国公司的国际税务、跨国转移价格和跨国业绩评价等，也都是跨国经营活动中与会计有关的新问题。

促使国际会计形成的另一重要经济背景是国际资本市场的形成和发展。国际资本市场是国际资本集中和流转的场所。第二次世界大战以后，一些经济发达国家的金融市场呈现出了全球一体化的发展趋势，一些超越国家的金融市场统一成为一个国际金融市场，国际资本市场得到了巨大的发展。任何国家的经济实体在寻求融资时不必受限于其国内金融市场，投资者欲进行投资也不必受其国内市场的限制。越来越多国家的大型企业对资本的需求由原来主要由国内资本市场得到满足转向了主要依靠国际资本市场的融资。

国际资本市场中主要是长期证券市场的发展对会计提出了新的要求。投资者在长期证券市场上进行的投资一般称为间接投资。投资者在进行投资决策之前，需要了解上市证券企业的各个方面，为此，上市证券的企业必须提供有关的经济信息，其中包括通过财务报告提供各种财务信息，只有如此才能吸引投资者的投资，企业也才能筹集到所需要的资金。但是在国际资本市场上，上市证券的企业分属不同的国家，遵循各种不同的会计准则，因而提供的财务报告各不相同，存在着或大或小的差异，这就给各国投资者对各种财务信息进行对比、分析和据以做出相应的决策带来了不便。因此，客观上要求对各国的会计进行比较研究，以便有关各方了解和掌握这方面的知识，解决国际资本流动中财务信息方面存在的潜在障碍问题。为此，国际会计职业界力图经过努力来协调各国的会计准则，以期有利于国际资本的流动和增强投资者的信心。

国际经营活动和国际资本市场的发展首先促进了国际企业管理、国际金融、国际税务等学科的形成和发展，进而又使国际会计的形成和发展成为必要和可能。国际会计成为一门完整和系统的学科只有四五十年的历史。第二次世界大战以后，随着国际经营活动和国际资本市场的发展，一些会计学者开始观察和研究各国会计实务差异、会计准则制定等国际会计问题；跨国公司在其会计实务中为解决新问题而创造了新的会计方法和技术，于是，各种总结、介绍和探讨国际会计理论和方法问题的文章和专著不断问世、逐步增多。在跨国公司将其业务经营活动扩展到国外的过程中，各国职业会计师进行了广泛的交流，增进了彼此的了解，并且在此基础上对各国会计的协调做了许多工作，由此构成了国际会计形成和发展中不可缺少的一个重要方面。

二、国际会计的定义

美国会计学教授杰哈得·G. 缪勒(Gerhard G. Mueller)是国际会计研究的先行者，他最早在1967年出版了专著《国际会计》一书，并首次对世界会计模式进行了划分。20世纪70年代，美国会计学会针对涉及国际经营活动的诸学科中国际会计发展最为落后的状况成立了专门的国际会计委员会对此进行调查研究。该委员会的研究报告发表在《会计评论》1973年的增刊上，报告阐述了将会计教育扩大到国际经营领域的必要性。由此促进了国际会计作为一门独立的学科纳入大学会计课程体系之中。

1980年美国俄克拉荷马大学的乔治·斯克特与庞特斯·特罗伯哥(George Scott & Pontus Troberg)为美国会计学会进行了一项称为德尔菲评估(Delphi Evaluation)的工作，提出了按重要性顺序排列的88个国际会计问题，首次系统地确定和排列出了主要的国际会计问题以及评价解决这些问题的恰当研究方法。20世纪80年代以后，美、英等国有关国际会计问题的专著和教材逐渐增多，这些著作逐步丰富和完善了国际会计的理论和方法，促进了国际会计的进一步发展。

1973年成立的国际会计准则委员会及其发布的国际会计准则，对国际会计实务产生了重要的影响，也对国际会计的理论建设起到了促进作用。另外，许多国际会计公司或国际会计师事务所经常进行有关国际会计问题的调研并发布相关的调研报告，为国际会计的研究提供了许多有价值的资料。

从国际会计的形成过程可以看到，国际会计的概念是逐步建立起来的，人们不是先有了国际会计的概念再去发展国际会计这一学科，而是在对国际性会计问题探讨和研究的不断积累中渐渐形成了国际会计的概念。尽管如此，由于不同的研究人员或实务工作者的研究背景或实际经历不同、看问题所站的角度不同，对国际会计就有各种不同的解释和诠注，故迄今为止并未形成一个世界会计界公认的国际会计定义。早在20世纪国际会计日益发展的70年代，美国会计学家威瑞奇(T. R. Weirich)、艾温里(C. G. Avery)和安德森(H. R. Anderson)就已观察到了这种现象，他们将与国际会计有关的认识或观念归纳为三类，并相应提出了三种不同含义的国际会计概念。

(1) 世界会计(world accounting)。在这种概念框架中，国际会计是指世界上所有国家都认可和采纳的一种全球性会计制度，它可以适应于一切国家。为此，需要在世界范围内建立各国公认的会计准则，确立世界范围内的统一会计模式。这种概念可能会是国际会计发展的最终目标。

(2) 国际会计(international accounting)。在这一概念框架下，国际会计是世界各国不同的会计原则、准则、原理和方法的集合体。它包含着各个国家公认的会计原则，是多原则概念结构，不认为短期内能建立一套全球公认的、完美的会计原则和制度。根据这种概念，人们要分析比较各国的会计差异，探索差异产生和存在的原因，寻求协调各国会计实务的途径。

(3) 国外子公司会计(accounting for foreign subsidiaries)。这种概念概括的是母公司及其国外子公司的会计实务，研究跨国公司国际经营活动中产生的特殊会计问题，如建立有效的会计信息系统和内部控制制度，国外子公司财务报表的折算和调整等。

国外子公司会计应该看作是跨国公司会计的同义语。站在跨国公司的角度研究跨国经营活动中出现的各种会计问题，被概括为跨国公司会计。跨国公司会计是为增进跨国公司国际经营活动和国际资本流动，以跨国公司遇到的特殊会计问题为主要研究对象、以适用于跨国公司的各种会计理论和方法为主要内容而形成的一个会计分支。主要内容包括国外子公司以外币表示的财务报表如何折算成以母公司报告货币表示的报表，日常会计处理遵循什么会计准则或会计制度，各国会计原则、制度、方法和程序方面存在的差异如何在子公司中进行协调，如何处理各国币值波动的问题，国外子公司的财务报表如何与母公司的报表进行合并，等等。

本书认为，在上述三种不同含义的概念中，第二种概念比较切合当前实际。第一种概念所指的可以看作是一种理想的国际会计，而不是现实的国际会计，这种目标在短期之内是不可能实现的，这是一种理想主义的观念。第三种概念只能是国际会计中的一个组成部分，而不能用它来取代国际会计的完整概念。国际会计的外延比国外子公司会计或跨国公司会计的外延要更加广泛。

综上所述可见，国际会计是一个集合体，通过对这个集合体的研究，找出各国会计原则、原理和方法方面的差异及其原因，归纳出各国通行的国际惯例，可以有助于协调各国的会计实务,有利于提高跨国公司的经营效率,为发展各国经济服务。因此,国际会计是以会计的国际差异和国际惯例为研究对象,以会计的国际比较分析、跨国公司特有的会计计量、报告和控制问题、国际金融市场对会计的需求以及各种国际性组织对世界范围内会计和财务报告所进行的协调和趋同等为研究内容,将一般目的的、面向本国的会计在广泛的意义上扩展到国际环境中而形成的一门新兴会计学科。

第三节 中国企业涉及的国际会计问题

一、利用外资的历程和途径

中国企业涉及国际会计问题是从改革开放以后吸收和利用外资的过程中开始的。吸收和利用外资的一个重要方面是在企业资本结构中引入外国(境外)资本,其中包括两个方面:一是吸引外资直接在中国国内投资举办各类企业;二是中国企业进入国际资本市场筹集资金。

(一)举办外商投资企业

外商投资企业,曾被称为三资企业,包括在我国境内设立的中外合资经营企业、中外合作经营企业和外商独资企业(以下简称外资企业)。这三种企业组织形式是我国吸收外商直接投资的主要形式,外商投资企业在我国大规模的发展是从20世纪70年代末80年代初开始的。

对中国会计发展来说,外商投资企业的发展具有重要意义,因为中国会计改革是从制定外商投资企业会计制度开始的。吸收和利用外资的过程中遇到了外商投资企业采用什么会计制度的问题,为促进吸收和利用外资、有利于外商投资企业的发展,我国在参考国际通行的会计准则的基础上,于20世纪80年代初制定了外商投资企业会计制度,当时首先制定的是中外合资经营企业会计制度,在该会计制度中首次使用了"实收资本"的会计科目。

在20世纪90年代,一些符合条件的外商投资企业开始在上海和深圳证券交易所发行人民币特种股票,简称B股。它是以人民币标明面值,以外币认购和买卖的在中国境内上市交易的外资股。B股公司的注册地和上市地都在境内,2001年以前专供外国和我国香港、澳门、台湾地区的投资者(法人或自然人)买卖,2001年之后,B股对境内个人居民投资者开放。

可以发行B股的公司是准许有外商投资的公司。按照我国的有关法规,当公司股本总数中外资股达到或超过25%时,就成为外商投资企业,从而可比单纯的中资股份公司享受更多的政策优惠。B股资本市场的形成,不仅使境外投资者既可采用直接投资方式进入中国(在中国举办三资企业),又可采用间接投资方式进入中国,而且使境外非企业的国际基金、法人团体和居民个人都有了进入中国经济领域的途径和机会。

在会计方面,含有B股的上市公司需要按照中国会计准则和国际会计准则编制两套财务报告,而且两套财务报告要分别聘请国内和国际会计师事务所进行审计。在B股公司发展的初期,两套财务报告披露的净利润曾有相当大的差异,随着中国会计准则与国际准则协调与趋同的发展,这种差异在逐渐缩小和消失。

(二)进入国际资本市场

我国股份公司可进入的国际资本市场,在当前的实践中主要集中于中国香港资本市场、美国资本市场、伦敦资本市场和新加坡资本市场等。中国公司在中国香港上市发行的特种股票,简称为H股股票;中国公司在纽约上市发行的特种股票,简称为N股股票;中国公司在伦敦上市发行的特种股票,简称为L股股票;中国公司在新加坡上市发行的特种股票,简称为S股股票。

我国股份公司进入国际资本市场的途径,有的公司是借"壳"进入国际资本市场,有的则是直接进入国际资本市场。

借"壳"进入国际资本市场中所谓的"壳",是在某些国家或地区注册的上市公司,其股票符合国际资本市场所在地有关证券交易的法律法规的规定,允许流通交易。借"壳"上市包括买"壳"上市和造"壳"上市。

买"壳"上市即购买一家已上市公司的大部分或全部股权,取得控股地位,进而注入大量资金重整业务。所收购的公司,一般都是当地不很景气、股价不振的公司,收购这样的公司以后,再通过不断扩展公司规模、创立新的公司形象,在公司稳定发展之后可以增资扩股,最终实现进入该资本市场。

造"壳"上市是中国公司在国际资本市场所在地或所允许的国家或地区,重新注册一家中国公司的控股公司,经过不断的经营和发展,待符合上市条件后,控股公司申请上市。造壳上市的好处是,不需要承担买壳的风险。这种方式的弊端是中国公司需要较大的投资去国外注册一家新公司,并且通过经营达到一定规模,所以公司从注册成立到上市,需要相当一段时间,真正实现进入国际资本市场的时间比较长。

中国公司也可以选择直接进入国际资本市场。中国证券监督管理委员会及其他有关部门对国内企业海外直接上市负有监管责任,即国内企业或国内控股企业必须取得中国国务院证券管理部门的批准。目前,中国证监会采取的是成熟一家、批准一家的鼓励政策。

进入国际资本市场的条件中公司的历史记录(如盈利能力和偿债记录)以及其经营性质是重要的考虑事项。一家公司一经确定可以到国际资本市场上市股票,还必须与境外中介机构打交道,包括境外律师事务所、会计师事务所以及其他有关审计事务和证券事务的各种中介机构。其中重要的一个方面是按拟上市地证券交易监管机构要求的会计准则调整按中国会计准则编制的财务报表,提交按所要求会计准则编制的财务报表。

二、中国公司进入国际资本市场的实例

(一)进入中国香港资本市场

中国内地公司进入中国香港资本市场的途径既有直接进入的,也有借"壳"进入的。最早进入中国香港资本市场的公司有:北京人民机器厂、青岛啤酒厂、天津渤海化工集团、上海石化总厂、仪征化纤联合公司(江苏)、东方电器集团(四川)、马鞍山钢铁公司(安徽)、广州造船厂、昆明机床厂。这些公司的背景都是大型国有企业,1993年,经国务院批

准,实现股份制改组,在中国注册为股份有限公司。这些公司的股票在国内上市的同时,到中国香港招股并上市挂牌交易。

再有一部分中国公司进入中国香港资本市场,是通过买"壳"或造"壳"的途径进入的,这样的公司已经有许多案例。这些公司一般都是在香港注册的股份公司;内地中资企业居于绝对控股地位(50%以上)或相对控股地位(30%～50%)。

这样在中国香港,有所谓"中国概念股"或"红筹股"之称,即中资控股的上市公司的股份,通常是中资拥有这些上市公司股权 30% 以上的股份。这些公司的业务,有些在香港(或集中于香港),有些则集中于内地,还有些两地兼而有之。

(二)进入英美资本市场

北京大唐发电股份有限公司于 1997 年 3 月 21 日成功地在伦敦证券交易所挂牌上市,成为首家在伦敦上市的中国公司。之后中国国际航空股份有限公司于 2004 年 12 月 15 日在中国香港(股票代码 0753)和伦敦(交易代码 AIRC)成功上市。在伦敦证券交易所主板上市的,除大唐发电股份有限公司和中国国际航空公司外,还有中国石化、江西铜业股份有限公司、沪杭甬高速公路股份有限公司和浙江东南发电股份有限公司等;另有绿龙燃气在内的 40 多家中国企业在伦敦证券交易所的 AIM 市场(又称创业板)上市。

美国拥有世界上最大、具有国际影响的证券交易所,其中以纽约证券交易所居首位。从 1992 年开始,中国公司进入美国证券市场,如上海石化股份有限公司在中国香港上市 H 股的基础上在美国纽约股票交易所上市。在美国证券市场上市的中国公司已达 300 多家。

第四节 国际会计的主要内容

一、国际会计的概念与各国会计环境的差异分析

从会计的国际发展中说明国际会计是各国会计发展到一定阶段的产物,国际会计的形成需要一定的条件。国际会计研究各国会计环境现状,即研究各国会计实务、会计观念、会计准则及其制定等,比较各国会计的异同,寻找产生差异的原因。这种研究首先是从一些经济发达国家开始的,如美、英、法、德等。在国别研究的基础上,根据各国会计所表现出的特征的相近性,对各国会计进行分类研究,从而概括出不同的会计模式。

二、国际金融市场和跨国公司

许多新的会计和财务报告问题是由国际金融市场的全球一体化和跨国公司从事国际性经营活动引起和产生的,国际金融市场和跨国公司的发展是理解和研究国际会计问题所必须弄清的基本背景和条件。金融市场正向全球一体化方向演进,全球性竞争使得世界主要金融市场上的参与者能够更有效地参加投融资活动。金融市场健康发展的核心是对投资者进行有效保护,其中重要的措施之一是保证充分的信息披露。跨国公司在多个国家中开展经营活动,遇到的国际会计问题既包括管理会计方面,也包括财务会计方面。

三、各国会计与国际会计

在各国会计规则的形成和发展过程中有各种各样的利益相关者在其中发挥着或大或小的影响和作用,不同的社会群体与会计领域有着直接的关系,造就了各具特色的各国会计实务。各国会计存在的差异给国际经营活动和国际资本流动带来了障碍,为解决国际会计差异问题,一些国际性组织开展了各种旨在协调各国会计差异、促使各国会计趋同的活动,如联合国的国际会计和报告政府间专家工作组、国际会计准则委员会等。

国际会计研究会计的国际协调和会计准则国际趋同的必要性及其障碍,各种协调和趋同活动取得的进展及其发展方向等。

四、国际财务报告及其分析

财务报告是重要的决策信息载体,从投资者保护的角度看,跨国公司必须进行充分的信息披露。国际会计准则委员会的"财务报告概念框架"是财务报告国际趋同中的重要理论性文件,该概念框架确定了财务报告背后大家一致认可的概念。跨国公司在不同国家进行直接投资、在国外证券交易所上市证券、从国际金融市场筹集资金等各项活动中,需要向国外的投资者、债权人、政府机构和其他有关各方提供本公司的财务报告,这是实现投资、融资财务管理目标的必要前提。为保持其证券的正常流通和满足投资者和贷款者的信息需求,还要向有关各方提供年度财务报告。

五、价格变动与公允价值会计

大多数国家的财务报表都是按历史成本原则编制的,即以币值不变为基本假设。随着各国物价变动的加剧,物价变动会计在不同的国家有不同程度的探讨和运用。面对物价变动和通货膨胀,在会计界出现了选用不同计量属性的各种主张,形成了不同的观点或理论,被概括为不同的会计计量模式。在历史成本计量模式的基础上,反映物价变动的有现行成本计量模式、公允价值计量模式等。对于跨国公司来说,母公司和各子公司处于不同程度的通货膨胀经济环境之中,它们分别编制的财务报表反映着不同的货币购买力水平,在编制合并报表时需要将这些财务报表重新计量为反映相同购买力水平的数据,然后再进行合并。当子公司报表中所用货币与母公司的报告货币不一致时,还要对子公司的外币报表进行折算。这样,对于调整通货膨胀和进行外币报表换算孰先孰后的不同,产生了先调整后折算与先折算后调整两种不同的方法。

六、外币业务会计与外币报表折算

外币业务会计是一国的企业与外国企业进行以非记账本位币标价的交易而产生的会计问题。外币报表折算是在由许多公司组成的企业集团需要把各下属公司以不同货币表示的财务报表折算成以同一货币表示的财务报表,以便编制集团合并财务报表、反映整个集团的财务状况和经营成果时运用的会计程序。折算方法有单一汇率法和多种汇率法,多种汇率法中又有流动非流动法、货币非货币法和时态法等。由于汇率的变动,折算过程中往往要产生折算损益。多种折算方法的存在和折算损益的不同处理,会直接影响各公司之间财务信息的可比性,因而经常出现折算后财务报表对折算前财务报表歪曲反映的情况。为解决这一问题,美国首先提出了职能货币的概念,以此对国外子公司的经营活动进行划分,并根据不同性质的经营活动采取不同的折算方法。

七、国际审计与会计监管

国际审计是审计活动向国际化方向发展的结果。由跨国经营活动而导致一些审计活动从一个国家逐渐扩展到多个国家,审计过程和结果涉及多个国家有关方面的利益,具有国际影响,由此产生了国际审计。跨国公司审计包括外部审计和内部审计两个方面。跨国公司的外部审计涉及跨国公司选择外部审计师的问题,即是选择一个大型国际会计师事务所对整个跨国公司进行审计还是在不同的国家选择不同的会计师事务所进行审计。内部审计既要配合外部审计,也要补充外部审计。内部审计要按照外部审计的要求进行准备;同时对外部审计未审的机构和内容进行审计,因为外部审计一般采用抽样审计;内部审计还要实施一些专门的审计,如经营审计、效益审计等。

八、跨国公司的内部控制、预算管理与外汇风险控制

跨国公司全球范围内的管理控制旨在执行公司战略、保证公司战略目标实现,管理控制系统中越来越重要的内容是内部控制框架的构建和有效运行。预算是企业总体战略计划的具体化,是控制未来经营活动的财务计划,它用具体的数量指标将总体战略计划分解为可以在实际中运行的标准和目标。跨国公司母公司及其子公司在生产经营活动中往往使用多种货币,而当一种货币的变动引起母公司货币价值变动时,这种货币所反映的资产、负债或收益等用母公司的货币进行衡量就会"暴露"在汇率变动的风险之中。外汇风险管理的基本策略包括进攻性管理和防御性管理。

九、跨国转移价格和国际税务

国际转移价格的制定有两种基本的方式,一是以成本为基础,二是以市价为基础。跨国公司在确定转移价格定价策略时一般要考虑所得税、关税、进出口限制、子公司的竞争力及其形象、通货膨胀率、外汇管制、当地合伙人和雇员的利益以及政治的稳定性等因素。跨国公司通过操纵转移价格达到公司利润最大化的做法使各国政府认识到必须采取措施加以限制,因而许多国家的政府通过立法来规定对跨国公司转移价格的监督和管制。跨国公司为了谋求税后利润最大化,就要设法谋求全球税赋最小化,因此跨国经营需要具备国际税务方面的知识。各国税法税制有着很大的差异,跨国公司在国际税务管理中需要了解其他国家的税收制度,进行税务规划,合理避税,实现最大利润。

十、跨国公司业绩评价

跨国公司战略目标的实现,要在管理控制和具体实施的基础上通过业绩评价来进行考核和总结。跨国公司与一般国内企业一样有常用的传统业绩评价指标,从国际范围来看也有较流行的跨国公司业绩评价系统,包括杜邦财务分析与业绩评价系统、经济增加值业绩评价系统和平衡计分卡业绩评价系统。跨国公司业绩评价指标设置中有一些需要特

别关注的问题。

复习思考题

1. 现代会计开端的主要标志是什么？为什么？
2. 简述现代会计的国际发展历程。
3. 国际会计形成和发展的两个经济背景是什么？
4. 国际经营活动的发展提出了哪些新会计问题？
5. 国际金融市场的发展提出了哪些新会计问题？
6. 简述国际会计的概念及其形成过程。
7. 中国企业是如何开始涉及国际会计问题的？
8. 简述国际会计的主要内容。

本章参考文献

[1] 刘中文. 谁是借贷记账法的发明者[J]. 财务与会计, 2011(1).
[2] 文硕. 西方会计史(上)[M]. 北京：中国商业出版社, 1987.
[3] Weirich T R, Avery C G, Anderson H R. International Accounting：Varying Definitions[J]. International Journal of Accounting, 1971, Fall.
[4] Choi F D S, Mueller G G. An Introduction to Multinational Accounting[M]. Prentice-Hall Inc., 1978.
[5] Choi F D S, Meek G K. International Accounting[M]. 7th ed. Pearson Prentice Hall, 2011.
[6] Holzer H P. International Accounting[M]. Harper & Row Publishers, Inc., 1984.
[7] Nobes C W, Parker R H. Issues in Multinational Accounting[M]. Philip Allan Publishers Limited, 1988.
[8] Nobes C W, Parker R H. Comparative International Accounting[M]. 10th ed. Prentice-Hall Inc., 2008.
[9] Radebaugh L H, Gray S J, Black E L. International Accounting and Multinational Enterprises[M]. 6th ed. China Machine Press, 2007.
[10] Seidler L J, Choi F D S. "Technical Issues in International Accounting" in Multinational Accounting—A Research Framework for the Eighties[M]. UMI Research Press, 1981.

第二章 会计模式的国际分类

会计所处的各种社会环境构成了会计环境,包括对会计产生影响、形成制约的政治、经济、法律、文化、教育等各种因素和各个方面。通过分类将不同国家中具有相同特征的会计制度和会计实务分为一组,可以揭示这一组中各国会计制度和会计实务具有的基本结构和不同于其他组别的明显特征,某些国际会计的分类形成了国际会计模式。

第一节 各国会计环境的差异

一、国际会计的研究起点

国际会计有多种不同的研究起点,其中之一是从会计环境入手。从会计环境入手实际上是首先研究各国会计环境的状况及其对会计发展的影响。

会计处于不断的发展变化之中,其根本原因是要回应不断变化的社会环境和信息需求。各国不同的社会环境和不同时期的信息需求使各国会计具有了自己不同的特点,有多少个国家就有多少种会计制度,没有哪两个国家的会计制度是完全一样的。不过从会计的国际发展中我们可以看到,会计具有明显的国际性,各国会计有许多共性的地方,复式记账是现代会计的共同特征。然而各国会计又存在一定的差异,其基本原因是各国会计环境之间存在着一定的差异。会计存在于一定的环境之中,并且在一定的环境中得到不断发展,会计在很大程度上说是环境的产物。

现实世界中的各国环境是各不相同的,从经济方面来说,不同的国家处于经济发展的不同阶段,有的国家属于发展中国家或欠发达国家,有的国家则是经济高度发展的发达国家。除经济方面外,各国会计环境的差异还表现在各国不同的政治制度、法律制度、教育制度和教育水平、社会文化特征等方面。会计是由一国的环境塑造的,它要反映该国环境所具有的特征,并且还会巩固这种特征。

二、分析各国会计环境特征及差异的意义

(一)增进各国会计界的相互理解

当学习和借鉴别国的会计理论和方法时,除了要掌握这种理论和方法本身之外,更要理解这种理论和方法产生与应用的环境条件。只有真正理解了应用条件,才能避免生搬硬套、有效吸取别国的经验教训。例如,一个从未经历过严重通货膨胀的国家是不会一下子开发出与通货膨胀有关的会计程序与方法的,而当这样的国家出现严重通货膨胀的时候,考察其他国家的通货膨胀形成的原因及其会计理论与方法就是十分必要的了。显然,一个国家的解决办法对另一个国家来说不一定可行,因为不同国家通货膨胀的性质和表现可能是不同的;但是如果弄清了其他国家通货膨胀的原因和表现形式,并分析出有可借

鉴之处，那么就可以有针对性地吸收、引进其他国家的通货膨胀会计模式，从而可大大缩短本国找到有效对付通货膨胀办法的时间、减少搜寻最佳通货膨胀会计模式的耗费。

（二）推进国际投资和国际资本市场的发展

国际投资融资的增加和国际经营活动的扩张客观上要求增进对各国不同会计制度的比较和了解。一个国家的某个公司在考虑是否给予另一个国家的一个公司信用以及给予多大金额和多长时间的信用时，或者一个国家的某个投资者在考虑是否要从一个国家撤出资金到另一个国家进行投资时，都要以一定的财务信息为基础做出相应的决策。了解各国会计环境的差异对理解和把握各国财务信息的生成与意义、做出正确的决策是十分必要的。

（三）促进会计准则的国际趋同

当一个公司取得国外某公司的财务报表进行分析时，会立刻遇到这样一些问题：报表是用不同的语言编写的、以不同的货币为单位、使用不同的名词术语、在本国语言中找不到对应的词汇，或对应的词汇与原文表达着不同的意思、不同公司报表中披露的信息的数量和种类也不一致，等等。当各国的估价、确认、计量和实现等规则和程序各不相同时，财务分析人员若不熟悉某国的会计环境和会计制度，则该国公司的财务报表会变得毫无意义。

协调的基础是理解，在理解的基础上增进交流，才会促进会计准则的国际趋同。比如从文化差异方面进行分析，了解产生会计差异的文化差异和文化背景，这样对某些看起来是不合理的会计处理和会计实务，就会理解它们的合理性或对环境的适应性。因此分析和理解各国会计环境特征及差异是促进会计准则国际趋同的必要条件。

第二节　会计环境差异成因剖析

各个国家的会计制度和会计实务都产生于多种因素的交互作用，我们不可能准确确定每一个因素对形成某种会计模式的影响程度，但是我们可以通过观察和分析确定各种影响因素与会计发展之间的相关关系并进行合理的逻辑推论。造成会计的国际差异的原因是多方面的，基本可以概括为以下六个方面：法律、政治、经济、税收、教育和文化。

一、法律因素

法律制度决定一个社会中个人和组织相互之间的关系和作用。法学界根据各国法律的特点及其源流关系对各国法律进行的分类称为法系。中国法系、印度法系、阿拉伯法系、普通法系和罗马法系是法系划分中的五大法系。不过中国法系、印度法系和阿拉伯法系基本上是法制史上的概念，只有普通法系和罗马法系的划分仍在西方各国中具有重要影响。

普通法系源于英国，英国在历史上依靠法庭审判案件的判决结果逐步形成不成文的习惯法延传下来，成为制约人们行为的规范，并由此产生了一种通过审判案件制定规则的法规产生模式。英国古代审判案件是根据一个地方的习惯来判断是非的，这些判决结果是以后类似案件审判的重要参考依据,实际上成为了制约人们行为的一种法律,一代一代地加以改进并相传下来,故普通法又有称作"案例法"的。英国资本主义制度确立以后,逐渐制定了有限的一些成文法律,这些法律由法院进行详细解释,因此法院积累了大量的案例来列示和补充这些法律。普通法系比较具体,不抽象,通过审判案例形成的普通法是为每一个具体案例寻找答案,而不是为未来的发展制定一般的规则。属于普通法系的国家包括英国、爱尔兰、美国、加拿大、澳大利亚和新西兰等。

在普通法系的国家中,成文的法律一般不规定过多的具体细节问题,所以总体来说,对于公司的各种活动和财务报告的编制没有一个概括所有情况的统一规则。在这样的法律环境中,企业的会计处理和财务报告形式在法律的框架范围内有很大的自由度,因此,在普通法系的国家中,许多详细的会计规则一般是由会计职业界制定的,以后有的国家又改变为由独立的准则制定机构来制定会计准则。

罗马法系是古罗马的法律以及在罗马法的基础上制定和发展起来的相关国家法律的统称。罗马法系首先盛行于欧洲大陆,故亦称"大陆法系"。罗马法以成文法为主要形式,具有完整性和系统性的特征,是一种在问题发生之前先制定规则的法规产生模式。罗马法系中民法最为完备,对后世资本主义社会的民法影响深远,成为许多国家立法的依据,如1804年颁布的《拿破仑法典》就是以罗马法为基础制定的。属于罗马法系的国家包括法国、意大利、德国、西班牙、荷兰、葡萄牙和日本等。

在罗马法系的国家中,商法、民法或公司法对公司的各种活动以及会计和报告问题都有较为详细的规定,比如有的国家的商法中公司会计事项是很重要的内容,占有较大的篇幅,有具体的记账规则和报表格式。各公司在这样的法律环境中进行的会计处理必须严格遵守法律条文的具体规定,会计职业界几乎没有自己制定会计规则的余地。

通过什么法律来规范会计实务在各国间也有很大差异。有些国家有专门的会计法,或是由政府制定的会计条例等规则,有的国家则没有政府制定的关于会计的单项专门法规。有的国家在公司法中包括各种会计规定,有的国家则在证券法或商法中提出会计方面的要求,一般来说各国都在税法中针对纳税计算有各种不同的会计规则。

二、政治因素

一个国家的政治思想和政治制度对该国的会计理论和会计实务一般都有着间接的影响,有时政治事件和政治变革还会对会计产生直接的影响。一个国家政治方向的改变会影响会计的发展方向。会计制度的性质要反映一个国家的政治观点和政治目标。

两国间的政治关系会对两国的会计实务产生一定的影响。政治上联盟或敌对的国家影响着会计实务向相近还是相反的方向发展。政治上结盟的国家,会计界的交流就会增多,相互引进和吸收对方经验的障碍就会比较小;相反,政治上敌对的国家在会计界也容易产生敌对的情绪,两国的会计实务有可能向着相反的方向发展。第二次世界大战以前,日本和德国的政治关系一直非常密切,所以两国的会计实务也非常接近。第二次世界大战以后,美国在政治和军事方面对日本施加了重大影响,因此日本会计准则和公司报告越来越趋近美国。20世纪的绝大部分时间里,东西方分成两大阵营,两大阵营不仅在政治、经济方面,而且在会计制度和会计实务方面都出现了根本的分歧。苏联和东欧国家从

20世纪90年代开始会计发展方向发生的改变不是由会计本身发展引起的,而是由于政治事件和政治变革引起的。

以前的殖民地和宗主国关系影响殖民地国家仿效宗主国的会计制度。如英联邦国家大多数都仿效英国的会计制度;前法国的殖民地国家都遵循法国的会计模式。欧洲联盟是欧洲国家政治上结盟的组织,正通过政治的力量影响着欧盟国家会计实务的发展。

在西方国家,工会、环境保护组织等政治力量也对会计实务和财务报告施加着影响。随着经济的发展,企业在追求最大利润的同时置其社会责任于不顾的掠夺式经营行为,日益引起了社会各界的关注和不满。这样,关于企业应承担怎样的社会责任和社会义务的问题成为人们讨论的话题,要求企业报告其在经营活动中给社会带来的影响方面的情况成为一种社会意志。一些工会组织、环境保护组织等社会力量要求公司公布与职工工作和生活条件有关的信息、公司应承担的保护环境和其他社会责任方面的信息。为了协调与社会的关系、消除对企业的不利影响,一些企业开始在公布其财务信息的同时公布有关社会责任方面的信息,并由此产生了社会责任会计。

三、经济因素

一个国家的会计发展状况和发展水平一般是与该国的经济类型和经济发展水平相适应的。在一个以农牧业为主的国家中,不可能有发达的工商企业会计实务;在高度工业化的国家中,生产过程和经济业务相对比较复杂,相应地发展出了更高水平的会计理论和会计实务。

企业组织的形式和规模也是影响会计实务的一个因素,公司会计不同于合伙会计是由于企业组织的形式不同产生的差异。没有有限责任公司的国家显然不会有公司会计存在。公司组织形式的出现使得公司财务信息的披露变得尤为重要。公司作为一个独立的法律实体,承担有限责任,因而股东、潜在的投资者和债权人必然十分关心公司的财务状况和经营成果,从而引起了财务会计和财务信息披露方面的变革。大公司结构层次多,会计需要有相应的反映和控制方式,多步骤生产的企业往往需要分步计算成本,而简单的小型企业则只需要相对简单的会计制度与之相适应。跨国公司的发展又带来了一些不同以往的新的会计问题,使得会计的技术方法又有了进一步的发展。

新的经济现象的出现产生了新的会计问题。如股票股利、租赁、企业合并、递延项目、金融工具,等等。在许多国家,无形资产的核算越来越重要,如专利权、特许权、商标、商誉等。随着企业现代化水平的提高,对职工的素质和技能水平的要求也越来越高,相应的职工取得成本、对职工的教育培训和提高其业务能力方面的投入也越来越大,从而产生了人力资源会计来对这方面的成本效益进行反映。这些都是经济的发展促进会计发展的明显例子。

资金来源的不同也对各种经济实体的会计有直接的影响。各国企业组织的形式和掌握公司所有权的状况多种多样。在一些国家中,银行是企业资金的主要供应者,可以直接获得公司的信息甚至影响公司的决策。在一些国家中,许多公司由政府或家族所控制,因而公开公布财务信息的必要性就不十分明显。在另外一些国家中,股东是公司资金的主要供应者,公司的股权比较分散,国内有着发达的股票交易市场和大量的股票上市公司,因而公开公布财务信息的必要性对于广大股东和潜在的投资者来说是十分明显的。公司股权越分散,越要求财务信息公开披露来满足公众的需求。

会计以货币为计量尺度,通货膨胀的出现使得币值不再稳定,从而使会计信息扭曲、失真,为解决这种问题而产生的理论和方法构成了通货膨胀会计。通货膨胀率较高且持续时间较长的国家其会计实务必然以对付通货膨胀为特征。如南美许多国家的通货膨胀率都很高,往往达到三位数字,所以这些南美国家都采用一般物价水平调整的会计模式。不从通货膨胀这一因素分析,就不可能解释清楚为什么这些国家的会计与其他国家的会计存在着巨大的差异。

四、税收因素

每个国家都有自己的税收体制。税收体制直接制约着企业的经营活动和会计实务。各国征税纳税等税务事务构成了对会计服务需求的一个重要方面。税务对会计制度在不同的国家有不同的影响,有的国家对外财务报表就是确定应付税款的基础,而另外的国家为纳税的目的要对提交给股东的财务报表进行必要的调整。

虽然我们可以从不同的角度对各国的税收体制进行分类,但只有某些分类与会计和财务报告问题有关。比如我们可以将欧洲大陆国家的所得税税制分为传统税制和归属税制,但是这种划分并不影响公司的财务报告。与会计和财务报告问题有关的是税法税则中对会计计量规则规定的详细程度。有的国家税法税则就是会计规则,会计报告中列示的利润与纳税申报表中申报的利润必须一致,法国和德国是属于这种税收体制的国家;而在另外的国家有所谓的财务会计和税务会计之分,会计利润和应纳税所得往往不同,在财务会计和税务会计之间允许存在差异,包括永久性差异、时间性差异或暂时性差异。

税法税则中对会计计量规则有不同规定的一个例子是对固定资产折旧的规定。例如,在英国,为纳税目的计算的折旧金额是由鼓励投资的资本税收减免决定的,企业为了得到投资税收减免,一般按税法规定的折旧计划表计提折旧,而同时会计准则从公允反映的角度要求采用最适合各类固定资产的折旧方法尽可能公正地摊配各年的折旧额,因此在英国存在着应税项目处理方面财务会计与税务会计的差别。德国是另一方面的例子,德国税法对各类固定资产规定了具体的折旧率,折旧率是以固定资产预计的使用年限为基础确定的。对于生产节能或控制污染产品的企业,德国税法规定固定资产可以采用加速折旧法,并且相应的折旧额可以直接计入当期损益,不需要另外编制按直线法调整的财务报表,这在德国会计师看来是正确的和合法的,但在英国会计师看来却是不"公正"的。

总之,税务是对会计有直接影响的一个因素。如果税法对会计计量和报告问题规定得较细,企业会计实务就按税法的规定发展,税法的修订会对会计实务产生直接的影响,会计实务与税法的规定趋于一致。如果税法不要求对外财务报表的计量和报告必须与税法中的详细具体规定相一致,则税务当局必须较多地运用职业判断来确定公司的纳税项目和纳税金额,对公司的会计实务有较小的影响,这使得财务会计可以相对独立地发展。

五、文化因素

一个国家的会计实务发展过程和发展方向会受到该国以价值取向为核心的文化取向的影响。西方国家在研究文化对会计的影响方面，一般是以霍夫斯特德（Hofstede）的文化取向理论为基础进行研究的。霍夫斯特德提出的一个国家的价值倾向所反映的文化取向表现在四个方面：

（1）个体主义取向对集体主义取向。指一个社会的成员之间保持联结的程度。个体主义表示社会中人们偏好松散联结的社会结构；而集体主义表示社会中人们偏好紧密联结的社会结构。

（2）大跨度权力结构取向对小跨度权力结构取向。指一个社会的成员所接受的机构或组织中权力分配的程度。在一个大权力跨度的社会中，人们倾向于接受一种等级制度秩序，每个人都有自己的位置而不需要证明这种位置的合理性；而在一个小权力跨度的社会中，人们倾向于寻求权力的公平、要求证明现存权力不平等的合理性。

（3）避免不确定性愿望中的强避免取向对弱避免取向。指一个社会的成员对不确定性和模糊性能够容忍的程度。在一个强避免不确定性的社会中，人们一般不容忍模棱两可，总是不惜代价控制不确定性和模糊性，以期能够控制未来；而在一个弱避免不确定性的社会中，人们一般不太在乎不确定性和模糊性，有一种自然的相对安全感。

（4）阳性取向对阴性取向。指人们对待某些事物的态度，是从社会中两性的作用划分来考察的。阳性取向意味着人们倾向于取得成就、比较自信、讲究赚钱、崇尚英雄主义，等等；而阴性取向则意味着人们倾向于良好的关系、谦逊虚心、关心弱者、保护环境、讲究生活质量等。

格雷（Gray）在有关文化研究的基础上研究了不同国家以文化取向为特征的会计价值取向的四个方面：

（1）职业自治对依法控制。职业自治倾向于让职业人员有一定的职业判断空间、保持职业界自治制度；依法控制倾向于遵循详细的法律规定、依法进行控制。在职业自治的国家中，一般有较高的个体主义取向、较弱的避免不确定性取向和小跨度权力结构取向。

（2）统一性对灵活性。强调统一性的国家中，各公司执行统一的会计规则，这些规则在各个期间要保持一致；强调灵活性的国家中，根据各个公司的具体情况允许有一定的灵活性。在强调统一性的国家中，一般有较低的个体主义取向、较强的避免不确定性取向和大跨度权力结构取向。

（3）保守主义对乐观主义。保守主义倾向于对未来事件的不确定性采取谨慎的计量；乐观主义倾向于采取自由放任、承担风险的方式。在保守主义占主导地位的国家中，一般有较强的避免不确定性取向、较低的个体主义取向和明显的阴性取向。

（4）保密对透明。在倾向于保密的国家中，对企业信息进行保密，限制其披露，只对与企业管理和提供资金有密切关系的人员披露；在较为透明的国家中，倾向于公开披露的方式。在倾向于保密的国家中，一般有较强的避免不确定性取向、大跨度权力结构取向、较低的个体主义取向和明显的阴性取向。

格雷的会计取向与霍夫斯特德的文化取向之间的关系如表 2-1 所示。

表 2-1　　　　　　　　　会计取向与文化取向之间的关系

项　　目	个体对集体	权力跨度	不确定性	两性取向
职业自治对依法控制	＋	－	－	N. A.
统一性对灵活性	－	＋	＋	N. A.
保守主义对乐观主义	－	N. A.	＋	－
保密对透明	－	＋	＋	－

表中:"＋"表示正向关系,"－"表示反向关系,N. A. 表示不确定。

根据霍夫斯特德和格雷的研究,佩雷勒(Perera)提出了如下假设和推论。

(1) 一个社会中个体主义倾向较大、不确定性避免倾向较小,那么其会计文化中表现出的职业化倾向就较大(或统一性较小)。

(2) 推论:一个社会中个体主义倾向较小、不确定性避免倾向较大,那么其会计文化中表现出的职业化倾向就较小(或统一性较大)。

(3) 一个社会中不确定性避免倾向较大、个体主义倾向较小,那么其会计文化中表现出的保守主义倾向就较大。

(4) 推论:一个社会中不确定性避免倾向较小、个体主义倾向较大,那么其会计文化中表现出的保守主义倾向就较小。

(5) 一个社会中不确定性避免倾向较大、个体主义倾向较小,那么其会计文化中表现出的保密倾向就较大。

(6) 推论:一个社会中不确定性避免倾向较小、个体主义倾向较大,那么其会计文化中表现出的保密倾向就较小。

综上所述,西方一些学者在研究文化与会计的关系中,研究了文化对会计的决定作用,有所谓的文化决定论的观点。会计的文化决定论认为会计理论和会计方法的选择、对各种会计现象的认识和解释、会计模式的形成以及会计实务的发展方向等在很大程度上是由会计所处的文化环境决定的,文化是一个国家会计制度形成中的重要决定因素。这种观点认为,在各国间对于什么是最佳会计实务缺乏统一认识的根本原因不在于技术方面而在于文化方面。

六、教育因素

一个国家的一般教育水平和专业教育状况对会计实务有着重要的影响。一般教育水平表现在人们接受教育的程度尤其是接受高等教育的比重方面,一个国家的一般教育水平受该国的教育结构、教育制度的基本方向、教育对满足和适应国家经济建设需要和社会需要的程度等因素所制约。一般教育水平决定着一个国家会计人员的总体素质,从而决定着该国的会计工作水平和会计发挥作用的大小。在文盲所占比重较大的国家中,会计人员整体工作水平和工作能力不可能很高,会计中采用的方法和技术以及财务报告的编制都会相对简单;在一个教育水平较高的国家中,由于会计人员素质较高,就会有比较复杂和严密的会计方法与技术,有完善的财务报告制度和报告形式,会计在一个组织的管理或控制中就能发挥较大的作用。

会计专业教育和后续教育状况直接影响着会计人员的业务水平和技能高低,会计专业教育状况反映在专业教育制度、专业课程设置以及专业学位的设置等方面,职业后续教育状况可以从职业后续教育制度、在岗与脱产培训情况等方面观察。如果在会计教育体制中设置了比较齐全的各层次学位,尤其是高层次学位,就会吸引高素质的学生不断进入会计界,长此下去就会使会计人员素质和会计工作质量得到不断的提高。健全完善的职业后续教育和在岗培训制度可以保证现有会计人员不断吸收新知识、促使新方法和新技术的开发和应用,从而使会计人员素质和工作质量保持较高的水平。教育水平对会计环境的影响是长期的、缓慢的,在一定条件下会制约会计理论和实务的进一步发展,成为会计环境中的主要影响因素。

第三节 会计模式与会计实务的国际分类

分类是认识世界的一种途径,对于理解和分析各国会计制度为何不同和如何不同来说,分类观察是基本的方式。通过分类将不同国家中具有相同特征的会计制度分为一组,可以揭示这一组中各国会计制度具有的基本结构和不同于其他组别的明显特征。通过掌握相同点和不同点,我们对各国会计制度和会计实务的认识和理解就会得到改进和提高。

一、缪勒的开创性工作

美国会计学家缪勒在国际会计的比较、分类和模式研究方面进行了开创性的工作。缪勒教授根据企业经营环境和会计发展环境的不同于1967年提出了四种不同的会计发展模式。

(一)按宏观经济要求发展会计

在这种发展模式中,会计与国民经济政策密切相关,公司的目标要服从国民经济政策。为了提高经济和企业经营的稳定性,一般都鼓励企业将各年利润平滑化,折旧率的调整要适应刺激经济增长的需要,并且为了鼓励投资而允许建立特种储备,为了宏观经济的需要而重视增值表、社会责任会计和税务会计。瑞典是这种模式的例子。

(二)以微观经济学为基础发展会计

会计被视为企业经济学的分支,强调经济活动的中心是私人和企业。会计在其计量和计价过程中要反映经济现实,这意味着会计规则既要成熟又要有灵活性。基本的会计概念是要保持公司资本的真实价值,因此重置成本会计得到重视。荷兰是这种模式的例子。

(三)作为独立学科发展会计

将会计视为能够自我发展、自成体系的独立学科,因而会计形成了独立的自我发展模式。会计不从属于政府的政策和任何经济理论,而是通过成功企业的实务逐渐形成了自己的概念结构,并且在会计实务中经常使用"公认会计原则"的表述。美国是这种模式的例子。

（四）以统一的模式发展会计

政府将会计作为管理企业的一种手段，通过制定和实施统一会计制度，使得会计实务有着较高的统一性。会计可用于衡量业绩、分配资金、控制价格、收取税金等。法国是这种模式的例子。

缪勒教授的上述模式不是对会计和财务报告的直接分类，而是通过对会计的环境因素的分析进行的间接分类。推论的前提是会计环境相似的国家会有相似的会计实务。然而，这种分类存在着一定的缺陷，它没有考虑当时的社会主义国家，而且各类之间的界限并不十分明显，尤其是按宏观经济要求发展会计和以统一的模式发展会计之间的界限不十分清楚。

1968年，缪勒教授主要根据各国经济发展的不同状况、企业经营活动所处的经济环境、企业的复杂程度、政治和文化氛围、有关的法律制度等几个不同因素进行分析和分类，其结论是世界上存在着10种不同的企业经营环境，从而使相应的会计各具特色：①美国/加拿大/荷兰；②英联邦国家（不包括加拿大）；③联邦德国和日本；④欧洲大陆国家（除联邦德国、荷兰及斯堪的纳维亚各国）；⑤斯堪的纳维亚各国；⑥以色列/墨西哥；⑦南美；⑧中东及近东发展中国家；⑨非洲（除南非）；⑩社会主义国家。

虽然缪勒教授指出不同的企业经营环境需要不同的会计制度，但他并没有实地考察实务中的会计差异。

二、五大会计模式

美国会计学会的国际会计教育工作委员会在1975—1976年的报告中根据"影响区域"把世界上的会计制度和会计实务划分为五个"影响区"：①英联邦；②法国/西班牙/葡萄牙；③联邦德国/荷兰；④美国；⑤社会主义国家。美国学者阿伦(P. H. Aron)博士根据财务会计的主要服务目标进行了类似的划分：①强调公司财务报告应给予"真实与公允反映"的英国会计模式；②通过"公认会计原则"，强调保护投资者利益的美国会计模式；③强调服从税法税则的法国-西班牙-意大利会计模式；④强调面向公司、保护公司利益的北欧会计模式；⑤强调为计划经济提供服务的苏维埃会计模式。以上两种划分基本上是一致的，这五种主要会计模式有"五大会计模式"之称，是20世纪80年代比较流行的一种国际会计模式划分方法，也是对这一时期国际会计模式较为概括、易于理解的一种划分，有些模式的提法至今仍被采用，如美国模式、德国模式等。

（一）美国会计模式

它是会计和财务报告以保护投资者和债权人的利益为主要目的、以长期形成的"公认会计原则"主导会计实务为特征、以美国会计理论和实务为典型代表的一种国际会计模式。美国会计模式在第一次世界大战之后逐渐形成并产生影响，第二次世界大战之后又进一步定型和完善，并扩展到世界上许多国家和地区。一般认为，菲律宾、日本、加拿大、澳大利亚、以色列、巴西、墨西哥和委内瑞拉等国引进了大量的美国会计理论与方法，实务中有许多方面实际上按美国的"公认会计原则"进行处理，越来越具有美国会计模式的特征，因此这些国家被划分到美国会计模式的范围内。

（二）英国会计模式

英国会计模式亦称不列颠会计模式，是以英国会计理论和实务为代表的、以要求公司财务报表给予"真实与公允反映"为特征的一种国际会计模式。英国会计模式是世界上产生较早、历史较久的一个模式。英国产业革命以后，随着生产力的提高、生产规模的扩大，产生了许多不同以往的会计问题，在解决这些会计问题的过程中，英国会计师创造了许多新的会计理论、方法、技术和制度，从而逐渐形成了英国会计模式。英国会计模式在大英帝国的殖民扩张过程中传播到了其他许多国家，尤其是英联邦国家。

（三）法国会计模式

法国会计模式亦称法国-西班牙-葡萄牙会计模式或法国-西班牙-意大利会计模式，它是以法国及其周边国家西班牙、葡萄牙、意大利等国的会计实务为典型代表，以强调会计处理服从税法税则的要求，并与税法税则的规定保持一致为主要特征的一种国际会计模式。法国政府对法国会计的发展和一些特点的形成有着重要的影响，法国会计也因此而成为比较有特色的国际会计模式代表之一。这一模式深受法国重商主义和拿破仑法典的影响。法国会计总方案是这一会计模式中最具代表性的一个方面。属于这一会计模式的国家除上述四国外，还有比利时、希腊、土耳其、黎巴嫩、埃及、阿尔及利亚、摩洛哥、扎伊尔、刚果、巴西、厄瓜多尔、哥伦比亚和秘鲁等。

（四）德国会计模式

德国会计模式亦称北欧会计模式，它是以德国及北欧国家的会计实务为典型代表，以强调会计处理和财务报告规则应面向公司、保护公司利益为主要特征的一种国际会计模式。德国政府在发展市场经济中强调"社会原则"，国内证券市场相对不如英美发达，银行在向企业提供资金方面占有重要地位以及经济政策法典化，这些构成了德国会计环境的主要特点，在这样的政治、经济和法律环境中发展起来的会计实务形成了德国会计模式。在这一会计模式中，各种法律在规范会计实务方面起着决定性的作用，会计的统一性是这一模式中的传统。"只要求公司给予最低限度的披露"、"允许公司建立秘密储备"等描述和概括常出现在有关介绍这一模式的文献中。属于这一模式的国家除德国外，主要还有荷兰、瑞士、挪威、瑞典、丹麦和芬兰等。

（五）苏维埃会计模式

苏维埃会计模式亦即苏联会计模式或社会主义会计模式，是以苏联和东欧国家的会计实务为典型代表，以为计划经济服务为目的的一种曾在社会主义国家流行过的国际会计模式。这一会计模式随着苏联的解体和东欧国家政治经济制度的变革而逐步消失。

进入20世纪90年代以后，随着国际政治经济形势的变化，国际会计模式也相应地发生了一些变化。

首先是苏联和东欧国家政治经济制度在20世纪80年代末、90年代初发生了变化，相应的会计和财务报告制度也发生了一些变化。苏联和东欧国家对其原有商业立法（包括会计条例）不是修改，就是撤销，并通过了适应市场经济的新立法，其中包括公司法、外国直接投资规则、会计条例和私有化规则。大多数中欧和东欧国家都想通过私有化、放开价格以及取消政府补贴等办法来走向市场经济。这些国家中原有的会计条例是服务于计划经济的,目的是确保计划的实施和保护生产资料公有制,财务会计曾是国家经济信息系统的一个组成部分,财务报表是供政府当局使用的。

在走向市场经济的转变过程中,苏联和东欧国家都需要制定新的会计规则来适应新的形势。20世纪90年代初,有一些国家打算用欧共体指令作为出发点。例如,匈牙利选择欧共体模式,将欧盟某些代表性指令纳入其会计法,因为匈牙利的国外投资主要来源于欧盟国家。同时,东欧国家仍保留其制度中的长处,一些国家仍将维持统一的会计科目表,使微观资料同宏观资料保持原有的联系,为计划、财政、国家银行以及统计等政府部门服务。

其次是在欧洲联盟的范围内,随着欧共体第4号指令在20世纪80年代开始在各成员国实施,成员国各国间的会计和报告差异已经得到了控制,并且有所缩小。以法德为主的欧洲大陆国家接受了英国"真实与公允反映"的会计思想;英国也在一定程度上接受了通过法律规定具体会计规则的做法,公司法中包括了比较详细的财务报表格式。欧共体第7号指令的实施一方面促进了合并财务报表实务在所有欧盟国家内的发展,另一方面也缩小了各成员国在合并报表实务中存在的差异。

随着欧盟经济货币一体化的实现,欧盟各国之间的会计差异也在缩小,属于欧盟范围内的英、法、德三大会计模式在不断地进行协调。2000年6月,欧盟委员会发布了一份名为《欧盟财务报告战略:未来发展》的建议书,并将其呈送给欧洲议会和欧盟部长理事会,要求欧盟7 000多家上市公司(包括银行和保险公司)从2005年开始采用国际财务报告准则编制合并财务报表,并同时提议欧盟建立认可国际财务报告准则的双层机制。由此拉开了欧盟全面接受国际会计准则的序幕。

三、乔伊和米克的分类:公允反映对遵守法规

随着各国会计界交流的加强和会计协调的加深,尤其是会计准则国际趋同的发展,各种会计模式之间的界限变得越来越模糊,使得一些国际会计模式的分类逐步过时。美国会计学教授乔伊和米克(Choi & Meek)认为对当今会计模式的划分可以粗略地分为两大类,即公允反映和遵守法规。一些国家的会计理念和会计实务强调公允反映,强调实质重于形式;而另外一些国家则强调遵守法律法规,注重会计处理的合法合规性。

一般来说普通法系的国家属于公允反映的类别,罗马法系的国家属于遵守法规的类别。在会计实务方面,属于公允反映类别的国家中,对租赁业务,实质上属于购买性质的租赁要按融资租赁的方式进行会计处理;对于养老金业务,要按雇员实际赚得的权责发生制原则进行核算;对于建立储备,一般不允许为平滑利润建立特种储备。属于遵守法规类别的国家中,对于租赁业务,一般都按经营租赁的方式进行处理;对于养老金按雇员实际离职时进行费用处理,通常允许企业为平滑利润建立特种储备。在公允反映类别的国家中,会计思想中比较注重给企业管理人员留有根据具体情况进行判断的余地,强调企业应进行全面披露、公允反映;在遵守法规类别的国家中,会计思想中比较注重严格按法律法规进行会计处理,只有国家法律才能获得公认的权威性,企业会计必须遵守国家法规。

复习思考题

1. 分析各国会计环境特征及差异的意义是什么？
2. 什么是法系？对会计环境产生影响的是哪些法系？
3. 政治因素是如何影响一个国家会计理论和会计实务的？
4. 经济因素从哪几个方面影响一个国家的会计发展？
5. 税收因素如何造成税务会计与财务会计的划分？
6. 从文化的角度研究对会计的影响有哪些研究成果？
7. 教育因素怎样对会计产生影响？
8. 五大会计模式有哪些？是在何时提出的？如今是否还适用？
9. 乔伊和米克对当今会计模式是如何划分的？

本章参考文献

[1] Choi F D S, Meek G K. International Accounting[M]. 7th ed. Pearson Prentice Hall, 2011.

[2] Gary S J. Toward a Theory of Cultural Influence on the Development of Accounting Systems Internationally[J]. Abacus, 1988, 24 (1).

[3] Gary P B, Rodriguez Jr. R P. Earnings Management and Accounting Values: A Test of Gray (1988) [J]. Journal of International Accounting Research, 2008, 7(2).

[4] Hofstede G. Culture's Consequences: International Differences in Work-Related Values[M]. CA: Sage Publications, 1980.

[5] Nobes C W, Parker R H. Comparative International Accounting [M]. 10th ed. Prentice-Hall Inc., 2008.

[6] Perera M H B. Towards a Framework to Analyze the Impact of Culture on Accounting[J]. The International Journal of Accounting, 1989: 42-56.

第三章 国际金融市场和信息披露要求

国际金融市场是理解和研究国际会计问题所必须弄清的基本背景和条件。金融市场正向全球一体化方向演进,金融市场健康发展的核心是对投资者进行有效保护,其中重要的措施之一是保证充分的信息披露。

第一节 金融市场及其有效运行

一、金融市场的分类和主要经济功能

(一)金融市场及其分类

金融市场是资金交换的场所,是筹资和投资的平台。一般意义的金融市场,既包括货币资本融通的场所也包括实物资本融通的场所,市场中的交易对象可以包括货币借贷、票据贴现、有价证券买卖、黄金和外汇买卖、国内外保险业务和生产资料的产权交换等。狭义金融市场一般指有价证券市场,即股票和债券的发行和买卖市场,是股票、债券、投资基金等有价证券发行和交易的场所。资本市场(capital market)是指其中的长期证券市场,故资本市场亦称"长期金融市场",是指期限在一年以上各种资金借贷和一年以上长期证券交易的场所。

金融市场的类型有多种划分方法,按照证券交易性质可以划分为发行市场和流通市场,证券发行市场亦称初级市场或一级市场,证券流通市场亦称二级市场,发行市场是流通市场的基础和前提,流通市场又是发行市场得以存在和发展的条件,发行市场的规模决定了流通市场的规模,影响着流通市场的交易价格。

金融市场按照交割时间可以分为现货市场和期货市场。现货是与期货、期权等相对的一个统称,在外汇和债券市场上,现货市场指期限为 12 个月以内的证券(如票据、债券、银行承兑汇票)交易的市场;期货市场是从事远期交货合约买卖的市场。金融市场按照交易的直接对象又可以具体细分为国债市场、股票市场、金融期货市场和同业拆借市场等。

金融市场按照交易对象中发行者和买卖者的国别可以将全球金融市场分为内部市场和外部市场,或本国市场和外国市场,只有本国人参与的市场为内部市场或国内市场,对外国人开放的市场为外部市场或外国市场;外部市场或外国市场也称国际市场,该市场中有来自不同国家的金融资产提供者同时向许多国家的投资者发行,之后金融资产在不同国别的投资者之间进行交易。

(二)金融市场的主要经济功能

1. 资源配置功能

金融市场作为投资和筹资的场所,决定着经济资源的配置,金融市场一方面为资金需

求者提供了通过发行证券筹集资金的机会,另一方面为资金供给者提供了投资对象。投资者能够通过金融市场实现长短期资金的互相转化,金融市场具有的流动性能够吸引投资者被迫或主动买卖金融资产,从而实现企业资源的合理配置。

2. 资本定价功能

证券是资本的表现形式,所以证券的价格实际上是证券所代表的资本的价格。资本买卖双方的相互作用决定了交易资产的价格和资产的收益率,从而决定了资金在金融资产之间的分配水平。证券的价格是证券市场上证券供求双方共同作用的结果。证券市场的运行形成了证券需求者和证券供给者的供求关系,投资回报高的证券,市场的需求就大,相应地证券价格就高;反之,证券的价格就低。因此,金融市场提供了资本的合理定价机制。

3. 信息提供功能

金融市场能够为企业进行财务管理提供有意义的信息,有利于减少企业的交易成本和信息成本。信息提供功能是金融市场的派生功能,它通过为企业提供资金融通,传递产权交易信息、资本成本信息和资金流向信息,从而在企业财务管理过程中和内部资源整合中发挥重要的作用。

二、金融市场的有效运行

金融市场的正常有效运行与发展壮大离不开投资者的积极参与,因此金融市场是面向投资者的市场。发展面向投资者的金融市场,监管者和有关各方必须实现两个基本目标,一是投资者保护,二是提高市场质量。缺乏投资者保护和没有质量的市场是难以长久运行和存在的,这两个基本目标对于任何有效的金融市场都是同等重要的。

在一个缺乏投资者保护的市场中,投资者将失去参与市场交易的热情,市场将因此而凋零和萎缩。在证券市场中,发行证券的公司一般地是处于强势的一方,投资者则是处于劣势的一方,其主要原因是由于信息不对称引起的。投资者要依据各种信息进行投资决策,但是在自然状态中,投资者往往得不到完整、准确和及时的信息。投资者不能确定一家公司的运行状况和真实质量,不能确定管理层公布的公司未来发展前景的准确性,不能确定公司管理层的能力和诚信程度,等等。管理层通常处于主动和有利的地位,他们掌握公司实际信息,为了自身利益,他们可能操纵对外公布的信息,尽可能公布好消息和对自己有利的信息,推迟公布坏消息,有的甚至掩盖坏消息、编造虚假信息,欺骗投资者。

为了保护投资者的利益和积极性,政府监管部门要从多角度进行监管,其中之一就是加强信息披露的监管。通过制定规则并监督执行使公司管理层向投资者提供及时全面的信息,其中包括公司财务信息。为此,会计准则制定中的国际趋势已经转向决策有用性,即公司财务报告的目标是要向信息使用者提供其进行经济决策有用的信息。

因此,投资者保护的具体措施就是向投资者提供充分可靠的信息并进行有效监督。具体来说,要向投资者提供完整、准确和及时的信息,促进财务信息和非财务信息的可比性,监督市场规则得到有效执行,在证券发行、交易及相关的各项活动中防止舞弊行为的发生。

提高市场质量就是要确保市场公平、有序、有效、无欺骗、无渎职。具体来说,市场公平就是要促进公平得到信息和公平交易的机会,市场有效就是要增进流动性和减低交易成本,市场有序就是创造市场价格形成机制以反映投资者的价值判断。通过监督机制防止欺骗、提高投资者的信心,确保资源的有效配置。

第二节 世界金融市场的一体化

一、世界金融市场的基本概念

金融市场的全球一体化是指若干国家的金融市场统一成为一个国际市场,全球性竞争迫使各国政府对其金融市场放松管制,增强交易的自由度,这使得世界主要金融市场上的参与者能够更有效地参加投融资活动。在全球化竞争加剧的环境下,以美国为首的金融市场中机构投资者参加数量与日俱增,开始占到主要地位。与散户不同,机构投资者更乐于进行跨国资金转移,以减少其投资组合的风险或提高回报率。

金融市场的全球一体化趋势要求监管市场的手段、执行操作的方式和分析金融机会的技术必须跟上市场发展的形势。电子通信系统和电子计算机技术的飞速发展使得金融市场中的信息能够及时传递给位于世界各地的市场参与者,同时这些市场参与者能够迅速处理获得的信息并进行投资组合的风险和报酬率评估,然后再将交易指令信息快速及时地传递到世界各地。通信手段的现代化和信息技术的迅猛发展,使金融市场的全球一体化成为可能并正在成为现实。

在资本市场上,具有类似风险的金融资产应该具有相近的预期报酬率,或者说风险程度能够反映预期报酬率的大小。如果一国的投资者不允许投资于另一国企业或组织发行的金融资产,那么在世界不同的资本市场中买卖具有类似风险的证券时,经过税收和汇率调整后的预期收益率也不同。这种情况称为完全分割市场,这时企业有可能在国外资本市场中筹集到低于本国筹资成本的资金;另一种极端情况是投资者不受任何限制,可以在世界各地的任何资本市场中买卖证券,这时的市场具有完全一体化的性质。在这种情况下,在世界不同的资本市场中买卖具有类似风险的证券时,经过税收和汇率调整后的预期收益率都是相同的,无论投资者在哪里进行投融资活动,其资本成本都一样。

虽然目前债券市场和股票市场的一体化程度不同,但都介于完全分割和完全一体化两者之间。在这种适度分割(也可以称为适度一体化)的市场中买卖具有类似风险的证券时,经过税收和汇率调整后的预期收益率有可能不同,所以国内融资者和投资者有可能在国外获得低成本的融资机会或是高收益的投资机会。

二、在国外资本市场筹资的动机

一个国家的公司在国外资本市场中寻求筹资机会通常出于以下一些原因。

(一)本国市场的局限性

一个国家的公司进入国际证券交易市场进行筹资有可能是因为在本国市场遇到的局限所导致的。当公司发现本国的资本市场不可能以一个很好的价格来吸收它所需要发行的证券时,就要考虑进入国外的市场。许多跨国公司对资金的需求量可能非常大,一旦公司所处的国内市场发育得不十分完善,无法完全满足这些跨国公司的资金需要时,它们就只能在国际市场或是外部市场中进行筹资活动。

(二)降低筹资成本

一个国家的公司在国外市场中进行融资活动有可能付出相对较低的筹资成本,这种相对较低的筹资成本可从两个方面分析:一是降低筹资活动中发行股票或债券代表的风险,从而降低与风险相关的使用成本(从另一方面说也降低了投资者所关心的预期收益率),如前所述,由于目前国际金融市场一体化程度还不够深,存在市场摩擦的国际资本市场能够提供这种低成本融资的机会;二是为了防止大额融资活动冲击国内市场而对公司本身产生不利影响,在国外市场中筹资可以降低这类冲击成本。

(三)优化公司资本构成

通过在国外市场中筹资,公司的资金来源构成不再单一,能够减少对国内投资者的依赖,投资者种类的多样化能够降低某一类投资者对公司治理的影响程度。另一方面,在金融市场上将投资者看作顾客,在国外上市给了公司在最合适的市场上提供其金融产品的机会。

(四)增强应付突发风险的能力

在国外市场中筹资使得跨国公司总体外币管理中增添了一项有力的长期手段,在进行外汇风险暴露管理尤其是应对突发风险时能够做到及时有效。

(五)战略考虑

进入某一个国家的资本市场可能与公司看好那个国家的产品市场有关。顾客对一个公司的产品感兴趣程度会因为公司在本国上市而提高,其原因在于这意味着公司与这个市场将长期联系在一起,而不仅仅是短暂的销售行为。产品市场上的顾客同时可以得到参与该公司融资活动的机会。当然,从公司的角度考虑,最终起决定作用的还是当地证券市场的吸引力,公司不仅考虑扩大它的融资渠道,而且想要得到比本国资本市场更优惠的上市条件。

积极参与到国外的资本市场中会大大增加一个公司的知名度。公司上市会增加各种金融团体对它在股票交易中披露的信息的兴趣。金融媒介会对上市公司格外关注,这种关注并不仅仅局限于股票价格方面,而且还包括对高级管理层的安排及其各项决策方面。

三、世界主要资本市场

(一)概述

跨国公司决定是否要进入某一个国外的金融市场一般要结合公司全球战略及公司产品战略进行考虑。即使公司的全部业务都集中在某一个国家也未必会在该国上市。一般公司愿意在国际上最好的几个资本市场之一上市,因为这样可以通过大规模融资获得充足的运营资金并且获得很好的公众印象和声誉。而且在这些发达的证券市场上,证券交易过程受到了严格监督,可以避免内部交易等不利因素的影响,这样的市场往往有较好的经济基础、相对较低的通货膨胀率、很少或者没有资本流动的限制等。

世界上最大也是最重要的证券交易所在美国,首推纽约证券交易所。其次是欧洲的证券市场,伦敦证券交易所是国际化程度最高的交易所之一,也是欧洲最大的证券交易所。欧洲另外比较重要的交易中心是法兰克福证券交易所及巴黎证券交易所。第三个重要的交易中心在亚洲,最为发达的是东京证券交易所,为世界第二大证券交易所。除了东京之外还有一些其他证券交易所,比如中国香港联合交易所和新加坡证券交易所正在获得越来越多的关注。

(二)纽约证券交易所

1792年5月17日24个证券经纪人聚集在华尔街68号外面的梧桐树下,签订了梧桐协议,规定了在他们之间买卖公司债券和股票的规则。1817年3月8日梧桐协议的签署者们又草签了第一份章程,并将他们新创建的组织取名为纽约证券交易委员会,该交易委员会于1863年改称为现在的名字——纽约证券交易所。2006年以前,纽约证券交易所是一个会员制组织,只有通过购买席位才能加入纽约证券交易所,其席位总数为1 366个。2006年4月纽约证券交易所与一家已经上市的电子证券交易所合并,组成纽约证券交易所集团,其席位折合成股份,股票开始公开交易。

(三)伦敦证券交易所

英国的第一家证券交易所于1773年在伦敦成立。1802年,该交易所获得英国政府正式批准。在该交易所中最初主要交易政府债券,之后公司债券和矿山、运河股票陆续上市交易。1967年,英国各地交易所组成了7个区域性的证券交易所。1973年,伦敦证券交易所与设在英国格拉斯哥、利物浦、曼彻斯特、伯明翰和都柏林等地的交易所合并成为大不列颠及爱尔兰证券交易所,各地证券交易所于20世纪80年代后期停止运作。1995年12月,该交易所分为两个独立的部分,一部分归属爱尔兰共和国,另一部分归属英国,即伦敦证券交易所。

(四)德意志交易所集团

法兰克福是德国最大的金融中心,早在1585年曾建立起全国最大的证券交易所。法兰克福证券交易所是德国最大的证券交易所,在欧洲各主要证券市场中仅次于英国伦敦证券交易所。法兰克福证券交易所的证券交易业务一直由德国政府商会管理,政府商会负责1896年国家颁布的《证券交易法》执行情况的监督,根据政策法令协调有关证券交易的事宜。现在法兰克福证券交易所由德意志交易所集团经营,德意志交易所集团于2001年上市,成为第一个大型国际交易所组织,该集团业务涵盖了从现货及期货的交易、交易后的结算、托管,到市场信息的提供以及电子交易平台开发的整个有价证券交易的价值链。

(五)泛欧交易所

2000年9月,阿姆斯特丹证券交易所、巴黎证券交易所和布鲁塞尔证券交易所共同成立第一家泛欧交易所,2002年又通过收购里斯本证券交易所和伦敦国际金融期货期权交易所实现了扩张。

阿姆斯特丹证券交易所被认为是世界上最古老的证券交易所,成立于四个世纪之前。股票交易源于阿姆斯特丹,VO公司(Verenigde Oostindische Compagnie)是一家大型航运公司,从事远东贸易,需要大量的资金。该公司的股票是世界上第一家被买卖的股票。17世纪随着越来越多的公司债券和股票上市,其中包括1621年成立的西印度公司,证券交易所变得越来越重要。1851年,阿姆斯特丹证券交易所协会成立,旨在组织和规范荷兰的证券交易。只有该协会的成员才允许在证券交易所直接交易。

法国最早的交易所是在里昂成立的,大约在1540年。巴黎交易所是1724年被依法批准设立的,1801年得到官方正式认可。随着法国金融机构的建立,修建运河和铁路,扩张经济与贸易,在巴黎交易所挂牌的股票成倍增长,从1800年的7家增长到1853年的152家。到1900年,有800多种法国证券和近300种外国证券在巴黎交易所交易。1967年5月成立了一个全国性的公司,包括118个证券经纪人,在7个法国交易所开展业务。1988年1月颁布了证券市场改革法案,对市场参与者的地位进行了彻底的改革。1996年7月颁布的金融活动现代化法案将欧盟的投资服务指令并入了法国法律,为更加开放和竞争铺平了道路,使法国市场完全融入了欧洲。新法案使原巴黎交易所失去了垄断地位,但另一方面,巴黎交易所也获得了建立全欧网络的自由。1999年6月,法国四家市场运营商合并成立了新的巴黎交易所。

布鲁塞尔股票交易所的历史可以追溯到19世纪初。到1858年,证券交易量已经大增,经济快速发展,经纪人和交易人员要求布鲁塞尔市政府建设新的交易所,新交易所大楼于1874年完工。根据自由市场经济的原则,证券职业及其交易所是完全自治的。但在20世纪初叶,作为刺激经济和资本市场的宏大计划之一部分,政府曾试图监管证券职业。1990年12月,《金融交易和市场条例》的颁布有助于促进比利时证券市场的现代化,以使它们在国际上更具竞争力。以后的法令确立了交易所可以在泛欧的基础上经营。

里斯本证券交易所最早创建于1769年,在1974年葡萄牙发生的军事政变中曾被关闭。伦敦国际金融期货期权交易所(The London International Financial Futures and Options Exchange,LIFFE)成立于1982年,该交易所的创立初衷是为市场参与者管理其外汇和利率的敞口提供更好的手段。之后伦敦国际金融期货期权交易所开发出了一系列不同的金融衍生工具。2002年1月泛欧交易所完成了对里斯本证券交易所和伦敦国际金融期货期权交易所的收购。伦敦国际金融期货期权交易所在短期利率衍生品方面的优势是对泛欧交易所权益产品专门领域的完美补充。

(六)东京证券交易所

东京证券交易所于1878年5月创立,同年6月1日开始交易。由于当时日本经济发展缓慢,证券交易不兴旺。第二次世界大战期间曾暂停交易,日本战败后,1946年在美军占领下交易所解散。1949年1月美国同意东京证券交易所重新开业,于1949年5月重开。随着日本战后经济的恢复和发展,东京证券交易所也发展繁荣起来。目前有上市公司近2 000家,其中外国公司100多家。

(七)中国香港联合交易所

中国香港最早的证券交易机构是香港股票经纪协会,于1891年成立,1914年改名为香港证券交易所。1921年,香港又成立了名为香港证券经纪人协会的第二家证券交易所。1947年,这两家交易所合并为香港证券交易所有限公司。1969年以后相继成立了远东、金银、九龙三家证券交易所,香港证券市场进入四家交易所并存的所谓"四会时代"。1986年3月,四家交易所正式合并组成香港联合交易所,4月联交所开业,并开始享有在香港建立、经营和维护证券市场的专营权。2000年3月,香港交易及结算所有限公司成立,全资拥有香港联合交易所有限公司、香港期货交易所有限公司和香港中央结算有限公司三家附属公司。

(八)纽约泛欧交易所集团

2007年纽约证券交易所集团和泛欧交易所实现二者的强强联手,创造了一家全球化交易所集团——纽约泛欧交易所集团。集团的目标是在未来建立更加高效率、高成本效应和覆盖更加广泛的市场,创造更多机会。纽约泛欧交易所集团在2006年3月8日正式开始以NYX的名义公开交易。2007年的正式合并创造了第一个真正意义上的全球交易所集团,该集团的交易所分布在欧洲和美国,有来自55个国家大约8 000个挂牌发行的证券,占全球证券交易量的三分之一。这样在美国和欧洲建立了交叉上市的快速通道机制(fast path),欧洲监管机构允许在纽约证券交易所上市的非欧盟发行人,凭借向美国证券交易委员会提交的上市文件,可以在泛欧交易所的欧洲市场进行技术性的第二上市。

第三节 信息披露要求

企业对外财务报告的最重要的功能是提供一个组织的经济和财务状况的信息。会计本身具有传递财务信息的含义。但是,"财务报告"从会计中"独立"出来被提到重要地位,具有了市场经济的色彩是在股份公司产生之后。股份公司产生之前,会计的重心在于将经济业务记录清楚,侧重于对内报告;而股份公司产生之后,尤其是随着上市公司和证券市场的发展,如何向目前的和潜在的股东"报告"公司的财务状况和经营成果逐渐地在会计系统中占据了越来越重要的地位。证券市场上的投资者及分析专家需要对证券上市的公司进行分析比较来进行投资决策。上市公司需要提供给市场足够数量和质量的信息来满足他们的需要。

一、国外市场的一般要求

越来越多的公司积极地参与到世界最重要的资本市场中,形式包括拥有外国公司的证券或在国外发行股票和债券。进入国外资本市场、扩大在国外资本市场的影响,可以使公司具有一种全球资本运作者的地位。

日益国际化的资本市场不仅为公司带来了好处,对于获得了更多选择机会的投资者来讲也是如此。新科技及通信信息渠道使大量的资金几乎可以在任何时间,在几秒钟之内得到转移。通过在线系统可以实时监控重要股票的交易发展,这可以使投资者建立的投资组合的风险与期望十分接近。从美国可以看到一个日益发展的趋势,即越来越多的投资者将他们资金的一部分投资于国外的证券。参与到国际资本市场中,投资者必须要掌握充分且可比的信息,以便于对投资的回报及风险做详细的分析。

公司在决定其证券在国外市场上市时,必须考虑市场对信息的要求。当证券的发行增加时,投资者不会投资于那些他们无法确定其质量的证券。各公司对国际金融市场上的稀缺财务资源进行竞争,只有满足了投资者及分析者的信息期望的公司才能够实现其筹资的目标。

然而那些希望在外国资本市场上上市的公司必须知道它们会遇到不同的信息文化,这将导致关于信息披露的一系列变化。这种情况与有形产品市场是可以类比的。当公司想要在国外市场出售某种商品,必须知道当地的需求规律,例如一些关于安全及技术的要求。

投资者和分析师习惯于使用他们自己国家的标准。对于公司来说要想既长期致力于某一个国外资本市场,又想获得与该国标准不同而与本国标准相同的特殊条件是非常困难的。一个外国公司与本国极其不同的信息披露会妨碍投资者的全面评价和比较。资本市场中新的进入者如果被看作是特殊的,那么就有可能达不到它最初的筹资目标。

为此,各国在相关的法规中都有强制所有上市公司必须执行的会计规则,但是这些规则在国与国之间是不同的。这种情况在各公司的业务都在本国范围内进行时不会产生问题,然而当国际经济和金融市场一体化日益发展后,便出现了国际性财务报告问题,即一个国家的财务报告使其他国家的人看来非常难以理解。跨越国境的公司间的比较会因计量或披露要求的不同而无法进行。国际经济和金融的一体化使跨国公司更加依赖国际金融市场。国际上协调财务报告要求的活动较早出现在美国资本市场上,美国有世界上最大和最重要的金融中心,首先吸引了世界上各国公司进入美国资本市场进行投资和融资。

在财务报告领域,各国间的要求和准则各不相同。各国资本市场对这种差异有以下几种处理方法。

(1) 对财务报告的相互认可。在相互认可的情况下,两个国家的证券交易所相互认可对方国家公司的财务报告。这是对公司最为方便的方法,欧洲证券交易所之间采用这样的方法。

(2) 附加信息。这种方法是上市公司使用其所在国的报表,但是在附注中提供附加信息。此方法适用于那些只涉及有很少差异的信息,并且不需要对已经发表的数字进行重新估价的情况。

(3) 使用可以选择的处理方法。上市公司在本国会计规则中选择与国外证券市场要求一致的规则来编报财务报表。这种方法仅仅局限于国内的会计规则可以选择的余地,使得公司可以选择与其他国家或者国际相近的会计处理方法。

(4) 采用不同的准则。如果以本国会计准则为基础编制的年度报告不能够通过上述的几种方法获得上市国的认可,那么就必须按照上市国的会计准则重新编制财务报表。

在上面讨论的各种方法中,完全不用改变的情况只有在采用了被国际上所接受的制度和准则时才能实现。目前来看国际上被认可范围比较广泛的是国际会计准则委员会所制定的国际会计准则及国际财务报告准则和美国的公认会计准则。国际会计准则及国际财务报告准则已被许多国家认可,美国会计准则对于要在美国上市的公司是必须遵循的,依据美国会计准则编制的报表还被世界上其他一些国家所认可。

二、证券交易所的上市要求

当选择一家证券交易所作为证券上市的场所时,它的规模和是否与公司的战略目标相协调构成了决策的一部分,证券上市公司更加重视市场规则的制定者及其所提出的上市要求。在大多数情况下可以区分出两种不同的市场管理者,一种是管理证券交易的政府部门,另外一种是证券交易所本身。政府部门和证券交易所之间的利益往往是冲突的。各国的证券交易所都在尽全力为争取到越来越多的重要公司上市而竞争,对上市候选人往往会给予相应的让步。而政府监管部门为了维护市场秩序、保护投资者的利益,常常与交易所站在不同的立场上。

证券交易管理者一般制定一些关于企业上市所必须符合的条件以及必须披露的信息等方面的规则,其中包括反映企业规模、经营状况和发展潜力等方面的数据,比如账面价值或市场价值,所有者权益的集中程度,资产周转率,在当地的上市时间以及最近的发展。通常这些指标必须在上市前三到四年达到,当然这对于一些全球性大公司而言并不困难。如美国纽约证券交易所规定,非美公司上市的股东数量标准是,持股100股以上股东数量世界范围内要达到5 000人,公共持股数量世界范围内要达到250万股等。

除了这些在国际证券交易所普遍采用的规则外,一些证券交易所还要求有进一步披露的内容,涉及附加更多的文件。这种情况在美国最为明显,在美国,每一家外国公司上市都要编报附加的报告(Form 20-F),每年提交证券交易委员会。该报告分为两大部分,第1至16条是对公司的基本介绍,如公司战略、产品构成、生产程序、研究开发、市场份额、竞争状况、环境保护、法律责任以及涉及投资者的有关税务要求。其中第9条十分重要,它是关于管理当局对运营及财务状况结果的分析讨论,还包括对于近三年来经营结果的详细解释。公司要提供的是那些从财务报表中不能一目了然,但是对投资者来说具有重要意义的信息。20-F表的第二部分是17~18条,是关于财务报表的部分。

美国证券交易委员会还要求上市公司提供中期报告,即编报6-K表提交证券交易委员会,报告中包括中期财务报表。美国会计准则并不要求公司必须编报中期财务报告,但是鼓励各公司按照证券交易委员会的格式向国内外投资者提供中期报告。季度报告对于国外公司并非必需的。

提供给证券交易委员会的报告中的信息是综合性的,对公司的经济状况和经营成果进行总括的说明。美国的投资者比较强调信息的可靠性,当他们发现信息有误时便会控告公司或审计师。公司提供的信息必须受到律师和审计师的检查,他们也因此而承担一定的风险。同时,证券交易委员会也要严格地审查这些文件,并且要求公司在说明书中做一些进一步的解释或者提供一些附加的信息。对股价具有敏感的信息要在发生时直接提供给市场,而无须正式的报告格式。

美国纽约证券交易所规定,合格的上市公司可以有三个财务报表编制基础:①美国公认会计原则;②按证券交易委员会的规则要求调整为美国公认会计原则;③与证券交易委员会的规则一致的由国际会计准则委员会发布的国际财务报告准则。上市公司每年向证券交易委员会提交的包括经审计的财务报表在内的年度报告必须同时通过其网站使所有股东也可得到,还要说明只要股东要求公司即可免费提供英文版的纸版年度报告。

除了美国证券交易委员会和纽约证券交易所的要求外,其他国际证券交易所也有它们自己的规定。如东京证券交易所要求上市公司每年提交的文件包括用日语提供全年及半年的证券报告;法兰克证券交易所要求上市公司每年提交的年度报告要能够在证券交易所中得到,中期报告要在期间结束两个月内交出。

准备在国外股票交易所上市的公司,一般要依靠其他中介机构来达到上市的目的。比如要在纽约证券交易所上市就必须要经过注册会计师对公司财务报表进行审计,以后还要根据证券交易委员会的有关规定在年度报告中提供注册会计师出具的审计意见。根据证券交易委员会的规定,重要文件还需要有律师的认可。表 3-1 列示在国外上市所涉及的有关方面及其责任。

表 3-1　　　　　　　　国外上市所涉及的有关方面及其责任[①]

证券交易所	推 荐 人	律 师	审 计 师
纽约	投资银行作为新上市公司的咨询者和组织者	与证券交易委员会和纽约证券交易所联系,合同谈判	根据美国公认会计原则审计财务报告,对财务报告提建议
东京	证券交易所和公司之间的中间人	解释制作证券的有关报告	对财务报告提建议
伦敦	证券交易所和公司之间的中间人,制作上市说明书	鉴证过程,包括上市说明书的校对	对财务报告和资产负债表的分类提出建议
法兰克福	银行作为证券交易所和公司之间的中间人,制作说明书	当需要时,对公司提供支持	没有必需的任务
巴黎	证券交易所和公司之间的中间人,制作说明书	没有必需的任务	对财务报告提出建议,并且与会计准则相核对
新加坡	证券交易所和公司之间的中间人,制作说明书	鉴证的过程,与受托人一起起草合同	鉴证说明书中的信息

三、成本效益分析

在国外证券交易所上市的要求与当地证券交易所和监管部门的要求是直接相关的,要求的不同对上市公司的筹资成本有直接的影响。例如,在纽约证券交易所上市,其披露要求的复杂性以及必须与美国会计准则相协调,涉及使用律师、注册会计师和其他咨询者,这样就使上市公司要产生较高的费用支出;而在其他证券交易所,因为没有如此苛刻的上市要求,所以这些咨询成本也就相应地降低了。

还有一些费用每年都要发生,虽然不是法规强制的,但是是根据商业惯例所不可缺少的,如在公共关系和宣传方面产生的费用,有时还需要面对面地向投资者介绍公司的近况。在美国,成功的公司无可避免地要安排高层管理人员会见重要的投资者,向他们介绍公司的战略并且公开地回答问题。公司在何种程度上满足市场对信息的要求,还取决于数据是否可以准确而且以较低的成本得到。这种问题在国外市场与本国市场的要求相反时尤其突出。

总之,在国外证券交易所上市的公司需要几百万美元的上市开支,这使得进行成本效益分析变得很重要。做这样的分析有时很难,因为虽然成本费用可以准确计量,但是效益

---

① Walton P, Haller A, Raffournier B. International Accounting[M]. International Thomson Business Press, 1998: 343.

却很难确定,实际上这种分析或许不可能包括所有可能的情况。

在成本效益分析中还应该包括关于信息披露增加所带来的负面影响。因为在某些国家大量的披露要求,会使得在这些国家上市的公司必须要提供绝对不会提供给国内投资者,也绝对不会被国内竞争者所知道的信息。这可能会导致在国外上市公司的竞争劣势。不过一般认为竞争劣势是很小的,一方面在本国就必须充分披露的公司不会因此陷入竞争劣势,另一方面国内市场的投资者会对这种发展采取积极快速的反应,因为这种信息披露的扩大会扩大投资者的分析决策的基础。唯一不好的情况是会被同一个市场中的其他公司得到过多的信息。

复习思考题

1. 简述金融市场的分类和主要经济功能。
2. 如何才能使金融市场有效运行?
3. 一个国家的公司在国外资本市场筹资的原因是什么?
4. 世界主要资本市场有哪些?
5. 各国资本市场对不同会计准则有哪几种处理方法?

本章参考文献

[1] 法博齐,迪利亚尼. 资本市场:机构与工具[M]. 唐旭,等,译. 北京:经济科学出版社,1998.
[2] 史燕平. 国际金融市场[M]. 北京:中国人民大学出版社,2010.
[3] Choi F D S, Meek G K. International Accounting[M]. 7th ed. Pearson Prentice Hall, 2011.
[4] 德国证券交易所,www.sche-boerse.com/dbg/dispatch/de/kir/dbg_nav/home
[5] 泛欧证券交易所,www.euronext.com/enternext/about-enternext
[6] 香港证券交易所,www.hkex.com.hk/
[7] 伦敦证券交易所,www.londonstockexchange.com/home/homepage.htm
[8] 纽约证券交易所,www.nyx.com/
[9] 东京证券交易所,ww.tse.or.jp/

第四章

跨国公司及其国际会计问题

企业跨国经营和向国际化方向发展是从西方发达国家发展起来的。到20世纪末,西欧近70%的企业、美国和加拿大近50%的企业从事跨国经营,日本则多达90%的企业进行国际化经营活动。国际化经营导致了跨国公司的产生,相应地产生了许多不同以往的国际会计问题。

第一节 跨国经营及跨国公司的发展

一、跨国经营与直接投资

(一)国际投资发展概况

一个公司开展国际经营活动的原因是多种多样的,通常最主要的原因是扩大销售和获取原材料。当国内销售市场达到饱和程度时,公司为了更有效地利用其生产能力必然要去开拓海外市场;此外,以较低价格获得原材料和人工从而降低产品的生产成本也使公司的经营活动扩展到原材料产地和人工成本较低的国家和地区。

一个国家生产的产品和服务具有别国不可比拟的效率优势时,该国便可进行国际产品交易。效率优势分为两种,一种是自然优势,由该国所处自然环境提供,主要表现为原材料供应优势;另一种是后天优势,比如技术和管理,是具体公司在生产其产品和服务过程中独有的竞争优势。事实上即使该国不具有效率优势,只要拥有某些因素的相对优势(比如低廉的成本)就可以生产该种产品或服务,进行国际交易。

根据跨国经营活动的发展演变历程可以将国际经营活动粗略分为两个阶段:第一个阶段是公司尝试国际经营活动的阶段,这一阶段的特点通常是以进口或出口产品为主要业务;然后逐步开始对外特许授权经营,同时开展劳务进出口、海外租赁业务和托管业务等。第二个阶段是公司业务规模扩张的阶段,这一阶段的特点是海外投资开始成为国际经营的重要组成部分,一种直接投资的方式是公司在海外直接投资建厂,依据投资当地的具体环境选择独资或是合资企业的形式;另一种方式是通过购买外国企业的股份参与其经营管理决策来扩大国际经营活动。

因此,跨国经营活动的发展促进了国际直接投资。跨国公司的形成是通过直接投资实现的。20世纪初,出现了一些具备现代企业组织形式的跨国公司。一些发达国家的大型企业通过对外直接投资,在海外设立分支机构和子公司,开始跨国性生产经营活动。例如,美国的爱迪生电器公司、英国的帝国化学公司等都先后在国外开展经营活动。这些公司是现代跨国公司的先驱。

无论是资本流出国还是流入国,发达国家在海外直接投资中都占有支配地位。法国、德国、日本、英国和美国这五个国家差不多占有全球资本流出量的70%,同时,约有65%

的海外投资流入了欧洲、日本和美国。流入发展中国家的海外资本的75%集中于新加坡、巴西、墨西哥、中国、中国香港、马来西亚、埃及、阿根廷、泰国和哥伦比亚等10个国家和地区。访问经济合作与发展组织的网站可查询世界上大多数国家吸收海外直接投资流入量的一些统计数字,从中可以反映国际直接投资的发展规模。

表4-1是近几年一些国家海外直接投资(foreign direct investment,FDI)总额的统计数字[①],从中可以反映国际直接投资的发展规模。

表 4-1　　　　　　　　　　海外直接投资(FDI)总额

单位:亿美元

年份 国家	2007 流入	2007 流出	2008 流入	2008 流出	2009 流入	2009 流出	2010 流入	2010 流出	2011 流入	2011 流出
美国	2 212	4 140	3 101	3 291	1 504	2 895	2 058	3 279	2 340	4 193
中国	1 601	170	1 751	535	1 142	439	1 850	601	2 286	430
英国	2 008	3 255	887	1 924	764	393	506	395	539	1 070
法国	962	1 643	641	1 547	242	1 071	306	769	410	902
西班牙	643	1 371	768	746	104	131	408	383	295	373
荷兰	1 194	556	45	682	360	282	−90	552	171	319
墨西哥	315	83	271	12	161	70	207	136	196	89
加拿大	1 146	577	571	798	214	418	234	384	409	496
澳大利亚	455	169	470	335	266	167	340	273	675	162
瑞典	277	388	371	313	100	259	−13	180	121	269
捷克	104	16	64	43	29	10	61	12	54	12
意大利	402	908	−108	669	201	213	92	327	291	473
巴西	346	71	451	201	259	−101	485	116	667	−11
德国	802	1 701	81	726	242	754	469	1 093	404	544
俄国	551	459	750	556	365	437	433	525	629	673
日本	225	735	244	1 280	119	747	−13	563	−16	1143
韩国	18	197	33	203	22	172	11	233	67	204
印度	255	173	434	193	356	159	259	148	342	124

(二)中国对外投资的发展

在经济全球化深入发展和我国综合国力不断增强的情况下,我国实施了"走出去"的战略,为国内经济的发展提供了广阔的空间,为国内企业走向国际舞台铺平了道路。2010年10月18日十七届五中全会通过的《中共中央关于制定国民经济和社会发展第十二个五年规划的建议》认为,我国的改革开放进入新的发展阶段,面临由出口和吸收外资为主转变为进口和出口、吸收投资和对外投资并重的新形势,未来五年要加快实施"走出去"战略,引导各类所有制企业有序到境外投资合作,逐步发展我国大型跨国公司,提高国际化经营水平。这些政策促使我国对外投资合作发展迅速。根据商务部的统计,我国近几年

---

① 根据OECD的"Factbook 2012"中Outflows and inflows of foreign direct investment的统计数据整理编辑。

非金融类对外直接投资如表 4-2[①] 所示,也可以看到经济合作与发展组织的统计与商务部的统计基本一致。

表 4-2　　　　　　　　　中国非金融类对外直接投资统计　　　　　单位:亿美元

年份	投资额
2009	433.0
2010	590.0
2011	600.7
2012	772.2

二、跨国直接投资的原因分析

跨国公司进入东道国市场进行直接投资,究其原因可以从三个方面进行分析:一是以建立壁垒为动机的寡头理论角度进行分析;二是以将国际市场交易带进企业内部完成的内部化理论为基础进行分析;三是以将管理行为观点和某些以资源为主导的战略概念与跨国公司机构设置的现有模型进行整合而提出的资源基础理论为背景进行分析。

(一) 寡头理论分析

寡头理论认为跨国公司选择东道国市场进入模式,在东道国直接投资,建立当地市场垄断地位,旨在阻止其他进入者。拥有市场力量的大公司往往会使用海外直接投资来将其本身的市场力量复制到东道国市场。大规模的直接投资抢先获得市场进入权,占有当地的发展机会,而这些对于普通进口商来说是不可能的,海外直接投资使本土市场的寡头模式得到国际延伸。寡头理论认为大型跨国公司会更多地使用海外直接投资,这样它们的业绩会变得更好。

企业战略包含了在行业结构中确定和占有有利地位的内容。而拥有这样有利地位的企业群体通过集体行动就能获得持续的超额收益。组成这样的战略群体是为了建立机动性壁垒,防止新进入者。这种模式主要关注稳定的利润最大化,把发掘行业机构壁垒作为企业的主要目标。

(二) 内部化理论分析

内部化是指当货物交易在国际市场中效率低下或注定失败时,管理层将跨国交易转化为公司内部交易的决策及其实施过程。交易成本理论解释企业之所以从市场中发展,扩张成大型跨区域模式,是由于外部市场的超额交易成本。当市场交易成本超过了一个等级结构的监管成本,企业扩张将从外部交易吸收到企业内部。根据这种观点,将处于一个竞争性终端市场的企业的交易成本和监管成本最小化,能够获得超额收益。

内部化理论对于国际市场使用了同样的逻辑。当中间货物的国际市场交易被带进企业内部,或者是被内部化时,跨国公司就产生了,即通过海外直接投资来减少组织和控制交易的成本。在东道国市场,直到不断增加的由内部化带来的监管成本与不断减少的交

---

① 资料来源:http://data.mofcom.gov.cn/channel/includes/list.shtml?channel=dwjjhz&visit=A.

易成本带来的经济效益相等时,市场的内部化才会停止。内部化包括为诸如专利权、出口、直接投资中完全控股或合资之类的跨国经营业务选择一个控制结构。

进入市场方式的选择被认为是一个企业的一级决策,不过大部分内部化模型按照一个行业的特性来定义该行业内企业的交易成本。在信息或技术密集型的行业里,企业所拥有的关键的知识资本往往处于一个有缺陷的市场,或者这个市场根本不存在,因此企业通常通过在东道国市场使用广泛的海外直接投资从而完成水平内部化。而处于以自然资源为基础的行业里的企业通常会使用垂直的海外直接投资,从而保护特殊进口资源的有限来源。

(三) 资源基础理论分析

资源基础理论的观点认为,为获得战略成功,需要关注企业可获得的资源,这种资源可能是通过内部获得的,也可能是通过外部获得的。超常利润被认为是独特的或是不平等的企业特有资源造成的准经济租金。当企业可以有效地在一个特定环境下获取特有资源,该企业就可获得超常利润。企业通过保护机制来使得模仿这一战略的成功变得不确定,从而防止模仿者获得利润。因为资源基础对于企业来说是特有的,使用资源的战略和组织结构也必须是特有的。

以资源为基础的战略认为持续的竞争优势是以企业拥有可产生租金的、不可模仿的和不可替换的资源为基础的。这种资源可能是有形的,例如实物资产,或者是无形的,例如专利和商标,这些资源是由企业的历史或者其他复杂社会原因形成的。资产的特殊性既是交易成本理论的一部分,也是以资源为基础的模型的一部分,不过后者关注的是特殊资产的调配,从而寻找持续的竞争优势,前者关注于规避这种资源面临的机会主义成本。跨国企业战略和结构模型把管理决策作为在海外市场选择战略和管制结构的核心议题。当企业使用一个提供了更多管理控制的结构,从而更好地从东道国市场的企业特有资源上获取经济租金时,企业便会采用海外直接投资的方式。

三、跨国公司的发展

(一) 跨国公司数量和规模的快速发展

跨国公司是指在两个或两个以上的国家中拥有和控制价值增值活动的企业,或者简单地说是指从事海外直接投资的企业。跨国公司的特点是母公司拥有的子公司处于不同的国家、处于不同的法律制度和不同的经济环境之中。

在经济全球化影响下,各国的经济交往日益频繁,各国企业生产经营活动越来越国际化,并且这一趋势将随着科学技术的不断发展而继续向前推进。第二次世界大战以后,由于新科技革命的推动,跨国公司获得了快速的发展,特别是 20 世纪 50 年代末 60 年代初,跨国公司有了明显的增长,主要表现在:首先是主要资本主义国家的对外投资规模迅速扩大,跨国公司及其国外子公司的数目大大增加;其次是跨国公司的投资规模和经济实力不断扩大,跨国公司投资的部门,除了传统的采掘业外日益向新兴技术发展快的制造业扩展;除了向亚非拉发展中国家投资外,发达资本主义国家之间的相互投资也大大增加,国际资本的流向发生了明显的变化,重点流向了西欧和美国。另外,西方各国把对外投资的重点放在制造业的同时,对第三产业特别是金融信贷业的投资也迅速增加。到 20 世纪 70 年代,伴随着海外直接投资达到高潮,全球的跨国公司发展到了 7 000 多家,进入 80 年代开始回落,80 年代中后期又逐步回升。进入 21 世纪则又发展到了 4 万多家。

(二)跨国公司对世界经济的影响日益明显

跨国公司越来越向全球化的方向发展,与跨国公司在本国独立开展业务不同的是,全球化组织在世界各地的业务是相关的、一体化的、统一协调管理的。在国际分工不断深化的条件下,跨国公司凭借其雄厚的资金、技术、组织与管理等方面的优势,构建起研究、生产与销售一体化的国际网络,在母公司统一控制下从事跨国经营活动。

跨国公司总部根据自己的全球战略,在世界范围内进行合理的分工,组织生产和销售,在这一过程中,重大经营决策都以实现全球战略目标为出发点,着眼于全球利益的最大化。所以,跨国公司在国际经营中扮演着重要角色,其核心思想体现于公司的生产计划、材料采购、产品销售、投融资决策等所有重大问题方面都从全球视角出发进行思考。

跨国公司的发展对各国经济和世界经济的发展起着十分明显的促进作用。跨国投资导致各种资源在世界范围内进行配置,有助于促使世界生产在最合理的区位布局下进行;跨国投资还导致市场经营方式全球化,进一步促进资本输入国接受市场经济的生产方式和经营方式;跨国投资加速了不发达国家的经济开放,推动了这些国家的对外交流,快速融入世界经济体系中;资本在世界范围内流动引导了技术的流动、管理的流动和市场的重新划分;在此基础上跨国公司又推动了国际贸易发展,使国际贸易以更为自由的方式进行。

(三)跨国公司全球化战略

战略是企业为了实现其长期发展和生存目的,根据环境的现状及其变化和自身能力而对自己的各项行为及相应的资源运用所作的全局性、综合性和策略性的规划和部署。企业战略关系到企业的宗旨和大局,是用界定企业经营范围和企业组织模式的方法所表述出来的重要目的、意图或目标,以及为实现这些目标而采取的关系全局的基本政策和计划。跨国公司的全球化战略是跨国公司规划和行动要服务于集团全球发展目标的全球行动部署。企业战略体现着企业的发展意图或目标,包括确定企业的理念与使命,制定旨在实现企业目标、合理运用企业资源的计划。企业战略可以协调企业经营行为和组织模式,其核心内容是实现企业的经营目标、实现内部结构与外部环境的动态平衡和统一。

跨国公司一般都经营领域广泛、活动地域宽广,因而跨国公司往往规模庞大,其存在和发展必须有长期和完备的战略以协调各子(分)公司及研究开发和销售机构之间的行动,从而以最有效率的方法把公司控制的人才、资金、信息等资源加以整合,保证企业整体中长期目标的实现。因此,战略是跨国公司存在的生命线,跨国公司的比较优势取决于一个整体的战略以及围绕整体战略的具体策略的实施。

跨国公司战略具有"全局性",故只有各个战略单位、各个基层部门所有的工作都实现了围绕战略而制定的部门战略和目标,跨国公司的整体战略才能有效实现。各个基层单元既是公司总体战略的有机组成部分,都承担着实现公司整体战略的部分功能,同时各个部门又有按照功能或者按照区域划分的次级战略和目标。

第四章 跨国公司及其国际会计问题

全球化战略的制定是公司外部环境和内部实力交互作用的结果。外部环境在很大程度上制约着公司战略发展方向和管理过程的各个要素,从而限制了公司管理与经营的有效性。公司内部实力是公司特有的优势,主要是指公司拥有的商标、专利权等无形资产,是本公司拥有、其他公司一般不具备的特有能力和技术。

从外部环境来看,主要影响因素包括:政治法律环境、经济环境、教育环境和社会文化环境等。政治法律环境中最主要的因素是与经济有关的各项法律法规、政治稳定性和政治结构;而经济环境中的财政和货币政策、经济结构、经济稳定性、资本市场和市场规模等是非常重要的因素;教育环境因素包括如普及教育的水平、专业和高等教育的水平、社会公众对教育的态度以及教育与经济的配合程度等;社会文化环境包括人们对管理和权威的态度、组织间协调沟通手段、人们对成就和工作的态度、社会各阶层的结构和个人的动力以及社会大众对财富、风险的态度等。

从公司特有的内部实力优势来看,开展国际经营的跨国公司通常处于行业的垄断地位,通过开拓海外市场可以将内部优势发挥到最优水平。比如对于技术优势跨国公司一般有两种选择:一是将技术内部化,自己从事生产;二是将技术卖给外国公司。跨国公司一般采用技术内部化的策略,防止技术流失,或者说作为技术壁垒防止竞争者进入该生产领域。内部化实际上是发挥公司特有优势的最优途径,但是在某种情况下内部化无法实现,比如资本缺乏就迫使公司在海外市场寻找合作者,或是采取出售特许经营权的方法实现市场的扩大。

跨国公司在战略制定过程中还面临着这样一种决策:选择多国家政策还是全球化政策。多国家政策允许跨国公司的子公司独立经营各自的业务,这样跨国公司的市场是各个国家市场的简单集合。采取这一政策的根本原因是国家间多样性的存在使得各子公司独立开展业务更为简单、直接和有效。全球化政策不再强调母公司和子公司各自业务的独立性,而是将遍布世界各地的企业联合起来进行战略部署。全球化政策并不意味着公司的产品也是全球化的,因为不同的市场有其自己的消费者偏好,需要适合不同消费者的产品。采取全球化政策的跨国公司通过公司特有优势内在化和有效的融资手段迅速占领市场为竞争者设置进入壁垒、稳固其市场占有位置。

第二节　跨国公司组织结构的基本类型和发展趋势

一、跨国公司组织结构的影响因素

跨国公司的组织结构是为实现企业总体目标而选择和确定的内部单位和部门的安排和构成,包括企业内部单位和部门的设置、各单位和部门及相应的员工岗位职责和权力的划分、相互之间控制和协调机制的建立等方面。跨国公司在全球经营活动中采用一定的组织结构形式将各子公司、各分支机构以及公司的全体员工紧密联系在一起,使他们在统一领导之下,按照明确的权力和责任范围,各负其责,形成合力,以实现公司的总体目标。跨国公司通常通过全球性的组织结构,按职能、产品和地区建立起网络结构,其中建立了比较严密的内部控制制度,并实施内部审计。

良好的组织结构是跨国公司实施全球战略目标的保证,关系到公司经营的成败。跨国公司在组织结构设置中所考虑的基本因素有以下几个方面。

(一)集中管理和分权经营的有机结合

随着跨国公司海外分支机构数量的增加,业务范围的扩展,不可避免地会出现组织结构中集权和分权的矛盾。如果集中控制过度,不利于发挥分支机构的积极性,如果放权太多,则有可能出现海外分支机构失控的情况。因此,需要处理好集权和分权的关系,达到集中管理和分权经营的有机结合。

(二)分工与协调一体化

通过分工将企业活动分解为不同的作业任务,在此基础上要进行适时的协调,分工和协调是公司组织活动涉及的两个最基本的问题。它们既对立又统一,在跨国公司中表现尤为明显。如果过分强调分工将会有碍整体效率,过度强调协调则又有可能妨碍局部发挥其积极性。跨国公司无论部门和分支机构如何众多,也无论经营活动的范围如何广泛,它始终是一个整体,必须以集团公司整体来面对全球市场竞争的威胁。为实现公司的总体目标,各部门、各分支机构需要相互协调。

(三)信息交流的及时与有效

在跨国公司内部,每级权力和责任的配置要求集团内部建立起交流信息的顺畅通道,通过这些通道自上向下传达集团整体的经营决策,自下向上汇报各分支机构的经营实绩。通过这些通道协调各部门、各分支机构的活动,使集团公司全球性经营顺利展开。在信息系统的设置上,既要保证信息交流及时到位,同时又要保证信息交流的可靠有效,使各级管理层都能依据准确、真实、可靠的信息做出经营决策。

(四)正规结构设计中对非正规结构的考虑

跨国公司组织结构中包括正规结构与非正规结构两个方面。正规结构是明文规定的组织内成员和单位间的正式关系,而非正规结构则是指由工作群体内的非正式关系所产生的员工之间的关系。跨国公司内部正规结构与非正规结构混合在一起,通常难以区分。在设置组织结构过程中只能对正规结构进行设计,即做到:统一指挥——每个部属只有一名监督人;等级链——组织内从上到下只存在一条直接指挥路线;控制范围——限定对一个监督人进行有效报告的从属人员的数量,设计的目的是保证有效的控制。同时非正规结构的存在对正规结构必然产生影响,故在正规结构设计中需对非正规结构给予考虑。

(五)成本和效益的均衡

跨国公司在组织结构的设置上,既要科学合理,充分保证企业经营管理任务的完成,又要经济、高效。机构设置需要尽可能简洁,不仅使组织管理效率达到最高,而且使组织管理费用降到最低,实现成本和效益的均衡。也就是精干高效,精干是要求在保证满足企业完成经营管理任务需要的前提下,企业管理层次机构以及管理人员数目降到最低限度;高效则是指根据本企业特点,选择管理效率最高、经济效益最大的组织管理形式。

二、跨国公司组织结构的若干类型

一般而言,公司在国际化的初期很少改变其基本的组织结构。大部分公司最初是作为被动的出口商来完成国外订单的,但是,当国际销售的规模和利润为公司带来巨大影响的时候,公司必然考虑改变组织结构以适应其快速发展的跨国经营活动,防止由于组织的僵化牵制公司的长远发展。

因此,跨国公司在其成长和发展的不同阶段,随着国内外业务比重和内容的发展变化,其组织结构也在进行相应的调整和改变。跨国公司的组织结构是指跨国公司为实现其目标而确定的公司内部的权利、责任、控制与协调关系的形式,它决定于公司所选择的战略,又支撑着跨国公司战略的实施。跨国公司组织结构经历着不断演变的过程。从最初在职能部门或分部结构中设置进出口业务部门,到成立小规模海外子公司,再发展到区域业务部结构,形成了多种多样组织结构类型的跨国公司。

(一) 出口阶段的组织结构

公司在进行间接出口,即通过其他贸易公司来处理来自国外的需求时,通常不需要做组织结构的调整,出口管理职能一般由销售部门承担。但在进行直接出口业务时,出口活动必须纳入企业正式组织结构中,具体有两种形式:

其一,有出口分部的职能组织结构。公司原有组织结构为职能结构时,通常在销售部下设出口分部,专门从事出口业务。随着出口业务的扩大,出口部分在公司业务中地位的不断提高,公司有可能将出口分部从销售部下独立出来,成立一个专门的职能部门,将原销售部变为国内销售部。

其二,有出口部的产品分部组织结构。公司原有的组织结构为产品分部时,各出口单位最初可能附属于有出口业务的有关产品分部。随着出口量的增大,公司可能将出口单位从有关产品分部中独立出来,合并成一个单一的部门,专门负责本企业的所有出口业务。

(二) 自主子公司结构

海外自主子公司结构是国内公司走向跨国公司时在组织结构方面的过渡形式。此时的母公司看重的是学习跨国经营的经验,而不是对子公司的控制;此时的海外投资规模较小,公司无法预测海外投资的前景,如果海外经营富有成效,则再谋求正规的组织建设和长远发展,如果海外经营不成功,对母公司的影响也被控制在一定的范围之内。由于这种形式赋予海外公司很大的自主权,使海外公司能灵活地根据所在国的经营环境的特点来开展经营活动,并且由于母公司总经理可以直接参与每个海外子公司的战略决策,从而使母公司与海外公司之间在战略目标和经营策略上能够得到协调发展。

在这种组织结构中,国内母公司和海外子公司之间主要表现为母公司总经理和子公司总经理之间的个人联系,也即子公司总经理向母公司总经理负责的形式。母公司的组织结构并不发生大的变化,没有专门设立负责跨国经营的机构。同时,海外子公司拥有很大的自主权,基本上独立运营,定期向母公司汇缴股利。这种组织结构最适用于母公司规模不大、海外子公司数目较少且分部在邻近国家的情况,如图 4-1 所示。

(三) 国际业务部结构

国际业务部结构是跨国公司初期发展阶段的一种组织结构形式,它在母公司国内结构中增设"国际业务部",该部门设有与总部职能部门相对应的职能单位,通常由一名副总

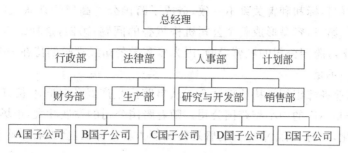

图 4-1　职能结构基础上的自主子公司结构

经理领导,代表总部管理协调该公司所有的国际业务。国际业务部结构如图 4-2 所示。国际业务部是适应跨国公司发展初期的一种组织结构,一般设置成为与总部各部门基本对口的职能部门。国际业务部与其他职能部门是并行的,由国际经营管理专家和其他专职员工组成,一位公司副总经理领导,代表总部管理、协调本企业所有的国际业务,直接向总经理负责,可以实现对国际业务的统一管理。在国际业务部下,根据不同业务种类和规模再设若干分支机构,分别负责某类或某地区的国际业务。

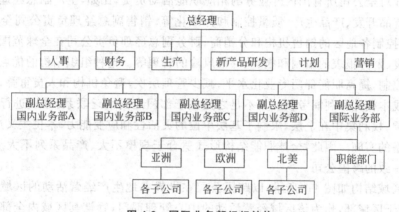

图 4-2　国际业务部组织结构

这种组织结构的优点是:其一,在公司内部建立了正规的管理和沟通国际业务的机制,避免了海外子公司中个人决策所存在的缺陷;其二,能够协调海外子公司的活动,使各子公司的总体业绩超过各自为政时的水平,例如可以利用转移定价和引导物流的方式减少公司的整体税负,可以使出口产品的生产任务落实到生产成本低的子公司等方式提高公司整体利润水平;其三,能够进行资源的整体调配,国际业务部设立后,公司可以根据需要,在国内业务和国际业务之间进行资源的合理安排,同时,国际业务部还可以在各海外子公司之间进行资源的整合和调度,这一点在资金筹措方面表现得最为明显,不仅能够拓宽融资渠道,还可以降低利息支出。

国际业务部组织结构有其先天的不足之处:第一,国际业务部协调和支持海外经营活动的能量有限,因为在这种结构中,国内各部门依然是主体,将资源用于海外公司对它们益处不大,得不到国内业务部门的支持,国际业务部就会在海外失去竞争优势;第二,容易形成国际业务部门与国内业务部门的冲突,因为,在这种组织结构中,国内部门和国际部门分立,它们的目标和利害关系不一致,造成了跨国公司高层管理队伍中"土派"与"洋派"文化的分割;第三,容易形成整个公司机构重叠的问题;第四,这种组织结构本身会限制子公司经理学习跨国公司的经营经验,因为多数子公司经理长期待在一个国家,对其他市场的学习经验不足。

因此,国际业务部组织结构比较适合于从事跨国生产经营时间不长、产品标准化、技术稳定、地区分布不广的中小型跨国公司。随着跨国公司的发展壮大,市场、产品、技术会发生相应的变化,此时,国际业务部的管理协调能力就会降低,会影响到整个公司的效率。

(四) 全球联合结构

随着全球化进程的加快,需要跨国公司总部将决策权集中到上层,从全球角度将国内业务与国际业务统一起来,相应地产生了一种新的组织结构形式——全球联合结构。全球联合结构有四种类型:全球职能结构、全球区域结构、全球产品结构、全球混合结构。

全球职能结构以管理的职能分工为基础,建立的各职能部门与单纯的国内企业一样,从形式上没有进行专门的设计。这种组织结构以管理活动的不同职能分工为基础建立,一般设立生产、销售、财务等职能部门,有的还另设运输、研发、计算机信息处理中心等。各部门经理对全公司所有国内外业务的相应职能活动负责,比如,生产副总经理负责公司国内外的产品开发、产品生产、质量控制和标准化等;销售副总经理负责公司全球的销售活动,直接控制各地区的销售机构和分销商;财务副总经理负责公司在全球范围内的资金筹集和调拨、财务报表的编制和报送、外汇风险的管理等。这种组织结构的优点是便于按职能进行控制,提高职能部门专业化水平;减少管理层次,避免机构和人员重叠;加强跨国公司统一成本核算和利润考核。其不足之处在于部门之间缺乏联系,难以进行地域协调和产品协调;权利集中在上层,限制了基层单位的灵活性和应变能力;本位主义严重,不利于总体战略的实施。因此,全球职能结构形式适合于规模不大、产品系列不太复杂、顾客需求相对一致的跨国公司。

全球区域结构如图4-3所示,以跨国公司在世界各地生产经营活动的区域分部为基础,设立若干区域部,作为该区域经营活动的中心管理部门,管辖其区域内全部的经营活动和业务,各区域部门副总经理直接受总经理领导。在划分区域时一般主要考虑企业各工厂的位置、顾客分布以及原材料来源等因素。这种组织结构优点是能够很好地协调区域内从事多产品生产和销售的各个子公司的活动,避免区域内子公司之间的过度竞争;有利于减轻公司总部协调和管理全球生产经营活动的工作量;有利于加强区域内各职能部门之间的联系;能够很好地适应区域市场的具体情况;便于培养综合性高级管理人才,有利于区域内有关企业将相关地区知识经验汇集起来,适应区域市场的具体情况,从而根据各区域内经营环境的变化及时调整产品结构和销售方式;有利于充分利用区域内各国的各种资源和各项优惠条件。其不足之处是很难找到能够保证区域组织结构运行良好的高级管理人才;容易滋生山头主义,在评定区域经理绩效时容易忽略成本、汇率风险和购买力等因素,评定标准往往不能做到完全公平;不同区域都设置有类似机构,造成机构和人员的重复配置;区域之间难以进行沟通和协调,使得公司的整体战略实施中可能会遇到较多问题。因此,全球区域结构适合于终端顾客市场相似的产品,例如食品、石油、饮料等。

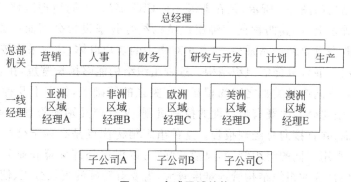

图 4-3 全球区域结构

全球产品结构如图 4-4 所示,以公司主要产品的种类及其相关服务或生产线为基础建立,在全球范围内设立若干产品部。每个产品部都是一个利润中心,拥有一套完整的职能组织机构和员工,由一名副总经理领导,并直接向公司总经理报告。在总公司一级,则设立地区专职人员协调相应地区内各种产品的业务。这种组织结构的优点是强调全球范围内产品生产和销售各环节统一规划;易于对产品整个生命周期的时间进行控制,从而有利于通过营销组合管理来规划产品及其周期范围;同时也比较容易获得与产品直接相关的技术与营销技能;有利于全面提高产品的国际竞争能力;有利于培养综合型管理人才,由于产品分部这种结构的分权程度较高,因而各产品分部管理人员的主观能动性可以得到较大程度的发挥,有利于提高管理人员的能力;各产品部拥有较大的主观能动性,易于根据销售额和利润来比较各产品线对公司的贡献。这种组织结构常见于具有全球经营经验、有若干有特色产品,并大量从事研究开发及产品制造的跨国公司。可能的缺陷是缺乏既懂产品生产线又懂国际业务的高级综合人才;容易产生本位主义;各产品部都有自己的职能结构,造成机构重叠;产品部重视近期利润而忽视对远期增长前景好而近期市场状况平平的市场的开发,造成区域间协调困难。因此,全球产品结构适合于公司规模庞大、产品系列复杂、技术要求高的跨国公司,尤其是寻求迅速多样化的跨国公司。

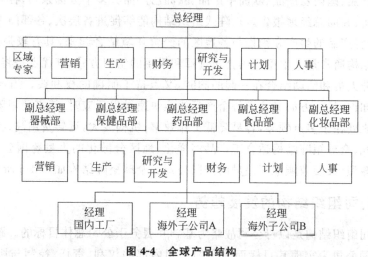

图 4-4 全球产品结构

第四章 跨国公司及其国际会计问题

全球混合结构如图4-5所示，是在兼顾不同职能部门、不同地理区域、不同产品类别之间关系的基础之上，将其两种或三种组织结构结合起来设置分部而形成的组织结构。一些跨国公司既有重要的产品系列，又有相对集中的客户群体，往往采取按产品和按地域相结合的方式设立混合分部的组织结构。这种组织结构能够扬长避短，在兼顾不同职能、不同地理区域和不同产品类别之间的相互依存关系的基础上，将以上几种组织结构结合起来设置分部，使得公司中既有地域性的控制机制，又有产品别的管理体制，每个副总经理分管一个方面，并直接向总经理报告。这种组织结构优点是有利于公司根据需要和业务重点，选择或采用不同的组织结构，灵活性强，可以根据外部环境和业务活动的变化及时进行调整。但是这种组织结构管理难度较大，需要有较好的责任分工、信息传递和组织协调。所以如果组织结构设置不规范、不合理，容易造成管理上的混乱，且所设分部之间差异大，不利于合作与协调。

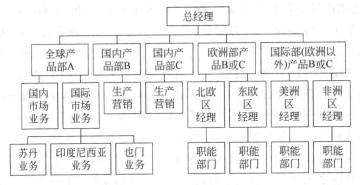

图4-5　全球混合结构

（五）全球矩阵结构

全球矩阵组织结构形式是在全球混合结构的基础上发展起来的组织形式。它赋予两维或三维因素同等的权力，对公司的业务进行纵横交叉甚至立体式的控制与管理。比如，可设国内甲产品、国内乙产品、欧洲甲产品、欧洲乙产品等多个分部系列，各有一名经理或副总经理负责，并向总经理报告。矩阵式组织结构能够促进各层次、各部门之间的合作与协调，有利于将产品的生产和销售与各地区的经营环境结合起来，具有较强的应变能力。矩阵式组织结构通常是大中型跨国公司选择和采用的组织方式，其优点是将产品、区域和职能三组专业人员和活动结合在一起的同时，又保持了明确的权利线。当环境一方面要求专业技术知识，另一方面又要求每个产品线能快速做出反应时，就需要矩阵式结构的管理。其不足之处在于多重领导，容易降低工作效率；机构庞大，运转费用高；各部门争夺紧缺资源。因此，全球矩阵结构适合于产品多样化、地区分散化的大型跨国公司，特别是那些产品竞争激烈，又要兼顾地区差异的跨国公司。全球矩阵结构如图4-6所示。

三、跨国公司组织结构的发展趋势

跨国公司组织结构是以母公司战略为基础并服务于公司总体目标的。跨国公司的组织结构是跨国公司为实现其目标而确定的公司内部的权利、责任、控制与协调关系的形

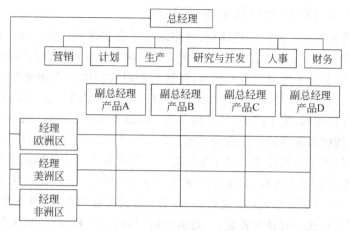

图 4-6　全球矩阵结构

式,它决定于公司所选择的战略,又支撑着跨国公司战略的实施。现代企业管理的趋势是全面计划管理,组织结构的设计和预算的编制是全面计划管理中重要的有机组成部分。一旦建立了与公司发展战略相匹配的组织结构,就会使公司内外各个部门之间协调配合,有效沟通,将会有力促进公司整体战略的实现。跨国公司在其成长和发展的不同阶段,国外业务的比重和内容都在发生变化,因而组织结构也需要做出相应的调整和变化。

跨国公司的组织结构演变是企业组织结构演变的重要组成部分,随着企业的不断发展,企业规模不断壮大,企业的组织结构形式必须适应企业的不同阶段的发展需要,而不断扩大的企业规模又促进了企业组织结构的不断调整,当企业逐渐成长为实施国际化经营的大型跨国公司时,其组织结构形式相应地经历了一系列的变化,从最初的组织结构中增加海外市场部,其职能主要是向海外销售产品或者服务;到后来逐步过渡到总部集权下的海外子公司,负责子公司所在国家或者区域的生产和销售工作;再到目前伴随经济全球化的程度越来越高,信息技术不断发展,全球性的组织机构成为适应新的经济环境和全球化战略的跨国公司组织结构形式。

跨国公司组织结构的发展趋势可以概括为以下两个方面。

(一)跨国公司组织结构呈现扁平化、简单化趋势

随着信息技术的快速发展,互联网的广泛使用,提高了信息传递的速度,丰富了管理控制的手段。相应地跨国公司的组织结构变化呈现出"扁"和"瘦"的特点。

所谓"扁",指中间管理层被大幅削减,使原来一项指令由金字塔顶部传到生产线上的工人所必须经过的漫长过程得以大大缩短,信息流得以更加快捷、准确、畅通地传输,如将减少组织结构层级,美国的通用电器公司就曾将管理组织的层级从9层减少到4层。

所谓"瘦",指组织部门的横向压缩,如减少和合并公司总部职能部门,美国的通用电器公司在瘦身的过程中公司总部从2 100人减少到1 000人,高级经理从700人减少到400人。美国的通用电器公司扁平化的组织结构调整为其在以后的发展中奠定了良好的基础,保持了持久的活力和世界领先地位。组织结构的这种变化要求人员素质的全面提高,要求各级管理人员和一般职员要有技能的多样性和更强的组织、协调和沟通能力。

（二）网络结构逐渐代替金字塔型结构

网络结构是信息时代的代表性结构，逐步取代了金字塔型结构。金字塔型结构曾是制造业时代的代表性企业组织结构。金字塔式的组织结构使决策权高度集中在一个人身上，虽有决策快速和易于把握机会的优点，但随着公司规模的扩大和业务日益复杂，渐渐地制约了组织的进一步发展。而网络型组织能够更有效地实现信息的交流和员工才能的发挥，体现了"分散经营，集中控制"的管理原则。网络型组织注重以知识型专家为主的信息型组织，通过搭建高效率的信息管理系统来传达指令，以较多的横向协调关系来取代较多的纵向命令，提高了公司管理的民主化程度和组织的灵活性。这样的组织结构，在对下属公司有效管理和控制的同时，又最大限度地发挥了下属公司的主动性和创造性。

网络组织由两个部分组成：一是核心层，主要包括战略管理、人力资源管理和财务管理，由公司总部进行统一管理和控制；二是组织的立体网络，根据产品、地区、研究和经营业务的管理需要而形成，这一立体网络是柔性的组织，随着市场、客户、项目的需要不断进行调整，契约关系是机构之间的连接纽带。

跨国公司的产品复杂多样，市场遍及全球，员工有迥然不同的社会文化背景，同时面临世界范围内激烈的竞争。采取网络型组织形式，跨国公司总部能够抛开具体、繁杂的日常管理控制事务，集中精力研究公司的整体战略，对公司的人、财、物进行更合理的优化配置。同时，各下属公司能够充分发挥各自的特点，适应当地的环境，随机应变，抓住机会，避开威胁，快速反应。

第三节　跨国公司的会计问题

跨国公司是国际会计问题涉及的主要企业组织形式，因此在对跨国直接投资的理论分析来说明国际经营活动中采取跨国公司这种组织形式的原因和动机的基础上，阐述跨国公司的组织结构等与跨国公司相关的一些基本问题，接着要讨论跨国公司的相关会计问题。

一、跨国公司的计划体系趋于全面计划管理

跨国公司要实现企业战略目标，可采取各种控制模式、控制方式和控制办法，这些模式、方式或办法构成了管理控制系统，其中包括作为重要实施手段的计划体系。

跨国公司计划体系的发展是渐进的过程，随着国际市场的不断拓展，许多跨国公司逐渐发展成为在世界各地设有子公司或分支机构的跨国经营网络。建立合适的跨国公司组织结构是公司得以顺利实现其战略规划的基础，而计划体系的建立和实施又是落实战略规划的有效手段。

近年来，跨国公司的计划体系趋于实施全面计划管理，将公司战略与计划进行整合，即在明确公司远景目标、制定公司总体战略的前提下，设定关键业绩指标，进行全面计划管理，同时引入业绩评价体系，强调运营的效率和效果，将战略与运营结果连接起来，及时调整基层单位的经营行为使之保持与公司战略目标的一致性和连贯性，确保跨国公司各级组织充分利用已有资源实现公司的全球战略目标。

二、全面计划的设计与组织

跨国公司全面计划的设计中要求每一上层业务计划都要包括下层计划的内容,因为下层计划是为实现上层计划而提出的具体目标。所以跨国公司子公司、事业部和基层单位要实现的目标成为了连接各层计划的纽带。这些目标往往表现为一定的指标,指标成为目标的载体。

在全面计划系统中跨国公司各级层次的责任和任务是各不相同的。基层单位确定本单位的业务目标和相应的业务指标,参与本单位的预算制定过程并提出要实现的预算指标。子公司或事业部既要确定基层单位的业务目标、指标和相应的预算,又要确定自身范围内的业务目标和相应的业务指标,参与本公司或本部的预算制定过程并提出要实现的预算指标。跨国公司总部管理层既要确定子公司或事业部的业务目标、指标和相应的预算,又要确定整个跨国公司范围内的经营目标和相应的经营指标,确定整个公司业绩指标体系和整体预算,同时还要提出公司整体战略目标。跨国公司董事会要最终决定公司的整体战略目标、业绩指标体系和预算,并最终决定公司长远发展的远景目标。

为协调公司各层次各部门的计划和预算行为,需在公司各层次各部门之间建立有效的沟通机制,整合人力资源和信息资源,跨国公司通常要建立非常设的计划联合小组或预算委员会,接受公司最高决策层的领导。计划联合小组或预算委员会由各相关职能部门经理组成,设秘书长负责安排会议、分派工作。

计划联合小组或预算委员会不是一个决策机构,是董事会或相应决策机构的支持机构,是公司目标方案、业务计划和预算初稿的起草者和初审者。计划联合小组或预算委员会一般不设成一个常设的全职机构,而是根据需要随时集中开会、讨论问题,也经常采取分组分工的办法展开工作。

三、计划体系模型

跨国公司计划体系可以分为五个层次:战略方向、战略方案、行动计划、财务计划和业务计划。例如,某一跨国公司可以将自己的战略方向定位在中高档产品上,以产品为主线,制定产品品牌战略发展方案,战略方案确定后可制定相应的行动计划,包括品牌发展的广告宣传计划、营销网络计划、客户服务计划等,相应的财务计划包括融资计划、收入计划和利润计划,具体的业务实施计划包括市场推广计划、产品销售计划、生产采购计划等;以研发为主线,制定产品新技术研发战略方案,战略方案确定后制定相应的行动计划,包括专门人才引进计划、核心技术开发计划等,相应的财务计划包括资产计划、成本计划和费用计划,具体的业务实施计划包括具体项目开发计划、试制调试计划、专项培训计划等。

计划体系的具体体现是指标或目标体系,与上述计划体系的五个层次相对应,指标或目标体系可分为:战略远景目标、战略方案目标、战术目标、预算目标和业务目标。例如,将自己的战略方向定位在中高档产品上的跨国公司确定的战略远景目标是确立该产品的品牌地位,以产品为主线,战略方案目标确定为占领市场份额、增强该产品品牌竞争力。

战略方案目标确定后可制定相应的战术目标,包括扩大广告受众群体、提高消费者认知度、巩固客户满意度等,相应的预算目标包括融资额度、收入指标和利润指标,具体的业务目标包括订单数量和响应速度、交货时间、生产采购保证程度等;以研发为主线,战略方案目标确定为该产品的品牌技术竞争力,战略方案目标确定后制定相应的战术目标,包括专门人才引进数量、研发项目成功数量等,相应的预算目标包括新产品收入占总收入比重、研发费用额度与用款进度,具体的业务目标包括项目验收合格率、试制调试成功率、专项培训通过率等。

计划体系和目标体系中,跨国公司总部一般负责从战略方向到行动计划和从战略远景目标到战术目标的跨度,各国子公司或地区事业部一般负责从战略方案到财务计划和从战略方案目标到预算目标的跨度,基层业务单元一般负责从行动计划到业务计划和从战术目标到业务目标的跨度。

上述计划体系之间的关系在一个基层单位的表现可用图4-7和图4-8的模型表示。计划体系模型以战略方案开始,通过行动计划进一步体现战略方案。行动计划汇总转化为业务计划和财务计划。计划体系模型最终落实的财务计划即构成跨国公司的预算。它可以分别地和汇总地衡量各个行动计划对企业财务成果和现金流量造成的影响,经调整后在总部、子公司与业务单元之间取得平衡。

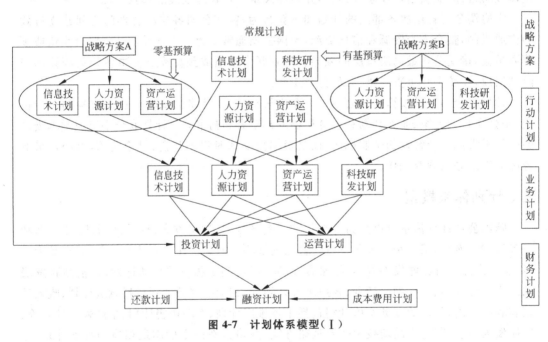

图 4-7　计划体系模型（Ⅰ）

四、跨国公司遇到的国际会计问题

（一）跨国经营及跨国筹资中的会计问题

跨国公司在多个国家中开展经营活动,遇到的国际会计问题既包括管理会计方面,也包括财务会计方面。配合公司战略和计划,在管理会计方面要建立适应国际经营环境的管理控制系统和内部控制制度,要为跨国经营活动制定预算和业绩评价体系。针对各国不同的税收制度,要进行纳税筹划,为实现集团利益最大化要测算和确定内部转移价格。面对各国不同的信息需求者,要提供符合国际规则和需求的财务信息。

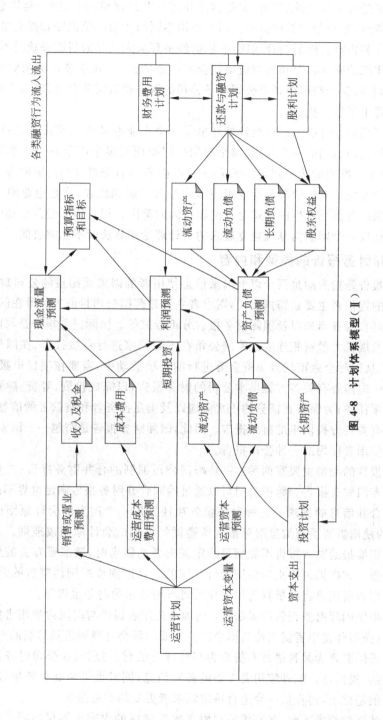

图 4-8 计划体系模型（Ⅱ）

第四章 跨国公司及其国际会计问题

跨国公司在国际经营活动中遇到的财务会计问题，具体来说如货币换算问题，会计以货币为计量尺度进行会计记录、报告、编制预算和进行业绩评价，但在整个跨国公司中会使用不止一种货币，各个分支机构或子公司在使用不同的货币单位记账和提交报告，于是产生了外币换算和折算方面的会计问题；各国的经济环境尤其是通货膨胀状况不同，会计提供的数据与实际的财务状况和经营成果就会有一定的出入，在业绩评价和对外报告方面都需要进行调整；整个跨国公司母公司和子公司的财务报表需要合并，跨国合并报表的编制也给会计提出了新的挑战。

如何选用适当的会计准则进行会计处理也是一个企业在其他国家开展经营活动、设立分支机构或子公司遇到的一个问题，整个跨国公司要面对多个国家的会计准则或会计制度，需要解决会计准则的选择问题。无论如何决定，都要首先对其他国家的会计准则和实务以及与会计有关的立法情况和企业组织形式进行了解和比较，这是企业的经营活动超出了一个国家的范围所产生的特殊会计问题。因此跨国公司在国际经营活动中遇到的会计问题是以往以一个国家为基础建立起来的会计理论和方法所不能解决的。

（二）国际财务报告的类型和内容

国际财务报告是指为满足两个以上国家信息使用者的需求而编报的公司财务报告。国际财务报告的提供者主要是跨国公司，需求者主要是跨国公司目前的和潜在的投资者、债权人、政府部门、税务当局以及国际财务报告分析专家等。国际财务报告是与国际融资和国际投资的发展扩大紧密相连的。跨国公司在不同国家进行直接投资、在国外证券交易所上市证券、从国际金融市场筹集资金等进行的各项活动中，需要在项目申报书、募资说明书等文件中向国外有关各方提供本公司的财务报告，以完成投资、筹资、融资和国际经营活动等各项任务；为保持其证券的正常流通以及满足投资者和贷款者的信息需求，跨国公司还要向有关各方提供年度财务报告。因此，国际财务报告是跨越一个国家国境、为多个国家信息使用者使用的一种公司报告。

国际财务报告的类型主要有两种：一是跨国公司编制的合并财务报告；二是为特定需求者提供的专门财务报告。跨国公司可以通过编制合并财务报告满足世界不同国家的使用者对这种合并信息的需求。这种财务报告往往采用一个国家的会计原则或准则编报，要求报告的使用者要了解编报财务报告所遵循的该国的会计原则或准则。当按某国会计原则或准则编报的财务报告不能满足特定需求者的需求时，就需要有关的公司提供专门的财务报告。如提供采用报告使用者所在国的会计原则或准则调整后的财务报告，翻译为报告使用者所用语言和折算为报告使用者所用货币的财务报告等。

跨国公司提供国际财务报告的做法有：向国外使用者提供与向国内使用者提供的一样的财务报告；向国外使用者提供按某国会计准则或国际会计准则重新编制的财务报告；向国外使用者提供翻译为某种语言和折算为某种货币的财务报告；在公司财务报表的附注部分进行披露，提供适合国外使用者需要的补充信息；同时提供两套财务报告，即在正常的财务报告的基础上，再提供一套适合特定需求者需要的财务报告。

由于各国的法律要求不同，各跨国公司财务报告披露的内容也不尽相同。但随着国际经济交往的不断加深，各国公司财务报告披露的内容也在向着统一化的方向发展。经济合作与发展组织和联合国的跨国公司委员会等组织通过发布各种指导性文件在规范跨国公司财务报告披露内容方面发挥了一定的作用。

从目前大多数跨国公司公布的年度财务报告来看,国际财务报告的披露内容主要包括:①公司最高管理层的说明或报告,如董事会报告,由董事会董事长或主席对公司主要经营活动所作的回顾和对未来展望所作的说明;②公司经营业绩概况,公司主要经济业务、产品和劳务等方面已达到的水平、占领的市场和未来的发展前景;③公司财务报表,包括合并资产负债表、合并利润表和合并现金流量表;④财务报表附注,包括会计政策的说明、会计方法的选择、财务报表中某些项目的详细说明、物价变动对公司财务报表产生的影响、分部报告等;⑤公司管理人员对财务报表所负责任的说明书;⑥审计报告。有的公司还提供下列非财务信息:①社会责任报告,包括雇员情况、工资及相关成本的水平、健康和安全条件、其他工作条件、职工培训以及行业关系等;②公司组织结构和主要股东的持股情况;③环境报告,包括环境保护和控制污染的措施等。

复习思考题

1. 一些企业到其他国家从事生产经营活动采取直接投资建立某种组织结构的形式,其原因是什么?寡头理论、内部化理论和资源基础理论对此是如何进行分析的?你认为这些理论是否有道理?请提出你对这一问题的观点和看法。
2. 跨国公司组织结构有哪些类型?请介绍你所了解的跨国公司组织结构。
3. 跨国公司组织结构呈现出了怎样的发展趋势?
4. 跨国公司的计划体系为什么要以企业战略为出发点?计划体系应包括哪些组成部分?
5. 如何进行全面计划的设计与组织?能否为其建立一种模型?请提出你的设计模型。

本章参考文献

[1] 康荣平.大型跨国公司战略新趋势[M].北京:经济科学出版社,2001.
[2] 卢进勇,刘恩专.跨国公司理论与实务[M].北京:高等教育出版社,2013.
[3] 万晓兰.跨国公司新论[M].北京:经济科学出版社,2003.
[4] Choi F D S, Meek G K. International Accounting[M]. 7th ed. Pearson Prentice Hall,2011.
[5] Conner K R. A Historical Comparison of Resource-based Theory and Five Schools of Thought within Industrial Organization Economics:Do We Have a New Theory of the Firm[J]. Journal of Management,1991,17(1).
[6] Rugman A M. International Diversification and the Multinational Enterprise[M]. Lexington, MA:Lexington Books,1979.
[7] Tallman S B. A Strategic Management Perspective on Host Country Structure of Multinational Enterprises[J]. Journal of Management,1992,18(3).
[8] Wemerfelt B. A Resource-based View of the Firm[J]. Strategic Management Journal,1984(5).

第五章 各国会计规则的形成和发展

各国会计实务的发展过程中逐步形成了自己的一些惯例、原则和公认的程序与方法。这一过程中有各种各样的利益相关者在其中发挥着或大或小的影响和作用,不同的社会群体与会计领域有着直接的关系,造就了各具特色的各国会计实务。本章以一些典型国家为代表说明各国会计实务的多样性和会计规则的形成与发展过程。

第一节 会计规则形成和发展的理论分析

一、会计领域里的利益相关者

这里的会计规则主要是指财务会计和对外报告规则。在各国会计规则的形成和发展过程中有各种各样的利益相关者与会计领域有着直接的关系,不同的社会群体在其中发挥着不同的影响和作用,有的是在经济实体内部从事会计、审计工作的从业人员,有的则是在经济实体外部提供会计、审计服务的职业人员,有的是对会计审计事务进行管理的监管者,有的则是进行会计审计教育和研究的教学研究人员。各类群体组织起来形成了不同的团体,这些团体一方面保护其成员的利益,另一方面使该团体所代表的专业领域能够稳定发展、逐步提高,在经济社会中履行其职责或责任。

美国会计界有一种观点认为,会计领域里的规则制定过程是一个政治过程,不同的会计规则对不同的团体和个人的利益有不同的影响,这些利益集团是会计规则的需求者,从自身利益出发,都试图控制或影响会计规则的制定过程,使会计规则的制定有利于自己。有权供应会计规则的立法机构也被认为是一个利益集团,它们的利益在于维护自己的权利,因此它们要向那些最有助于维护其权利的群体供应规则。自治团体居于二者之间,它们可以供应会计规则,同时平衡不同利益集团的需求。

二、会计规则形成过程中的影响力分析

帕克思蒂、威尔莫特、库珀和洛尔等人(Puxty, Willmott, Cooper, Lowe, 1987)根据斯特里克和史密特(Streeck & Schmitter, 1985)的研究成果,分析并得出结论认为会计规则的形成和会计实务的发展过程中,有三种影响力在发挥作用:"市场"、"国家"和"团体"。借助这种分析模式分析各国的会计环境,有值得借鉴之处。

(一) 市场影响力

市场影响力是指会计和财务报告规则的形成过程完全依赖于市场的力量,即通过财务信息的提供者和接受者形成的供应方和需求方的相互作用,逐步形成各方都可接受的公认规则,其中主要依赖于广泛的竞争原则,通过博弈达到一种均衡。在完全由市场进行

规范的情况下,各公司往往选择自己的规则,但是这些规则要受到市场的制约,要根据需求进行调整,逐步发展起来的资本市场成为对各公司财务报告规则形成制约的主要力量。在某种程度上,19世纪实行"自由经济"政策的英国和证券交易委员会建立之前的美国就是这种情况,有些公司自愿公布财务信息,并且接受审计,但这种实务完全是由市场力量调节的。市场原则体现在同行竞争对财务报告编制者形成压力的程度和方式以及财务报告受到接受者制约的程度和方式两个方面。

(二)"国家"影响力

"国家"影响力是指依赖国家机器通过法律法规的形式制定统一的会计和财务报告规则,并依赖国家的强制力通过分级控制制度予以实施。例如,国家在公司法、证券法、商法、税法、会计法等法律法规中对公司和其他经济实体的财务报告做出强制规定。会计和财务报告规则形成的整个过程都掌握在"国家"手中,国家通过法规规定会计和财务报告应遵循什么惯例,并配有实施机制。

(三)"团体"影响力

"团体"影响力就是依靠会计职业界团体的力量形成会计和财务报告规则。会计职业团体以"协会"等组织形式可以控制公司财务报告的编制者和审计人,职业会计团体制定财务会计和对外报告规则并要求其会员遵守,以此为基础构成了财务报告规则的制定与实施的机制。这种影响力的实现要求有一个强大的、独立的、自制的会计职业界。"团体"的力量来自职业会计师的高度自治能力和完善的自治制度。

在这三种影响力的范围内,不同力量的组合形成了"自由模式"、"协会模式"、"合作模式"和"法律模式"。四个模式构成了一个连续统一体。主要由市场的力量支配财务报告规则的是自由模式,其规则明显的是依据市场原则形成的,只有在市场需求或商业需要的情况下,公司才会提供有关的财务信息。主要依据国家的力量规范财务报告规则的是法律模式,它依赖于无条件地利用国家机器制定规则并强制实施,财务报告的编制要严格遵循法律规定,并通过国家独有的强制措施来保证规则能得到执行。

在两个极端之间的是协会模式和合作模式,两者都是自由模式和法律模式的结合,并带有"团体"影响力的成分。在协会模式中,财务报告规则是通过职业团体起主导作用来制定和执行的。职业团体在制定规则的过程中注重分析市场的需求,并往往以自由模式的情况为假设研究各种合理的规则。合作模式是国家和社团结合起来规范财务报告环境,较多地依赖国家等级控制的原则。国家不是简单地颁发许可证,允许有组织的利益集团的存在,而是将它们组成它们自己的中央等级制度,在政府的控制下发挥职业团体的作用。合作模式和协会模式的基本不同点是,相对于民间(市场)目的,国家在达到公共(国家)目的中"依赖"职业集团的程度有所不同,如图5-1所示。

图5-1 与社会秩序主导模式相关的规则形成定位

随着市场经济的发展,与会计相关的工作逐步细分为不同的职业领域,这些职业领域的从业人员形成了各自的利益集团。为了保护各自的利益,这些从业人员组织起来,从控制人员的准入到总结提高职业工作水平,从而形成了各种不同类型的职业团体。同一领域的从业人员可能组织起多个职业团体,经过一定时期的发展,通过优胜劣汰的竞争,有的国家同一职业领域只剩一个职业团体,而有的国家则有两个以上。

第二节　美国的会计准则

一、"公认会计原则"及利益相关者

(一)"公认会计原则"

会计准则的概念发源于美国,现已在世界各国普遍采用。故讨论会计准则问题首先单辟一节从美国会计准则讲起。美国最早采用的是"公认会计原则"(Generally Accepted Accounting Principles,GAAP)一词,这是一个泛称的概念,是由官方与民间的权威机构制定的各种公告和实务中被普遍认可的各种惯例形成的。美国的民间会计职业组织在"公认会计原则"的发展过程中起着重要的作用,制定和颁布了大量的意见书、说明书和准则公告。各种有关的规则制定机构认为必要时就会发表意见或制定准则;当出现新问题时,如果规则制定者不能及时制定规则,会计实务工作者和研究人员就会提出解决办法,被普遍接受后逐渐成为公认的惯例。

证券交易委员会对上市公司有许多信息披露和财务报告方面的规定,这些规定也构成了美国公认会计原则的组成部分,政府通过证券交易委员会对上市公司会计和财务报告进行规范,并从而对整个会计实务产生影响,这是美国会计模式的特点之一。

(二)利益相关者

美国在市场经济的发展过程中,逐步形成了若干与会计相关、对会计发展产生影响的团体或组织,这些团体或组织在各自的领域中已经发展成熟,对美国的会计理论或实务的发展有着重要的影响作用。以下组织是会计领域里一些主要的利益相关者,是对会计规则(尤其是会计和报告准则)产生直接影响的利益集团。

1. 美国注册会计师协会

美国注册会计师协会是注册会计师的职业组织,它的主要作用是培养、管理和保护注册会计师。协会的历史可追溯到1887年成立的美国公共会计师公会。1916年,该公会被公共会计师协会所取代,1917年协会又更名为美国会计师协会;1921年各州注册会计师公会成立全国性的美国注册会计师公会,该公会1936年并入美国会计师协会,协会同时确定其未来的会员发展限定为注册会计师。1957年美国会计师协会更名为现在的美国注册会计师协会。

美国注册会计师协会的最高权力机关是由大约260人组成的理事会(council)。理事会决定协会的行动方案和政策。理事会的执行委员会是董事会,由23名成员组成,负责理事会闭会期间的协会管理工作。协会设有联合调查委员会,负责实施各项职业准则,处理纪律处罚事宜。

注册会计师的考试由美国注册会计师协会负责,这是全国性的、在同一时间同时举行

的考试,每次两天,共约 14 个小时,每年举行四次,是以计算机为基础的测试,考试内容包括审计与鉴证、财务会计和报告、法规以及经营环境与概念。美国注册会计师协会的各种出版物对改进会计实务有很大的影响作用。它出版发行两种杂志:《会计杂志》和《税务咨询家》。其他出版物包括各种小册子、调查报告或研究报告等。

2. 财务经理人协会

财务经理人协会(Financial Executives Institute,FEI)成立于 1931 年,1962 年改为现名。1969 年促成建立财务经理人协会国际联合会,会员遍布美国、加拿大和波多黎各。2000 年 11 月又更名为国际财务经理人协会(Financial Executives International),其成员主要是大公司中的财务总监、主计长和财务经理等,会员人数超过 15 000 人。该协会出版有月刊《财务经理人》,文章的范围包括会计和报告、养老金和保险、资产保护、税务、计划和预算、管理信息系统等。该协会的各地区分会定期举行研讨会,讨论会员们关心的各种问题。协会还积极支持财务管理人研究基金会的研究活动,比如支持过的研究项目包括"通货膨胀对财务报告和决策制定的影响"、"公司财务报告、纳税申报表以及国民收入与国民产值表中的公司利润"、"重置成本信息揭示的影响和意义"、"权益的估价、模式、分析和意义"等。

3. 管理会计师协会

管理会计师协会(Institute of Management Accountants,IMA)是管理会计和财务管理领域里的职业组织,该协会目前颁发两种证书:管理会计师证书(Certified Management Accountant,CMA)和财务管理师证书(Certified Financial Manager,CFM),这两种证书虽不像注册会计师证书那样是一种政府颁发的执照,但它们代表着持证人达到了一定的专业教育水准和具有一定的职业经验,具有从事管理会计和财务管理工作的资格和能力。管理会计师协会为会员提供各种各样的接受教育的机会,如全国性的培训班和研讨会,地区性的培训课程,自学课程以及远程教育等。协会有两个杂志:《战略财务》和《管理会计季刊》。

管理会计师协会的管理会计委员会发布《管理会计公告》,对管理会计和财务管理问题表达协会的意见,公告的制定和发布有一套严格程序。协会的分会分布在美国各地,在其他国家也有一些会员。该组织的目标之一是增进人们更好地理解会计的资源、类型、目的和利用,促进有关资料在各种经济活动中的运用。

4. 美国会计学会

美国会计学会(American Accounting Association,AAA)是会计教育和研究工作者的专业学术组织,其前身是 1916 年成立的美国大学会计教师联合会,1936 年改为现名。学会的宗旨是促进会计教育、研究和实务达到世界最优。该组织是一个全国性的会计学术团体,任何对会计感兴趣的人都可以自愿加入。学会吸引了许多会计教师和研究人员,因为它的主要目标是推进会计研究和努力促进会计教育方法的改进,当然也有一部分会员来自公司和政府机构。学会为其数量众多的会员提供了各种参与会计研究的机会。学会出版多种刊物,其中《会计评论》是世界著名的会计学术刊物之一,此外还有《会计地平线》、《会计教育问题》、《审计:实务和理论》、《会计中的行为研究》、《信息系统》、《管理会计研究》、《会计与公共利益》等。美国会计学会每年举行一次年会,并经常在各地举办各种研讨班。美国会计学会的研究成果对会计实务的发展有着重要影响。

5. 财务分析人员联合会

财务分析人员联合会(Financial Analysts Federation)是证券分析家、投资管理者以及其他与投资决策分析有关的人士参加的一个专业组织,会员分布在美国和加拿大。财务分析人员联合会的目的是努力增加适合于投资者所用的各种信息的数量和改进其质量,提高财务分析人员和投资管理人员的业务能力,提高会员的职业道德水准。财务分析人员联合会所属的财务会计政策委员会从投资者的角度对会计的发展情况进行分析并提出报告;该委员会还负责对证券交易委员会、财务会计准则委员会、美国注册会计师协会和国际会计准则委员会发布的文件做出反馈、编制意见书,由此对会计实务产生影响。

6. 州注册会计师协会

各州注册会计师协会(State Societies of CPA)不直接隶属于美国注册会计师协会,所以会员也与美国注册会计师协会不完全一致,有的注册会计师既属于美国注册会计师协会,也属于一个或多个州的注册会计师协会,而有的注册会计师只属于某一个注册会计师协会。各州注册会计师协会的活动主要包括举行协会年会、举行技术问题讨论会、举办教育培训班、向会员提供咨询服务、在会员和其他有关各方之间提供交流的机会、参与本州的一些法律活动等。这些活动不仅对会员提供的会计和审计服务是一种支持,而且对会员提供的税务、管理咨询和其他服务也是一种支持。

7. 州会计委员会

各州会计法规授权管理注册会计师资格和执业的机构是各州的会计委员会(State Boards of Accountancy)。州会计委员会向符合条件的个人授予注册会计师的称号,同时也有权暂停或取消违规的注册会计师的称号。州会计委员会的管辖范围只包括个人注册会计师,不包括会计师事务所。

取得注册会计师称号的人要想公开执业还必须取得一个州的执照,各州发放执照的制度略有不同。一般来说要成为一个领取执照的注册会计师,其必须:①年满21岁;②是美国公民;③是该州的居民或在该州有营业场地;④大学毕业或同等学力;⑤有从事公共会计业务的经验;⑥通过注册会计师考试。不过,有的州取消了公民、居民和经验的要求。

8. 州会计委员会全国联合会

州会计委员会全国联合会(National Association of State Board of Accountancy,NASBA)是一个以各州会计委员会为会员的全国性组织,其主要目标是协助各州的会计委员会更加有效地履行其职责,也是各州会计委员会的一个全国性论坛。该组织要检查注册会计师考试的内容、过程和管理。该联合会每年组织全国性年会及一系列地区性会议,交流情况、探讨问题,有时也组织专题研讨会。该联合会有三个常设委员会:执行委员会、提名委员会和注册会计师考试复核委员会。另外,每年还要组织多达30个临时委员会或工作组,主要涉及执照和注册等问题,如进入会计职业界的教育和经验要求、考试要求、州际和国际相互承认、后续职业教育以及政府事务等。该组织和美国注册会计师协会共同发布了《会计条例与规则》,具有规范会计事务和注册会计师职业法律依据的作用。

二、基本的法律环境

(一)立法机构的影响

美国是一个有50个州的联邦制国家,每个州都有自己的立法机构,这些立法机构拥有广泛的权力,可以控制各自州界范围内的各种经营活动并征收税款。各州有自己的有关公司方面的立法,各个州负责自己州内批准公司设立、授予注册会计师资格等事宜,各州在公司设立的条件、授予注册会计师资格的要求等方面略有不同。美国上市公司和不上市公司在法律上一般未作区分。但是,要在证券市场上上市证券的公司必须向联邦政府的证券交易委员会进行注册登记。这样实际上可以区分出,在证券交易委员会注册登记的公司一般都是上市公司,此外则都是非上市公司。

作为美国全国性立法机构的国会很少直接讨论和涉及会计和财务报告问题,也无专门的会计立法,它授权证券交易委员会负责会计和财务报告方面的事务,依靠证券交易委员会规范公司的财务报告、满足公众有关公司信息方面的需求。

不过,美国国会也曾有过直接关心会计问题的例子。为了鼓励企业购买生产性资产,税法曾规定可以给购买生产性资产的企业以投资减免,即企业在新资产首次使用的年度内,可以从税务负债中扣减新资产成本的一定百分比。这项投资减免措施的出台引起了对收益确认时间问题的争议。有人认为投资减税额应加到该年的利润中;其他人则认为投资减税额应在所涉及资产的有效使用年限内分摊。最后,民间准则制定机构提出建议,要求有关的公司采用在资产的有效使用年限内分摊的方法。然而,在该项建议尚未定稿之前,国会通过了《1971年税收法案》,其中规定禁止任何准则制定机构限定在向政府机构(包括证交会)提交的报告中处理投资减免额时采用何种会计方法。

国会的意图是明确的,不能因为会计方法的限制而影响税收减免所带来的刺激作用。国会认为会计准则不应规定一种不利于企业决策的确认收益的模型,不能因为某个会计准则而使企业做出"非经济的决策"。国会的意图到目前已产生了广泛的影响,人们普遍认为,会计准则在经济决策中应尽可能保持中立的效应。财务会计准则委员会已出资赞助评估各项准则的经济后果的研究。美国国会的这次行动被认为是会计准则中立观的前兆。

(二)证券交易委员会的作用

美国政府对公司(尤其是上市公司)会计和报告实务的管理主要由证券交易委员会(Securities and Exchange Commission, SEC,以下简称证交会)负责。证交会在美国会计模式的形成过程中有着举足轻重的作用,实际上控制着美国会计准则的制定和执行。因此,研究美国的会计首先需要了解证交会的概况及其作用。

美国1929年证券市场的大崩溃使广大的投资者遭受了巨大的损失。为了对证券市场加强管理,保护投资者的利益,美国国会于1933年和1934年颁布了证券法和证券交易法。按照这两项法律的规定,证券交易委员会负责实施这两项法律,包括负责制定财务报告方面的规章,其主要职能是确保投资者获得进行投资决策中所需的各种信息。证交会被设置为一个可以自己制定规章制度的独立机构,具有准司法权,它不是政府的一个部,这意味着证交会的政策不受白宫和国会的直接影响。但是证交会的五名委员要由总统任命、参议院核准,而国会则控制证交会的预算,所以白宫和国会对证交会还是有间接的影响。证交会委员们任期五年,其中一人由总统指定为主席。

证交会已发布了大量的有关财务会计和报告方面的公告和意见书。其中之一是 S-X 规则,主要内容是有关公司申请上市登记表和提交证交会的其他报告中包括的财务报告的格式、内容和要求。其中之二是《会计公告文集》,主要内容是澄清和解释会计程序和实务中需要的特殊处理方法,并且说明证交会有关的惩罚措施。最近又发布了《财务报告文集》和《工作人员会计公报》。

虽然证交会有权制定会计准则,但从其成立之日起就一直表现出不去行使这种权力,而是将制定会计准则的任务交给了会计职业界来完成,证交会只起监督作用。证交会于 1973 年发布了第 150 号《会计公告文集》——"关于建立和改进会计原则与准则的政策说明书",重申了其继续发挥监督作用的意图:"委员会为了有效地履行其法定责任,在承认会计职业界的专业知识、能力和财力的同时,并不放弃这种责任,多年来一直关注着职业界指定的准则制定机构在制定和改进会计原则方面的领导作用。这些机构的决定,除极少数例外外,一直被委员会视为是对投资者需求的回答。目前被美国注册会计师协会指定的制定会计原则的机构是财务会计准则委员会。委员会将继续执行关注民间机构领导制定和改进会计原则的政策……为了执行这一政策,对于财务会计准则委员会颁布的'公告'和'解释'中的原则、准则和惯例,委员会将认为有充分的权威性支持,不符合财务会计准则委员会提出的要求的做法将被认为缺乏这种支持。"

2002 年《萨班思-奥克斯雷法案》实施后,证交会研究了其中会计准则制定的规定,在此基础上于 2003 年 4 月又一次确认了财务会计准则委员会作为会计准则制定机构的地位①。美国在证交会注册的公司只占公司总数的很小比例,这些公司是必须服从证交会会计和审计规则的;其他大多数公司则无须强制执行证交会的规定,当然这些公司的股东和债权人还是要求公司要公布经审计的财务报表的。所以,一个公司要上市证券,就必须向证交会注册,必须公布财务报表,财务报表必须经过审计,必须遵循证交会的规则、符合公认会计原则,必须向证交会报送年度报告等。

三、会计准则的制定与实施

(一)会计准则制定机构的演变历程

美国注册会计师协会曾是有权制定会计规则的民间机构中的主要代表,在 20 世纪 70 年代以前,美国公认会计原则主要出自该组织先后建立过的会计程序委员会和会计原则委员会。美国第一个系统开发会计原则的民间机构是美国注册会计师协会于 1934 年建立的会计程序委员会。会计程序委员会负责研究总结最佳会计实务,并以"会计研究公报"的形式公布。自 1939 年至 1959 年共发布了 51 份"会计研究公报"。1959 年会计原则委员会取代了会计程序委员会的工作,负责制定有关的财务会计和报告的会计原则。会计原则委员会发布的文件主要是"意见书"和"说明书"。从 1959 年至 1973 年共发布了

---

① Choi F D S, Meek G K. International Accounting[M]. 5th ed. Pearson Prentice Hall, 2004:93.

31份意见书和4份说明书。

20世纪60年代,美国与会计规则有关的一些利益团体对会计原则委员会制定会计原则的程序日益感到不满。一种不满意见认为,会计原则委员会由会计职业界把持,不能考虑其他有利害关系的各方面的意见;另一种不满意见认为,会计原则委员会在确认作为发展会计准则基础的基本概念方面进展迟缓。

于是,美国注册会计师协会组建了惠特委员会(Wheat Committee)负责对第一种不满意见进行调查研究。惠特委员会于1972年提交了一份报告——"建立财务会计准则",这份报告促成了三个新机构的诞生:①财务会计准则委员会(Financial Accounting Standards Board,FASB)取代以前的会计原则委员会,负责制定会计准则;②财务会计准则咨询商议会(Financial Accounting Standards Advisory Council),负责提供咨询意见;③财务会计基金会(Financial Accounting Foundation),负责任命财务会计准则委员会和财务会计准则咨询商议会的成员,审查和批准这两个组织的工作计划,并负责筹集资金和批准预算。

为研究解决第二种不满意见,美国注册会计师协会又成立了杜布拉德委员会(Trueblood Committee)负责起草关于财务报告目标的报告,这是开发财务会计基本概念的第一步。该委员会的报告最终导致了一个非常重要的项目的开展——财务会计准则委员会的概念结构项目。

根据惠特委员会的报告建立的财务会计基金会、财务会计准则委员会和财务会计准则咨询商议会构建了美国新的会计准则制定模式。这是一种全新的模式,是一种独立的结构,这种模式和结构影响到越来越多的其他国家,给其他国家建立独立的准则制定体系造成了压力。在新的模式中,会计准则制定机构不再隶属于单一的一个组织,与会计准则相关的利益团体派代表组成财务会计基金会,基金会任命财务会计准则委员会的成员并向该委员会提供预算、进行监督,但是不干涉准则制定过程。财务会计准则委员会按规定的程序制定会计准则,准则制定过程有着很高的透明度。

财务会计基金会1984年组建了政府会计准则委员会,为各州和地方政府的实体制定财务会计准则。同时成立政府会计准则咨询商议会,就一些技术问题、项目的优先选择问题等向政府会计准则委员会提供咨询意见。

(二)财务会计准则委员会

组建于1973年的财务会计准则委员会不再隶属于美国注册会计师协会,是一个独立的组织,其成员由财务会计基金会确定,7名委员分别来自会计职业界、工商业界、政府和教学机构。它的经费由财务会计基金会负责筹集,主要来自会计师事务所、工商企业、投资者和债权人组织以及其他各种相关的组织和个人等的自愿捐助,每个组织每年的捐助额都有限制,以确保委员会的独立性不受影响。

财务会计准则委员会发布"财务会计准则公告"、"概念公告"和"解释书"。准则公告建立新的准则或修改以前发布过的文件。概念公告建立基本的概念结构,用于指导准则的制定,但是不包括直接指导实务的具体准则。解释书对现存的准则进行阐述、解释和澄清。财务会计准则委员会从1973年至2009年已经发布过168份准则公告,2009年又将所有的财务会计准则编辑成典,便于不同的使用者上网查阅。会计程序委员会和会计原则委员会发布过的文件后来未被修改或废止的现在仍然有效,它们与目前的准则公告共同构成了美国的"公认会计原则"的主要内容。

财务会计基金会于1984年又组建了"新生问题工作组"(the Emerging Issues Task Force),负责调查研究那些需要按一般公认的原则给予及时指导的新产生的问题,工作组的意见结论要公开公布,有非常大的影响。

(三)实施问题

财务会计准则委员会制定的财务会计准则得到了证券交易委员会代表的官方的认可,由此获得了来自政府方面支持的权威性。另外,美国注册会计师协会的职业道德规范中要求其成员遵循财务会计准则委员会的会计准则。不过,不是所有的注册会计师都是美国注册会计师协会的会员,但是每个注册会计师都必须受某个州的会计委员会管辖,各州的会计委员会要求其管辖的会计师要遵循美国注册会计师协会的职业道德规范。

美国注册会计师协会的职业道德规范第203款规定,如果客户的财务报表包括的内容违背了美国注册会计师协会指定或认可的团体(财务会计准则委员会)颁布的会计准则,对财务报表作为一个整体产生了严重的影响,对该报表进行审计的协会成员不应发表无保留意见。除非他能够证明由于异常原因,客户必须按现行方式编制财务报表,否则将使读者产生误解。在这种情况下,成员须说明违背会计原则的行为及其后果,如果可能,说明为什么遵循会计原则可能导致误解。

美国注册会计师协会的行为规则还规定:"审判委员会经过听证以后可以对违反行为规则的会员给予警告、暂时吊销资格或开除的处罚。"因此,注册会计师必须根据公认会计原则进行审计、提出报告,对于不按要求去做的协会成员将给予一定的制裁,最终可能导致违规的会员被逐出职业界,失去作为公共会计师从事公共会计业务的证书和资格。这种措施也有助于增强会计准则的权威性。

第三节 若干典型国家的会计准则

一、英国的会计准则

(一)历史悠久的会计职业界

会计职业界是会计领域中的主要利益相关者。英国是独立会计职业的发源地,会计职业团体的产生迄今已有一百多年的历史。然而,英国的会计职业团体一直没有组成一个全国性的统一组织,而是多个会计职业团体并存。目前在英国较大的会计职业团体主要有:①英格兰和威尔士特许会计师协会(Institute of Chartered Accountants in England and Wales, ICAEW);②苏格兰特许会计师协会(Institute of Chartered Accountants of Scotland, ICAS);③爱尔兰特许会计师协会(Institute of Chartered Accountants in Ireland, ICAI);④特许注册会计师公会(Association of Chartered Certified Accountants, ACCA);⑤管理会计师协会(Chartered Institute of Management Accountants, CIMA);⑥财政与会计特许协会(Chartered Institute of Public Finance and Accountancy, CIPFA)。

苏格兰会计职业团体产生的时间最早。1854年爱丁堡的会计师公会被授予了第一张皇家特许证,以后于1855年和1867年格拉斯哥和亚伯丁的会计师们也被授予了特许权成立了公会。1892年苏格兰各会计师团体建立了联合组织。1951年这些团体正式合并成立了目前的苏格兰特许会计师协会。

英国会计职业团体中规模最大的是英格兰和威尔士特许会计师协会。英格兰的会计师们从1850年起就从事公司审计工作了。1861年以后又从事了大量的破产清算业务。1870年在利物浦和伦敦成立了会计师公会,随后在1871年和1877年,曼彻斯特和谢菲尔德也成立了会计师公会。1880年这些职业团体合并成立了目前的英格兰和威尔士特许会计师协会。

爱尔兰特许会计师协会于1888年被授予特许权。爱尔兰分立之后,它仍然是整个爱尔兰的统一会计团体,年度大会分别在都柏林和贝尔法斯特轮流举行。

特许注册会计师公会是1939年合并了1891年与1904年成立的两个会计团体后成立的。该公会逐步发展成了一个具有国际性的组织,在世界上130多个国家举行考试,所以其成员遍布世界各地。

管理会计师协会成立于1919年,其会员主要是工商企业中的管理会计师,它通过职业资格考试,为工商界第一线培训成本和管理会计师。财政与会计特许协会成立于1885年,以前叫市政财务主任和会计师协会,表明其源于地方政府。现在该协会的成员主要在政府机构和国有企业的财务部门中工作。

各职业团体曾有过多次合并建立全国性统一会计团体的努力,但均未获得成功。提出建立统一组织的理由有:可以减少管理费用;在职业领域内将会计师的工作能力联合起来形成更有效的工作环境;在有关会计准则、公司法规、税务、会计师和审计师的注册登记以及其他有关职业界的事务方面统一组织,能有更大的权威性发表意见。但一般认为,不建立统一组织也能达到上述目标,以至迄今尚未建立起全国统一性组织。

但六个会计团体于1974年建立了一个称为"会计团体协商委员会"(Consultative Committee of Accountancy Bodies, CCAB)的协商组织。该组织的目的是协调主要由六个会计团体形成的会计职业界,协调英国会计职业界与本国政府、与国际会计组织(如国际会计准则委员会、国际会计师联合会)之间的关系。会计团体协商委员会曾下设会计准则委员会和审计实务委员会,负责制定英国的会计准则和审计准则。1989年,英国成立了独立于会计职业团体的财务报告委员会(Financial Reporting Council),在其之下首先建立了新会计准则委员会,负责制定会计准则,后又建立审计实务委员会,负责制定审计准则。英国进入各职业团体的专业考试和资格要求仍由各团体各自负责。1986年会计团体协商委员会注册登记为一个有限责任公司,六个会计职业团体为公司的股东。2011年2月管理会计师协会宣布退出CCAB有限责任公司,于是原公司进行了清算,于当年10月份完成,其余五个团体决定继续CCAB有限责任公司的存在,成为新的CCAB有限责任公司的股东。

(二)法律与监管

英国会计环境中"公司法"起着重要的作用。英国制定"公司法"的议会一方面受英国传统的影响,另一方面又受欧洲联盟的影响,因此,在英国的"公司法"中对会计和财务报告的要求既保留着英国多年来形成的惯例性规定,又融入了原"欧共体指令"和新的欧盟决定中规定的各项规则。

2009年6月英国政府新成立了一个部,叫作"商务、革新与技术部"(The Department for Business, Innovation and Skills, BIS),该部是合并了商务、企业与调整改革部(Department for Business, Enterprise and Regulatory Reform)和革新、大学与技术部(Department for Innovation, Universities and Skills)之后成立的,其主要责任是促进增长,这种增长必须是可持续的、整个国家和经济各界分享的和平衡的,该部门就是代表政府为增长创造条件和消除阻碍增长的障碍。对于会计审计问题该部在阐述其相关政策中解释道:有效的资本市场以及通过增进透明度保持对公司结构的信心对英国经济来说是至关重要的,对此需要提供可靠和有信息含量的报告,途径是在英国发展有关审计、会计和报告的规则框架,包括实施国际会计准则和国际审计准则。

(三) 会计准则制定机构及其沿革

1. 财务报告委员会的建立及其结构

1989年成立的财务报告委员会是目前英国独立的制定规则的框架中的核心机构,该框架的目的旨在增进公众对公司报告和公司治理的信心,其主要职能包括促进公司治理水平的提高、制定并监督实施会计准则和审计准则、制定精算业务准则、对审计师进行监督与管理、为保护公众利益而设立独立的调查与处罚运行机制以及监督职业会计团体和精算业务团体的协调管理活动。财务报告委员会由来自会计职业界、证券交易机构和工商业界的27名委员组成,其目的是确保财务报告提供真实和公允的财务信息。

财务报告委员会设立了如下运行机构来履行其职能:会计准则委员会(Accounting Standards Board, ASB)、审计实务委员会(Auditing Practices Board, APB)、精算业务准则委员会(The Board for Actuarial Standards)、职业监管委员会(Professional Oversight Board)、财务报告评审委员会(Financial Reporting Review Panel)和会计实务与精算业务纪律委员会(Accountancy & Actuarial Discipline Board)。

会计准则委员会更详细的情况将在下一节中介绍。审计实务委员会通过制定审计准则来为外部审计师建立基本原则和基本程序,制定审计准则的应用指南,同时也为其他鉴证业务制定准则,就外部审计师提供审计和其他鉴证服务中涉及的独立、客观和公正等原则制定职业道德规范,在涉及审计和鉴证业务的法律法规立法过程中发挥应有的作用,并且要向社会公众宣传解释审计和鉴证的职能作用。

精算业务准则委员会成立于2006年4月,旨在制定高质量的精算业务准则。职业监管委员会专门的检查监督机构对审计职业和审计质量进行独立的监管,通过会计职业团体对会计职业界进行独立的监管,通过职业精算师组织对精算业务进行独立的监管以确保高质量的精算工作。

财务报告评审委员会由来自各行业的公司、会计师事务所、金融机构、公用事业部门以及律师职业团体等各行各业的21名委员组成,负责检查各大公司执行会计准则的情况,分析公司财务报告是否给予了真实与公允的反映,并提供各种咨询意见。会计实务与精算业务纪律委员会负责检查和处理违反职业准则和道德规范的职业人员及其相关的业务活动。

2. 会计准则制定机构的沿革及现状

1970年以前,英国的会计实务是在公司法的规定之下和框定的范围之内,依靠"不成文"的会计惯例进行规范和制约的,不过,像英格兰和威尔士特许会计师协会这样的会计职业团体发布过非强制性、建议性的指导文件,对规范会计实务产生过影响。1942年英格兰和威尔士特许会计师协会成立了"税务研究委员会",该委员会从1942年12月至1969年11月的27年间共发布了29个"会计准则建议书"。虽然这些建议有利于会计实务的改进和发展,但由于其不具有强制性,使其影响范围和程度都很有限。

从1970年起,英国的会计职业界逐步开始制定成文的会计准则。1969年12月英格兰和威尔士特许会计师协会发布了"70年代会计准则设想的声明",主要内容是:总结并公布最优会计实务,缩小会计实务差异;建议报表列报中对影响较大的判断项目、估计项目应采用的会计方法;不断根据有关法律和法规修改和制定会计准则。

1970年先由英格兰和威尔士特许会计师协会成立会计准则指导委员会进行最佳会计实务的总结和概括,然后推荐最佳会计惯例,旨在制定会计准则。后其他五个会计职业团体先后加入,并共同建立会计团体协商委员会,改会计准则指导委员会为会计准则委员会(Accounting Standards Committee,ASC),置于该协商委员会之下。这两个会计准则制定机构制定的会计准则是以"标准会计实务说明书"(Statements of Standard Accounting Practice,SSAP)的文件公布的。会计准则委员会的成员主要是公开执行业务的职业会计师,也有一小部分工商业界的财务经理或会计师,也曾有过学术界和财务信息使用者的代表。

标准会计实务说明书的权威性主要是通过职业会计团体的工作逐步建立的。当某个公司的会计处理不符合标准会计实务的要求时,执业会计师就要提出有保留意见的审计报告。这样就促使了各公司遵守标准会计实务说明书中提出的要求。标准会计实务说明书后又得到政府和法院的认可,这样就确定和巩固了它的权威性地位。到1990年,会计准则委员会共公布了25个标准会计实务说明书。此外还有多种其他文件公布,除标准会计实务说明书征求意见稿外,还有会计实务建议说明书、技术说明书等。

1990年英国成立了新的会计准则委员会(Accounting Standards Board,ASB)取代了原来的会计准则委员会(ASC)。新会计准则委员会不再隶属于会计团体协商委员会,而成为了一个独立的机构。新会计准则委员会的成员和经费是由财务报告委员会任命和筹集的。

新会计准则委员会的成员不超过10人,其中主席和技术委员为专职,其他成员为非专职,来自会计师事务所、不同行业的公司、金融机构等。新会计准则委员会发布的会计准则称为"财务报告准则"(Financial Reporting Standards,FRS),以前的标准会计实务说明书若未宣布被取消或予以修改的,仍然有效,与财务报告准则一起构成了英国目前的公认会计惯例[①]。

新会计准则委员会下设有一个紧急问题工作组,由来自会计师事务所、会计职业团体、各行业的公司和银行等机构的15名成员组成,成立于1991年5月。作为新会计准则

---

① 在英国使用GAAPs一词时,英文原文一般为Generally Accepted Accounting Practices。

委员会的辅助机构,紧急问题工作组负责对会计准则执行过程中产生的问题、现行准则没有涉及的新生事项以及现行准则实施过程中出现的不合理或相互矛盾之处进行研究,提出处理意见,用以指导实务。

3. 财务报告准则的制定与实施

财务报告准则是以新会计准则委员会制定的"财务报告原则说明书"为基础的。财务报告原则说明书阐述了财务报表中信息披露方面的基本概念。该原则说明书的目标是为使会计准则达到一致性和逻辑性而提供一种框架结构,这一框架结构也为人们在解决会计问题时能够进行判断而提供了一种基础。

财务报告准则的选题可以由委员会自行研究确定,也可以由外部有利害关系的各方提议确定。一旦某一选题确定,会计准则委员会就要开始进行研究与调查,包括分析和调查有关的概念问题、现存的文件、英国与爱尔兰以及海外的实务、特定会计要求的引入对经济、法律和实务可能产生的影响等。

所确定的会计问题经委员会讨论后,就要编写成讨论稿,然后分发给已登记注册的有关各方。讨论稿经过一定范围的讨论后,就要起草准则征求意见稿并予以公布,使所有有利害关系的各方都有机会表示意见。经过一定期间的公开征求意见,根据反馈的信息,会计准则委员会就要决定是否要发布一个新的财务报告准则。

会计准则是财务报表中应如何反映特定经济业务和其他事项的权威性文件,因此,遵循会计准则的规定通常被视为财务报表给予了真实与公允的反映。由标准会计实务说明书和财务报告准则说明书构成的会计准则得到了公司法的支持,因而具有权威性。如果在某些情况下按照会计准则提交财务报表不能给予真实与公允的反映,则可背离会计准则的要求,但是在财务报表中对背离的原因及产生的影响应予以披露。

二、法国的会计准则

(一)"国家"的力量和作用

法国的会计环境主要受政府控制,"国家"的力量发挥着较大的作用。盛行于欧洲大陆的罗马法系亦称"大陆法系",在法国表现得比较典型。在欧洲的历史中,法国在立法上曾有过令人瞩目的成就。早在1673年法国就颁布了商法典《商事王令》,在由法律规定会计规则方面比英国1844年《公司法》和美国1933年《证券法》的出台要早得多。《拿破仑法典》至今在西方国家的法律中仍有相当的影响并受到广泛的重视。当代法国法律体系中与公司会计密切相关的是商法、公司法、税法以及一些会计法令。

会计处理方法和公司财务报告的格式都在有关的法律(包括商法和税法)中做出了规定。法国的会计法规可追溯到19世纪初商法典中的规定。目前有关会计方面的基本规定仍然包括在商法典中,公司法中也有有关会计方面的基本要求。为贯彻执行欧盟第4号指令,法国在1983年至1986年期间通过并颁布了一系列对会计产生影响的法令。

1. 商法和公司法

在法国商法中,有关会计的条款内容比较简单,基本上属于簿记方面的一些规定,如商业实体必须建立有关的日记账以登记交易事项;账页要预先编号不得跳页登记和进行涂抹;等等。另外,还要求编制资产和负债的明细目录并保留商业函件的有关文本。

对公司会计有更大影响的主要立法是1966年修订后颁发的"公司法",它包括对公开集资的股份有限公司规定的会计披露要求。不发行证券的非公开公司,除具有一定规模者外,可以不受该法披露要求的约束。

公司法要求公司的财务年度一般应为12个月,结账日由公司法律文件确定。结账日变更要由股份有限公司三分之二、有限责任公司四分之三以上股东的同意。每一个公司要求编制"真实和公允"的年度资产负债表和利润表,这些报表要在财务年度结束后三个月内向税务当局备案。批准报表的股东大会要在财务年度结束后六个月内召开。将批准后报表的两份复印件于批准当月向商法庭备案。董事长对报表的编制、内容和符合当地规定负责。

2. 税法

法国会计被认为是面向税务的会计,表现在税法中规定了详细的计量规则,公司会计一般按照这些计量规则处理经济业务,因而财务会计和税务会计的处理结果是一致的。税务当局是公司法定的会计信息使用者,而且,税法也对会计提出了明确的要求。法国的公司税制以转嫁体制为基础,这种体制与英国现行的体制差别不大(实际上法国的体制曾经在一定程度上是英国的样板),但是应税收益的计算则不同。税法的规定对法国财务报告的影响体现在以下两个方面:第一,报告的账面利润的计量规则与应税收益的计量规则差别不大;第二,费用只有已经入账的才能作为纳税申报中的扣减项目予以扣减。

3. 会计法令

法国有关会计法的历史可追溯到17世纪,其现行会计法仍然反映着法国固有的司法传统和价值观念。法国的会计法令有两种:一是以法案形式发布的;二是以政令的形式发布,后者属于政府的行政法规。例如1983年4月30日通过了第83—353号会计法案,使商业实体和其他公司实体的会计要求与欧共体第4号指令相协调;1985年1月3日通过第85—11号会计法案,使商业公司和股份公开公司的合并报表与欧共体第7号指令相协调。

(二) 会计的管理机构

1. 国家会计委员会

1946年,法国成立了由政府高级官员、高级会计人员、审计人员、企业家、律师、研究人员及其他人员组成的会计标准化委员会,并颁布了第一部会计总方案。1947年起执行会计总方案,同时会计标准化委员会改组为会计监督委员会。1957年,由延续至今的国家会计委员会(Conseil National de la Comptabilité,CNC)取代了会计监督委员会。1959年,法国政府发布一项政令,要求国家会计委员会把会计总方案作为公认会计原则的基础来进一步完善制定行业会计规则,也就是人们所说的法国的"公认会计原则"。

从1965年起,国家会计委员会开始仿照英美等国准则制定机构的做法以说明或建议的方式对1957年的会计总方案的应用发布解释性指南。1971年,国家会计委员会着手修订1957年的会计总方案,同时参与欧共体第4号指令的制定。参与第4号指令制定的活动影响了国家会计委员会的思想方法,特别是1973年英国加入欧共体,对法国会计产生了重要影响。

国家会计委员会是政府经济财政部下的一个独立机构。它的主要职责是修订发展会计总方案、监督执行会计总方案、让有关各方了解会计总方案、出版与总方案有关的会计指南、讨论和批准以行业会计法规的方式对方案进行的扩充和变通、对会计法规在公共管理部门的使用提出建议。国家会计委员会的成员一直具有比较广泛的代表性，同时又具有政府机构的权威性，故它在塑造法国财务会计和报告模式的过程中具有明显的主导作用。但是，国家会计委员会本身不具有制定规则的权力，它的任何新建议和修正意见都需通过政府批准。在英美等国不存在这样一个对等的全国性管理会计事务的政府机构。

1996年法国政府颁布会计规范化管理改革法令，对国家会计委员会进行了改组。2000年国家会计委员会由58名成员组成，其中13人来自政府各部门，10人来自会计职业界，28人来自工商企业界，其余的为来自其他不同方面的代表。在改组国家会计委员会的同时，在其内部增设了一个紧急问题委员会。

由于需要一种灵活和及时的手段为会计准则提供规则上的权威性，1998年建立了一个会计管理委员会（Comité de la Réglementation Comptable, CRC）。这是一个权力机构，它能够将国家会计委员会的意见和建议转变为具有法律效力的条例或法令，使会计规范化管理和会计立法趋向一致[①]。会计管理委员会由经济财政部管辖，其15名成员来自几个政府不同的部门、国家会计委员会、金融市场管理局、法国注册会计师协会、国家法定审计师协会以及两个高等法院，会计管理委员会制定的规则在法国政府的官方刊物上发布，所以它具有实质上的规则制定权。

2. 金融市场管理局

根据2003年8月1日的金融证券法，合并了原证券管理委员会（Commission des Opérations de Bourse, COB）及另外两个部门组建了金融市场管理局（The Autorité des Marchés Financiers, AMF），旨在提高法国金融监管制度的效率和透明度。它的主要职责是保护投资者，确保投资者收到所有重要的信息，维持有序的金融市场。金融市场管理局包括由16名委员组成的最高委员会、由12名委员组成的执行委员会以及若干专门委员会和咨询委员会。它的主席通过总统令任命，任期五年，不得连任，经济财政部部长为金融市场管理局的各个机构指定一名无投票权的政府代表。

金融市场管理局管辖的内容包括：①信息披露与公司财务。为上市公司制定规则，监督上市公司及时提供完整、相关的信息，平等对待所有的市场参与者。②公共投资产品。审查募资说明书，确保向潜在的投资者清楚地披露了公共投资产品的具体特点，解释了其可能的结果。③交易所和市场基础设施。为金融市场的基本单位（如证券交易所）和清算系统制定组织和运行的原则，监督市场及其发生的业务。④职业界。为提供投资服务和进行金融投资咨询的专业人员建立业务规则、确定其职业责任。

---

① 关于国家会计委员会与会计管理委员会的关系，可参见周红. 法国会计制度改革的现状[J]. 会计研究，1998（3）：41.

（三）会计职业组织

法国的会计职业界一直积极地参与有关会计的立法过程，这形成了会计职业界能及时接受会计立法的传统。同时，职业协会也不断发布大量的建议书，提供适当的会计、审计和报告披露方面的指导，以便有助于实施各种法律中对会计的要求和统一会计制度。不过，一般认为法国的会计职业界相对规模较小，力量不够强大，未像英美会计职业界那样在规范和控制会计实务中有较高的独立地位。政府在制定会计规则方面的统治地位没有给职业会计团体留下什么地盘来发展它们自己的权威性规则。职业会计团体发布过的许多关于会计事务的意见和建议，一般都是对法律要求的解释。

法国会计职业团体的历史可追溯到1881年。目前法国的会计职业团体主要有两个：一个是法国注册会计师协会(Ordre des Experts Comptables, OEC)，受经济财政部管辖，其会员主要为客户提供会计、税务、管理咨询等服务；另一个是国家法定审计师协会(Compagnie Nationale des Commissaires aux Comptes, CNCC)，由司法部管辖，其会员主要从事法定审计业务。符合条件的注册会计师都可以加入这两个协会，这样一个注册会计师可以为一部分客户提供会计服务，为另一部分客户提供审计服务。

法国注册会计师协会成立于1942年，重建于1945年。第二次世界大战之前法国的会计职业界人数很少、资源有限、组织脆弱，而且没有得到明确的法律承认。1942年组建的法国注册会计师协会在很大程度上受政府控制，这种情况一直延续至今，使法国会计职业管理越过了由职业界自我管理、不受政府控制的阶段。法国注册会计师协会是法国会计职业界在国际会计师联合会中的代表。该协会的主要职业工作包括法定审计以外的所有公共会计业务。协会成员资格仅限于公开从业人员，如果他们离开公共会计职业界到某个公司去工作，那么他们将失去注册会计师的称号。法国注册会计师协会发布指导会计实务的技术指南。

1973年国际会计准则委员会成立，法国的会计职业组织是发起人之一。由于法国注册会计师协会已经于1965年仿照英美职业组织的方式设立了常设委员会来解决实务中出现的问题，故国际会计准则委员会的运行方式对法国人已经不陌生。法国注册会计师协会的参与增加了向法国引入国外会计观念的一条渠道。

1966年公司法颁布之前，不需要公司财务报表随附审计报告。法国注册会计师协会从组建时起一直置于经济财政部控制之下，1966年公司法颁布之后，司法部要求建立一个注册审计师的独立组织，于是1969年成立了国家法定审计师协会，受司法部管辖。法律规定股份公开公司和非股份公开公司的财务报表必须经国家法定审计师协会的成员进行审计，故该协会的成员为法定审计师，为了与欧盟第4号指令相协调，法定审计师必须在其审计报告里就"真实与公允反映"的情况表示意见。法定审计师的独立性由法律做出了严格的规定，如果他们被任命为一个公司的审计师，就不允许他们从该公司接受法定审计以外的服务报酬。

（四）法国的"会计准则"

"会计准则"是法国会计环境中的外来语，之前在法国相当于"会计准则"的会计规则是"会计总方案"(Plan Comptable général)。这个方案不仅包括统一的会计科目表，而且包括非常详细的会计操作指南。

制定统一会计方案的思想产生于19世纪80年代以后。随着企业规模的扩大和大批大量生产的发展,在西方发达国家产生了制定行业统一会计制度的思想。在美国和欧洲一些国家中某些行业提出并实行了行业的统一会计科目表。20世纪初,在由来自西方发达国家的会计师参加的国际会计师代表大会上曾有人提出制定国际标准化的会计科目表。德国会计学教授舒玛尔兰巴赫(Schmalenbach)是这种思想的积极倡导者,他在20世纪20年代设计了一套示范会计科目表。1937年德国政府以法令的形式发布了西方国家第一套会计科目表,称为高林方案(Goering Plan),适用于所有的私营企业。

法国的会计总方案酝酿产生于第二次世界大战期间德国占领下的维希政府时期,当时成立了一个部长间委员会来负责制定全国统一的会计规范,该委员会也包括来自私营企业的代表和一些公共会计师。在德国人的干预和影响下,该委员会于1941年完成了第一部统一会计方案,于1942年公布。该方案与德国的高林方案极为相似。不过,它不是简单照搬德国的方案,有许多适合法国情况的设计。

1946年法国战后政府组建了一个会计标准化委员会重新制定统一会计方案,新方案于1947年被批准执行。1947年方案与1942年方案有许多共同之处,主要不同之处是增加了成本和管理会计方面的规定。同时政府组建了全国会计监督委员会来负责实施会计总方案。

最初会计总方案只适用于国有企业和有政府补贴的公司,对私营企业没有约束。以后会计总方案经过几次修订完善后,与税法在很多方面取得了一致,因而被各种企业广泛采用。会计总方案于1982年根据欧共体第4号指令进行了修订,1986年又根据欧共体关于合并报表的第7号指令进行了补充。目前有效的是1999年又做过一次修订并被批准实施的会计总方案。会计学教科书都是根据会计总方案编写的。年度纳税申报表也要求根据会计总方案编制。会计总方案还在国家政府机构和地方政府机构中实施,这样可以提供详细的全国性统计数字。

1999年重新修订后的会计总方案主要包括以下内容:

  第一部分 会计的目标和原则
    第一章 应用范围
    第二章 原则
    第三章 年度报表的定义
  第二部分 资产、负债、收入和费用的定义
    第一章 资产和负债
    第二章 费用和收入
    第三章 利润或损失
  第三部分 会计确认与估价规则
    第一章 资产、负债、收入和费用的记账日
    第二章 资产与负债和估价与会计方法
    第三章 特殊估价与会计确认程序
    第四章 其价值随外汇波动之资产与负债的估价

第五章　重估价
第六章　特殊资产与负债的估价与会计确认
第七章　特殊金融业务的估价与会计
第八章　跨财务年度经济业务的记账
第九章　共同经济业务和为第三方记账之业务的估价与会计确认
第四部分　账簿的记录、结构和功能
第一章　会计的组织
第二章　记录
第三章　会计编码
第四章　账簿的功能
第五部分　财务报表
第一章　年度报表
第二章　年度报表的格式—资产负债表—利润表
第三章　年度报表的格式—报表的附注

会计总方案在实施运用上是非常灵活的,主要体现在两个方面:①根据企业的规模大小来确定适用范围(规模大小根据销售额、资产总额以及员工总人数的一定标准加以划分)。会计总方案的适用范围:扩展方案用于上市公司;标准方案用于大中型企业;缩简方案用于小型企业。②考虑了行业差异,制定一些具体的行业会计方案。

从上面的介绍可知,法国的会计总方案实际上是企业组织会计工作的全面性规范和依据。它不仅包括企业财务会计的原则和规则,而且还涉及成本和估价的要求和规范。法国会计自实施这种统一的制度以来,在服务于国家的宏观决策、确定政府导向机制方面,在服务于企业间业绩评比、为评选国家优胜企业而提供数字依据方面以及在沟通宏观和微观信息系统、促进社会会计的完善和发展方面,都发挥了一定的作用,反映出统一性带来的好处。除此之外,会计总方案的推行也为国家税收工作以及教育部门培养会计专门人才提供了很大方便。

三、德国的会计准则

(一)"国家"的力量和作用

德国的法律体系属于以成文法为特征的欧洲大陆法系。在大陆法系的国家中,公司法或商法对公司的各种活动以及会计和报告问题都有较为详细的规定,有具体的记账规则和报表格式。因此,德国的公司在这样的法律环境中进行会计处理和编制财务报告必须严格遵守法定的要求,会计职业界几乎没有自己制定会计规则的余地。

德国有着大陆法系环境的显著特点,即通过法律规定会计规则,直到20世纪末一直都没有专门的民间机构负责制定会计准则,法律条文试图囊括所有可能发生的事件。早在19世纪,德国的会计规则就已开始法典化,有关的公司法和商法等法律规定了会计处理、财务报表和管理报告的形式和内容以及估价规则等,如会计计价、收益计量以及财务报表的格式和内容等。同时,税法和税则对企业会计也有着重要的影响,各纳税主体的财务报表必须符合税法的要求。

德国的法律制度中明显的罗马法系特征表现为各种法律法规都基本上编集成典。在商事法典中规定详细会计规则的做法可追溯到法国路易十四时期的《商事王令》，这种传统在德国又得到了加强。德国法律提到要遵守"统一会计原则"，这些会计原则实际上散见于各项法律规定之中，主要来源于下列有关法律：商法、股份有限公司法、有限责任公司法、税法和税则以及为实施欧共体第 4 号和第 7 号指令而于 1985 年 12 月颁布的会计指令法。

按照商法的要求，所有的企业都必须保持会计记录，按税法有关规定提供年度财务报表，股份有限公司和有限责任公司的财务报表必须公开。此外，商法还详细规定了记账和核算的一般原则、计价规则、会计资料的保管、财务报表的格式和内容等。1965 年颁布的股份公司法对股份有限公司的会计问题做出了规定。对于财务报表和管理报告的形式和内容以及对于估价规则等也都有详细的规定。

税法和税则对企业会计有着很强的影响。财务报表必须符合税法的要求。税法税则不断地得到修正，因而造成财务报表要随税法要求的变动而变动。税法要求各公司企业遵循有关法律的规定处理会计事务，经过税务审计表明各项会计原则得到了遵守时才能给予减免税款或允许弥补以前年度的亏损。公司为了尽可能地得到减免税款或要弥补以前年度的亏损，都按统一会计原则进行估价、编报财务报表。

德国的税法中对会计实务有制约作用的法律是所得税法和所得税指令。德国政府要求应税利润必须能够从公开的财务报表中所列示的收益中得到，税务上所要求的任何特殊会计处理应在公开的财务报表中予以披露。许多详细的计价规则以及某些会计处理程序在税法中都有所规定。例如，固定资产计价必须使用最低价值原则，即按原始成本、重置成本或可变现净值的最低者计价。这一原则同样也适用于存货。由于公开的资产负债表上的计价决定了纳税资产负债表的结果，几乎所有税法允许的特殊的折旧方法也会影响对外公开的资产负债表。在计算公司利润时，税务机构重视资产负债表方式，而不是利润表方式，税法将利润定义为本年年初与年末企业净资产的差额。

股份有限公司法中包括了许多会计规定，除了规范的会计应遵循的原则和计价规则，还详细地描述了财务报表的结构和内容。资产负债表和利润表必须符合法定的格式要求。按照股份有限公司法的规定，如果一项固定资产的市价或可变现净值持续低于原始成本，那么就必须运用最低价值原则。流动资产也要按最低价值原则计价。这些原则的运用使得德国公司财务报表所披露的利润信息就会比较保守。

法律规定了公司必须提供的最少财务信息，但公司也可以提供比法律要求更多的信息。法律规定的基本目的之一是保护债权人。1985 年 12 月 19 日颁布的会计指令法是德国采纳和贯彻欧共体第 4 号和第 7 号指令的专门法规，其中包括了各种会计、审计和报表公布的原则。

（二）会计职业团体

德国早期的商法和公司法已要求公司财务报表要经审计，19 世纪后期德国出现了账簿审计师，1896 年成立了柏林账簿审计师协会。1898 年，全国性账簿审计师协会成立。1929 年世界经济危机过后，德国政府于 1931 年颁布了新的股份有限公司法。新法规定，大型股份有限公司的财务报表必须由注册会计师审定。随后,账簿审计师协会解体,注册会计师协会成立。

目前德国的会计职业团体主要有两个:一是德国注册会计师协会,二是法定审计师公会。德国注册会计师协会是根据1931年公司法的有关条款于1932年成立的。加入协会是自愿的,大约有90%的注册会计师加入了该协会。协会主要关心财务会计中的技术问题和提高职业界的经济利益。

1961年颁布了一项管理职业界的条例,这是统一的联邦法律,取代了当时存在的各州类似的法律。1961年的条例要求法定审计师必须是法定审计师公会的成员。法定审计师公会是联邦经济部掌握的一个联邦法定的团体。1965年公司法又规定,只有注册会计师和注册会计师组成的事务所或公司可以从事法定审计。1971年管理会计职业界的一项法律又规定了法定审计师公会会员资格方面的法定要求。

1961年的条例规定了有关注册会计师的详细资格要求。这个要求非常严格,所以西方国家一般都承认德国会计职业界人员的素质比较高。在德国,任何人欲取得注册会计师的称号都必须具有企业管理、经济或法律专业的大学学位,同时具有5年的会计工作经验,若参加职业考试的人没有大学学位,则必须有10年的实际工作经验。无论是5年工作经验还是10年工作经验,其中必须至少有4年是与一名注册会计师或注册会计师的合伙事务所一起工作的。严格的要求使德国的注册会计师人数较少、增长缓慢。

会计职业团体在会计原则的制定方面没有太大的直接影响。职业团体有一个专门委员会发布有关计量与披露方面的公报。这些公报没有强制的约束力,但在一般的情况下,被认为代表了最佳实务,因而被法院解释为统一会计原则的构成部分。随着会计准则委员会的建立,会计职业团体在制定会计准则方面的直接影响通过该委员会逐渐发挥出来。

(三)德国的"会计准则"

在德国,"统一会计原则"有时像美国会计中"公认会计原则"一词一样使用,但统一会计原则并没有单独的一套文件。统一会计制度在德国具有悠久的历史,因此德国会计的标准化程度较高。德国在1911年就出现过较为全面的会计科目表。20世纪20年代德国学者设计了示范会计科目表,同时得到了政府的鼓励,这对第一次世界大战之后德国几个主要工业集团建立统一会计制度产生了很大的影响。这些工业集团还建立了统一的成本制度。

科罗勒大学舒玛尔兰巴赫(Schmalenbach)教授于20世纪20年代后期设计了重要的统一会计科目表及图示。舒玛尔兰巴赫的科目表对德国政府很有吸引力,因为政府只要想对经济实行高度集权控制,就必须利用其账表所提供的信息。当时德国比较发达的工业卡特尔组织形式和连锁所有权关系的存在成为接受舒玛尔兰巴赫思想的背景条件。这样,20世纪30年代产生了将示范会计科目表转换为强制性国家会计规范的思想和做法,1937年世界上第一套国家性会计科目表——高林方案(Goering Plan)在德国诞生,运用于所有的私营部门。德国的会计科目表方案直接影响到后来的法国会计总方案。第二次世界大战以后,德国的会计科目表由工业联合会、商业外贸联合会等组织制定,向各企业推荐,供企业选择使用。

到了 20 世纪 60 年代中期,随着 1965 年《公司法》的颁布,舒玛尔兰巴赫制度也就自然被取消了。然而,宏观经济会计和统一会计制度仍然是德国会计的主要特征。

具体地说,德国的会计制度有以下一些特点:①深受税法的影响;②股份有限公司的披露程度高于有限责任公司;有限责任公司和合伙企业会计方法的选择余地较大;③可以对利润尤其是对秘密准备的变动作平滑处理;④财务报告建立在"真实、准确和完整"的基础上;⑤"统一会计原则"的全部内容均未编纂成典,而是通过法院裁决间接确定;⑥会计要求的变化不与环境的变化同步;⑦对于资产负债表中项目的包括和估价存在着多种选择;⑧会计职业界在会计原则的发展过程中影响不大。

到 20 世纪末情况开始发生变化。1998 年 3 月德国组建会计准则委员会,同年 9 月该委员会与德国联邦司法部签署协议,司法部依据商法的规定承认会计准则委员会为合法的标准化机构,会计准则委员会则承诺建立一个独立的准则制定机构,负责会计准则的制定。

德国会计准则委员会在其章程中设定的目标是:开发用于合并财务报告方面的会计准则;与国际会计准则委员会及其他标准化委员会开展合作;在全国性和政府间有关的立法事项中(尤其是与会计有关的立法)发挥咨询作用;在国际性标准化委员会中以及在推进协调的各种组织中代表德国;促进这些领域中的研究。

会计准则委员会内部管理系统包括会员大会、行政委员会、管理委员会三个层次;准则制定系统包括会计准则制定委员会和咨询委员会。会计准则制定委员会负责会计准则的开发、制定和解释,其成员包括主席、副主席和五名委员,任期四年。会计准则制定委员会按照国际通行的准则制定程序制定会计准则,如征求各方意见、多数表决通过等,不过德国的会计准则必须由司法部批准和公布。咨询委员会就会计准则制定委员会的重大决策提供咨询意见。

德国会计准则实际上是权威性的建议,适用于合并财务报表,并不修改或限制商法的要求,它更多的作用是与国际会计准则进行协调。会计准则制定委员会成立以后颁布过的会计准则包括:现金流量表、分部报告、合并财务报表中的购买法核算、金融机构的风险报告、中期财务报告、合并财务报表中联营企业投资的会计处理、合并财务报表中合营企业投资的会计处理、合并财务报表中的递延税、关联方的披露、非流动性无形资产、一致性原则和错误的更正、外币折算等。

2003 年德国会计准则委员会采取了新的战略,这是随着欧盟采纳国际财务报告准则的要求的实施,作为欧盟成员国的德国也必须采纳欧盟已接受的国际财务报告准则的背景下采取的,这个战略就是要使德国会计准则与国际会计准则趋同。

第四节 其他若干国家和地区的会计准则

一、中国的会计准则

(一)"国家"的力量和作用

中国会计准则的制定和发展中国家的力量起主导作用。目前的各类会计规则是

1949年以后逐步建立起来的。1949年至今大体上可以分为两个阶段,以20世纪70年代末80年代初为界限,前一阶段为计划经济时期,国家制定统一会计制度为计划经济服务;后一阶段为改革开放、转为社会主义市场经济时期,为适应新形势的需要,国家开始进行会计改革,引入会计准则的概念,逐步与国际会计惯例接轨。

20世纪70年代末改革开放以后,随着各项政策措施的贯彻落实,国民经济逐步走上了正常发展的道路,会计理论研究和会计实务工作得到了恢复和发展。1979年1月财政部恢复会计制度司,年底中国会计学会成立,次年召开全国会计工作会议。这些都是中国会计出现重大转折的重要事件。

在中国的会计环境中,会计制度占有重要的地位。建立、健全会计制度是会计工作正常进行的根本保证。从1978年开始,财政部着手恢复一部分原已废止的会计制度,1980年全面修订并发布了改革开放后的第一套《国营工业企业会计制度——会计科目和会计报表》;为贯彻"对外开放、对内搞活"的方针,适应经济体制改革和新时期经济建设的需要,财政部又制定颁布了一些新的会计制度和法规,为新时期的会计工作整顿和提高重新建立起了各种规范。

为适应对外开放的需要,1983年3月,财政部颁发《中外合资经营企业会计制度(试行草案)》,并随后颁发了《中外合资经营企业会计科目和会计报表(试行草案)》。这两个草案是中国学习市场经济会计模式、借鉴国际会计惯例的初次尝试,对外商投资企业在中国的有序发展发挥了作用。此外,财政部或财政部与其他部委通过制定和颁发各种会计制度与会计法规,逐步地恢复和建立起了各行业各自的会计制度,由此逐渐完善了中国各行业全国性的统一会计制度。

1985年1月21日,中华人民共和国第六届全国人民代表大会常务委员会第九次会议通过了《中华人民共和国会计法》(以下简称《会计法》),并于1985年5月起施行。《会计法》是中国会计工作的基本规范,对会计工作的主要方面作了基本的规定,在中国会计法规体系中居于最高地位,是各项会计法规的母法,其他会计法规都必须遵循和符合《会计法》的要求。

20世纪80年代初,中国会计理论界开始大量研究会计准则问题。1988年财政部成立会计准则课题组,1990年全国会计工作会议正式提出要制定中国的会计准则。1992年底,经国务院批准,财政部发布了《企业会计准则》和《企业财务通则》,并规定于1993年7月1日起实施。《企业会计准则》的颁布被认为是一项重要的会计改革措施,在社会上引起了巨大反响。一般认为,这一改革步骤标志着中国企业会计制度由计划经济模式开始向市场经济模式转换,中国会计实务开始与国际惯例接轨,它为建立中国市场经济体系奠定了重要基础。

20世纪90年代的会计改革改变了中国会计具有的苏联会计模式的特征。在计划经济体制下,会计的理论与方法是建立在满足国家作为整个社会和各个企业的管理者而要进行决策和控制的基础之上的,会计服务的对象主要是各级政府。这种苏联模式的会计制度越来越不适应经济体制改革后的中国现实,会计改革势在必行。

中国的《公司法》由第八届全国人民代表大会常务委员会第五次会议于1993年12月29日通过,自1994年7月1日起施行。后经过几次修正,最新的一次修正于2013年

12月28日由十二届全国人民代表大会常务委员会第六次会议审议并通过，自2014年3月1日起施行。《公司法》第八章为公司财务、会计方面的条款，规定公司应当依照法律、行政法规和国务院财政部门的规定建立公司财务、会计制度，在每一会计年度终了时编制财务会计报告，并依法经会计师事务所审计。

1998年12月29日第九届全国人民代表大会常务委员会第六次会议通过《中华人民共和国证券法》(以下简称《证券法》)，后有几次修正。《证券法》中"持续信息公开"部分规定发行人、上市公司依法披露的信息，必须真实、准确、完整，不得有虚假记载、误导性陈述或者重大遗漏。经国务院证券监督管理机构核准依法公开发行股票，或者经国务院授权的部门核准依法公开发行公司债券，应当公告招股说明书、公司债券募集办法。依法公开发行新股或者公司债券的，还应当公告财务会计报告。上市公司应当在每一会计年度的上半年结束之日起二个月内，以及在每一会计年度结束之日起四个月内，向国务院证券监督管理机构和证券交易所分别报送中期报告和年度报告。

中国注册会计师协会成立于1988年11月。其最高权力机构为全国会员代表大会，全国会员代表大会选举产生理事会。理事会选举产生会长、副会长、常务理事，理事会设若干专门委员会和专业委员会。常务理事会在理事会闭会期间行使理事会职权。协会下设秘书处，为其常设执行机构。中国注册会计师协会分别于1996年10月和1997年5月加入亚太会计师联合会(CAPA)和国际会计师联合会(IFAC)。

理事会下设12个专门委员会和2个专业委员会。12个专门委员会为战略委员会、行业信息化委员会、审计准则委员会、职业道德准则委员会、财务委员会、惩戒委员会、申诉与维权委员会、教育培训委员会、注册管理委员会、执业责任鉴定委员会、会计师事务所内部治理指导委员会、《中国注册会计师》编辑委员会；2个专业委员会，即专业技术指导委员会和综合报告委员会。

中国注册会计师协会的主要职责是：①审批和管理该协会会员，指导地方注册会计师协会办理注册会计师注册；②拟订注册会计师执业准则、规则，监督、检查实施情况；③组织对注册会计师的任职资格、注册会计师和会计师事务所的执业情况进行年度检查；④制定行业自律管理规范，对会员违反相关法律法规和行业管理规范的行为予以惩戒；⑤组织实施注册会计师全国统一考试；⑥组织、推动会员培训和行业人才建设工作；⑦组织业务交流，开展理论研究，提供技术支持；⑧开展注册会计师行业宣传；⑨协调行业内、外部关系，支持会员依法执业，维护会员合法权益；⑩代表中国注册会计师行业开展国际交往活动；⑪指导地方注册会计师协会工作；⑫承担法律、行政法规规定和国家机关委托或授权的其他有关工作。

（二）会计制度与会计准则的现状和未来

会计制度在中国相当长的时期内就是中国的"会计准则"，这是一个应用十分广泛的术语，有广义和狭义之分。广义的会计制度是进行会计工作所应遵循的规则、方法和程序的总称，主要包括会计工作规则、会计人员职权条例、行业会计科目与会计报表、成本核算规程、会计电算化规范、财务分析及利用办法、会计档案保管和销毁制度等。狭义的会计制度则是指适用于某类企业或组织的一套会计核算原则、会计政策、基本规定、会计科目和会计报表设置使用说明等。

中国的企业会计准则体系分为基本会计准则和具体会计准则。1992年颁布的《企业会计准则》属于基本会计准则,之后陆续制定颁布具体会计准则。中国《企业会计准则》颁布之后,需要尽快制定和颁布具体的操作规范。由于存在不同意见,也为了不打乱原有会计秩序、使会计变革循序渐进地进行,财政部并没有立即制定和颁布具体会计准则,而是对40年中所形成的各种会计制度进行了改造,重新制定和颁布了新的会计制度。

新会计制度体系分为企业会计制度和预算会计制度两大类。企业会计制度由原来的40多个合并为13个,主要按行业划分;此外财政部预算司又制定了预算会计制度,其中总预算会计制度适用于国家财政部门总预算的会计核算,行政事业单位预算会计制度适用于行政单位、科研机构等的会计核算。

《企业会计准则》、行业会计制度是1992年底发布的,1993年底和1994年中国又相继进行了工商税制、外汇管理体制的改革,这些改革必然影响会计处理方法和会计信息的披露。另外原会计制度没有涉及的部分也须作补充规定,为此财政部和有关部门又制定颁布了一系列的制度规定。

2000年12月财政部公布了新的《企业会计制度》,新制度打破了所有制和行业界限,建立了国家统一的会计核算制度,从2001年1月1日起在股份有限公司范围内执行。《企业会计制度》与以前分行业的会计制度不同,它不再分行业,主要由会计核算一般规定、会计科目及其运用、财务会计报告的编制等内容组成,体现行业特点的具体会计核算办法,作为其重要组成部分,将在以后根据具体情况分别制定。《企业会计制度》按照会计要素的定义,对会计要素的确认和计量做出规定,使之在会计报表上的反映符合其质量特征,满足会计信息可靠性和相关性的要求。

关于会计准则和会计制度的关系,财政部会计司的解释是:"目前我们采用的模式是,在相当长的一段时期内,制度和准则将同时并存,企业处理的各项业务,若会计准则已作出相应的规定的,以准则为准;若会计准则没有作出相应规定的,则仍按统一的会计制度进行处理。在会计准则全面替代统一会计制度以前,不断协调会计准则和统一会计制度的内容,避免给会计人员带来混乱。俟会计准则形成一个较为完整的体系后,最终实现从统一会计制度到会计准则的平稳过渡。"[①]

2006年中国会计准则完成了又一次重大调整和修订,2月15日,财政部在京举行会计审计准则体系发布会,发布了39项新的企业会计准则和48项注册会计师审计准则,这标志着适应中国市场经济发展要求、与国际惯例趋同的企业会计准则体系和注册会计师审计准则体系正式建立。企业会计准则体系由1项基本准则、38项具体准则和相关应用指南构成。企业会计准则体系自2007年1月1日起在上市公司施行。

2006年新颁布的企业会计准则体系中的基本准则共十一章、五十条,基本内容如下。

（1）总则部分:主要明确会计准则的制定依据,规定会计准则的适用范围,明确企业编制财务会计报告的目标、会计核算基本前提和会计核算基础工作,包括持续经营、会计分期、货币计量、权责发生制等。

（2）会计信息质量要求,包括真实性、相关性、清晰性、可比性、实质重于形式、重要

---

① 冯淑萍.市场经济与会计准则[J].会计研究,1999(1):6.

性、谨慎性、及时性等。

（3）会计要素，包括资产、负债、所有者权益、收入、费用、利润等，会计要素的确认与计量。

（4）财务会计报告：规定了会计报表至少应当包括资产负债表、利润表、现金流量表等报表以及报表附注。

基本会计准则颁布的同时，财政部颁布了38项具体会计准则。这38项具体会计准则如表5-1所示。

表 5-1 具体会计准则

编号	会计准则名称	编号	会计准则名称
1	存货	20	企业合并
2	长期股权投资	21	租赁
3	投资性房地产	22	金融工具确认和计量
4	固定资产	23	金融资产转移
5	生物资产	24	套期保值
6	无形资产	25	原保险合同
7	非货币性资产	26	再保险合同
8	资产减值	27	石油天然气开采
9	职工薪酬	28	会计政策、会计估计变更和差错更正
10	企业年金基金	29	资产负债表日后事项
11	股份支付	30	财务报表列报
12	债务重组	31	现金流量表
13	或有事项	32	中期财务报告
14	收入	33	合并财务报表
15	建造合同	34	每股收益
16	政府补助	35	分部报告
17	借款费用	36	关联方披露
18	所得税	37	金融工具列报
19	外币折算	38	首次执行企业会计准则

二、日本的会计准则

（一）由"三法体制"和新公司法构成的会计环境

传统上日本的会计环境是受"三法体制"所制约。"三法体制"是指在会计领域里主要有三个方面的法律约束着企业的会计行为，这三个方面的法律是商法、证券交易法和法人税法。以商法为依据所实施的会计称为"商法会计"；以证券交易法为依据所实施的会计称为"证券交易法会计"；以法人税法为依据所实施的会计称为"税法会计"。

1868年日本明治维新之后，开始向西方学习，很快便以德国模式为基础，建立了新的经济法律制度。日本聘请德国学者起草的商法于1899年颁布，其中在企业会计方面包含反映德国会计制度的基本会计规则。第二次世界大战以后，日本受到了美国的巨大影响，美国的思想、文化、制度影响到日本的各个方面，仿照美国的证券法和证券交易法，日本于

1948年制定颁布了证券交易法。法人税法方面主要包括公司所得税法，公司所得税的会计处理直接影响到会计实务的发展。

日本的商法、证券交易法、法人税法三者之间相互联系，相互制约，共同构成一个有机的整体。它们从不同方面和角度对企业的经营行为进行着法的约束，同时三者又各有侧重。各类公司企业都要受商法管制；所有法人都要受税法制约；受证券交易法管辖的都是大型上市公司。一般来说在日本的"三法体制"中，商法是"根本大法"，居于核心地位，证券交易法和法人税法，在某种程度上可以说是对商法的展开和补充。

日本商法是以保护债权人利益为指导思想的，一切从事商事活动的组织都要遵循该法律。法人税法要求若要获得某些税收优惠就必须在按商法规定设置和编制的账簿和报表中进行记录和填报。日本企业的一般惯例是，计提的各类减免和报表上减值的资产都不超过为纳税目的可计列的范围。日本证券交易法是以保护投资者利益为指导思想的，是统驭日本证券市场发展的法律，这里的证券市场是发行市场和流通市场的总称。日本的证券交易法对进入证券市场进行交易的有价证券做出了明确的规定，可交易的证券种类繁多。

日本在2005年之前的几年内对其商法和其他相关的法律法规进行了全面的修订和重组，将商法中的某些部分与其他相关的法律法规整合为新的公司法，于2005年7月颁布。新公司法于2006年5月生效实施。修整商法和其他相关的法律法规、制定新的公司法旨在更新法律条文和用语，以反映社会经济环境的变革。新公司法为日本公司在公司治理结构的安排方面提供了更大的灵活性，同时在此基础上规定了信息披露和审计方面的要求。据此在日本会计环境中增加了由公司法规范公司会计和财务报告实务的新内容。

（二）会计职业界

1. 会计职业界的沿革

日本商法的制定和实施是日本会计职业产生的最直接起源。据说日本历史上第一批职业会计师出现在1907年左右，但有据可查的职业会计师始于1927年。1909年农商部曾派人考察欧美的会计师制度，考察人员在其提交的报告中建议日本也建立注册会计师制度。但有关的法律被多次否决，直至1927年日本议会才通过了《计理士法》(《注册会计师法》的前身)，使职业会计人员所开展的审计业务有了法的规定。

第二次世界大战结束后，随着日本政治、经济形势的变化，日本政府废除了《计理士法》，并于1948年7月公布实施了《注册会计师法》。注册会计师在日语中叫作"公认会计士"。注册会计师法对职业会计人员及其所从事的审计业务均做出了明确的规定。2005年7月颁布了新修订的《注册会计师法》。另外在日本还有与注册会计师相当的税务师，叫作"税理士"，因此一般说日本的会计职业界包括注册会计师和税理士两个群体。日本的税务代理人在19世纪末随着所得税的征收而出现，也有着悠久的历史，1942年日本政府曾颁发过税务代理人法。战后又于1951年颁发《税理士法》，对职业税务师及其所从事的税务业务等做出了明确的规定。

注册会计师法的制定和实施旨在使日本职业会计师达到英美会计师的水平，并且在国内要取得与日本律师一样的地位。随着注册会计师法、证券交易法的实施，日本大藏省企业会计审议会从1950年起陆续制定了审计标准、审计实施准则、审计报告准则以及财务报表审计证明规则等法规。随着日本跨国公司的发展,日本一些会计师事务所加入国际会计师事务所,日本也出现了国际性会计师事务所。税务师除了提供税务服务外,也提供记账、编制财务报表、企业咨询、电算化等方面的服务。大约有一半的注册会计师也注册成为税理士。

依据日本《注册会计师法》规定,注册会计师是应他人请求,从事财务报表审计并出具证明,以获取报酬的一种职业人员。除此以外,注册会计师还可以其名义接受委托,从事财务报表的调整、财务调查以及财务咨询业务。

2. 注册会计师协会

日本注册会计师协会是日本唯一的注册会计师职业团体。该协会依据日本《注册会计师法》的规定,作为特殊法人成立。日本注册会计师协会从注册会计师的使命和职责出发,为保持注册会计师的应有水平,改进审计业务和其他相关业务,负责对会员进行领导、联系和监督,并办理注册会计师和准注册会计师的登记事宜。

1949年10月,日本注册会计师协会创立于东京,当时只是一个注册会计师自愿参加的组织,1953年4月改组为社团法人,但仍没有注册会计师必须是其成员的法定要求。按照1966年修订的《注册会计师法》的要求,日本注册会计师协会于该年12月再次改组为特殊法人,每个注册会计师都必须加入该协会(准注册会计师可自愿参加),这项要求的目的是加强对注册会计师的管理,督促他们提高业务能力。

(三) 基本会计制度和会计准则

1. 基本会计制度体系

日本主要由"三法体制"制约的会计环境基本属于大陆法系条件下会计模式的类型,为国家主导型,强调为国民经济宏观服务。会计规则长期以来是由国家制定的,不过这种情况近年来正在发生变化:基本会计制度从结构上来考察,由基本会计原则和以法律为基础的会计规则等几部分构成。

商法和公司法对股份公司的各项要求最为全面。股份公司每年必须在财务年度结束后的三个月内召开股东大会,向股东提交法定报告,其中主要包括:资产负债表及其附表、损益计算书及其附表、营业报告书、利润和亏损处理方案及附属明细表。公司董事和监事需在规定期间制作完成和审查完毕法定报告,公司股东和债权人在营业期内可随时请求查阅有关会计文件,并在交付一定的费用后,可以请求公司交付上述会计文件的副本或抄本。持有已发行相当于股份总数十分之一以上股份的股东,可以请示查阅和誊定会计账簿和凭证,在进行这种查阅时应提出书面查阅理由。

证券交易法规定的披露要求旨在保护一般投资者,上市公司和某些非上市公司必须遵循这些增加的披露规定。在日本证券交易法中,对会计方面的直接规定并不是很多,也不像商法或公司法那样具体。企业发行有价证券或有价证券上市流通时,须分别提出有价证券申请书和有价证券报告书,申请书和报告书必须附有公司财务报表,并且报表须经注册会计师出具审计报告。对于募资规模不同的公司,政府有不同的注册登记要求,并根据证券交易法的要求和精神,规定了标准的财务报表格式,制定了相应的编制财务报表规则、合并财务报表规则等。

法人税法规定,纳税申请书应根据股东大会的认可决议制作,纳税申请书须包括资产减价出售、无法收回借款抵押金等企业已处理的项目。在日本税法中涉及很多会计方面的规定,它们虽然不直接规范会计核算工作,但大多数企业在进行会计处理时都会与税法协调一致。

2. 会计准则的制定与发展

日本现行的公认会计原则被认为包括三个部分:企业会计审议会发布的企业会计原则、日本会计准则委员会发布的会计准则以及日本注册会计师协会发布的实务指南。日本会计准则的制定机构长期以来一直是大藏省企业会计审议会,企业会计审议会发布过企业会计原则和一系列会计准则。2001年日本成立了制定会计准则的民间机构——财务会计准则基金会,在其之下设立日本会计准则委员会,负责制定会计准则。日本注册会计师协会就会计准则在实务中的应用发布实务指南。这些方面的会计规则从不同角度规范了企业的会计行为,共同构成了日本目前的公认会计原则。

第二次世界大战后,日本政府为了建立健全会计制度,于1948年在日本经济安定本部(现在的经济企划厅)设立了企业会计制度对策调查会,而后,该调查会改由大藏省来领导,名称改为"企业会计标准审议会",不久又更名为"企业会计审议会"。日本的企业会计原则是于1949年7月由经济安定本部企业会计制度对策调查会制定的,后来大藏省又进行过四次修订。

日本大藏省企业会计审议会发布的会计准则只有题目,没有编号,已发布的会计准则及意见书主要内容有:①企业会计原则及企业会计原则注释;②合并财务报表原则及合并财务报表原则注释;③外币交易会计处理标准及外币交易会计处理标准注释;④分部信息披露准则;⑤租赁会计准则;⑥研究开发费会计准则;⑦退休金会计准则;⑧纳税影响会计准则;⑨成本计算标准;⑩中期财务报表编制及审计标准;⑪期货交易会计准则;⑫金融商品会计准则;⑬关于商法与企业会计原则协调意见书;⑭关于税法与企业会计原则协调意见书。

近年来,日本许多机构和组织为了适应迅速变化的经济环境以及会计准则的国际化趋势,联合要求改变现行会计准则制定体制,成立民间性质的组织负责制定会计准则。2000年3月22日,日本注册会计师协会在其一份建议书中表示,日本当前迫切需要建立新的民间主体来制定会计准则。该建议书就权力如何从企业会计审议会转移至新主体、如何借鉴国际会计准则、新组织建立怎样的架构和如何筹集新组织运转所需资金等,提出了一些建议。

2000年6月29日,由专家学者组成的"会计准则制定主体"研讨会经过多次会议讨论后提出,由大藏省下设的企业会计审议会主导的会计准则制定体制,应当被一种以民间组织为基础的新体制所取代,新组织应当独立,成员经公平挑选,决策过程透明,使之具备专业化、技术化、专职化、反应迅速、融入国际化进程等特点。

2001年2月28日,包括日经联、日本注册会计师协会、日本交易所组织和日本证券商协会在内的10家机构发表联合声明,宣称将发起成立名为"财务会计准则基金会"及相应的"会计准则委员会"的民间组织,负责制定企业会计准则。此举的目的在于通过建立新的民间组织,使日本会计界能够适应经济环境的快速变化和国际会计准则的最新发展,在政府的支持下,制定出反映企业变化和实务特点的会计准则,与国际会计准则委员会建立良好关系,使日本能够更好地融入国际化进程。

之后不久,2001年7月26日日本首先成立了财务会计准则基金会的民间机构,标志着日本彻底放弃了传统的由政府制定会计准则的机制,完成了向国际惯例的转变。财务会计准则基金会的目标是,通过制定高质量的公认会计准则,推进日本资本市场上公司财务信息的披露,夯实市场基础。

财务会计准则基金会由其董事会和受托人委员会负责管理。董事会负责筹资、人事及日常运作。受托人委员会负责选任董事和审计师,并就财务会计准则基金会的一些重大事项如商业计划、预算等提出建议。财务会计准则基金会下设会计准则委员会和准则咨询委员会,会计准则委员会被赋予独立制定会计准则及相关指南的权力,准则咨询委员会负责考虑和选择应列入会计准则委员会议程的项目。每一准则项目都由一个工作组负责。

财务会计准则基金会正式成立后即开始工作,以便会计准则委员会尽快发挥日本新会计准则制定机构的功能。考虑到资金问题,从保证独立性和稳定性角度,财务会计准则基金会采用会员制,鼓励各利益团体广泛参与。财务会计准则基金会希望其会费收入能满足开支需要。会计准则是日本经济不可或缺的基础建设内容,会计准则委员会将全权负责制定。会计准则委员会制定的会计准则将充分反映日本公司的经营环境。此外,会计准则委员会还将负责与国外有关机构的联络,特别是与国际会计准则委员会的联络,以致力于发展全球化的会计准则。

三、澳大利亚和加拿大的会计准则

(一)通过公司法来规范公司会计实务

像英国一样,澳大利亚和加拿大都通过公司法来规范公司会计实务。由于澳大利亚和加拿大的政治制度采取联邦制结构,故这两个国家都有两级公司法,除全国性公司法外,澳大利亚各州和加拿大各省都有各自的公司法。

澳大利亚曾出现过分别适用于不同地域的几部公司法并存的局面,这一状况对跨地区的商务、金融等经济活动带来了诸多不便。为解决这一问题,20世纪60年代初,各州通过协商达到一定程度的统一,但公司法的通过、颁布及实施仍由各州分别进行。1978年统一进程又有了新的进展,联邦政府和各州政府达成了一项旨在统一各州和各地区公司立法及管理的正式协议。1981年联邦政府制定了统一的公司法,它在保留各州立法权的前提下,主要采纳了当时适用于澳大利亚首都地区的公司法。此法于1982年生效,后又进行过多次修订。澳大利亚公司法像英国公司法一样,包括规范公司财务报告的附表,附表中有财务报表格式。

加拿大对公司财务报告的要求有其特殊的规定。在加拿大,1907年的安大略公司法首次对工商企业提出了信息披露方面的要求,并以此为基础形成了以后联邦公司法中对财务报表披露方面的规定。但是加拿大公司法不包括规定财务报表格式的附表。1975年的联邦商业公司法对财务报表的披露要求做出了新的规定,将这种要求转入了较易修订的细则部分,并要求财务报表必须符合加拿大特许会计师协会《手册》中归纳的公认会计原则。另外加拿大许多省有证券法和证券委员会,对公司财务报表也有类似联邦商业公司法的要求。通过立法直接要求公司遵守会计职业团体的准则,这是加拿大会计环境的一大特点。

(二) 会计职业界

澳大利亚和加拿大有着比较发达的资本市场,培育了比较发达的会计职业界,这两个国家都有强大的会计职业团体。澳大利亚的会计职业团体主要有三个,其一是澳大利亚特许会计师协会,始建于1928年;其二是澳大利亚注册会计师协会,是于1952年由几个会计团体合并成立的;其三是澳大利亚公共会计师协会,源于1923年成立的企业成本会计师协会,2011年5月改为现名。

澳大利亚特许会计师协会的历史可追溯到1885年,1928年获得皇家特许证,目前是根据1988年3月27日总督授予的补正特许证运作的。协会的最高管理机关是由各州理事会推选的代表组成的全国理事会,全国理事会选举执行委员会负责协会的日常事务。

澳大利亚注册会计师协会是由多个会计职业团体经过若干次合并和改组之后发展而来的。其前身可追溯到1886年成立的维多利亚会计师协会,该协会很快吸纳了澳大利亚其他几个会计团体,发展成为全国性的澳大利亚联邦会计师协会,其会员最初是通过推选入会的,至20世纪初才确定为通过考试吸收会员。20世纪初在协会组织自由发展阶段,澳大利亚曾出现多个会计职业团体并存的局面,1952年两个最大的联邦会计师协会合并组建澳大利亚会计师协会,转年澳大利亚会计师公会加入,使澳大利亚会计师协会成为最大的会计职业团体。1990年7月1日,澳大利亚会计师协会更名为澳大利亚注册会计师协会,2000年4月13日又更名为"CPA Australia"(直译为"注册会计师澳大利亚")。目前,注册会计师协会在澳大利亚各地有分会,在中国香港、吉隆坡等城市和新加坡、新西兰、英国等国设有分支机构。

澳大利亚公共会计师协会的前身是1923年成立的企业成本会计师协会,该协会曾更改过几个不同的名称,如税务与成本会计师协会(1950年),1957年曾更名为国家会计师协会,于1988年再次采用该名称。2011年5月2日在经过广泛征求意见后又更名为澳大利亚公共会计师协会。公共会计师协会由选举产生的董事会负责管理其各项事务。协会定位为为中小企业代言的顶级会计专业团体。

加拿大特许会计师协会是加拿大全国性的会计职业团体,成立于1902年。与各省和地区的特许会计师协会一起共有会员72 000多名。加拿大特许会计师协会负责制定加拿大的会计准则和审计准则,还发布各种指南。加拿大的会计建议是由加拿大特许会计师协会下属的会计准则委员会制定的。

加拿大还有一些对公认会计原则产生影响的组织。由来自律师、经济师、高级财务主管、工商业、金融业、学术界和工会的代表等组成准则咨询委员会,对会计、审计准则提供咨询意见,成员有10~15人。

加拿大管理会计师协会成立于1920年,1944年获得联邦政府特许,颁发管理会计方面的职业资格证书,根据各省的法律管理其会员。该协会现有会员约38 000人,会员大部分在工商界和政府部门担任高级财务管理人员,也有一些会员在事务所工作。加拿大另一个会计职业团体叫加拿大注册会计师协会,该协会的历史可追溯到 1908 年,1913 年获得加拿大联邦政府特许,有权颁发注册会计师资格证书。该协会是一个向国际化发展的组织,近年来将培训和考试方案也引入了中国。协会有会员及学员 68 000 多人,会员在工商界、金融界、政府及公共实务界工作。

2012 年 1 月 17 日,加拿大的三大会计团体在其官方网站上向各自会员发布了加拿大会计职业团体的合并框架草案。该框架草案首次推出了一项新的职业资格名称——特许职业会计师(Chartered Professional Accountant,CPA)以及一个统一考试认证程序。合并后新的加拿大注册会计师协会(CPA Canada)旨在集三个已有团体的力量,成为一个具有国际广为认可并受尊崇的专业职业组织。

(三) 会计准则的制定和发展

澳大利亚和加拿大在制定和实施会计准则方面与英国有许多相像之处,它们都受美国会计职业界所制定的成文会计准则的影响,制定了内容和要求十分相近的具体会计准则。澳大利亚和加拿大与英美等国的准则制定程序基本上也是一样的,首先确定某一会计问题进行研究,发布征求意见稿;其次对征求意见稿进行评论,并经审批表决通过后就可成为一项准则;之后就是监督准则的执行,必要时要对准则进行修订。

1965 年澳大利亚特许会计师协会和注册会计师协会决定成立会计研究基金会,归纳总结澳大利亚的会计实务、起草制定澳大利亚的会计准则。该基金会于 1966 年 11 月正式成立,通过由两个职业团体的执行委员会组成的联合委员会对两个职业团体负责。基金会的目标是改进澳大利亚的财务报告和审计质量,促进财务报告和审计的国际发展,促进澳大利亚商法和商业实务的发展,改进资本市场的运作,促进社会资源的有效分配,改进公司治理结构和职业界的服务。

会计研究基金会曾下设会计准则委员会,负责制定澳大利亚会计准则。到 1990 年底,澳大利亚会计研究基金会的会计准则委员会共制定发布了 24 项会计准则,基本上采纳了英国的会计准则,其权威性也与英国的标准会计实务说明书相当。

1984 年会计准则审议会成立,由政府机构控制,其主要任务是通过颁布"批准的会计准则"给会计准则以法律支持,决定会计团体及其他组织所制定和将制定的准则的取舍,确定准则制定的先后顺序,资助准则的制定,征求有关各界的意见,对准则做出评价。

根据 1989 年澳大利亚证券投资委员会法,1991 年新的澳大利亚会计准则委员会取代了澳大利亚会计准则审议会,新的会计准则委员会被授权制定符合公司法目的的会计准则。根据 1999 年公司法经济改革方案,澳大利亚会计准则制定机构再次进行改组,新的会计准则制定架构于 2000 年 1 月 1 日正式生效。澳大利亚新的会计准则制定架构包括财务报告理事会和澳大利亚会计准则委员会,前者负责监督后者的运作,后者负责制定澳大利亚会计准则。在新架构下澳大利亚会计准则委员会有自己的资源,是一个独立的机构,不再利用澳大利亚会计研究基金会的服务。

澳大利亚新会计准则委员会根据公司法和证券投资委员会法的规定,在开发会计准则的过程中要广泛征求各方意见,以使会计准则能公平代表各方的利益。公司法规定公司年度财务报告必须遵循会计准则。公司法要求公司财务报告对公司财务状况和经营成果给予真实与公允的反映,为此,必要时公司要提供比法律和会计准则所要求的更多的信息。

在加拿大,安大略特许会计师协会于20世纪50年代提出的各种会计建议有着很大的影响。加拿大特许会计师协会从1968年开始对已颁布的会计建议进行重新修订,集中对外发布,这些建议都纳入加拿大特许会计师协会的《手册》之中,是加拿大会计准则的主要来源。《手册》中的会计准则于1972年首次得到加拿大证券管理者全国政策公告第27号的承认,后于1975年得到加拿大商业公司法的法律认可。

加拿大特许会计师协会董事会授权会计准则委员会自己负责发布各类公告。根据这种授权,会计准则委员会针对会计实务中的问题不定期发布《建议书》。协会董事会制定有会计准则委员会成员组成规则和委员会任务职责。

会计准则委员会由13名有投票权的成员组成,设主席一人,任期两年,其他成员包括事务所、工商企业、金融和教育等部门和单位的会计师以及一小部分非会计师,其中三分之二以上的成员是加拿大特许会计师协会的会员,经协商以下团体各出一名代表进入会计准则委员会:加拿大财务分析人员理事会、加拿大财务经理协会、加拿大会计学术界联合会、加拿大注册会计师协会和加拿大管理会计师协会。成员采用轮换制,每年轮换大约三分之一。会计准则委员会有权审议会计理论和实务问题,在认为对财务信息使用者、编制者和审计师等公众有益的情况下,经有投票权的成员三分之二的多数同意后,可自行发布会计建议。

四、欧洲若干国家的会计准则

(一) 荷兰的会计准则

在世界会计模式的划分中,历史上一般将荷兰会计划入北欧会计模式,所以荷兰会计与德国会计有着某些共同之处。然而,荷兰会计在近代发展中,吸收了许多英美会计模式的特色,表现为公司法和会计职业界共同对荷兰的会计环境产生影响等方面。所以荷兰虽然是大陆法系国家,具有罗马法系特征的民法典和1970年颁布实施的《企业年报条例》对公司的年度财务报告有直接的影响,证券市场相对较弱,但会计职业界却比较强大,较多地参与了荷兰会计准则的制定过程,公司年度报告实务中比较强调公允反映。

《企业年报条例》1975年并入民法典,并于1983年和1988年两度修订,引入了欧共体第4号和第7号指令的要求。荷兰会计环境中一个明显的法制特征是在阿姆斯特丹法院设有一个"企业庭",如果股东、雇员、工会和其他有利害关系的各方认为公司年度报告不符合法律要求,均可向该企业庭投诉。这样荷兰公司法的实施是有一系列解释性的案例法予以支持的。荷兰的这种状况可以反映出荷兰的会计环境是大陆传统与英美实务的折中。

荷兰在西方国家中是较早设立专门制定会计准则机构的国家,荷兰会计准则制定机构原称为"三方会计研究组",该名称表明了研究组的构成:雇主、使用者与雇员、注册会计师。该研究组后更名为"年度报告委员会"。年度报告委员会是为贯彻实施《企业年报条例》而由政府提议建立的,并且为提高其权威性,将它置于了社会经济理事会之下。社会经济理事会是就社会和经济问题提供咨询意见的一个政府咨询机构。年度报告委员会制定和颁布荷兰会计和财务报告准则,但是这些准则都是建议性的,而非强制性的。这明显带有英美会计环境的特点而又不同于英美会计环境。

1981年由荷兰产业联合会、荷兰雇主联合会、荷兰工会联合会以及荷兰注册会计师协会等组织共同发起成立了"年度报告基金会",负责运作荷兰会计准则委员会,并且要确保荷兰会计准则委员会获得充足的资金支持。年度报告基金会的目标是提高荷兰法人实体和其他组织年度报告中对外报告的质量。荷兰会计准则委员会仍由"三方"构成,现在的三方是编报者、使用者和审计师。

在荷兰,会计准则的应用依赖于企业的规模,企业规模的划分标准如表5-2所示。小企业可以选择:荷兰民法第二册并结合年度估价;荷兰小型法人会计准则;荷兰大中型法人会计准则;欧盟-国际财务报告准则并结合部分荷兰大中型法人会计准则。

表5-2 企业规模的划分标准

项目	收入/百万欧元	总资产/百万欧元	雇员数量/人
小型企业	≤8.8	≤4.4	≤50
中型企业	≤35	≤17.5	≤250
大型企业	>35	>17.5	>250

大中型企业可以选择:荷兰大中型法人会计准则;欧盟-国际财务报告准则并结合部分荷兰大中型法人会计准则。上市公司(无论规模大小)必须应用欧盟-国际财务报告准则并结合部分荷兰大中型法人会计准则。

如果会计准则涉及法律规定,会给予解释说明。荷兰会计准则委员会在准则中要做出区分,用粗体字表明权威规定,非粗体字为建议,以此反映准则实际应用中的区别。不过荷兰会计准则委员会并不试图让其准则中的权威规定与法律法规中的法律要求具有同等的强制性。在具体事例中要由法院最终分析判定哪些会计准则在一套具体财务报表中被认为是一般可接受的。这意味着各个公司自己对其财务报表承担责任。荷兰会计准则尤其是其中的权威规定通常可以对形成一个公司财务状况和经营成果的合理判断提供依据。据此,实务中无正当理由是不能背离这些权威规定的。荷兰会计准则委员会认为各项建议在一定程度上可以对报告实务提供支持和方向。

在历史上,荷兰会计在英国会计领先之前曾经有过一度辉煌。所以荷兰职业会计师在国际上一直享有较高的声誉。荷兰会计职业团体的历史可追溯到1883年,当时在荷兰出现了若干会计职业组织,1895年有了全国性的荷兰会计师协会。1962年荷兰首次颁布了管理审计职业界的法律,之后于1967年成立了皇家荷兰注册会计师协会。此外荷兰还有一个会计职业团体:荷兰会计师-管理咨询师协会。2013年两个会计职业团体进行了合并,合并后的组织称为荷兰特许会计师协会,成为全国性会计职业团体,会员有20 000多人,分布在会计师事务所、政府机构和各类组织当中。

(二)比利时的会计准则

比利时的会计环境属于欧洲大陆模式,可以在其会计实务中看到法国及德国对它的影响。比利时大公司不多,有许多中小型的企业,这些企业主要通过家庭融资或者向银行贷款筹资,一般公司的所有者可以直接从公司的管理当局获得有用的信息,因为在公司的管理当局中往往有一名家庭成员。比利时商业规则发展较慢，证券市场也不够发达。在这样的情况下很少有投资者要求企业提供包含大量信息的财务报告。在20世纪后期采用了欧共体指令之后，比利时的会计环境仍然改观不大，比利时的财务信息的主要接收对象还是债权人而不是投资者，因此比利时的财务会计更强调谨慎的原则。

比利时的会计职业团体发展缓慢，由于企业资金来源主要依靠家庭式的融资和外部债权人的借款，使主要的信息需求者可以直接获得所需要的信息，故没有必要发展制定会计准则的民间团体，会计职业团体的作用有限。1953年比利时成立了审计师协会，但它自己不制定规则，会员已经习惯于按现行的详细成文法规则开展工作。1985年2月在欧共体第8号指令实施的影响下建立了会计师协会。会计师协会和审计师协会由高级会计理事会负责管理和协调。

比利时在1975年之前不存在单独的会计法规，仅在商法典中有一些关于公司财务报告的简单要求。比利时商法典已有很长的历史，可追溯到1873年，那时的商法典有关于资产负债表和利润表内容的要求。1913年对商法典进行了修订，其中包括对资产负债表披露内容的修订。1975年在当时欧共体第4号指令的影响下开始建立工商企业会计和财务报告的会计法规，当年7月完成会计法的制定，1976年10月实施这项法律。该项法律涉及记账、年度报告的形式及内容、计量规则、披露要求等内容。后来根据欧盟指令的要求又进行过修改。比利时会计法在比利时财务报告历史上是具有里程碑性质的，从那之后，对财务报告的法律要求不再是公司法的一部分，而成为具有独立地位的单项法律。

根据会计法的规定，在比利时建立了会计准则委员会，由会计审计界代表、财务报告编制者的代表、财政部和中小企业部等有关部门的代表组成，该委员会就会计和财务报告问题进行讨论，并将其意见以公告的形式发布，这些公告是"权威性"的文件，但是并没有法律效力。

（三）瑞典的会计准则

瑞典会计的发展受到法律和税务的强烈影响，这与法德的情况很相似，同时瑞典也有会计职业界介入会计准则制定过程的传统。证券交易所在规范大型上市公司的会计和披露实务方面也发挥着重要的作用，瑞典有许多大型跨国公司，与国际资本市场有着密切的联系并深受其影响。瑞典会计环境的一大特点是政府将会计信息用于宏观经济计划和政策制定。瑞典政府对企业有大量的补助和优惠，企业要获得这些补助和优惠就必须按政府的要求进行会计处理，这样，瑞典企业的应税收益基本上就是账面收益，税法和国家的经济政策完全支配着瑞典的财务会计和报告实务。

管理公司会计的法律包括1975年的公司法、1976年的会计法以及1981年的特定公司年度报告法。虽然会计法要求遵循公认会计原则，但对公认会计原则并没有具体进行定义。所以法律规定的是框架而不是具体要求。这种灵活性使得瑞典会计职业界可以在会计事务的建议方面发挥重要的作用。瑞典注册会计师协会成立于1923年，长期以来一直在瑞典会计实务的发展中施加着重要的影响。1976年政府建立了一个会计准则委员会，专门负责在公司法框架范围内就会计事务提供各种建议。

1991年新成立的会计委员会取代了原来的会计准则委员会，负责准则制定事宜。会计委员会的代表组成更加广泛,包括企业界、政府机构和会计职业界,并且独立于会计职业界,相当于美国财务会计准则委员会的地位。会计准则委员会和会计委员会发布的建议并非强制性的,而是更好地执行公司法的咨询性意见。

证券交易所对新的会计委员会和原来的会计准则委员会都给予了支持,并且鼓励上市公司披露更多的信息,如公司的经营业绩、经营前景、财务目标、发展战略以及公司的经营环境等。瑞典的会计传统倾向于满足债权人、政府和税务当局的信息需求。但是这种情况随着瑞典公司的国际发展和在国际资本市场上筹资活动的增加而正在改变。

(四)东欧国家的会计准则

目前在东欧国家中政府仍然划定财政部管理会计事务,会计职业团体的力量仍然相对薄弱。不过,这些国家的财政部近年来通过建立咨询团体、获得咨询意见等措施而尽可能促使国家管理会计事务趋于科学合理,如俄罗斯、保加利亚、匈牙利和罗马尼亚等国。总体来看,财政部管理会计事务的模式短期内不会改变,新生的咨询组织是改革意见的主要来源。

东欧国家有关会计规则的法律框架大都有了变化,改变了旧的法律条文,建立起了全新的法律构架。有的国家为了加入欧盟而采纳了欧盟的会计指令,如匈牙利;有的国家颁发了新的会计法规及相应的实施法令,如保加利亚制定了新的会计法规,很大程度上采纳了国际会计准则;有的国家则恢复了社会主义以前时期的法律,如波兰已经完全抛弃了原来社会主义时期的法律而恢复使用了1934年的商法典。俄罗斯是唯一还使用原来有关法规的国家,如一个重要的会计法规是在旧的权力机构的最后一年,即1991年颁布的。

东欧国家正逐步引入国际会计准则。保加利亚新的《会计法》于1991年生效,据此内阁批准了按照国际会计准则制定的"国家会计准则"和"国家会计账户表",并要求所有的公司予以执行。捷克共和国布拉格证券交易所要求拟上市公司招股说明书中经审计的财务报表必须符合国际会计准则。此外,发行人还必须提供经审计的按国际会计准则编制的年度财务报表。匈牙利布达佩斯证券交易所关于上市、交易和信息披露的规则要求大型跨国公司和从事跨国业务的匈牙利公司必须遵循国际会计准则,其他上市公司也允许执行国际会计准则。波兰华沙证券交易所要求拟上市公司提供三年经审计的按照波兰1994年会计法编制的财务报表。国内的公司应当执行波兰会计准则,但如果其股票同时在境外上市,它们还必须编报与国际会计准则或美国会计准则间的差异调节表。

从外国的影响来看,罗马尼亚和捷克倾向于采用法国会计模式;匈牙利的法律与德国的立法非常相似,匈牙利会计规则比较接近于德国模式;波兰会计实务中采用了英国的概念,强调财务报告的真实与公允反映;保加利亚和俄罗斯似乎是受西欧国家影响最小的国家,它们较少采用其他国家的概念,较多地保存了自己以前的规则。

俄罗斯的会计改革以国际会计准则为基础。在苏联,联合国跨国公司中心曾于1989年举办了一期西方合资企业会计业务以及管理方法讲习班,该讲习班建议为协助苏联财政部改进会计条例建立一个国家工作队。1990年工作队举行第一次会议,工作队成员来自苏联财政部、其他政府机构、合资企业、联合国国际会计和报告准则政府间专家工作组和国际会计师事务所。工作队审查国际公认的会计准则在何种程度上可用于苏联,并着手对会计科目表进行修改,首先从合资企业入手,同时也着眼于使新制度能适应其他公司。此外还设计示范财务报表。与此相适应,跨国公司中心和国际会计师事务所举行了各种大量的培训。

1998年3月,俄罗斯政府批准了基于国际会计准则的"俄罗斯会计改革计划",旨在形成国家会计准则体系,这项改革计划是美国商业部在俄罗斯的项目之一。美国国际发展机构提供了100多万美元的资金,在莫斯科成立了"会计改革国际中心",该中心将与政府在各省的会计审计改革委员会密切合作,以使会计审计规则与国际标准保持一致。不过,俄罗斯政府在会计改革中仍占据主导地位,俄罗斯联邦宪法第71条规定,国家的会计核算工作由联邦政府管理。依据俄联邦宪法,俄罗斯杜马于1996年12月21日通过了《会计核算法》,该法第5条规定,联邦政府拥有会计工作和核算方法的领导权。因此,俄罗斯的会计准则,需要由联邦政府总理批准、签发。这一方面说明了会计准则的重要性,另一方面也说明俄罗斯的会计管理确实是高度集权的。配合《会计核算法》的实施,俄联邦政府于2004年6月30日批准第329号决议,规定了"联邦财政部的地位",明确授权财政部负责制定会计核算规则和会计报表要求。因此,尽管会计准则最后由联邦总理签发,但前期的实质性工作是由财政部承担的,这也赋予财政部在该国会计工作,尤其是会计核算标准制定上的主导地位和重要作用。财政部的会计管理职责具体又由会计司承担,其主要任务是制定会计核算规则、批准颁发会计师事务所执业资格证书等。

五、中南美洲若干国家的会计准则

中南美洲国家经济一般都不很发达,教育水平较低,许多国家主要依赖农业和进出口,货币疲软,人口增长过快。在中南美国家中,除巴西讲葡萄牙语外,其他各国都讲西班牙语,由此可见中南美国家与欧洲大陆的联系。中南美国家的会计基本上属于法国-西班牙-葡萄牙模式,从总体上说,会计主要满足政府宏观经济计划的需求,因而使企业会计实务较为统一,为纳税目的编制的财务报表与一般财务报告中的财务报表没有区别。但是中南美国家的会计又有自己突出的特点,即由于持续的高通货膨胀,使得中南美国家必须使用调整通货膨胀的会计方法。因而这些国家在通货膨胀会计方面积累了不少经验。

南美的巴西和阿根廷也是属于欧洲大陆会计模式的,财务信息要满足债权人和税务当局的需求,虽然这两个国家的证券市场在不断发展,但面向股东的信息披露还不具有主导性影响。巴西于1976年颁布实施了公司法,其中包括上市公司编报财务报表的基本要求,阿根廷则在商法中规定所有的公司必须编制年度报告,上市公司还必须提交季度报告。一些巴西和阿根廷的公司到美国去上市,执行美国会计准则,因而深受美国会计模式的影响。

中南美一些国家开始引入国际会计准则,如布宜诺斯艾利斯证券交易所要求国内公司应当遵循阿根廷会计准则,外国公司可以遵循阿根廷会计准则,也可以遵循国际会计准则或其本国的会计准则,但必须同时提供与阿根廷会计准则的差异调节表;里约热内卢证券交易所和圣保罗证券交易所要求上市公司应当遵循巴西会计准则,而巴西会计准则由巴西会计师协会借鉴国际会计准则制定。

美洲国家建立自由贸易区的努力对会计服务的自由流动产生了影响。首先是美国、加拿大和墨西哥于1993年签订了北美自由贸易区协议。根据协议，职业人员可以在三国贸易区内自由流动，包括职业会计师，如在一国取得注册会计师资格的，在其他两国可以得到认可并从事注册会计师业务。其次是34个北美和南美国家的首脑于1994年举行美洲国家首脑会议，同意共同努力建立美洲自由贸易区。自由贸易区的建立将会促进美洲国家的会计人员的流动和会计制度的协调。

北美自由贸易区中的墨西哥是讲西班牙语的国家，商业活动和会计实务的渊源可追溯到欧洲大陆，所以从传统上说墨西哥会计属于欧洲大陆模式，仍可看到的痕迹是墨西哥商法和税法中包括比较详细的会计记录和财务报表方面的要求。但进入20世纪以后，墨西哥会计越来越受到美国模式的影响，墨西哥会计界的许多著名人物都是通过学习美国会计成长起来的，美国会计教科书在墨西哥的会计教育中被广泛使用，美国会计刊物也在墨西哥广为流行。墨西哥会计职业界有一个全国性组织，即墨西哥公共会计师协会，它下设会计原则委员会和审计准则与程序委员会，负责制定会计准则和审计准则，其制定过程借鉴了美国的做法。

复习思考题

1. 会计规则形成过程中的影响力有哪些？
2. 简述美国会计模式的特点及基本会计环境。
3. 在美国，会计领域里主要的利益相关者有哪些？
4. 美国会计准则制定机构经历了怎样的历程？
5. 美国建立了怎样的财务会计概念结构？
6. 简述英国会计规则制定机构的沿革过程。
7. 简述法国会计规则制定机构的沿革过程。
8. 简述德国会计规则制定机构的沿革过程。
9. 简述澳大利亚和加拿大的会计职业团体及其在会计准则制定过程中的作用。

本章参考文献

[1] 财政部会计司赴俄罗斯考察团. 俄罗斯会计改革与国际协调的有关情况[J]. 会计研究，2006(4).

[2] 任永平. 德国会计信息披露规范及其对我国的启示[J]. 会计研究，2003(10).

[3] 周红. 法国会计制度改革的现状[J]. 会计研究，1998(3).

[4] Choi F D S, Meek G K. International Accounting[M]. 7th ed. Pearson Prentice Hall, 2011.

[5] Nobes C W, Parker R H. Comparative International Accounting[M]. 10th ed. Prentice-Hall Inc., 2008.

[6] Puxty A G, Willmott H, Cooper D J, et al. Modes of Regulation in Advanced Capitalism: Locating Accounting in Four Countries[J]. Accounting, Organizations and Society, 1987, 12(3).

[7] Radebaugh L H, Gray S J, Black E L. International Accounting and Multinational Enterprises[M].

6th ed. China Machine Press, 2007.

[8] Streek W, Schmitter P C. Private Interest, Government and Public Policy [M]. London: Sage, 1985.

[9] Zeff S A. How the U.S. Accounting Profession Got Where It Is: Part I[J]. Accounting Horizons, 2003, 17(3).

[10] Zeff S A. How the U.S. Accounting Profession Got Where It Is: Part Ⅱ [J]. Accounting Horizons, 2003, 17(4).

第六章 会计准则的国际趋同

由于各国会计环境的不同,各个国家的会计和财务报告实务发展中形成了各不相同的会计规则和财务报告准则。这使得国际性财务报表的编制、合并、审计、分析和解释说明十分复杂,给财务报表的编制者和使用者都带来了诸多不便。公司财务信息的国际比较存在障碍,这不利于资本的合理流动和资源的有效配置,最终会对国际投资的扩大和各国经济的发展带来消极影响。为了解决这些问题,世界上有许多不同的组织机构进行了各种努力来协调各国的会计观念和会计准则,以期缩小各国会计和财务报告实务的差异,最终促进各国经济与国际经济的发展和繁荣。

第一节 会计准则国际趋同的必要性与主要障碍

一、会计准则国际趋同的必要性

随着经济全球化发展的日益加深,会计准则国际趋同的必要性愈为明显。国际贸易、国际投资和跨国公司的发展要求增进国际性财务信息的可比性。一般认为如果在世界范围内有统一的会计术语和会计程序、有一套世界上大多数国家公认的会计准则、有各公司间可相互比较的财务信息,将会有利于国际经营活动中各方面参与者的经营决策;有利于提高公司的经营效率和经济效益;可以在编制和分析财务报告中有效地利用人力、财力和时间;国际金融市场也会有透明度更高和更准确的财务信息。

国际资本流动的增长客观上日益要求会计准则能达到国际趋同。在国际资本市场上,资金的提供者为了能够根据可比的财务信息做出最佳投资决策或贷款决策,要求进行会计准则的国际协调。一个公司的财务报表能被潜在的投资者和财务分析专家所理解、公正地反映公司财务状况和经营成果,那么这个公司就能比较容易地从资金提供者那里取得资金。在大多数情况下,公司财务报表只有符合了某种统一的、严格的内容与格式要求,该公司才能在国际资本市场上出售股票、发行债券。

各国在国际资本市场上进行筹资活动的企业也将从会计准则的国际趋同中获益,统一的会计准则可以节约这些企业的筹资费用。因为目前一个企业在不同国家的资本市场上筹资都要根据当地的会计准则编制一套财务报表,在几个国家筹资就要编制几套财务报表。这将使这样的企业增加一大笔开支,使用不同会计准则编制的财务报表也会增加审计费用,而且这样的财务报表会增加投资者的疑虑,导致证券的发行价格大打折扣。所以,对一个公司来说,如果能够按照同一套会计准则在世界各地发行证券,便可极大地降低筹资成本。

跨国公司一般是支持会计准则国际趋同的,如果会计准则达到一定程度的协调统一,跨国公司将会减少调整各国子公司会计制度的难度,会计人员在编制合并报表的过程中将会有更为统一的基础。财务信息可比性的增强也会有助于评价各国子公司的经营成果和经营业绩,有助于进行国际投资分析和做出各种国际经营决策,还会有利于为收买国外子公司而进行的评价和分析。

国际性会计师事务所或国际会计公司比较关注并支持会计准则的国际趋同,它们在承担跨国审计业务中或从事其他国际性会计业务中十分希望各国会计实务的差异能逐步缩小,以便能提高审计依据的统一性,提高审计质量和其他业务工作水平。

会计准则的国际趋同将会有利于各国税务当局的税收征管工作。在涉及国外所得的税收征管工作中,各国税务当局常因不同国家利润计量中的差异而遇到麻烦,如果各国利润计量实务能够比较一致,也许会更有利于它们的工作。然而,应该承认的是,各国税务当局在许多情况下是差异的制造者,各国税法中对会计处理的不同规定使各国会计实务出现了许多差异。

在世界范围内促进会计准则的国际趋同、建立国际会计准则,有利于发展中国家建立自己的会计准则,有助于促进这些国家的经济发展。发展中国家的会计一般比较落后,短期内不可能形成自己的比较完善的会计惯例和会计准则,经过协调建立起来的国际会计准则可以作为发展中国家建立本国会计准则的基础。这些国家可以根据本国的情况,为使国际会计准则适应本国的需要而作相应的修改。这样,就可以加快这些国家会计事业的发展,以适应经济发展的需求。

许多国家的政府越来越支持会计准则的国际趋同,认为信息披露的规范化将有助于消除跨国公司和东道国国内公司之间的不平等竞争,增加跨国公司信息披露的透明度,改进东道国政府与跨国公司进行讨价还价的地位以及对跨国公司进行管理的能力与水平。

二、会计准则国际趋同中的主要障碍

会计准则趋同中的主要障碍是各国间会计环境的不同而造成的会计规则与会计实务存在着很大的差异。各国的会计准则和财务报告规则首先是要满足本国的需求。如前所述,会计是环境的产物,政治、法律、经济、文化等环境因素塑造了各国不同的会计实务状况,发展出了不同的会计规则。这些影响各国会计实务的各种因素不可能相同,因此会计准则的国际趋同就不可能没有障碍。

在会计准则的国际趋同中,首先需要各国会计界和相关各方在认识上取得一致,然而现实中的种种不同观念阻碍着趋同的发展。有些国家总是要"以我为中心",认为本国的会计是最好的。比如英国喜欢按照自己的会计模式去设计全球性会计制度;美国则要把美国的模式传播到其他国家中去;法国、德国等国家则认为其他国家应效仿它们的会计模式。许多国家都认为它们的制度是最完善的,不愿意采纳其他会计制度。有的国家比较强调国家主权和民族独立,不愿意引进国外的会计理论和方法。这些观念都极大地阻碍着会计准则和财务信息披露方面的国际趋同。

经济是基础,各国经济发展的不平衡是会计准则国际趋同的最大障碍,不同的国家处于经济发展的不同阶段、参与国际贸易和进入国际资本市场的程度不同,对于这样的国家来说感觉不到会计准则国际趋同的必要性,有的国家在国际贸易、国际投资和国际经营活动方面都涉足不多,因此往往不会参与和支持会计准则的国际趋同活动。

各国会计职业界的发展不平衡也影响了国际趋同。以各国会计职业团体为基础组建的世界性组织需要各成员团体实施经过协调而制定出的会计准则,但有的国家的会计团体并不能够决定本国执行什么样的会计准则,也不能控制本国会计实务的发展,所以由民间会计团体进行的国际协调在短期内很难取得应有的效果。再者,并不是所有的国家都有会计职业团体参加国际性会计职业组织,因此,目前的国际性准则制定机构(如国际会计准则委员会)的影响是有限的,并没有影响到世界上的每一个国家。

不过,我们也很难想象在短期内会出现一个为所有的国家的所有公司都能接受的世界统一会计制度。所以,趋同的主要目标是加强交流、缩小差异。趋同的发展过程也许是首先在某个地区或某种政治经济集团内取得一定进展,在跨国公司或海外上市公司采用国际准则,达到一定程度的统一,然后再是国际性的某种程度的统一。

第二节 政府间组织的协调活动与趋同努力

一、联合国的协调活动

联合国在国际趋同中的主要活动是进行讨论和交流,促进会计协调、增进各国间的相互理解。国际性会计和财务报告问题提到联合国的讲台上进行讨论引起了各国政府对这一问题的高度重视,同时也反映出这一问题在国际性事务中的重要地位。联合国的努力对会计的国际趋同产生了积极的促进作用,对各国会计实务产生了一定的间接影响。

1973年,联合国秘书长在对联合国经济和社会理事会的一项决议做出的答复中,指定了一个小组去研究跨国公司经营活动对国际关系的影响。该小组1974年提交了一份报告,报告中指出,有关跨国公司的活动严重地缺乏有效的财务和非财务两方面的信息,公司报告的可比性也极为有限。报告建议,在跨国公司委员会(经社理事会下属的一个政府间组织)的赞助下召开专家小组会议,考虑制定标准化的会计和报告国际准则问题,协调跨国公司的会计和报告实务,以增进财务信息的国际比较。跨国公司委员会和经社理事会都赞同这项建议。于是,联合国秘书长在1976年初任命成立了会计和报告国际准则专家小组,由14名来自不同地区的具有各种背景的成员组成。

专家小组的研究表明,跨国公司提供的信息主要问题不是缺乏国际的可比性,而是信息本身提供的严重不足,既缺乏财务信息,也缺乏非财务信息。于是专家小组致力于研究确定跨国公司应披露的最低的财务信息和非财务信息。1977年,专家小组向秘书长提交了一份包括四部分内容的题为"跨国公司会计与报告的国际准则"的报告。随后,这份报告连同秘书长的建议一并提交给了1978年5月举行的跨国公司委员会第四次会议。但由于专家小组的成员并不是各个国家的政府代表,报告最终未被采纳。

1979年5月经社理事会根据跨国公司委员会的建议,通过44号决议批准成立了国际会计与报告准则特设政府间专家工作组,其成员按地区分配,来自34个国家,每一当选国家任命一名在会计和财务报告方面有经验的专家担任,其中22个国家是来自亚、非、拉的发展中国家。

特设工作组的目的是审定会计和财务报告准则,以保证有关方面易于取得所需的跨国公司经营活动的财务的和非财务的资料,并使其更富有可比性。跨国公司委员会建议其工作集中在与联合国同时在讨论和研究的有关跨国公司行为准则相联系的会计和报告准则上。从1980年2月至1982年4月特设工作组共举行了六次会议,中国政府曾派代表参加了其中的两次会议。特设工作组按规定举行了六次会议以后于1982年提出了一份报告,对历次讨论进行了总结。这份报告中最重要的部分列举了财务报告一般至少应包括的内容,称为"通用性报告的最低限度项目"。该总结报告在记述了历次讨论中协商一致的见解以及各国代表的不同意见后,又明确说明,由于各方面分歧意见很大,特设工作组未能完成其原定的任务。

下一步怎么办,主要有两种不同的意见。美国、日本等少数发达国家抱消极的态度,认为联合国关于国际会计准则的讨论,原则上应当就此结束,未能协调的会计准则问题,可以结合正在制定的跨国公司"行为准则"一并研究;而以七十七国集团为代表的大多数国家,为了监督跨国公司的经营活动,认为有必要在联合国范围内协调会计准则,要求成立正式的工作组,以继续上述特设工作组未了的工作。联合国经社理事会采纳了多数国家的意见,于1982年以67号决议建立了联合国"国际会计和报告准则政府间专家工作组"。工作组隶属于跨国公司委员会,其工作由原跨国公司和管理司负责①。专家工作组的宗旨是促进会计准则的国际协调,以便为企业会计报表的使用者提供可比和透明的会计资料。

联合国国际会计和报告准则政府间专家工作组每年召开一次会议,就当前世界经济发展中的会计热点问题进行讨论。从1983年至2013年已召开过30届会议,中国每次均派代表参加会议,从未间断。各次会议的具体情况如表6-1所示。

表6-1　　　　　　　国际会计和报告准则政府间专家工作组历次会议概况

届数	召开时间	会议内容
1	1983年	工作组的任务和工作方案,几个具体的会计和报告方面的问题
2	1984年	四个专题:资本项目的变动、转移价格的制定、政府补贴及增值额问题
3	1985年	若干专业问题,包括立法支持会计准则,关于审慎原则问题,准备金的核算,外币折算,研究和开发费用的核算,会计人员的教育与培训等
4	1986年	投资的核算,关联方交易所应公布的资料,技术转让收入与费用的核算,固定资产的核算,折旧会计,审计师与非财务性资料的责任联系等
5	1987年	跨国公司应否公布和怎样公布会计资料的问题,企业合并的会计和报告、收入的确认、营业外损益的核算、存货估价等
6	1988年	跨国公司会计和报告方面的重要发展、会计和报告的基本目标与基本概念、合并财务报表的程序、分部信息等
7	1989年	跨国公司会计和报告方面的重要发展、财务报表的基本目标与基本概念,此外还讨论了通货膨胀、物价变动以及资产负债的市价和历史价值的会计核算,退休金费用的核算,董事会年度报告等

---

① 由于联合国机构改革,跨国公司和管理司从设在纽约的跨国公司委员会转到设在日内瓦的贸易发展会议,并更名为"跨国公司和投资司",现又更名为"投资、技术和金融委员会"。

续表

届数	召开时间	会议内容
8	1990年	跨国公司会计和报告方面的重要发展,此外讨论了关于环境措施的资料的公布,退休金费用的核算,合营企业会计,无形资产的核算
9	1991年	跨国公司会计和报告方面的重要发展、合营企业投资人的会计核算、环境保护会计、国有企业私有化期间及以后的会计核算、会计职业组织及审计师的作用和资格
10	1992年	跨国公司会计和报告方面的重要发展、当前全球一级的环保问题、私有化期间产生的会计问题、1993年关于发展中国家和处于过渡时期国家的会计教育和培训问题的准备工作
11	1993年	主题是会计教育和培训问题,主要包括对非洲、亚洲、欧洲、拉丁美洲和北美洲培训会计师的课程以及考试大纲进行比较和研究;审议若干培训方案及培训状况等
12	1994年	主题是审查当前跨国公司会计和报告在全球一级的重要发展;审查会计和报告在国家一级的重要发展;新金融工具;租赁会计;政府补助会计;环境资料的披露
13	1995年	主要议题是环境会计,讨论了会议秘书处提供的文件,包括各国环境会计法律法规情况的调查、有利和有碍于跨国公司采取可持续发展战略的因素、跨国公司环境绩效指标以及年度报告中对环境事项的披露
14	1996年	正式议题:商业银行的会计和报告方法;政府特许会计。非正式议题包括各国会计准则不一致的国别调查、转移价格定价方法、全球会计发展动态以及全球会计师资格标准和证书颁发制度
15	1998年	环境会计和报告问题;专家工作组当前的工作
16	1999年	职业会计师资格的国际标准;亚洲金融危机会计审计背景的研究报告
17	2000年	中小企业会计问题;财务与环境业绩指标的融合;公司治理的圆桌会议
18	2001年	中小企业会计问题;公司治理的现状报告
19	2002年	公司治理中的透明度和披露要求;中小企业会计问题
20	2003年	公司治理中的透明和披露;研讨实际案例
21	2004年	公司责任报告;公司治理披露;修订后的专家工作组范例教程
22	2005年	国际财务报告准则的实际应用;公司责任报告;公司治理披露
23	2006年	国际财务报告准则的应用(案例研究);公司责任报告;公司治理披露
24	2007年	国际财务报告准则的应用(案例研究);公司责任报告;公司治理披露
25	2008年	中小企业会计问题;金融稳定性和会计与报告的国际准则等
26	2009年	中小企业会计和财务报告需求;会计和报告中的能力建设等
27	2010年	高质量公司报告的能力建设框架;与气候变化有关的公司报告等
28	2011年	高质量公司报告的能力建设框架;整合报告与气候变化有关的披露等
29	2012年	高质量公司报告的监管与制度基础;持续遵守和执行国际准则的作用
30	2013年	国际性公司报告准则和规范的发展趋势及其对人类能力建设的意义

联合国在协调国际会计实务和准则方面已做出了不少努力。不过,国际会计和报告准则政府间专家工作组的会议只是一个国际性的会计论坛,各国代表在会上就共同关心

的会计问题展开讨论,进行交流,其作用是有助于各国会计界的相互沟通与了解,有利于各国会计准则的协调。但是会议所形成的决议对各国并不具有法律效力,所以其作用是有限的,只对各国制定本国的会计准则起到一个指导和参考作用。虽然联合国的努力对国际会计准则的发展并未显示出直接的影响,但它发挥着一种有效的监督作用和发展国际会计准则的促进作用。

二、欧盟的会计准则趋同

(一)欧洲联盟的形成

欧洲联盟是以西欧国家为主的一个超国家的政治、经济联盟,它的前身是欧洲共同体(European Communities,EC)。1993年11月1日随着《马斯特里赫特条约》(简称《马约》,即欧盟条约)的生效,欧洲联盟(European Union,EU)正式形成。原欧洲共同体是欧洲经济共同体、欧洲煤钢共同体和欧洲原子能共同体的总称。法国、西德、意大利、荷兰、比利时和卢森堡于1952年建立欧洲煤钢共同体,1958年又建立欧洲经济共同体和欧洲原子能共同体。1965年六个成员国为统一上述三个组织的部长理事会和委员会而签订了条约,1967年条约开始实施,形成欧洲共同体,1973年英国、爱尔兰和丹麦加入,1981年希腊加入,1986年西班牙、葡萄牙加入。《马约》生效之后,1995年奥地利、芬兰和瑞典加入,使欧盟成员国达到15个。2004年5月1日欧盟实现东扩,波兰、匈牙利、斯洛伐克、立陶宛、拉脱维亚、爱沙尼亚、捷克、斯洛文尼亚、塞浦路斯和马耳他等10国成为欧盟正式成员国,2007年保加利亚和罗马尼亚加入欧盟,使欧盟成员国扩大到27个。

1957年签订组建欧洲经济共同体的罗马条约的主要目标是在共同体范围内实现人员、商品和劳务以及资本的自由流动。为此要采取消除关税、建立协调经济政策的程序等措施。1970年欧共体的"共同工业政策"要求创建统一的经营环境,包括协调成员国的公司法和税法,创建共同的资本市场。这些目标和要求的提出是为了增进欧共体国家各公司间的公平竞争,促进各国经济的发展。为此需要在欧共体范围内实现各公司可靠财务信息的统一性和可比性。公平竞争需要在相同的公司法和税法的条件下进行。

1991年12月欧洲共同体首脑第46届会议在荷兰的马斯特里赫特举行,会议通过了《马斯特里赫特条约》,要求分阶段实现经济货币联盟和政治联盟,统一欧洲经济、外交、安全、司法和国内事务等各项政策,最终目标是建立一个超国家的管理机构,使各成员国共同组成一个庞大的政治经济实体。欧盟有五大管理机构:①欧盟理事会,由各成员国的部长组成,它和欧洲议会共同分担立法和财政责任,协调成员国的经济政策,代表欧盟处理国际事务;②欧盟委员会,它是最高执行机构,对欧盟的各项政策具有执行的权力;③欧洲议会,由欧盟诸国直接选举产生,具有立法权、财政权和监督权;④欧洲法院,为最高仲裁机构,确保欧盟的各项法律得到正确的解释和贯彻执行;⑤欧洲审计院,负责对欧盟的预算及其执行情况进行审计。

欧盟各国从20世纪60年代以来就一直在为建立经济和货币联盟而努力,试图通过建立货币联盟带来货币的稳定,从而促进欧洲联盟的进一步发展壮大。《马约》的签订为欧洲统一货币进程确定了具体的时间表,1999年1月1日正式实行货币联盟,使用单一货币——欧元,固定欧元同各成员国货币之间不可更改的兑换率,欧洲中央银行承担制定货币及其兑换率政策的责任。1998年5月,欧盟理事会决定经济达到加入欧元标准的11个国家(比利时、德国、西班牙、法国、爱尔兰、意大利、卢森堡、荷兰、奥地利、葡萄牙和芬兰)于1999年1月1日采用欧元,计划经过三个阶段至2002年6月30日完成整个货币转换任务。欧元纸币和硬币在2002年1月1日零时正式启用,经过两个月的"双币流通期",至3月1日零时,所有欧元国的旧币不再具有交换价值,正式退出流通领域。从此欧元成为3亿多民众的共同货币,并成为第二大国际货币,对美元的霸主地位构成挑战。欧元的成功引入无疑会给欧盟的会计带来影响,欧盟国家之间货币计量尺度得到了统一,因此在这些国家之间由于货币计量尺度不同而产生的会计问题随之消失。

(二) 会计准则趋同

1. 与会计审计有关的指令

原欧共体通过两个途径来实现其会计规则趋同的目标,一是制定"指令"(directives),这些指令必须并入成员国的法律,使其成为成员国的法律后予以贯彻执行;二是制定"条例"(regulations),这些条例可以不经过成员国立法程序的通过就可以成为欧共体范围内的法律。欧盟继承了欧共体的指令和条例。

欧盟指令在各成员国的实施并不是整齐划一的,各成员接受指令的程度依赖于本国立法机构通过的有关法律采纳指令要求的程度。在第4号指令中有大量的这种表述:"成员国可以要求或允许各公司……"这种灵活性使欧盟各国的会计和报告实务仍有相当大的差异。

欧盟指令适用的范围包括所有成员国的股份公开公司和非股份公开公司。第4号指令的规定包括计价规则、财务报表的格式和披露要求。第4号指令的草稿第1稿发布于英国、爱尔兰和丹麦加入欧共体之前的1971年,深受德国公司法的影响,因此计价规则比较保守、报表格式规定得非常详细、报表附注披露的内容较少。

英国和爱尔兰加入欧共体之后对第4号指令的修改产生了影响,引入了"真实与公允反映"的概念[①],同时增加了财务报表编报的灵活性。在最后批准的第4号指令中,"真实与公允反映"的要求成为了财务报表编报中的主导原则。此外还增加了报表附注的要求,增加了披露税务影响的要求,增加了允许公司披露通货膨胀会计信息的更为详细的要求。

第4号指令的目的并不是要实现统一,而是要对当时存在的法律规定进行协调。因此,在欧盟范围内无论是资产计价、报表格式,还是披露要求都未因实施第4号指令而达到标准化,实施第4号指令只是在欧盟国家范围内在趋同的方向上迈进了一步。第4号指令中的许多规定和要求是妥协的结果。比如,关于披露通货膨胀会计信息的要求,荷兰是积极的支持者,而德国则极力反对。结果是在指令中虽然要求要披露历史成本和调整物价变动影响的数额之间的差异,但是并没有调整内容、调整方法方面的详细规定,也没有关于调整后信息是作为主要报表还是作为辅助报表或作为附注披露的规定。

欧共体指令第4号适用于除银行和其他金融机构或保险公司以外的所有股份有限公司和有限责任公司,其主要内容包括关于资产负债表和损益表的一般规定、估价规则和年

---

① 这一概念的引入过程曾引起过许多争论,参见吴俊洁,等."真实与公允"观念在欧洲协调的障碍及启示[J]. 会计研究,1995(6):48,49.

度报告的审计。第 7 号指令是关于编制合并财务报表方面的规定,主要内容包括编报合并报表的条件、合并范围、编报要求,处理企业并购中的购买法和股权集中法的应用,年度报表中权益法的应用。年度报表应在与母公司的年终相同日期编制,但是成员国可以规定在大多数集团企业的年终或集团中最大企业的年终编制报表,需要在注释中给予全面披露。

其他与会计审计有关的指令和规则包括:第 1 号指令要求各公司披露认购和核定的资本总额并提供资产负债表和利润表;第 2 号指令提出了应用于审计的规则;第 5 号指令一直未被正式采纳,其草案涉及公开发行证券的公司的组织与管理问题,其中包括公司报表的年度审计、审计人员的选定、报酬和独立性等方面的规定;第 8 号指令是关于欧盟成员国范围内审计人员的资格条件和工作要求的,包括审计人员应达到的最低教育水平的要求标准,其目的是鼓励欧盟成员国的职业审计人员的自由流动。

2. 趋同的新进展

欧洲联盟在会计准则的趋同方面已经做了许多努力,并已取得了一定的成效。第 4 号指令的颁布实施是趋同过程的开端,在提高欧盟国家财务信息披露水平和增进财务信息的透明度方面发挥了一定的作用。但是也应该看到,各项指令中的大部分条款重形式而轻内容;许多规定是要求各成员国"允许"它们的公司遵守指令而不是"命令"这些公司去遵守;在计量和估价原则方面给予了过多的自由选择的灵活性;在外币折算、租赁和现金流量表方面缺乏应有的全面规定。欧盟指令没有取得人们想象的那种效果的一个基本原因是在欧洲联盟的范围内存在着两种对立的会计思想。第一种是法德的会计思想,注重法律和严格详细的规定;第二种是英荷会计思想,强调真实与公允的反映。两种会计思想需要进行不断的协调。从另一方面来看,欧洲联盟各国各有各的具体国情,各国的会计准则、会计实务、审计标准和准则等方面都有一定的差别,会计的协调不可能一蹴而就。

2000 年 6 月欧盟委员会发布了一份名为《欧盟财务报告战略:未来发展》的建议书,并将其呈送给欧洲议会和欧盟部长理事会,建议在欧盟范围内消除证券交易中的障碍,其中之一就是要建立一套会计准则,以增强公司财务报告的透明度和可比性,创造一个统一的金融市场;建议要求欧盟的 7 000 多家上市公司(包括银行和保险公司)2005 年开始都应按国际会计准则编制合并财务报表,2005 年以后这项要求应成为强制性的,成员国也可以将该项要求扩大到非上市公司。同时提议欧盟建立认可国际财务报告准则的双层机制。2001 年 6 月,作为采纳国际会计准则双层认可机制的组成部分欧盟成立了欧洲财务报告咨询组。欧盟委员会的建议旨在为投资者和其他利益相关者进行决策提供相关和可靠的信息。欧洲的投资者在决定将有限的财务资源投向哪家公司之前应该有高质量的财务信息作为分析和决策的依据。另一方面,欧洲公司在全球资本市场上争取资源的过程中应和其他国家的公司具有同等的竞争力。

欧盟委员会认为高质量的会计准则本身并不能保证高度透明的财务报告,还必须有严格的实施和惩罚机制,为此,高质量的法定审计是必不可少的,同时欧洲各国证券管理机构也需加强合作,共同促进欧盟范围内高水平财务报告的编报。欧盟委员会的建议还包括更新现有的指令,为欧洲证券发行者引入单一的进入市场通道,也促进其他国家的投资者进入欧盟市场。

2002年3月12日,欧洲议会以492票赞成、5票反对、29票弃权通过了欧盟委员会的采纳国际会计准则的议案,要求欧盟的上市公司(包括银行和保险公司)最迟于2005年1月1日开始根据国际会计准则编制合并财务报表。

按照双层认可机制,欧盟认可国际会计准则的机制分为两个层次,第一层次为技术层次,由欧洲财务报告咨询组负责,其主要职能包括:①为维护欧盟的利益,通过技术专家小组的方式积极参与国际会计准则的制定过程,确保国际会计准则委员会在制定准则时充分了解和关注欧盟所提出的重大会计问题;②对国际会计准则委员会发布的准则及其解释进行专业评估,就是否对其予以认可和采纳向第二层次提出建议。第二层次为立法层次,由欧盟委员会及其各成员国代表组成"会计监管委员会"(ARC),负责审批欧洲财务报告咨询组提交的采纳国际会计准则的建议及具体时间表。

2002年5月,作为对前述议案的补充,欧盟委员会又提出了一项草案,全面修改欧盟的会计指令,以有助于促进欧盟建立统一的金融市场。这项提议旨在消除欧盟会计指令与国际会计准则之间的差异。该规章草案于2002年6月7日由欧盟部长理事会正式批准,当年9月11日开始生效。根据这一规章,欧盟建立了"会计监管委员会",并于2002年12月31日之前决定是否认可现存的国际会计准则。

2003年1月,欧洲议会批准了经过修订的欧盟会计指令(第4号和第7号公司法指令),当年5月部长理事会又通过了修订的会计指令,将它们以法律的形式确定下来。修订后的指令补充了于2002年通过的国际会计准则规章,它要求所有欧盟上市公司自2005年起使用国际会计准则以及允许成员国扩展此种要求到所有公司。

2003年7月16日,除了"IAS32——金融工具:披露和列报"、"IAS39——金融工具:确认和计量"及其相关的解释第5号、第16号和第17号以外,会计监管委员会通过投票的方式一致认可了其余所有的国际会计准则(但不包括IFRS1)及其解释公告(SICs),并建议欧盟委员会对其加以认可。2003年9月,欧盟委员会通过了一项法规,正式表示认可并采纳。

(三)欧盟采纳国际会计准则的原因分析

1. 顺应全球会计准则趋同的新形势

在国际资本市场上,国际会计准则成为了国际公认的编报财务报表的标准,国际会计准则委员会成为被认可的全球会计准则制定者。在这样的背景下,欧盟决定从2005年开始采纳国际会计准则,顺应了国际社会越来越认可国际会计准则这一潮流和趋势。

2. 实现欧洲内部资本市场一体化

欧盟通过多项调查研究显示,欧盟指令与国际财务报告准则之间的差距并不大;国际财务报告准则是原则导向的会计准则,较易与欧盟各国的会计传统相协调;如果欧盟证券市场要求采用国际会计准则来编制财务报告,则在国际上欧盟的资本市场将更具有吸引力,更容易被接受和认同;长期以来,欧盟一直积极参与国际会计准则的制定及其他各项活动,所以国际会计准则实际上在很大程度上已充分考虑了欧盟的要求和利益。

一体化的泛欧金融和资本市场将对欧盟产生巨大的经济利益,并为欧盟的投资者提供更多的投资选择。投资的增加也意味着创造更多的就业机会和实现国内生产总值的增长。一个更加宽广的、开放的、流动的资本市场对于发展欧洲的商业贸易和培育有活力的企业将是十分有利的,这将为欧盟创造出一个公平、清晰的资本市场。

3. 提高欧盟公司信息披露质量和透明度

国际会计准则的应用对欧盟金融市场和资本市场的统一意义重大。它将大大增加公司的透明度和信息的可比性。许多企业发现国际会计准则的应用对于投资者之间的关系也有非常大的影响。透明度的增加将使企业向市场披露更多的信息,所以企业也必须重新考虑衡量业绩及将其向市场投资者传递信息的方法。

企业管理者考虑到国际会计准则可能对企业商业模式的影响,既是一种挑战,也是一种机遇。管理者要保证商业策略和市场预测的一致性,他们有机会对自己的内部报告做出重新检查和设置,以确保财务报告符合新的会计制度模式,在此基础上建立执行新会计准则的机制与架构,使公司以新的形象面对投资者。

第三节 若干国际性利益集团的协调活动

一、投资者及其相关组织对可比财务信息的要求

投资者是财务信息的主要需求者,要依赖财务信息进行投资决策,因而也是会计准则国际趋同的支持者和受益者。投资者的差异很大,有的是财务专家,有的则对会计一窍不通。一般投资者都希望财务报表易懂、可靠和可比,使他们能据以做出明智的决策。财务分析专家在为投资者服务方面发挥着重要作用。国际性财务分析家组织在获取更多的公司财务信息方面代表着投资者的利益。

证券委员会国际组织(the International Organization of Securities Commissions, IOSC)是各国证券监管机构的国际性组织,涉及规范证券市场的活动,其中包括努力为投资者提供投资决策中所需要的各种信息。国际投资者和财务分析家需要国际资本市场上上市公司当前和未来财务与非财务的信息,这些信息包括反映有关盈利能力和资产价值方面的情况,但是他们常常感到所得到的信息缺乏可比性,影响了他们的投资决策。对于投资者来说增加公司财务报告的国际可比性是国际社会应尽快努力解决的一个问题。因此,证券委员会国际组织已经促使国际会计准则委员会根据其提出的一套核心会计准则修订了国际会计准则,这样国际会计准则的运用范围会进一步扩大,公司财务报告的可比性有望提高一步。

投资者侧重于不同公司之间各种信息的可比性,因为他们对各种备选方案的选择就是对不同公司的选择,对不同公司的选择是在对各公司有关信息的比较的基础上做出的选择。为了便于分析和比较不同公司的财务报告,也为了增进对其他国家财务信息的理解,投资者和财务分析家一般都积极支持会计准则的国际趋同努力。如财务分析家协会国际合作委员会就是国际会计趋同的积极支持者,原国际会计准则委员会理事会中有该组织的代表,表明该组织参与了国际会计准则的制定工作。

二、债权人及其相关组织对会计趋同的影响

与投资者一样,银行、贷款人和其他债权人也表现为对公司有关财务状况、经营业绩

和未来发展前景的信息十分关心。但是,债权人的不同之处是更加关心贷出去的款项的安全性。有些国家,如法国、德国和日本,银行等债权人是公司的主要资金供应者,可以直接从公司取得所需要的信息,对公司信息的公开披露问题表现得不十分积极。但是涉及国际性融资业务时,各国的银行家和其他债权人都对会计的国际协调表现出支持的态度,因为他们需要有关的财务信息作为决策的基础。

一般来说,国际银行组织是支持国际会计趋同活动的,支持为增进财务信息的可比性而做出的各种努力。比较积极、比较重要的是各种国际开发银行,如亚洲开发银行、欧洲投资银行、欧洲复兴开发银行、国际复兴开发银行等。各种国际银行经常要求专门的报告,世界银行所属的国际金融公司甚至发行详细的关于会计和报告准则的指导书,对许多发展中国家产生了一定的影响。在国际金融市场上,获取资金方面的竞争对跨国公司形成了压力,一些跨国公司自愿增加披露信息的数量。这对会计准则的国际趋同也是一个有利因素。

三、国际性工会组织对会计趋同形成压力

国际性的工会组织主要有:世界劳工联合会、国际自由工会联合会、欧洲工会联合会等。1977年这些国际性工会组织公布了它们自己的一套文件,提出了会计和信息披露方面的要求,这个文件主要是针对跨国公司的,阐述了国际协调的必要性,对更加统一的会计程序以及全面而详细的财务与非财务信息的披露问题提出了建议。工会组织的目的主要不是为了增进公司间财务信息的可比性,而是为了在制定有关对跨国公司的政策时有比较可靠的依据,因为工会组织在制定政策时常常感到不仅是各公司披露信息的方式不统一,而且缺乏能反映公司全貌的必要的信息。

工会和职工要求得到公司经营业绩的信息和公司未来发展前景的信息,尤其关心有关工作条件、状况、规模、安全甚至地点方面的信息,关心跨国公司内部有关转移价格制定方面的信息。跨国公司各国子公司之间的相互关系直接影响着跨国公司某一国家子公司所报告的财务状况和经营业绩的真实性和可靠性。其他信息使用者(如税务当局)可以不完全依赖公司提交的报告,它们可以进入公司进行调查或要求公司提供有关的信息。而像工会这样的组织则主要(甚至完全)依靠公司提供的报告进行决策。因此公司内部交易方面的信息对工会组织来说是十分重要的。工会组织的要求对会计的协调产生了一定的影响。

四、经济合作与发展组织的协调活动

主要资本主义国家的政府于1961年成立了经济合作与发展组织。1976年6月,经济合作与发展组织发布了"关于国际投资和跨国公司的宣言",这一宣言的附件"跨国公司指南"中有"信息披露"一节,其中包括财务信息披露方面的要求,这些要求虽然是非强制性的,但对大型跨国公司有一定的影响。所以,经济合作与发展组织也进行了一些会计准则方面的协调活动。

经济合作与发展组织于1979年对"指南"进行了修订,但信息披露方面的建议基本未动。2011年又进行了第五次修订,修订后的指南涉及的内容包括概念和原则、一般政策、

披露、人权、就业和行业关系、环境、反贿赂、消费者权益、科技、竞争和税务。成员国政府同意向跨国公司推荐这些指南,这对跨国公司虽有一定的影响,但在实务中只有很少的跨国公司真正重视这些指南。跨国公司指南中有关信息披露部分的主要内容如下。

各企业应保证公布有关本企业经营活动、组织结构、财务状况、经营成果、股东权益和公司治理等所有重大方面及时和准确的信息。这些信息既应有就企业作为一个整体,也应有各地域分部或行业分部的信息。企业信息的披露应充分考虑它们所处经济环境中的性质和相对规模,适当考虑商业秘密方面的要求,考虑成本耗费和竞争状况。各企业应在披露、会计和审计中运用高质量的准则。企业应披露的基本信息包括:

(1) 公司的财务和经营成果;
(2) 公司的目标;
(3) 主要的股份所有权和投票权;
(4) 董事会成员和主要管理人员的薪酬政策;
(5) 关联方交易;
(6) 可预见的风险因素;
(7) 与雇员和其他利益相关者有关的重大事项;
(8) 公司治理结构和政策。

1999年6月,经济合作与发展组织同美国国际开发协会(USAID)一起协助组建了一个地区性的会计团体——欧亚会计师审计师联合会,其成员包括亚美尼亚会计师审计师协会、阿塞拜疆审计师协会、白俄罗斯会计师审计师协会、格鲁吉亚会计师审计师协会、哈萨克审计师协会、俄罗斯会计师审计师协会和俄罗斯职业会计师协会。欧亚联合会的主要目标是发展和加强各成员协会所代表的会计审计职业界,发展与国际会计界的联系,发展该地区稳定的自治组织。欧亚联合会下设5个常设委员会:会计准则委员会,审计准则委员会,职业教育、培训和注册委员会,法律改革委员会和会员与职业道德委员会。欧亚联合会目前正在翻译、出版和散发国际会计师联合会的国际审计准则和道德规范、国际会计准则委员会的国际会计准则。

从经济合作与发展组织的上述活动可以看到,该组织虽然自己不制定准则,但是它却在积极地推广国际会计准则和国际审计准则,从向跨国公司提出建议,到参与组建地区性职业组织,它一直试图在会计的国际协调中发挥作用。

第四节 民间会计职业团体的趋同成果

一、国际会计准则委员会及其国际财务报告准则

(一) 国际会计准则委员会的建立和发展

国际会计准则委员会是一个以制定国际财务报告准则为其基本活动内容的国际性民间组织,主要通过制定和公布国际财务报告准则来促使全球范围内公司财务报告得到改

进和协调,达到高质量的水平并促使这些准则被接受和遵守。国际会计准则委员会于1973年由来自澳大利亚、加拿大、法国、联邦德国、爱尔兰、日本、墨西哥、荷兰、英国和美国的会计职业团体发起组建。

国际会计准则委员会产生的最初推动力可追溯到英格兰和威尔士特许会计师协会会长亨利·本森。本森于1966年倡议建立了会计师国际研究组,代表来自英格兰、苏格兰、加拿大、美国和爱尔兰。该小组发布了20份小册子,描述参与国的各种会计准则。这些小册子成为后来的国际会计准则委员会工作的起点。1972年9月在悉尼召开的国际会计师大会上亨利·本森又召集了一个小会,与会人员认为有必要建立一个国际会计准则委员会这样的组织。其结果是1973年6月在伦敦召开了国际会计准则委员会第一次会议。

在1987年以前,国际会计准则委员会委员认为他们制定的国际会计准则应该使它们被采纳和接受起来比较容易,因而往往会允许多个可供选择的方法或程序。结果,国际会计准则委员会因此常常被批评为是寻找最低水平的公分母。另外的批评意见是会计准则主要反映英美国家的会计实务。早期制定会计准则时,来自不同国家的代表基本上都是主张本国会计实务是最好的。直到20世纪90年代以后,国际会计准则委员会的委员们才开始为理想会计准则的共同目标努力工作。

1977年国际会计师联合会成立以后一直对国际会计准则委员会施压,试图将其并入国际会计师联合会,但遭到了国际会计准则委员会的拒绝。国际会计准则委员会认为国际会计师联合会是一个会计师的组织,而国际会计准则委员会则不仅限于会计师,准则制定过程中要有财务报告编制者和使用者参与。1982年两个组织签署协议明确了各自的地位和作用。

(二)国际会计准则委员会的改组过程

国际会计准则委员会在经过20多年的运作之后,逐步感到要进一步发挥国际会计准则的作用,必须使各国会计准则"发散"的状况得到"收敛",必须提高国际会计准则的质量和权威性。为此国际会计准则委员会于1997年批准设立了"策略规划工作组"(Strategy Working Party,SWP),负责考察在完成与证券委员会国际组织达成协议的"核心准则项目"之后国际会计准则委员会应该具有的结构以及策略。

1998年12月,策略规划工作组提交了一个报告草稿,提出国际会计准则委员会的未来改组设想,提请各方进行评论。1999年4月到10月,策略规划工作组召集了各种会议对他们在报告草稿中提出的建议进行讨论,在此基础上形成了最终报告,题为《关于国际会计准则委员会未来规划的建议》。国际会计准则委员会于1999年12月通过决议采纳策略规划工作组的建议,同时根据策略规划工作组的建议,任命了一个提名委员会来推选首批受托人。2000年3月,国际会计准则委员会执行委员会批准了新的国际会计准则委员会章程;5月,国际会计准则委员会全体团体会员又一致通过了国际会计准则委员会的改组方案和新的章程,同时提名委员会宣布了首批受托人名单。

2000年6月,受托人基金会推举英国会计准则委员会原主席大卫·特威迪(David Tweedie)为新的国际会计准则委员会主席。2000年7月到12月,受托人基金会为新的国际会计准则委员会委员的确定而广邀提名,最终确定了14名首届国际会计准则委员会委员。新的会计准则委员会于2001年4月1日走马上任,标志着国际会计准则发展过程中一个新时代的开始。改组后的国际会计准则委员会从这一天起开始行使制定国际会计准则的职责,由此完成了国际会计准则制定机构的一次新旧交替。

(三) 国际会计准则委员会改组的原因

国际资本市场的发展是促使国际会计准则委员会改组的一个重要原因。在过去的30年中,随着经济发达国家资本输出的扩大,金融市场呈现出了全球一体化的发展趋势,许多国家的企业对资本的需求由原来主要由国内资本市场得到满足转向了主要依靠国际资本市场的融资。国际资本市场中主要是长期证券市场的发展对国际会计准则不断提出新的要求。到其他国家证券市场筹资的公司都遇到过按该国监管机构要求重新编报财务报表的问题。重新编报需要耗费大量的人力、财力和时间,所以国际金融证券市场感到了国际公认会计准则的重要性,由此而将注意力转到了国际会计准则委员会及其制定的国际会计准则。为了能使国际会计准则得到国际金融证券界的认可和采用,它的制定机构的改组不可避免地提上了日程。

原国际会计准则委员会是由一些国家的职业会计团体建立的,成立时除了得到这些会计团体的支持外,并不被国际社会所重视。但经过20年的努力,国际会计准则委员会逐步赢得了越来越多的国家和一些重要的国际性组织的认可,它所制定的国际会计准则也渐渐获得了"国际公认"会计准则的地位。

国际会计准则委员会在其发展的前20年中,主要致力于让世界认可或承认它所制定的国际会计准则,为此它的准则在规定计量和披露要求时,往往给出多种选择,包罗各种不同的会计实务,以使其适应面宽广一些,能得到更大范围的应用和支持。这种发展策略带有普及推广和争取支持的成分,因此在这种背景下制定的国际会计准则被以美国为代表的经济发达国家认为不是质量最高的会计准则。

既然国际会计准则委员会制定的不是最高质量的会计准则,那么就有可能出现一个国际组织来制定最高质量的会计准则,满足国际社会对最高质量会计准则的需求。这对当时的国际会计准则委员会是一个威胁。策略规划工作组在其报告《关于国际会计准则委员会未来规划的建议》中指出了这一点:"国际会计准则委员会现在应该进行结构调整,以使其能够满足国际社会对一套高质量全球性会计准则的需求。如果国际会计准则委员会不能进行这种调整,那么为回应市场的要求和压力,其他地区性或国际性组织就会应运而生来填补这一空缺,成为全球性或地区性准则制定者。"可见,建立高质量会计准则的要求驱使国际会计准则委员会不得不进行改组。

国际会计准则得到的支持逐步增强,在20世纪末达到了一个新阶段。在这样的背景下,国际会计准则委员会必须进行改组,以回应国际社会的要求和期望。

(四) 改组后国际会计准则委员会的结构

改组后的组织结构包括几个相互联系的机构,其中最基础的是国际财务报告准则基金会,其目标是:"制定一套高质量的、可理解的、可强制实施的、全球接受的、以清晰表述的原则为基础的财务报告准则。"为此成立专门的新国际会计准则制定委员会负责制定国际财务报告准则,由具有广泛地区和专业背景的受托人团体负责监督该独立的准则制定委员会,这些受托人对公开资本市场权威机构组成的监督委员会承担公众受托责任;成立国际财务报告准则咨询委员会和为实务中的分歧提供指南的国际财务报告准则解释委员会提供支持;遵循全面、开放、参与和透明的应循程序,并在应循程序的每一阶段,保持与投资者、监管机构、企业领导人和全球会计职业界的接触,与全世界准则制定机构协同努力实现基金会的目标。新国际会计准则委员会决定将其制定的准则更名为"国际财务报告准则"(International Financial Reporting Standards,IFRS)。

2001年4月,新国际会计准则委员会召开第一次会议,决定接收当时已有的国际会计准则和解释书,若不发布正式文件修改或终止,这些准则和解释书仍将有效;会议还商讨了国际会计准则委员会的工作议程和一些其他问题。2001年5月,国际会计准则委员会会见了那些与国际会计准则委员会有正式联系的国家的准则制定机构的主席,这些国家包括澳大利亚、新西兰、加拿大、法国、德国、日本、英国以及美国。国际会计准则委员会试图与这些国家的准则制定机构建立合作关系并确定统一的发展目标。

国际财务报告准则基金会新章程规定了改组后该组织的结构。改组后的组织结构包括国际财务报告准则基金会、国际会计准则委员会、国际财务报告准则咨询委员会、国际财务报告准则解释委员会,如图6-1所示。

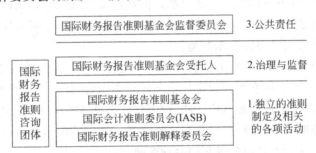

图 6-1 国际财务报告准则基金会的结构

国际财务报告准则基金会作为非营利的独立法律实体成立,负责任命会计准则制定委员会和准则解释委员会的成员、监督他们的工作并为其筹集资金。解释委员会是从原结构中继承过来的。咨询委员会是为一些重要准则制定项目提供建议而由有关一些国家专家组成的专门委员会。咨询委员会主要向准则制定委员会提供各种战略性咨询意见。

国际会计准则(制定)委员会(International Accounting Standards Board,IASB)是国际财务报告准则基金会下属的独立准则制定机构。其成员负责开发和发布国际财务报告准则,包括中小企业国际财务报告准则,此外还负责批准由国际财务报告准则解释委员会制定的国际财务报告准则解释。所有国际会计准则委员会的会议都公开举行并通过网络播出。国际会计准则委员会在履行其准则制定职责的过程中遵循一种公开和透明的程序,其中公开发布讨论稿和征求意见稿等咨询文件以倾听公众的意见是重要的组成部分。国际会计准则委员会与世界上的各种利益相关者保持着密切的联系,包括投资者、分析师、监管者、企业领导人、准则制定者和会计职业团体。

国际财务报告准则解释委员会是国际会计准则委员会的一个解释性机构。该委员会包括14名有投票权的成员,这些成员由受托管理人任命,来自许多不同的国家和不同的职业领域。解释委员会的法定任务是及时复审当前国际财务报告准则范围内产生的广泛会计问题,并对这些问题提供权威的指导。解释委员会的会议也是公开的并且通过网络播出。在制定解释文告中,解释委员会与各国类似的委员会密切合作,也遵循一种透明和公开的程序。

国际会计准则委员会的各类咨询团体提供重要的沟通渠道,使国际会计准则委员会工作中能以一种透明的方式得到范围广泛的利益相关者的意见和建议。除了各类正式咨询团体外,国际会计准则委员会与地区或国家准则制定机构之间的联系也是其咨询活动的重要组成部分。表6-2是国际会计准则委员会各类咨询团体的概况。

表6-2 国际会计准则委员会各类咨询团体概况

团体	是否由 IASB 建立	是否由 IASB 担任主席	日程确定:IASB/该团体/双方	代表的组成:受托/个人/两者	成员选择	组成
会计准则咨询论坛	是	是	该团体	受托	受托人	国际
IFRS 咨询委员会	是	否	该团体	两者	受托人/公开搜寻	国际/跨部门
资本市场咨询委员会	否	否	双方	个人	该团体	国际/使用者
新兴经济体集团	是	是(双主席)	双方	两者	该团体	新兴经济体
全球编报者论坛	否	否	双方	个人	该团体	国际/编报者
中小企业实施集团	是	是	该团体	个人	受托人/公开搜寻	国际/该领域专家
工作组	是	是	IASB	个人	受托人/公开搜寻	技术领域专家

(五)财务报告的概念框架和已发布的准则

原国际会计准则委员会发布过一份"关于编报财务报表的框架结构"的文件,新国际会计准则委员会正在修订该文件,已将名称改为"财务报告的概念框架"。该概念框架是国际会计准则委员会制定和复审国际财务报告准则的依据,可以向外界提供有关制定国际财务报告准则的程序和方式的信息,有助于财务报表编制者应用国际财务报告准则。

原国际会计准则委员会颁布的目前仍然有效的国际会计准则如下所示。

IAS 1　财务报表的列报

IAS 2　存货

IAS 7　现金流量表

IAS 8　会计政策、会计估计的变更和差错

IAS 10　资产负债表日后事项

IAS 11　建造合同

IAS 12　所得税

IAS 16　不动产、厂场和设备
IAS 17　租赁
IAS 18　收入
IAS 19　雇员福利
IAS 20　政府补助会计和对政府援助的披露
IAS 21　汇率变动的影响
IAS 23　借款费用
IAS 24　关联方披露
IAS 26　退休福利计划的会计和报告
IAS 27　单独财务报表
IAS 28　联营企业和合营企业中的投资
IAS 29　恶性通货膨胀经济中的财务报告
IAS 32　金融工具：列报
IAS 33　每股收益
IAS 34　中期财务报告
IAS 36　资产减值
IAS 37　准备、或有负债和或有资产
IAS 38　无形资产
IAS 39　金融工具：确认和计量
IAS 40　投资财产
IAS 41　农业

新国际会计准则委员会已公布的国际财务报告准则如下所示。

IFRS 1　首次采用国际财务报告准则
IFRS 2　以股份为基础的支付
IFRS 3　企业联合
IFRS 4　保险合同
IFRS 5　持有待售的非流动资产和终止经营
IFRS 6　矿产资源的开采和估价
IFRS 7　金融工具：披露
IFRS 8　经营分部
IFRS 9　金融工具
IFRS 10　合并财务报表
IFRS 11　合营安排
IFRS 12　披露其他实体中的权益
IFRS 13　公允价值计量

（六）国际财务报告准则的认可和实施

原国际会计准则委员会颁布的目前仍然有效的国际会计准则有29个，新会计准则委员会已颁布的国际财务报告准则有9个。这些国际准则虽不具有强制性，但通过30年的努力在国际上已产生了很大的影响,在会计准则国际趋同方面发挥了积极的作用。国际财务报告准则的实施有三种情况：一是通过各国会计准则制定机构将国际会计准则纳入或编入本国会计准则的方法,使国际财务报告准则在本国得以实施；二是某些国家在本国没有会计准则的情况下直接将国际财务报告准则作为本国的会计准则实施；三是某些国家本国没有权威性的会计准则制定机构,在这样的国家中国际财务报告准则的影响和实施需要经过一定的时间。

国际财务报告准则在世界范围内对改进和协调公司财务报告已发挥了很大的作用,在许多国家已被用作国家会计规则的基础,有些国家在制定本国会计准则时将国际财务报告准则作为一种国际基准,许多证券交易所和证券监管机构要求上市证券的公司按国际财务报告准则提交财务报表。有的国家直接引入了国际财务报告准则,没有任何修改,有的则略有增删。许多大公司解释,它们是按国际财务报告准则编制财务报告的,也有其他组织宣称它们遵循了国际财务报告准则。国际会计准则委员会正努力赢得世界范围内的最大支持,是目前国际会计协调中的一个重要组织。

自 2001 年以来,已有近 120 个国家要求或允许使用国际财务报告准则。其余的主要经济体对于在未来趋同于或采纳国际财务报告准则也都确定了时间进程。国际趋同的努力得到了 G20 的支持,2009 年 9 月在其美国匹茨堡会议上呼吁国际会计团体在它们独立制定准则的过程中加倍努力实现其目标。表 6-3 列示了 20 国集团成员国目前采用国际财务报告准则的情况。

表 6-3 20 国集团成员国目前采用国际财务报告准则的情况*

国　家	在上市公司采用的情况
阿根廷	要求对 2012 年 1 月 1 日或以后开始的财年采用
澳大利亚	要求自 2005 年起,所有私营部门报告主体使用,并作为公共部门报告的基础
巴西	要求银行和上市公司的合并财务报表自 2010 年 12 月 31 日起采用,并自 2008 年 1 月起在个别公司报表中逐步采用
加拿大	要求所有上市主体自 2011 年 1 月 1 日起采用,允许包括非营利组织在内的私营部门主体采用
中国	实质性趋同的会计准则
欧盟	要求所有欧盟成员国上市公司自 2005 年起使用欧盟所采用的国际财务报告准则
法国	自 2005 年起要求按照欧盟的采用和实施程序使用
德国	自 2005 年起要求按照欧盟的采用和实施程序使用
印度	与国际财务报告准则趋同,日期待定
印度尼西亚	正在进行趋同,预期将于 2012 年就全面遵循国际财务报告准则的目标日期做出决定
意大利	自 2005 年起要求按照欧盟的采用和实施程序使用
日本	自 2010 年起允许一些国际性企业采用
墨西哥	要求自 2012 年起采用

第六章　会计准则的国际趋同

续表

国　家	在上市公司采用的情况
韩国	要求自 2011 年起采用
俄罗斯	要求自 2012 年起采用
沙特阿拉伯	要求银行业和保险公司采用。计划完全与国际财务报告准则趋同
南非	自 2005 年起要求上市主体采用
土耳其	自 2008 年起要求上市主体采用
英国	自 2005 年起要求按照欧盟的采用和实施程序使用
美国	自 2007 年起允许在美国上市的外国发行人采用

　　* 该表不是对上述国家采用国际财务报告准则的权威评估。多数情况下,该信息由相关国家权威机构提供,或者基于可公开获取的信息。关于特定国家采用国际财务报告准则的可靠信息,请直接联系相关国家的权威机构。

(七) 与美国会计准则的趋同

　　国际上协调财务报告要求的活动较早出现在美国资本市场上,美国有世界上最大和最重要的金融中心,美国资本市场是世界上最重要的国际资本市场,首先吸引了世界上许多国家的公司进入美国资本市场进行投资和融资。进入 21 世纪后,大约有 13 000 家公司在美国证券交易委员会注册登记,其中 1 200 家是非美国公司。

　　美国是世界上最早制定会计准则的国家,其会计研究和会计实务水平都居世界前列。美国制定会计准则的机构可分为两大部分:一是政府机构,即美国证券交易委员会(SEC),美国国会赋予它制定会计准则的权力;二是民间机构,以美国财务会计准则委员会(FASB)为代表。因此,美国公认会计原则既包括美国财务会计准则委员会制定颁布的财务会计准则公告和各种解释书,也包括证券交易委员会的各种要求和规则。

　　到美国上市的公司都有这样的经历,即必须按美国的会计准则重新编制它们的财务报表。这样的公司不断增加,美国会计准则的影响也日益扩大。这些非美国公司需要根据美国公认会计原则编制财务报表,因此美国公认会计原则(GAAP)和国际会计准则与国际财务报告准则(IAS 与 IFRS)是近二十年来被不同国家的公司采用最多的准则,在一些场合,美国公认会计原则(GAAP)也取得了国际准则的地位。例如中国在美国证券市场上上市的公司已达 300 多家,这些公司在上市过程中提交的申请书等各种文件中包括的财务报表以及上市后每年提交的年度报告中的财务报表都要根据美国会计准则进行编制,因此美国会计准则对这些公司的会计实务和财务报告具有显著影响。

　　这样,进入 21 世纪后,会计准则的国际趋同不仅包括各个国家通过采纳国际会计准则使本国准则与国际准则趋同这个方面,而且包括另外一个方面,即国际上两个主要会计准则制定机构——美国财务会计准则委员会和国际会计准则委员会通过努力使其两套会计准则趋同。

二、国际和地区性会计职业团体的作用

(一) 国际会计师联合会的作用

　　1977 年 10 月由来自 49 个国家的 63 个会计职业团体在德国慕尼黑签署协议成立了

国际会计师联合会。它比国际会计准则委员会的建立稍晚一些,现在与国际会计准则委员会保持着密切的关系,它承认并支持国际会计准则委员会在制定会计准则方面所做的工作,在促进协调各国会计实务方面发挥了积极的作用。

国际会计师联合会的领导机构包括代表大会和理事会。代表大会由各成员团体指定一名代表组成,在代表大会的职责中包括选举理事会成员,批准各成员团体的财务交款,决定大会召开的时间和地点等。理事会由来自 15 个国家的成员团体的 15 名代表组成,理事会成员任期 3 年。国际会计师联合会建立了以下常设机构:国际审计与鉴证准则委员会、国际会计教育准则委员会、国际会计师道德准则委员会、职业企业会计师委员会、国际公共机构会计准则委员会、跨国审计师委员会、遵纪咨询委员会、发展中国家委员会以及中小事务所委员会。

国际会计师联合会新修订的章程规定的基本目标是,为了公众的利益,在世界范围内努力发展职业界、协调其准则,以提供一贯高质量的服务。因此国际会计师联合会要努力发展和提高相互合作的世界会计职业界,发展和提高相互协调的各种准则。该组织在国际会计协调中的作用主要表现在:积极支持国际会计准则委员会在制定国际会计准则方面的各项努力及其颁布的国际会计准则;通过国际审计与鉴证准则委员会制定国际审计准则来协调审计实务,进而促进各国缩小会计实务差异、增进财务信息可比性;通过发展会计教育、建立职业道德规范、颁布管理会计指南等活动在广泛的意义上对会计进行协调,为财务会计和报告的协调创造必要的环境条件。

(二) 其他地区性会计职业团体的作用

世界不同地区有着各种各样地区性会计职业团体,如亚太会计师联合会(成立于1957 年)、泛美会计师联合会(成立于 1949 年)、欧洲会计师联合会(成立于 1987 年)、泛非会计师联合会(成立于 2011 年)、地中海会计师联合会、北欧会计师联合会、东盟国家会计师联合会以及前述的新成立的欧亚会计师审计师联合会等,这些地区性的会计职业团体通过召开研讨会、进行会计后续教育、颁发会计实务方面的指导性文件等活动,在增进各国的相互理解、相互交流,从而在缩小各国间会计实务差异、协调财务会计和报告准则方面发挥了一定的作用。

亚太会计师联合会是亚洲太平洋地区各国会计职业团体的地区性组织。目前有来自 23 个国家和地区的 31 个会员团体组成。该联合会的宗旨是发展亚太地区的会计师职业,通过推动采纳国际会计师联合会和国际会计准则委员会的准则来促进会计协调,提高各国准则水平。

复习思考题

1. 为什么要促使会计准则国际趋同?
2. 阻碍会计准则国际趋同的因素有哪些?
3. 联合国在会计的国际协调中发挥了怎样的作用?
4. 欧盟促进会计准则趋同方面有哪些途径?
5. 国际会计准则委员会改组的原因是什么?

6. 国际会计准则如何在国际范围内得到认可和实施？

本章参考文献

[1] 董必荣. 欧盟与 IASC、IASB 的合作历程及其动机剖析[J]. 财务与会计，2004(2).

[2] 冯巧根. 欧盟扩张与会计发展的国际协调战略[J]. 财经理论与实践，2004(11).

[3] 娄尔行. 协调会计准则的一场国际争论[J]. 会计研究，1983(5).

[4] 沈小南. 联合国国际会计和报告标准政府间专家工作组第十届会议情况简介[J]. 会计研究，1992(4).

[5] A. 怀特，D. 凯尔恩斯，J. 叶斯比. 国际会计准则委员会与国际会计准则[J]. 会计研究，1992(3).

[6] 杨纪琬，潘晓江. 关于会计报告问题的国际讨论[J]. 会计研究，1988(4).

[7] 杨纪琬，沈小南. 当前国际重大会计问题的讨论[J]. 会计研究，1991(6).

[8] 张为国，李东平. 围绕国际会计准则前景的较量与对策[J]. 会计研究，1999(8).

[9] Choi F D S, Meek G K. International Accounting[M]. 7th ed. Pearson Prentice Hall，2011.

[10] Kees C, Zefe S A. Financial Reporting and Global Capital Markets：A History of the International Accounting Standards Committee 1973-2000[M]. Oxford, U. K.：Oxford University Press，2007.

[11] Nobes C W, Parker R H. Comparative International Accounting[M]. 10th ed. Prentice-Hall Inc.，2008.

[12] Radebaugh L H, Gray S J, Black E L. International Accounting and Multinational Enterprises[M]. 6th ed. China Machine Press，2007.

[13] 国际会计准则委员会最新动态，http://www.ifrs.org

[14] 联合国"国际会计和报告准则政府间专家工作组"相关活动，http://www.unctad.org

[15] 欧盟的会计协调，http://europa.eu/legislation_summaries/internal_market/single_market_services/financial_services_general_framework/l26040_en.htm

[16] 经济合作与发展组织的跨国公司指南，http://www.oecd.org/daf/investment/guidelines/

[17] 亚太会计师联合会的宗旨和活动，http://www.capa.com.my/

第七章 国际财务报告

财务报告是重要的决策信息载体,从投资者保护的角度看,跨国公司必须进行充分的信息披露,因而对跨国公司信息披露形成压力,跨国公司对国际需求有不同的回应措施。国际会计准则委员会的"财务报告概念框架"是财务报告国际趋同中的重要理论性文件,有助于全球会计师对一些基本会计问题有一个统一的认识,使得与会计准则相关的活动有大体一致的理念,因此该概念框架确定了财务报告背后大家一致认可的概念。

第一节 国际财务报告的理论基础及其编报中面临的问题

一、财务报告是重要的决策信息载体

(一)财务报告是证券市场正常运转的基本条件

正反两方面的许多事例已证实财务报告在证券市场的正常运转中居于重要地位,在许多国家证券市场的发展过程中都发生过缺乏财务报告提供的财务信息或者提供虚假财务信息给投资者带来损失和给证券流通带来障碍的情况。

随着信息技术的发展,实时报告系统的实现将大大提高财务报告在财务信息使用者的经济决策中的地位和作用,计算机技术的发展已经为实时报告系统的建立提供了物质基础,从而使财务报告真正成为证券市场正常运转的基本条件。

财务会计就是对外报告会计,重心是财务报告,在市场经济条件下,尤其是随着证券市场的发展,财务报告日益成为各方关注的焦点。对外报告会计已经不仅仅是公司内部自己的事务了,然而实行自由资本主义制度的英、美等国,直到1929年以后才从经济大崩溃的惨痛教训中认识到这一点。

股份公司发展以后,在财务信息披露领域里逐渐形成了一个新的"市场",在这个市场上,公司是财务信息的提供者,股东等有利害关系各方是财务信息的接受者,财务报告是这个市场上的"产品",信息使用者对这一产品的基本要求是要有可比性和可靠性,因此,"公认会计原则"和审计制度应运而生。财务报告成为了连接财务信息提供者、接受者、规则制定者和审计人相互关系的纽带。财务报告是这个市场上有关各方关注的"焦点"。美国政府开始干涉公司会计事务是从规范上市公司的财务信息披露开始的,1933年和1934年的《证券法》和《证券交易法》责成证券交易委员会具体负责"财务报告市场"的运作。

(二)财务报告成为公司法规和会计准则规范的对象

各国管理公司的公司法或公司条例一般都对财务报告做出了规定,这是调整财务信息提供者和财务信息接受者之间法律关系的规范。财务报告提供者和接受者之间不断出现的法律纠纷,促使财务报告法规日臻完善,在荷兰甚至促成了专门解决这种争端的法庭

的建立,即阿姆斯特丹法院特设的"企业庭"。与一个公司财务报告有直接利害关系的个人和组织,在该公司财务报告公布日或批准日之后两个月内可以对该公司财务报告的虚假和失误等问题向企业庭提出控告。通过"企业庭"解决财务报告争端构成了荷兰会计环境的一大特色。

另一方面会计准则的制定是围绕着财务报告进行的,美国1973年成立的财务会计准则委员会将财务报告的中心地位上升到理论高度,目标、要素、质量特征、确认和计量等会计的基本概念实际上都是为财务报告服务的。为此财务会计准则委员会颁发了《财务会计概念公告》,旨在为制定财务会计准则提供一种统一的基础和指南,第一号公告是"企业财务报告的目标",这样也就明确了财务会计准则的目标,并将财务会计准则限定在规范财务报告以及与此相联系的确认和计量方面。英国于1990年新组建的会计准则委员会将其准则定名为"财务报告准则",反映了英国人制定会计准则从"推荐最佳会计实务"到"规范公司财务报告"的转变。2001年改组后的国际会计准则委员会决定将其制定的准则更名为"国际财务报告准则",反映了国际会计界对准则规范的核心和对象是财务报告这一问题达成的共识。

(三) 财务报告决策有用性目标

国际财务报告的理论基础是决策有用性目标,可以从两个方面进行说明,即信息视角和计量视角。

信息视角的基本前提是有效市场假说,即市场价格充分反映了信息含量,从而市场价格变化可用来衡量信息的有用性。如果实证研究能够发现对具有代表性的公司样本,利好或不利的盈余信息将相应导致正的或负的异常回报,就证明在有效市场条件下财务信息确实是有用的。也就是说信息的有用性可用信息发布引致的价格变化程度来衡量。信息视角的实质是把信息含量与信息有用性等同起来。在证券市场上当信息能保持或改变投资者的信念和行为时,它就是有用的信息。

20世纪60年代末美国学者Ball和Brown(1968)采用实证研究方法得出的结论以及后来的大量研究成果为财务信息的决策有用论奠定了理论基础。决策有用论的基本逻辑是,财务报表使用者是否利用财务信息进行决策,一般是不可观测的,但是可以在证券市场上通过证券投资者买卖证券的行为间接地观察到,财务报告提供的未预期信息到达市场后,如果引起股价变动,说明投资者在根据财务报告的信息进行决策,由此证明财务信息的决策有用性。

与信息视角不同的是,计量视角认为,提供财务信息的基本作用是反映企业价值,财务报告是担负特殊责任的信息来源。美国早期的实证研究表明,尽管会计盈余数据导致股价异常变动,但对股价异常变动的解释能力比较有限。Lev(1989)指出,即使排除了宏观经济的影响,市场对会计盈余的反应仍然很小。在较窄的盈余信息发布窗口研究中,发现只有2%~5%的股价异常变动可以归结到会计盈余的影响。Lev因此而认为,会计盈余的解释能力如此之低,是因为盈余信息质量太低。历史成本数据的时滞性是导致盈余信息质量不高的原因,所以应从计量视角采取措施提供反映企业价值的信息,从而提高会计盈余信息的质量。故财务报告决策有用性目标的满足是向信息使用者提供的信息要能使他们估计和评价企业的价值。

二、国际财务报告编报中面临的问题

（一）合并信息与分部报告

跨国公司编报的国际财务报告是合并财务报告，合并报表中所面临的问题直接影响着国际财务报告的编报，如合并范围的确定问题，合并方法的选择问题，这些问题直接影响着合并报表所披露信息的可比性。

合并报表是从总体上反映一个集团的财务状况和经营成果总括情况的，因此它不能揭示集团内部各成员之间的差异，合并信息有助于人们理解跨国公司的全貌，但是却不能使人了解集团的地域分布和行业发展等细节，合并报表提供的信息过分概括，这是它的一个缺陷。这一不足需要通过分部报告的方式加以弥补。按行业分部和地域分部提供的跨国公司的分部财务信息，可以使合并报表得到补充和完善，使国际财务报告趋于合理。

（二）执行何种会计准则

跨国公司母公司和各子公司分别处于不同的国家从事生产经营活动，面临着选用母公司所在国会计准则还是子公司所在国会计准则进行会计处理和提供财务报告的问题，整个跨国公司可能涉及多个国家的会计准则和报告要求，由此决定了跨国公司要对不同会计准则进行调整，或者要求按不同的报告规则编制多套财务报告。

（三）报告语言与报告货币

语言的选择和货币的选择是国际财务报告编制中明显区别于国内财务报告的一个方面。国际财务报告的读者分属不同的国家、使用不同的语言、熟悉不同的货币，为满足读者的需要，就要考虑使用何种语言和货币编报财务报告。

（四）披露的深度

财务报告披露内容的多少与深浅受两个方面的因素制约，一是考虑决策有用性的目标；二是考虑使用者的接受水平。为了能够使使用者做出正确的决策，必须向他们提供全面、准确、详细的财务信息，这将导致公司财务报告内容增多、披露趋向于复杂。而考虑读者的接受水平，要使广大的使用者能理解，必须提高财务信息的可理解性和可比性，但是这将导致公司财务报告内容减少、披露趋于简化。

（五）使用者的理解

在报表接受者中有一部分是财务分析专家，大多数投资者和债权人需要依赖这些财务分析专家的分析结果。为了做出正确的决策，他们或者"购买"专家的咨询意见，或者求助于报纸杂志的分析文章。哪些使用者群体有权得到信息和得到什么信息影响着公司财务报告的内容、影响着公司信息披露的范围。而对各种使用者群体信息的具体接受者的分析决定着公司信息披露的深度。

（六）审计

国际财务报表的审计涉及两个方面的问题，一是合并报表的审计问题，即是由一个国际会计师事务所对跨国公司进行审计还是由多个会计师事务所对其进行审计，在后一种情况下存在着各事务所之间如何进行协调的问题，无论哪种情况都有利用其他会计师和专家的工作的情况;二是各国审计准则存在差异,国际财务报表的审计中应执行何种审计准则,各国审计准则应如何进行协调。

第二节　回应国际需求的措施

一、跨国公司信息披露的压力和阻力

(一)跨国公司信息披露的压力

对跨国公司日益增长的信息披露要求来源于规则制定机构或准则制定机构,既来自政府也来自职业界。证券市场的发达是形成这种压力的主要来源,证券市场的国际化发展使财务报告也向国际化方向发展。国际财务报告的使用者首先是各国的投资者和债权人,他们对跨国公司信息披露的统一性和可比性有着强烈的要求,因为他们要将国际财务报告所披露的信息内容作为投资决策、贷款决策和其他经济决策的重要依据。

在竞争性经济中,公司获得投资者的投资需要通过竞争的途径实现,在国际经济环境中这种竞争更加明显,国际财务报告是披露公司管理人员履行其会计责任的一种手段。竞争促进信息的披露;可靠信息的披露,有利于投资者的正确决策,最终将会促使有限的社会资源得到最有效的配置。

跨国公司管理人员如果认识到信息使用者的信息需求,而且认识到满足这种需求对跨国公司的投资和筹资活动都极为有利,那么他们就会自愿地披露使用者所需要的信息。公司有关财务状况、经营业绩和前景趋势的信息的公布有助于使用者消除分析中的不确定性,从而对公司的股票市价和资本成本都会产生影响。经营业绩好的公司自愿地披露反映这种业绩的信息,对公司股票的市价就会产生有利的影响;从而这些自愿披露信息的公司对信息披露不够的公司产生披露更多信息的压力,因为投资者会认为不公布详细财务信息的公司,其财务状况和经营成果可能存在问题。这样,经营业绩好的公司自愿披露信息的做法产生了"拉动"效应,"拉动"了跨国公司管理人员的披露动机,并增进了公司信息披露的内容。

政府和工会也是重要的信息需求者,各国政府对跨国公司信息披露方面的要求反映在联合国、经济合作与发展组织及欧盟等国际性政府组织发布的各种文件和制定的各种规则之中。许多国家的政府在第二次世界大战之后抛弃了"管得最少的政府是最好的政府"和"不加限制地追求个人利益将使社会福利最大化"等传统观念,开始干涉企业的经济行为和社会经济事务,为此加大了对公司信息披露要求制定严格规则的力度。跨国公司各子公司所在国有许多是发展中国家,这些发展中国家作为东道国政府为了加强对跨国公司的监管,要求跨国公司披露更多信息的压力也在不断增加。工会组织通过各种方式"参与管理",通过扩大谈判和依靠自己的力量,给跨国公司造成了一定的压力,从跨国公司得到了为其特定目的服务的经过"剪裁"的财务信息和其他信息。

跨国公司自由发展的黄金时期出现在 20 世纪五六十年代,70 年代以后,各国政府逐渐加强了对跨国公司的监督管理,其中包括加强对跨国公司信息披露方面的越来越多的强制要求,这使得一些跨国公司对政府的介入和监管产生了疑虑。各国政府的监管要求

对跨国公司的信息披露产生了另一种压力,也造成了一些跨国公司和某些国家政府之间的矛盾。联合国和经济合作与发展组织在这方面进行了协调,对跨国公司信息披露的内容和范围提出了建议和指南。

(二)跨国公司信息披露的阻力

信息的披露不是一种市场交易,使用者不需要为使用信息支付款项,这种情况助长了对信息披露要求和内容的无限扩大。许多跨国公司经常抱怨,大多数财务报表使用者低估信息的生产成本甚至忽视这种成本的存在,所以产生了使用者的过分需求。这成为了跨国公司减少信息披露的一个理由。

信息的产生和公布是需要成本的。从这一角度分析,如果公布信息和增加公布内容的成本大于所可能带来的益处,那么跨国公司就会减少这方面的工作,从而减少公布的信息。信息产生和公布的成本包括收集和处理信息过程中所耗资源的价值以及信息审计和交流中的各种支出。成本过高会成为跨国公司信息披露中的一种阻力。

虽然一般认为信息披露的成本不应大于所可能带来的效益,但是这种说明只是一种抽象的理论分析,实际当中很难进行计量。相对来说,尽管信息的生产成本计量困难,但是仍有可能予以计量,而信息披露所可能带来的益处却几乎无法计量,人们很难确定由于哪些信息的披露改变了哪些信息使用者的行为,从而使这些信息使用者做出了有利于本公司的决策。这样成本效益评价并无真实的实证证据予以支持。

另一种使跨国公司减少其信息披露的理由是,信息披露过多会使公司处于"竞争劣势",即竞争者会利用所披露的信息取得较有力的竞争地位,从而损害披露信息公司的利益。"竞争劣势"的理由在有关信息披露的争论中常有人提出,但却没有相应的实例予以证实,所以,有人认为这只是跨国公司减少其信息披露的一种借口,实际上并不存在这种情况。

总之,国际资本市场和各国政府对跨国公司的信息披露产生了压力,面对这种压力跨国公司需要进行权衡,要考虑信息编制和披露的成本和所谓的"竞争劣势",也要考虑信息披露给公司带来的益处和不披露必要信息可能给公司带来的不利处境。

二、跨国公司对国际需求的回应措施

中国报表读者拿到一家法国公司的财务报表时,可能遇到的第一个问题是读不懂法文,其次也许是对欧元的币值和汇率不甚了解,再加之缺乏法国会计准则和会计实务方面的知识,这样,中国的信息使用者就无法很好地利用法国公司的财务报告。同样,美国人拿到西班牙语的财务报告、德国人拿到日文的财务报告,也会面临这样的问题。

面对各国不同的信息使用者,跨国公司有无满足不同需求的措施呢?概括起来跨国公司对待国外财务报告读者的需求可分为五种做法[①]:

(一)不作为

跨国公司向国外报表使用者提供的报表与向国内使用者提供的报表完全一样,使用

---

① 米勒,热农,米克.国际会计学(英文版)[M].北京:机械工业出版社,1998.

本国语言和货币、运用本国的会计准则。这种做法将弄懂财务报告的责任完全推给了国外报表读者。这种做法一般不是选择的结果，往往是一种原始状态，当公司主要在国内筹资时，不会为国外极少数读者增加财务报表编报开支。有些公司虽然能从国际上筹集大量资金，但是筹资渠道是私募，如直接向养老基金出售其证券，这样的公司也不会有编报国际财务报告的动机。也有一些公司是因为其所用语言和货币在国际上比较流行，能为国际上大多数读者所理解，所以这些公司只提供一套财务报告，如英、美等国的公司就因此而受益不少。

（二）提供简易的翻译信息

有些公司将财务报表翻译为国际上读者群体中使用某种语言人数最多的那种语言版本，但仍然使用本国货币和运用本国的会计准则。常见的有将本国财务报表翻译为英语、法语、德语或西班牙语的。这使熟悉这些语言的读者能够阅读财务报表，但是要真正理解表中所披露的财务信息，还需要读者了解公司所在国的会计准则和会计实务。在国际上通过私募渠道筹集资金的公司，在不能不作为时，往往采用这种方式。

（三）提供简易报表

这比提供简易的翻译信息又进了一步，不仅对某些财务信息进行翻译，而且提供读者群体中使用某种货币人数最多的那种货币的报表，但对会计准则不进行调整，仍然使用公司所在国的会计准则，编报这种报表要涉及外币折算问题。因此，报表读者既要意识到报表采用的会计准则与本国不同，又要对外币折算业务有一定的了解，否则，有可能误解报表中的某些信息。

（四）在有限的基础上重新编报

所谓重新编报是指按另一套会计准则对某些报表项目进行调整，提供按报表读者所熟悉的会计准则披露的数据。它不是对整个财务报表进行重新编制，只是在财务报表附注中提供某些项目的补充信息，所以是在有限的基础上重新编报。调整的项目主要是净利润、总资产和净资产等。这种信息所用的语言是翻译的，但对货币不进行转换，以便排除汇率变动的影响，集中反映会计准则不同引起的差异。

（五）提供两套财务报表

公司在用本国语言、本国货币和本国会计准则编制适于本国读者的财务报表的同时，编制另一套用另一种语言、货币和会计准则反映的财务报表，以适应国外报表读者的需求。在编制这种适应国外读者需求的财务报表时，多数跨国公司采用美国会计准则或国际会计准则。提供两套财务报表，跨国公司不但要进行外币折算，而且要进行大量的会计调整，是工作量最大的一种方式，尽管如此，为了能在国际资本市场上筹资和融资，跨国公司认为付出的这种代价是值得的。

三、关于双重报告问题的讨论

前述的编报两套财务报表的情况往往出现在一些国际证券市场上，如纽约证券交易所等国际证券市场，一般都对上市公司规定各种严格的信息披露规则，纽约证券交易所要求根据美国会计准则要求对按其他会计准则编制的财务报表进行调整，提供符合美国会计准则要求的财务报表。这使得这些公司必须编制两套财务报表。对于必须应用国际会计准则的公司,情况也是如此。一个公司根据两套会计准则编报财务报表,会产生两个完全不同的收益值。

双重报告产生了一个问题,即当两套财务报表中报告的收益值有很大的不同时究竟哪一个更准确,投资者应以哪个数据为依据。从理论的角度来看,这两个数据都不能被看作是完全正确的。对收益的计量是带有主观估计成分的,任何会计估计都是一种近似值。不同的会计规则会导致不同的估计结果。例如,英国可以将固定资产重新估价超过历史成本,但是在美国、德国等国这是不允许的。两种方法都有其有道理的一面。

为了编制合并财务报表,母公司要根据第二套报表的要求对子公司提供的数据进行调整。在这种情况下,编制第二套报表所需要的信息可以从各个子公司的期间数据文件中得到。在将子公司的第二套报表整合进入母公司的报表时,还必须要保证明确知道其他国家的会计规则并且做出相应的更新。这就要对相关国家会计准则的改变做出连续的观察,及时地收集必要的信息。

这种重新编制的过程还会有会计技术方面的考虑,许多由最高的管理当局做出的决策会对外部报告产生影响,并且会体现在外部报告中。于是如何将决策体现在给投资者提供的核心信息中也就成为了管理当局的一项重要决策,因为在会计规则中会有一定的机会可以使公司的情况看来更好一些。但是当同时考虑到两种不同的会计系统时,相同的情况可能会产生不同的处理方法,这样最优的处理方法就无法达到。

第三节 财务报告概念框架

一、制定概念框架的目的

原国际会计准则委员会于1989年批准颁布了一个概念性文件"编报财务报表的框架结构",它对协调会计准则进而增进财务报告的趋同与可比具有重要作用。重组后的国际会计准则委员会对该概念框架制订了一个修订计划,名称改为"财务报告的概念框架",要在未来若干年内对该文件进行彻底的修订,到目前为止按计划已完成了部分修订工作。

"财务报告概念框架"指出,世界上许多企业都编制并且向外部使用者呈报财务报表。尽管不同国家的财务报表看上去可能相似,但实际上却存在着差别。这种差别可能是由于各种社会、经济和法律环境的不同所引起的,同时也可能是由于不同的国家在制定国家级标准时考虑到财务报表不同使用者的需要所引起的。

这些不同的环境导致了财务报表要素亦即资产、负债、权益、收益和费用等不同定义的使用,同时还导致了使用不同的标准确认财务报表中的项目以及对不同计量基础的取舍。财务报表的范围和财务报表中的列报内容,也在某种程度上受到影响。

国际会计准则委员会需要对一些基本会计问题有一个统一的认识,与会计准则相关的活动需要有大体一致的理念,为此需要"财务报告概念框架"做指导,概念框架确定了财务报告背后大家一致认可的概念。该框架的目的是:①有助于制定和复审国际财务报告准则;②减少备选会计处理方法,促进协调;③有助于各国准则制定机构发展本国会计准则;④有助于报表编制者应用国际财务报告准则;⑤有助于审计师形成意见;⑥有助于使用者理解财务报表中所包含的信息;⑦提供有关制定国际财务报告准则的方式的信息。

国际会计准则委员会运用概念框架来制定财务报告准则,以此提高准则之间的一致性,提高委员会委员变动前后的一致性,并为准则制定过程中需要进行的判断提供基准。财务报表编制者在缺乏准则或解释的情况下,可以运用概念框架来确定会计政策。

二、概念框架的主要内容

"财务报告概念框架"仍在修订当中,到目前为止其内容主要包括:

引言。包括财务报告概念框架的目的、地位和范围。

第一章 一般目的财务报告的目标。为目前和潜在的投资者、贷款人和其他债权人在进行是否向一个实体提供资源的决策中,提供该报告实体的财务信息,以使这些信息具有决策有用性。

第二章 报告实体(待加)。

第三章 有用财务信息的质量特征。包括:

1. 基本质量特征:①相关性;②如实反映;
2. 增进质量特征:①可比性;②可验证性;③及时性;④可理解性。

第四章 1989年框架结构保留内容。

(1) 财务报表要素。包括财务状况要素——资产、负债、权益,经营业绩要素——收益、费用。

(2) 财务报表要素的确认。包括未来经济效益的可能性、计量的可靠性、资产的确认、负债的确认、收益的确认、费用的确认。

(3) 财务报表要素的计量。

(4) 资本和资本保持的概念。包括资本的概念、资本保持和利润确定的概念。

三、一般目的财务报告的目标

国际财务报告准则是为一般目的财务报告的编制制定的准则。一般目的财务报告的主要使用者是目前和潜在的投资者、贷款人和其他债权人,他们中的大多数不能直接要求报告实体向他们提供信息,而必须依赖一般目的财务报告来满足他们需要的大部分信息需求。一般目的财务报告的目标是提供一个报告实体的财务信息,这些财务信息对于主要使用者在进行是否向该实体提供资源的决策中具有决策有用性。这些主要使用者利用这种财务信息进行有关购买、出售或持有权益或债务工具的决策以及进行有关提供或清算各种贷款或其他形式债权的决策。

这些财务报告的主要使用者需要获得有关一个实体拥有各种资源的信息,不仅用于评价该实体未来净现金流入量的前景,而且用于评价管理层如何有效率、有效果地利用该实体的已有资源以履行其受托经济责任。不过,一般目的财务报告并不能提供使用者进行经济决策时所需要的所有信息,他们还需要考虑从其他来源获得相关的信息。

其他有关各方,包括实务界和市场监管层,可能会发现一般目的财务报告是有用的。然而,国际会计准则委员会认为一般目的财务报告的目标和金融监管的目标可能并不一致。因此,监管层并不被认为是主要使用者,一般目的财务报告也主要不是针对监管层或其他使用者编制的。

四、有用财务信息的质量特征

"财务报告概念框架"对有用财务信息的质量特征进行了阐述,用以说明哪些种类的财务信息在主要使用者有关与报告实体相关的经济决策中是最有用的。该框架将有用财务信息的质量特征概括为两个层次,第一个层次是基本质量特征,第二个层次是增进质量特征。基本质量特征包括相关性和如实反映;增进质量特征包括可比性、可验证性、及时性和可理解性。

(一)基本质量特征

1. 相关性

有用的信息必须是与使用者的决策需要相关的信息,相关的信息是能使使用者在决策中做出区别的信息。当信息能够通过帮助使用者评价过去、现在和未来事项或确认、更改他们过去的评价从而影响到使用者的经济决策时,信息就具有相关性。相关的信息应当具有预测价值和证实价值。信息的相关性受其性质和重要性影响。如果信息的遗漏或错报会影响使用者根据财务报表所做的经济决策,信息就具有重要性。重要性因实体不同而异,取决于在发生遗漏或错报的特定环境下所判断的项目或错误的大小。因此,重要性与其说是信息要成为有用所必须具备的基本质量特征,倒不如说是提供了一个门槛或取舍点。

2. 如实反映

财务信息要对决策有用不仅必须相关,而且还必须如实反映其旨在反映的经济现实。这一基本特征包括全面性、中立性和无差错。当信息是全面的、中立的、没有重要错误或偏向,能够如实反映其所拟反映或理当反映的经济现实以供使用者作依据时,信息就具备了如实反映的特征。

(二)增进质量特征

1. 可比性

不同时期、不同企业的财务报表应当可比;同类交易和事项的处理方法要保持一致。财务信息的使用者必须能够比较企业在不同时期的财务报表,以便了解企业财务状况和经营业绩的变化趋势。使用者还必须能够比较不同企业之间的财务报表,以便评价它们相对的财务状况、经营业绩和财务状况变动。可比性这一质量特征有一个重要的含义,即应把编制财务报表所采用的会计政策、这些政策的变更以及变更的影响告诉使用者。

2. 可验证性

可验证性质量特征有助于使用者确信财务信息如实反映了其旨在反映的经济现实。可验证性意味着不同的具备相同知识的独立人员对相同的经济业务或事项能够得出相同的结论,但这并不一定是完全一致的意见,这种情况就可以认为是如实反映。

3. 及时性

及时性意味着信息必须及时提供给决策者以能够影响他们的决策。在报告信息的过程中如果有不恰当的延误,信息就失去了其相关性,从而失去了有用性。

4. 可理解性

财务报表所提供的信息要让使用者便于理解。人们假定使用者对商业和经济活动以及会计有恰当的了解并且愿意花费适当的精力去研究这些信息。然而,有些关于复杂事项的信息由于它们与使用者做经济决策的需要相关而应包括在财务报表之中,不能仅仅因为这些信息对于某些使用者来说过于难以理解而将它们排除在财务报表之外。

第四节 国际财务报表分析

一、运用财务比率分析

财务报表分析在很大程度上依赖于娴熟地运用各种财务比率,这些比率反映财务报表中不同项目间的重大关系,通过对这些比率的分析将有助于信息使用者对报表所反映的公司的经营成果、财务状况和发展前景做出判断和评价。国际财务报表分析是利用国际财务报告的具体形式之一,对于财务报告提供的财务信息,有的可以直接满足报表读者的需求,有的则需要报表使用者进行进一步的分析才能得出相关的结论。

与国内报表分析的基本方法一样,进行国际财务报表分析往往运用对比分析的方式:①进行时间序列分析,与公司历史数据进行对比,掌握各年数据所反映的经济活动的发展变动趋势和规律;②进行横向对比分析,与同行业最高水平、平均水平以及其他相关数据进行对比,了解被分析者所处的地位、达到的水平、存在的差距和发展的潜力;③进行目标差异分析,与公司所确立的预算或标准进行对比,分析实际与预算或标准之间的差异及其产生差异的原因等。

二、弄清影响因素

在进行国际财务报表分析时,要了解与国内报表分析的不同之处,这样才能更好地理解和运用国际财务报表提供的信息。

(一)弄清报表提供者所在国的会计环境

要对一个公司的财务报表有很好的理解,必须要对该公司所在国的会计环境有深入的了解,因为会计是环境的产物。国际财务报表分析人员首先应了解一个国家的政治法律制度、社会文化习俗、经济发展水平等基本环境条件;其次应弄清企业经营环境,如基本经济制度和体制、企业资金的主要来源、币值和汇率的稳定状况、企业的一般规模和治理结构的完善程度、政府对企业的监管措施及相应的监管部门以及一般的商业惯例等。

(二)弄清报表编制者遵循的财务报告准则

国际性财务报表分析的分析对象一般是跨国公司提供的合并财务报表,跨国公司的合并财务报表是概括了来源于不同国家、使用了不同货币的多个财务报表的结果。因此在进行国际财务报表分析中进行国际间的比较时应考虑数据的可比性,需要弄清和掌握报表编制者所遵循的财务报告准则。

(三) 弄清和理解各国经营环境中的差异

要了解各国财务报告方面的差异,首先应了解造成这种差异的环境因素,各国经营环境的差异造就了国际财务报告的差异。除基本的环境差异外,使各国财务报告产生明显差异的因素还有许多,以下列举几个方面。

1. 社会保险制度

社会保险制度涉及有关职工保险支出的会计处理,从而影响财务报告的结果。有的国家规定公司提取的职工养老金必须交由一个金融机构负责管理和运作,对于这样的公司来说,这笔资金必须流出本公司;而有的国家则规定公司提取的职工养老金可以留在本公司,由公司负责管理和运作,这样该公司就会增加本期营运资本。这种差异不是公司筹资手段和能力的差异,而是某种社会制度不同的差异。

2. 筹资惯例

筹资惯例影响公司的资本构成和流动性等方面。有的国家公司资本的主要来源是股东的投资,通过银行和发行债券等方式筹集的资金占公司资金总额的比例较低,各公司一般保持较高的流动比率;而另一些国家的公司资本主要来源于银行等债权人,各公司的负债比率较高,而且流动比率较低。表7-1列示了美国、日本和韩国的一些公司的流动比率和负债比率等指标,可从中进行一些对比[①]。

表 7-1　　　美国、日本和韩国的一些公司几项财务指标对比

财务指标	美国(976家公司)	日本(354家公司)	韩国(902家公司)
流动比率	1.94	1.15	1.13
负债比率	0.47	0.84	0.78
利息倍数	6.50	1.60	1.80

从表7-1中可以看到,美国公司平均的流动比率接近2,而日本和韩国公司的流动比率刚刚超过1;美国公司平均的负债比率不到50%,而日本和韩国公司的负债比率在80%上下;美国公司平均的利息倍数达6.50,而日本和韩国公司的利息倍数却分别只有1.60和1.80。因而在进行这些国家的报表分析时,不能从简单的对比中得出结论认为,日本和韩国公司的流动性差、负债比率高、利息倍数低,因而风险比美国公司大。所以,在进行财务分析时需要考虑各国的筹资惯例和经营环境。

3. 国家的特殊规定

各个国家在金融、投资、税收等方面都有自己的一些特殊规定,对公司的财务报告产生了直接的影响。在进行国际财务报告分析时需要了解这些规定,有时要排除和调整这些不同规定的影响之后,才能进行对比分析,才有可能得出客观、正确的结论。

(四) 弄清报表提供者采取的有力措施

国际财务报表的读者分布于不同的国家,地理范围比较广泛,认识到这一点,许多跨

[①] Choi F D S, Hino H, Sang K M, et al. Analyzing Foreign Financial Statements: the Use and Misuse of International Ratio Analysis[J]. Journal of International Business Studies, 1983, Spring/Summer: 115.

国公司在满足国际报表使用者方面都采取了一定的措施,例如:

(1) 为国外使用者单独编制注释和词汇表。这需要了解国外使用者所在国的会计原则和会计实务,并据此编制使用者能理解的注释和词汇表。

(2) 按国际上认可的会计原则重新表述报表数据,提供重新表述的财务信息。

(3) 将本国货币表示的报表折算成国外报表使用者熟悉的货币表示的报表。

(4) 将年度报告翻译成几种不同语言的版本。不过,需要注意的是,翻译后的财务报告往往与原文不能完全一致,或失去原文中的某些含义,或增加了原文中没有的意思。因此,有的国家的审计报告明确指明审计报告只对原文财务报表负责。

(5) 披露各种财务比率,为报表使用者的分析提供便利。然而,各公司披露哪些比率却存在着相当大的差异,而且某些比率的计算方法也不完全一致。所以有人提出财务报告中应披露标准的财务比率。

三、利用分析框架和工具

学术界和实务界研究和开发出了各种各样的分析框架和分析工具,在国际财务报表分析中都可以加以利用。帕勒普(Palepu,Bernard,Healy,1996)等人提出了利用财务报表进行分析的一个分析框架,值得借鉴。该分析框架利用财务报表进行的分析分为四个阶段:

(一) 企业战略分析

进行企业战略分析旨在根据经济环境理解一个公司及其竞争者,需要弄清企业的愿景、宗旨、目的和目标等,进行战略分析需要有全局观念,做出务实的预计和推断。对于企业战略可以从多方面进行分析,如分析企业的发展战略,区分企业采取的是激进的战略还是稳健的战略;分析企业的产品战略,区分企业采取的是差异化战略还是低成本战略。

在进行跨国企业战略分析中可能会遇到的困难有:在多国环境中不易确定利润增长点和企业风险点;世界范围内经营与法律环境以及公司目标差异很大;对监管风险、外汇风险和信用风险等诸多风险需要进行评估并进行综合分析;某些国家信息的来源是有限的且可能是不准确的。

(二) 会计分析

进行会计分析是要确定公司所报告的结果反映经济现实的程度。为此应评估企业会计政策和会计估计;确定企业会计弹性的性质和程度。会计弹性是把双刃剑,它可以使管理层采取最能反映公司具体经营环境的会计措施,也可以使管理层利用会计选择歪曲实际的经营状况。

会计分析中的难点是,各国在会计计量质量、信息披露质量以及审计质量等方面存在着或多或少的差异;在进行会计分析时很难获得所需要的信息。

(三) 财务分析

进行财务分析旨在评价公司目前和过去的经营业绩,判断其业绩是否具有持续性,与其他公司的财务比率进行对比,与本公司不同年度的财务比率进行对比,与某些绝对标准进行对比。为此应分析公司所在国当地文化以及经济与经营环境方面的不同,通过比率分析找出会计原则在各国间的差异;通过现金流量分析,找出公司的现金流量趋势及其反映出的管理状况与管理水平。现金流量较少受到会计原则不同的影响,在财务分析中可以重点关注。

财务分析中的困难之处在于,各国公司之间在盈利能力、财务杠杆以及其他财务报表比率和金额方面的差异既源于会计因素,也源于非会计因素,各国会计原则的不同引起财务报表项目的差异可能是巨大的和不可预测的,弄清其原因必须考虑国家间在经济、竞争和其他条件方面的差异。

(四) 前景分析

前景分析包括两个步骤,一是预测,二是评估。第一步进行预测,即对公司的前景做出明确的预测;第二步进行评估,将数量预测转换为对公司价值的估计,这种估计可以通过估计乘数进行,如市盈率(P/E ratio)和市净率(P/B ratio)等指标。

前景分析中的难点在于,在预测和评估过程中,许多因素都在国际环境中起着重要作用,直接影响到预测和评估结果的准确性,从而有可能影响对公司发展前景的判断。需要重点研究在跨国环境中如何运用价格乘数,以及研究会计原则方面存在的国家差异。

复习思考题

1. 为什么说财务报告是证券市场正常运转的基本条件?
2. 如何理解财务报告决策有用性目标?
3. 国际财务报告编报中可能面临的问题有哪些?简述其解决办法。
4. 简述跨国公司信息披露面临的压力和阻力。
5. 什么是双重报告?存在什么问题?你认为应如何解决?
6. "财务报告概念框架"的目的和主要内容是什么?
7. 一般目的财务报告的目标是什么?
8. 有用财务信息的质量特征有哪些?
9. 简述进行国际财务报表分析时的方法以及应当注意的问题。

本章参考文献

[1] G. 米勒, M. 热农, G. 米克. 国际会计学(英文版)[M]. 北京:机械工业出版社,1998.
[2] 尼克西亚国际审计事务所. 国际财务报告[M]. 叶陈刚,译. 大连:东北财经大学出版社,2000.
[3] Belkaoui A R. International and Multinational Accounting[M]. The Dryden Press,1994.
[4] Nobes C W, Parker R H. Comparative International Accounting[M]. 10th ed. Prentice-Hall Inc., 2008.
[5] Palepu K G, Bernard V L, Healy P M. Business Analysis and Valuation Using Financial Statements [M]. Cincinnati, Ohio: South-Western College Publishing,1996.
[6] Radebaugh L H, Gray S J, Black E L. International Accounting and Multinational Enterprises[M]. 6th ed. China Machine Press,2007.

第八章 价格变动与公允价值会计

各国市场经济发展过程中,物价经常处于波动之中是一种普遍的现象,有的国家有时还会出现通货膨胀,所不同的是,有的国家通货膨胀严重一些,有的轻微一些;在同一国家,有的时期通货膨胀率居高不下,有的时期保持较低的通货膨胀率。于是,面对物价变动和通货膨胀,在会计界出现了选用不同计量属性的各种主张,形成了不同的观点或理论,这些不同的主张、观点或理论一般被概括为不同的会计计量模式。在历史成本计量模式的基础上,反映物价变动的有现行成本计量模式、公允价值计量模式等。在不同国家进行经营活动的跨国公司面临着不同的通货膨胀环境,各国在提供反映通货膨胀信息的过程中采用了不同的反映方式或不同的计量模式,这是本章所要讨论的主要内容。

第一节 价格变动与公允价值会计的基本理论

一、价格变动对财务信息的影响

在市场经济中,价格波动是一种常态。其中许多国家都普遍出现过通货膨胀现象。通货膨胀的出现和加剧,使企业提供的财务报表不能真实地反映企业的财务状况和经营成果。在物价变动中通货膨胀对财务信息产生了比较大的影响。这样,在一些国家中开始出现为反映通货膨胀影响或为消除通货膨胀影响的新的会计理论和方法,展开了关于通货膨胀会计问题的探讨和研究。

早在第一次世界大战以前,德国商人出于资本保全的目的,曾自发地使用重置成本计算盈亏,出现了通货膨胀会计的萌芽。但是萌发通货膨胀会计思想的德国并没有进一步发展通货膨胀会计的理论和实务,主要原因是第一次世界大战以后出现的通货膨胀很快得到了抑制,物价稳定之后,企业一般又恢复了严格的历史成本模式。

物价上涨是通货膨胀的一种表现,造成货币贬值,而货币是会计的统一计量尺度,物价是会计计量的基础,会计的计量尺度和基础处在一种变动状态之中时,被计量的客体就无法得到准确的反映,这就动摇了币值不变、历史成本等基本的会计假设和原则。为了稳定会计计量单位和计量基础,为了反映通货膨胀对被计量客体的影响及影响程度或为了消除通货膨胀的影响而设计或采用的会计方法和程序就构成了通货膨胀会计。

通货膨胀会计是在美国逐步形成较为完整的理论体系和方法体系的。1918年美国《会计杂志》发表了米德尔迪齐(Middleditch)的文章,题目是"在账上应否反映美元价值的变动?",文章建议:"账户的年末余额应按某种稳定的计量单位加以计量,即按物价变动指数重新表述账户余额。"佩顿(Paton)教授也在1920年撰文建议在通货膨胀的条件下应将固定资产增值为重置成本,并按重置成本计提折旧。此后斯威奈(Sweeney)教授于1936年出版了《稳定币值会计》一书,他详细考查了德国通货膨胀会计文献之后提出一套将以历史成本为基础的传统财务报表上的美元调整为"等值美元"的方法[①]。

第二次世界大战以后,资本主义国家物价普遍上涨,从而引起人们对通货膨胀会计的再度重视。美国会计学会、美国会计师协会都曾有关于物价变动和折旧调整等问题的会计处理方法研究公报发表,主张对财务报表按一般物价水平进行调整。20世纪70年代,美国出现了经济危机,通货膨胀率达到两位数,这促使美国通货膨胀会计的进一步发展。1974年,美国财务会计准则委员会发表了"按一般购买力单位编制财务报告"的征求意见稿。1976年,证券交易委员会要求上市公司按规定格式在其年报中反映重置成本的资料。1979年,财务会计准则委员会对征求意见稿进行修改后,公布了第33号财务会计准则"财务报告和变动的物价",要求上市公司在财务报表以外提供按一般购买力单位重新换算的补充资料和以现行成本为计量基础的补充资料。

通货膨胀会计产生的客观环境是货币贬值、物价上涨;产生的动机是使资本得到保全,保证财务会计信息的相关性和有用性。通货膨胀会计的实施引起了会计方法和程序、财务报表披露以至会计思想和会计观念等方面的重要变革。

通货膨胀既影响资产负债表也影响利润表。在资产负债表中,现金会因通货膨胀引起的购买力下降而产生损失。非货币资产因通货膨胀造成的影响既反映在资产负债表上,也反映在利润表上。在价格上涨期间,重置存货和固定资产的价格变得更加昂贵,而利润数字则虚假增大。从销售中收回的资金越来越多地用于重置资产,折旧积累起来的资金不足以重置固定资产,而利润增大,企业需要多交所得税,股东们则要求取得更多的股利。结果造成企业流动资金全面紧张,有时处于虚盈实亏的状态,使企业蒙受不应有的损失,对企业的生存和发展构成严重威胁。

通货膨胀条件下的物价变动对企业资产、负债所产生的影响可概括为:企业持有的现金资产将产生货币购买力损失;企业持有的实物资产将产生资产持有收益;企业持有的货币性债权将产生持有损失;企业持有的货币性债务将产生持有收益;在采用先进先出法对发出存货计价的情况下,通货膨胀将可能导致企业低估资产耗费、虚计利润、资本流失、实际生产能力下降的后果。

二、反映价格变动影响的主要方式

为了反映价格变动的影响及其影响程度,各国会计师所采取的措施中比较普遍的做法是在坚持按历史成本原则编制正规财务报表的同时,提供有关价格变动所产生影响的补充信息。这种补充信息采取的方式主要有:以附注的形式反映财务报表中某些项目的现行市场价值以及由于价格变动所可能产生的损失或收益;以价格变动后的货币重新编制财务报表作为原来报表的补充报表或者在原来报表上另设一栏反映物价变动后的数据。通过这些形式将价格变动产生的影响传达给财务报表的使用者,以便他们能够形成正确的判断,做出正确的决策。

当一个国家出现通货膨胀的情况下,为了抵消一部分通货膨胀的影响,该国往往允许

---

① Scapens R W. Accounting in an Inflationary Environment[M]. 2nd ed. The Macmillan Press Ltd., 1981: 11-12.

采取某些会计方法适当提高成本费用,尽量避免虚增利润。例如,发出存货按后进先出法计价;按加速折旧法计提固定资产折旧等。这样可以挽回一部分因通货膨胀而可能损失的资金,尽可能多地使资本得到补偿。

对于跨国公司来说,母公司和设置在不同国家的子公司面临不同的物价变动水平、处于不同的通货膨胀环境之中,不同的环境对提供价格变动影响信息的要求有所不同,有的国家不要求编制调整价格变动影响的财务报表,而有的国家则要求必须编制,还有的国家的企业是自愿编制的。编制调整报表的企业所采用的方法也不尽相同。因此,当整个公司集团编制合并财务报表时,就需要采用统一的方法将国外子公司的财务报表进行调整,以便在统一计量尺度的基础上编制合并报表。

对财务报表进行调整的方法主要有:①日常核算坚持历史成本会计原则,期末则以现行成本或公允价值为计量基础编制财务报表;②保持历史成本会计模式,以历史成本为基础编制财务报表,但同时确定一种不变价格,将历史成本转变为不变价格,以使不同时期的财务报表信息获得可比的计量基础;③彻底改变传统的会计模式,除以现行成本或公允价值为计量基础编制财务报表外,还要将账簿调整为现行成本或公允价值,这一基础所改变的不仅是财务报表而且包括了所有的会计记录。

三、物价变动会计的若干概念

(一)物价变动会计与通货膨胀会计

物价变动会计是从双向反映物价升降变动对财务信息的影响,通货膨胀会计反映的是物价上涨对财务信息的影响,所以可以说,通货膨胀会计是物价变动会计的一个方面。由于各国已遭遇过的通货膨胀表现出持续时间长、物价上涨引起的物价波动大、造成的经济恶果和扭曲的财务信息严重,故各国多集中研究和对付通货膨胀引起的物价变动问题。所以会计上对对付通货膨胀的理论与方法被概括为"通货膨胀会计"更容易为人们所接受和理解,因此在多数情况下,"通货膨胀会计"与"物价变动会计"两词可以互换使用,讲述的内容是一致的。不过严格来说,在阐述物价变动会计时,既应探讨物价上涨带来的会计问题,也应研究价格下跌对财务信息的影响。

对于物价变动,可以从两个角度进行考察和说明,一是总体物价变动,二是个别物价变动。总体物价变动是一定时期内各类商品价格普遍发生的变动,是商品价格的综合变动,也称为一般物价水平变动;个别物价变动是一定时期内各种各样商品价格各自发生的变动,是各种商品价格有大有小、有升有降的变动,也称具体物价水平变动。所有个别物价变动构成了总体物价变动,总体物价变动反映的是物价的平均变动水平,也反映货币购买力的平均变动水平。反映总体物价变动的指标称为物价指数,它是某一特定日期一定组合的商品和劳务的平均变动值。物价变动会计从反映不同物价变动的角度进行设计形成了不同的物价变动会计模式,如反映总体物价变动的叫作一般购买力会计模式,反映个别物价变动的叫作现行成本会计模式。

(二)资本保全

物价变动会计的理论基础是资本保全理论。资本保全理论要求企业在其经营活动中以保持资本完整无损为前提来确认收益。在物价稳定情况下,按历史成本能够正确计算损益,并使资本得到保全。然而,在通货膨胀情况下,按历史成本核算的结果将虚计利润,使资本有可能以利润分配的形式流失。如何计量资本才能使资本得到保全,是资本保全理论的核心问题。对于这一问题的不同理解和认识,形成了三种资本保全概念,即账面资本保全、不变购买力资本保全和实物资本保全。

1. 账面资本保全

在该概念下,资本是指以一定货币金额表示的原始投资额形成的账面资本。账面资本保全即以一定货币额表示的账面投资额始终得到保持、不发生减少,利润的确认以账面资本得到保全为前提,在当期未发生所有者投资、减资和利润分配的情况下,利润确认的概念可通过下式反映:

$$当期利润=期末净资产账面金额-期初净资产账面金额$$

2. 不变购买力资本保全

在该概念下,资本是指以一定货币量表示的原始投资额具有的购买力。不变购买力资本保全即资本的购买力水平始终得到保持、不发生减少,利润的确认以资本的相对购买力得到保全为前提,在当期未发生所有者投资、减资和利润分配的情况下,利润确认的概念可通过下式反映:

$$当期利润=期末净资产的购买力水平-期初净资产的购买力水平$$

3. 实物资本保全

实物资本是指企业的实物生产能力或经营能力,或取得这种能力所需的资源或资金。在该概念下,资本等于一定的生产能力或经营能力。实物资本保全即企业的生产能力或经营能力始终得到保持、不发生减少,利润的确认以企业生产能力或经营能力得到保全为前提,在当期未发生所有者投资、减资和利润分配的情况下,利润确认的概念可通过下式反映:

$$当期利润=期末净资产的生产能力-期初净资产的生产能力$$

(三)价格变动对会计原则的影响

价格变动频繁出现的情况否定了传统会计所依据的币值不变假设,并且影响到与这一假设有关的一些会计原则。

1. 对历史成本原则的影响

传统会计在币值不变的假设下,采用了历史成本计价原则,以"名义货币"作为计量单位,资产、负债、权益等各项目入账后始终保持其原始成本,损益计算以成本费用的历史成本为依据。当物价发生剧烈变动时,按名义货币反映的各个项目不同时期金额的购买力就不再有可比性。通货膨胀的存在使得会计核算再以历史成本为计量基础变得不合理和相应的数据不可靠,需要通过采用通货膨胀会计将名义货币调整为不变购买力货币,或者用现行成本替代其历史成本。

2. 对配比原则的影响

在物价上涨的情况下仍按历史成本计价,会导致会计配比原则出现内在矛盾。在物价不断上涨时期,会计收入往往是按现行价格(或成本)计算的,而与之配比的成本和费用则是按历史成本计算的,收入与成本费用不能在同等币值上或同一时间的价格水平上配比。配比不正确就会使据此计算出的损益不正确。通过采取通货膨胀会计的某种处理方法可以将收入与成本费用拉到同等币值上或同一价格水平上进行比较，使得配比结果更趋于合理。

3. 对稳健原则的影响

按照会计的稳健原则，应该预计和确认可能的损失，但不预计和确认可能的收益。在通货膨胀的情况下，历史成本会计模式却不能确认已经发生和可能发生的通货膨胀损失，甚至将这种损失确认为收益。采取通货膨胀会计，将购买力变动额视为购买力利得或损失列入利润表，或者计算和确认持有资产的持有利得或损失，从而对稳健原则产生了直接的影响。

四、公允价值会计概述

公允价值(fair value)是指熟悉市场情况和掌握充分信息的交易双方在公平和自愿的情况下所确定的交易价格，或者说无关联的买卖双方在公平和自愿交易的条件下一项资产可以被买卖或者一项负债可以被清偿的成交价格。国际会计界普遍认为公允价值计量模式是与财务报告的决策有用性目标相一致的，采用公允价值计量、提供公允价值信息可以满足财务信息使用者进行经济决策的需求。

从理论分析和实务观察来看，公允价值计量属性尚不会成为财务报告中唯一的计量属性，在相当长的时期内，公允价值、历史成本以及其他计量属性将在财务报告中同时存在，会计计量实务将表现为混合计量模式。

会计计量中混合计量属性将会维持相当长的时间，公允价值计量属性符合信息使用者决策有用性目标，但是信息使用者是否真的利用公允价值信息进行决策是很难观察得到的。现行实证研究一般用能取得的上市公司的公开信息进行研究，并将这种研究中取得的样本看作是随机样本，以此进行推论，所得结论涉及的范围包括无法观察市场反应的非上市公司。这样，有些财务报表项目的公允价值信息有明显的市场反应，提供这些项目的公允价值信息是毋庸质疑的，但是有些项目的公允价值信息并不比历史成本信息更好，因此可以说，财务报表项目的计量不会只有一种单一的属性。

第二节　现行成本会计模式

一、现行成本会计模式的基本概念

现行成本会计模式中的"现行成本"，是与已入账的历史成本相对的，一般是指在结账日或编表日反映当时市场价值或公允价值的某种金额。与现行成本会计概念相近的提法有"现行价值会计"、"重置成本会计"等，这些概念没有本质的区别，只是对替换历史成本中应该用何种价值认识不同而已。现行成本会计模式可以分为以下三类。

（一）完全的现行成本会计模式

在这种模式下，不但期末财务报表要调整为现行成本，有关的账簿也要调整为现行成本，日常核算要不断地在新的现行成本的基础上进行。这种现行成本会计模式的概念往往是与历史成本会计模式概念对照使用的。

(二) 现行成本/历史币值会计模式

在这种模式下,只有期末财务报表要调整为现行成本,有关的账簿仍保留历史成本,日常核算仍坚持历史成本原则。这种现行成本会计模式的概念通常是与另一种通货膨胀会计模式——一般购买力会计模式的概念对照使用的。

(三) 现行成本/不变币值会计模式

在这种模式下,期末财务报表不但要调整为现行成本,而且有关项目还要按一般购买力水平进行调整,日常核算可以坚持历史成本原则,也可以调整为现行成本。这种现行成本会计模式的概念是在探索新的通货膨胀会计模式的过程中提出的,仍属于理论研究的范围。

在通货膨胀会计范围内,一般是用上述第二类概念,这类现行成本会计模式的特点是:用现行成本替代历史成本;只针对非货币性资产项目进行调整;货币性项目和投入资本仍保持历史成本金额;销售收入、营业费用(除折旧费外)、所得税、现金股利等项目的历史成本与现行成本之间的差异很小或无差异,故这些项目的历史成本即视为现行成本;由于销售成本牵涉到期初、期末存货,因此需要按现行成本进行调整;计算已实现持有资产利得和未实现资产持有利得,并在利润表中分别列示。

二、现行成本会计模式的调整步骤

以现行成本为计量基础,当个别资产的价格发生变动时,以它的现行成本取代历史成本以确认该项资产价格变动的影响,并计算持有资产因成本变动而发生的、尚未实现的利得或损失。现行成本往往以现行重置成本来确定。严格说来,现行成本与重置成本是有区别的,现行成本侧重于计量企业拥有的资产所含服务潜力的成本;重置成本侧重于计量替代企业现有资产的另一资产的成本。

这里的现行成本会计模式是与一般购买力会计模式的概念相对的,确切地说叫现行成本/历史币值会计模式,其调整方法和步骤一般如下。

(一) 确定各项资产的现行成本

货币性项目的现行成本都按账面价值确定,不作任何调整,年初的历史成本也是年末的现行成本。非货币性项目的现行成本按现行发票价格、标准的制造成本或参考市场价格进行的作价和估价确定。现行成本所反映的是某项或某类资产的现行价格水平,而不是一般的购买力水平。在一般购买力会计模式下,购买力损益体现一般物价水平的变动;而在现行成本条件下,持有损益反映了某项或某类资产价格水平的变动。

(二) 计算各项资产的持有损益

企业持有某项资产期间,由于同样资产的价格发生变动而使该项资产发生的损益即为该项资产的持有损益。这样在企业所取得的收益总额中,既有经营损益也有持有损益。在持有损益中包括未实现的持有损益和已实现的持有损益。如果一项资产在现行成本发生变动时仍为企业持有,未改变其原来的形态,这时的损益为未实现的损益;如果一项资产在现行成本变动时已不属企业所持有,或改变了资产原来的存在形态或已发生耗费,这时的损益为已实现的损益。

若采用完全的现行成本会计模式,非货币性资产的现行成本变动是通过做成会计分录,记入有关账户而将持有损益在会计账簿和财务报表上反映出来的。若采用现行成本/历史币值会计模式,非货币性资产的现行成本变动只通过工作底稿进行调整,在财务报表上反映出来。

下面举例说明有关持有损益的概念。

【例8-1】 甲公司于某年年初购进A商品2 000件,每件进价35元。该公司至当年12月底已售出A商品1 600件,每件售价50元,当时,A商品每件的重置成本为40元,这样企业取得营业利润16 000元[(50−40)×1 600],取得已实现的持有利得8 000元[(40−35)×1 600]。尚未售出的A商品400件有未实现的持有利得2 000元[(40−35)×400]。

【例8-2】 假设乙公司某年1月1日购买的B型设备原始成本为300 000元,使用年限为6年,期末无残值,采用直线法计算折旧。该年年末时该设备的重置成本为420 000元。则按历史成本计提的年折旧额为50 000元,按年末重置成本计提的年折旧额为70 000元。这样该设备本年产生持有利得120 000元(420 000−300 000),将随着设备的使用分6年实现,本年度有20 000元为已实现持有利得,剩余的100 000元为未实现持有利得,要在未来的5年内逐年实现。

(三)重新编制调整物价变动因素影响后的财务报表

现行成本会计模式下,资产负债表的重新表述是,首先将资产负债表各项目分为货币性项目与非货币性项目。由于货币性项目的现行成本就是其历史成本,因此不作任何调整;对非货币性项目需用其现行成本替代其历史成本;普通股本项目保持其历史成本;留存收益项目采用"轧差法"计算。

利润表的重新表述是,销售收入按现行成本实现,因此其历史成本就是现行成本;销售成本因受期初、期末存货及本期购货影响,要用其现行成本替代历史成本;营业费用(除折旧费等外)、所得税、现金股利等当期按现行成本发生现金流出,故其现行成本就是其历史成本;折旧费应按期初与期末的平均重置原值计算。现行成本模式下的利润表需计算现行成本下的营业利润;现行成本营业利润加已实现资产持有利得等于已实现收益;已实现收益加未实现持有利得增减等于现行成本下收益;现行成本下收益加年初未分配利润等于可供分配利润;可供分配利润减现金股利等于本年末未分配利润,即年末留存收益。

三、现行成本会计模式举例

【例8-3】 假设丙公司于2014年12月31日开业,普通股本于开业时一次投入,固定资产均于开业时购买。该公司2015年年末资产负债表和利润表以历史成本为基础编制的结果如表8-1和表8-2所示。

另外补充资料如下:2015年12月31日存货年末数的现行成本为¥400 000,销售成本在一年中均衡发生,其现行成本为¥1 000 000。固定资产在2015年12月31日年末时现行成本为¥474 000。按历史成本和按年初现行成本计算的折旧费用为¥14 000,按年末现行成本计算的折旧费用为¥16 000。销售与管理费用以及所得税这两项以历史成本为基础与以现行成本为基础所计算的金额是相同的。

表 8-1　　　　　　　　　　　　丙公司资产负债表
2015 年 12 月 31 日　　　　　　　　　　　　单位：RMB 元

资产	年初数	年末数	负债及权益	年初数	年末数
现金	20 000	32 000	应付账款	10 000	50 000
应收账款	30 000	40 000	长期负债	30 000	150 000
存货	116 000	308 000	普通股本	500 000	500 000
固定资产(净值)	434 000	420 000	未分配利润	60 000	100 000
合　计	600 000	800 000	合　计	600 000	800 000

表 8-2　　　　　　　　　　　丙公司利润和利润分配表
2015 年度　　　　　　　　　　　　　单位：RMB 元

项　　目	金　　额
销售收入	1 200 000
销售成本	
存货(1/1)	116 000
购货	992 000
可供销售的存货	1 108 000
存货(12/31)	308 000　　800 000
销售利润	400 000
销售与管理费用	180 000
折旧费用	14 000
税前利润	206 000
所得税	106 000
税后利润	100 000
期初未分配利润(1/1)	60 000
减：支付股利	60 000
期末未分配利润(12/31)	100 000

根据以上资料编制如下调整分录：

(1) 调整期末存货：

借：存货(400 000－308 000)　　　　　　　　　　92 000
　　贷：未实现持有损益　　　　　　　　　　　　　　　　92 000

(2) 调整销售成本：

借：销售成本(1 000 000－800 000)　　　　　　　200 000
　　贷：已实现持有损益　　　　　　　　　　　　　　　200 000

(3) 调整固定资产期末净值：

借：固定资产(474 000－434 000)　　　　　　　　40 000
　　贷：未实现持有损益　　　　　　　　　　　　　　　40 000

(4) 调整累计折旧：

借：未实现持有损益(16 000－14 000)　　　　　　2 000
　　贷：累计折旧　　　　　　　　　　　　　　　　　　2 000

第八章　价格变动与公允价值会计

根据上述调整分录编制丙公司 2015 年末以现行成本为基础的资产负债表以及利润和利润分配表见表 8-3、表 8-4。

表 8-3　　　　　　　丙公司资产负债表（以现行成本为基础）

2015 年 12 月 31 日　　　　　　　　　　　　　　　　单位：RMB 元

项目	年初数	年末数
资产		
现金	20 000	32 000
应收账款	30 000	40 000
存货	116 000	400 000
固定资产（净值）	434 000	458 000
合　计	600 000	930 000
负债及权益		
应付账款	10 000	50 000
长期负债	30 000	150 000
普通股本	500 000	500 000
未分配利润	60 000	230 000
合　计	600 000	930 000

表 8-4　　　　　　丙公司利润和利润分配表（以现行成本为基础）

2015 年度　　　　　　　　　　　　　　　　　　　　单位：RMB 元

项目	金额
销售收入	1 200 000
销售成本	1 000 000
销售利润	200 000
销售与管理费用	180 000
折旧费用	14 000
税前利润	6 000
所得税	106 000
税后利润（亏损）	(100 000)
已实现持有利得	200 000
已实现收益	100 000
未实现持有利得	130 000
利润总额	230 000
期初未分配利润（1/1）	60 000
减：股利支出	60 000
期末未分配利润（12/31）	230 000

在资产负债表中年初数在年末时不必进行调整，仍反映年初时的现行成本。年末数中存货按年末现行重置成本列示；固定资产年末现行成本为￥474 000，上述第 4 笔分录中调增累计折旧￥2 000，则固定资产净值应调减￥2 000，为￥458 000。未分配利润仍采用余额法计算，实际上，调增的存货和固定资产价值直接增加了未分配利润。

在利润和利润分配表中,销售成本按现行成本￥1 000 000冲减销售收入,其大于历史成本的￥200 000作为已实现持有利得加到税后利润中去取得已实现收益,然后再加上未实现持有利得即为利润总额。

四、现行成本会计模式的优点及局限性

现行成本模式的主要优点有:①能够反映企业资产服务潜力的近似值。例如,固定资产的服务潜力用历史成本是难以估计的,而现行成本则能比较近似地反映企业固定资产的服务潜力。②可以较好地反映企业的经营成果。资产按现行成本计算重新表述后,各企业的经营成果排除了由于历史成本造成的虚假利润,将资产持有利得从经营收益中分离出来,能够合理正确地反映企业经营收益,因而反映的企业经营成果是比较真实的。

现行成本会计模式的局限性有:①难以可靠地确定各项资产的现行成本,主要原因是现行成本确定的依据有多种,如现行发票价格、卖方的报价、买方的估价、标准的制造成本等,各种估价依据都带有很大的主观性色彩。②实务中已采用的现行成本会计模式,即现行成本/历史币值会计模式忽略了货币性项目净额上的购买力损益。

第三节 一般购买力会计模式

一、一般购买力会计模式的调整步骤

一般购买力会计模式又称作"历史成本/不变币值模式",其基本原理是以同一购买力单位计量不同时期的资产、负债、收益和费用等各项目,当出现通货膨胀时通常采用这种模式对财务报表进行调整。在这一会计模式下,日常的会计处理保持传统的历史成本会计模式的做法,期末将以历史成本为基础编制的财务报表,按一般物价水平进行调整后重新编制,即可得到对通货膨胀进行调整以后的财务报表。由于货币性项目和非货币性项目受购买力变动影响不同,因此在采用这种模式进行调整时,首先要划分货币性项目和非货币性项目,计算货币性项目购买力损益。

这种模式的调整方法和步骤一般是:

(一)划分货币性项目和非货币性项目

货币性项目是指在物价变动的情况下,其账面金额不随价格变动而变动,但其实际购买力要发生变动的那些项目,主要包括企业现时持有的货币、在未来要收到或付出的货币等。除上述项目以外的项目都是非货币性项目,即在物价变动的情况下,其实际价值随一般物价水平变动而变动的项目,这些项目不会发生购买力损益。例如,现金、应收账款、应收票据、债券投资、应付账款、应付票据、长期负债等都是货币性项目,其他的都是非货币性项目。

一个企业拥有的货币性项目因通货膨胀或紧缩会产生购买力损益,拥有的非货币性项目,如存货、厂房、设备、无形资产等,不会受到通货膨胀或紧缩的影响,因为通货膨胀所改变的是货币的价值而不是商品的价值。但是通货膨胀率和取得非货币性项目时的交换价格之间的关系会对非货币性项目产生影响。

(二)确定物价指数和调整系数

一般采用官方机构公布的权威物价指数,若有几种物价指数可供选择时,企业应选择

最能反映企业物价变动水平的物价指数。由于一年中的物价是不断波动的,对于一年中均衡发生的业务,对应的物价指数可采用年平均物价指数;而对于反映年末金额的项目,大多数采用年末物价指数。

调整系数用于调整报表中历史成本数据。调整系数的一般公式为:

$$调整系数 = \frac{调整年度平均或年末物价指数}{被调整项目取得日或形成时物价指数}$$

由于货币性项目的特殊性,即金额不变、购买力变化的特点,决定了货币性项目的持有日便是其取得日,无须用调整系数进行调整,而非货币性项目则要将取得日金额调整为反映报告日购买力的金额。利润表项目主要是在一段时期内陆续形成的,一般不易与某一特定时间的物价指数相对应,因此形成时的物价指数应采用"本年平均物价指数"。

(三) 将历史数据调整为不变价格

首先确定财务报表中某一项目形成或取得的时间,然后确定以前有关年度和本年度的物价指数,并根据各年的物价指数计算调整系数,最后根据调整系数进行调整。

对资产负债,用调整前的资产负债表各项目数额分别乘以各自的调整系数进行调整,其中对于货币性项目的本年年末余额,不必进行调整,但本年年初(即上年年末)的货币性项目应调整为本年年末金额。"未分配利润"项目没有对应的调整系数,应为调整后的资产合计减调整后的负债及所有者权益合计(不包括"未分配利润")后的差额,即"未分配利润"为资产与负债及所有者权益的"轧差":

调整后的资产总额—调整后的负债总额—调整后的投入资本=调整后的未分配利润

对利润表,用调整前的利润表各项目数额分别乘以各自的调整系数进行调整,利润表中的折旧费及无形资产、递延资产摊销费等项目的调整系数要与其相应的资产调整系数一致,因为这些费用的现金流出是在其资产形成时发生的,而不是在计入费用的当期发生的。利润表中的销售收入、销售成本和营业费用等项目一般采用年平均指数进行调整。

现以固定资产为例说明调整系数和调整后金额的计算。

【例 8-4】 假设经确定某类设备的取得时间、取得时的成本和物价指数如表 8-5 所示。

表 8-5　　　　　　　　某类设备基本资料

设备	取得年份	成本/元	物价指数
A	2005	52 000	105.30
B	2007	69 000	114.15
C	2010	78 000	121.46
D	2014	95 000	152.33
	合计	294 000	

2014 年 12 月 31 日代表一般购买力记账单位的调整系数计算如下:

2005:$152.33 \div 105.30 = 1.447$

2007:$152.33 \div 114.15 = 1.334$

2010:$152.33 \div 121.46 = 1.254$

2014:$152.33 \div 152.33 = 1.000$

运用调整系数将各项设备的历史成本换算成2014年12月31日以一般购买力表示的价值,如表8-6所示。

表8-6　　　　　　　　　　某类设备不变价格调整结果

设备	取得年份	成本/元	调整系数	调整后成本/元
A	2001	52 000	1.447	75 225
B	2003	69 000	1.334	92 079
C	2008	78 000	1.254	97 824
D	2012	95 000	1.000	95 000
合计		294 000		360 128*

* 360 128表示2014年12月31日代表与历史成本294 000相同的一般购买力金额。

(四) 计算货币性项目净额上的购买力损益

由于此种模式是用不变购买力调整其历史成本,故不会发生资产持有利得,而只会发生货币性项目购买力损益。

货币性项目净额是指货币性资产减货币性负债的差额。如果本期未发生货币性收支,其货币性项目净额就是期初货币性资产与货币性负债的差额。如果本期发生货币收支,应在此基础上将本期货币性项目收支考虑进去,其货币性项目净额为:

货币性项目净额=期初货币性资产-期初货币性负债+本期货币性收入-
本期货币性支出

货币性项目净额购买力损益是调整后的货币性项目净额与调整前的货币性项目净额间的差额。当货币性项目净额为负数时,即货币性净负债,其差额为购买力收益;当货币性项目净额为正数时,即为货币性净资产,其差额为购买力损失。

(五) 编制对通货膨胀进行调整后重新表述的财务报表

根据调整计算后的金额编制重新表述的资产负债表和利润表,原来财务报表上的各项目经过重新表达,就可以编制出以特定时期的一般购买力为统一计量单位的消除了通货膨胀影响的财务报表。这种模式下的利润表要披露不包括购买力损益的税后净利润、货币性项目净额上购买力损益及不变购买力净损益。

二、一般购买力会计模式举例

现举例说明一般购买力会计模式的调整过程。

【例8-5】 仍以例8-3中的丙公司为例,该公司2015年年末资产负债表和利润表以历史成本为基础编制的结果如表8-1、表8-2所示。假设物价指数为:2015年年初100,2015年平均112,2015年年末120。

存货按先进先出法计价。年初存货购于上年12月31日,年末存货购于本年第四季度,其平均物价指数为116。固定资产本年折旧费为￥14 000。全部收入和费用都在一年中均匀发生。股利的宣布与支付均在年末。

在资产负债表的调整计算中,年初数调整成年末数时的调整系数是120/100,年末存

第八章　价格变动与公允价值会计

货采用先进先出法计价时¥308 000为第四季度所购,故其调整系数为120/116。未分配利润"调整后"一栏的数额采用"余额法"计算,公式为:

$$未分配利润＝调整后净资产－调整后普通股本$$

丙公司资产负债表调整物价变动影响计算表如表8-7所示。

表8-7　　　　　丙公司资产负债表调整物价变动影响计算表

2015年12月31日　　　　　　　　　　　　　　　单位:RMB元

项目	年初数			年末数		
	调整前	调整系数	调整后	调整前	调整系数	调整后
资产						
现金	20 000	120/100	24 000	32 000	120/120	32 000
应收账款	30 000	120/100	36 000	40 000	120/120	40 000
存货	116 000	120/100	139 200	308 000	120/116	318 620
固定资产(净)	434 000	120/100	520 800	420 000	120/100	504 000
合　计	600 000		720 000	800 000		894 620
负债及权益						
应付账款	10 000	120/100	12 000	50 000	120/120	50 000
长期负债	30 000	120/100	36 000	150 000	120/120	150 000
普通股本	500 000	120/100	600 000	500 000	120/100	600 000
未分配利润	60 000	—	72 000	100 000	—	94 620
合　计	600 000		720 000	800 000		894 620

在利润和利润分配表的调整计算表中,年初存货和折旧费用都以调整系数120/100调整;年末存货的调整与资产负债表相同;支付的股利按年末调整系数调整;其他各项目都假设在一年中均匀发生,故用平均调整系数调整。丙公司利润和利润分配表调整通货膨胀影响计算表如表8-8所示。

表8-8　　　　　丙公司利润和利润分配表调整通货膨胀影响计算表

2015年12月31日　　　　　　　　　　　　　　　单位:RMB元

项　目	调整前		调整系数	调整后	
销售收入		1 200 000	120/112		1 285 714
销售成本					
存货(1/1)	116 000		120/100	139 200	
购货	992 000		120/112	1 062 857	
可供销售的存货	1 108 000			1 202 057	
存货(12/31)	308 000	800 000	120/116	318 620	883 437
销售利润		400 000			402 277
销售与管理费用		180 000	120/112		192 857
折旧费用		14 000	120/100		16 800
税前收益		206 000			192 620
所得税		106 000	120/112		113 571

续表

项目	调整前	调整系数	调整后
税后利润（亏损）	100 000		79 049
净货币性项目货币购买力损益			3 571
不变价格净利润（亏损）			82 620
期初未分配利润	60 000	120/100	72 000
本期实现利润（亏损）	100 000		82 620
减：股利支出	60 000	120/120	60 000
期末未分配利润	100 000		94 620

净货币性项目购买力的损益计算是：以调整后的年初净货币性项目加本年销售取得的货币性项目减各项支出的货币性项目等于年末应有的净货币性项目，再以年末实有的净货币性项目减去年末应有的净货币性项目，所得之差即为净货币性项目购买力损益。实有额大于应有额即为收益，实有额小于应有额即为损失。丙公司净货币性项目购买力损益计算表如表8-9所示。

表 8-9　　　　　净货币性项目购买力损益计算表
2015年12月31日　　　　　　　　　　　单位：RMB元

A. 期初净货币性项目的计算			
现金	20 000	120/100	24 000
应收账款	30 000	120/100	36 000
应付账款	(10 000)	120/100	(12 000)
长期负债	(30 000)	120/100	(36 000)
净货币性项目	10 000		12 000
B. 期末净货币性项目应有额的计算			
净货币性项目(1/1)	10 000		12 000
加：销售	1 200 000	120/112	1 285 714
减：购货	992 000	120/112	1 062 857
销售与管理费用	180 000	120/112	192 857
所得税	106 000	120/112	113 571
股利支出	60 000	120/120	60 000
净货币性项目(12/31)			(131 571)
C. 净货币性项目购买力损益计算			
期末余额：现金			32 000
应收账款			40 000
应付账款			(50 000)
长期负债			(150 000)
2015年12月31日净货币性项目实有额：			(128 000)
2015年12月31日净货币性项目应有额：			(131 571)
净货币性项目购买力损益：			3 571

第八章　价格变动与公允价值会计

三、一般购买力会计模式的优点及局限性

一般购买力会计模式的主要优点有：①容易理解和便于操作。这种模式的日常账务处理仍然遵循历史成本会计原则，只是在期末将不同时期购买力历史数据调整为反映期末购买力的金额，所以比较容易理解和操作。②比较客观。该种模式调整的根据是政府公布的物价变动指数，而不是企业自行确定的调整依据，故调整依据比较客观。③保持了财务报表之间的可比性。由于各个企业按照统一的物价指数对各自的当年的或不同期的财务报表进行重新表述，使得企业间以及企业的不同时期的财务报表具有了可比性。

一般购买力会计模式的局限性有：①假定前提不具有普遍的适用性。该种模式假定通货膨胀对所有企业以及所有项目都具有同等的影响程度。而实际中，不同企业、不同项目受通货膨胀的影响程度是不同的。②购买力利得有时会使人产生误解。购买力利得只是购买力支出的相对减少，并没有增加企业的购买力，也没有增加企业的现金。因此，该种模式将购买力利得列入企业的当期收益，容易使人产生错误的认识，误将购买力利得作为拟派股利的准备或股东产权的增加。③受物价指数的限制。采用这种模式必须有合适的、权威的物价指数，否则这种模式便不能实行。

第四节 价格变动与公允价值会计若干问题

一、公允价值会计满足决策有用性目标

公允价值会计模式是为了满足决策有用性财务报告目标的。公允价值信息满足财务报告决策有用性目标可以从信息视角和计量视角进行反映。

按照决策有用论的逻辑，在美国及其他一些国家，研究人员对公允价值信息的决策有用性进行了实证研究，研究结果证明公允价值信息有助于信息使用者的经济决策。美国FAS107号发布后，公允价值的决策有用性研究文献开始集中于金融工具，如 Barth(1994)、Nelson(1996)、Eccher 等(1996)使用了非常相似的方法，对 1992 年和 1993 年按FAS107 号披露的银行资产与负债主要类别的公允价值信息的增量信息含量进行了检验并提供了经验证据，这些检验和证据的结论是公允价值信息对投资者的决策是有用的，这里资产与负债的主要类别即是金融工具。

对于其他类别的报表项目的公允价值信息是否具有决策有用性作用，需要有其他类别报表项目的公允价值信息才能进行验证。澳大利亚和英国的会计准则允许资产重估价升值，Barth 和 Clinch(1998)分非金融、矿业和金融三个行业，研究了澳大利亚资产价值重估的市场反映；Dietrich 等(2 000)研究了英国投资性房地产的公允价值信息的有用性等；Bernard 等(1995)选取丹麦银行研究了盯市会计(mark-to-market accounting)。这些研究成果从不同的角度证明了公允价值信息有助于财务报表使用者的经济决策。

在信息视角方面，很重要的一点是从内部信息的角度进行分析，即如果个采用公允价

值会计模式,公允价值信息会不会成为一种内部信息。公允价值信息如果成为内部信息的话,掌握这一信息的人就有可能从中获益,于是就会有人设法获取和提供这种信息。如果获取和提供这种信息合法合规,比如因为它解决信息不对称问题、满足市场需要,那么从事这种信息收集、分析、加工就会成为一种从财务会计中分离出来的职能;如果获取和提供这种信息不合法合规,比如因为正常渠道得不到这种信息,只能从非法渠道获取,则这种信息源就会成为市场中的一个潜在扰乱因素。前一种情况对会计职业是一种威胁,有可能使会计职业产生分裂,传统的财务会计提供历史成本信息,一种新的职业(或一个新的会计分支)提供公允价值信息;后一种情况对证券市场是一种威胁,即公允价值信息一旦泄露到市场中去就会对市场形成冲击。所以会计职业界和证券市场监管层都不希望公允价值信息成为一种内部信息,都要求财务报告应提供公允价值信息,使财务报告保持一个完整的信息源。

从信息视角来看,决策有用性目标被具体化为充分披露目标,即财务报告应当向使用者充分披露决策有用的信息。既然公允价值信息是决策有用的信息,故必须对公允价值信息进行充分披露。为实现这一目标,国际会计准则委员会等会计准则制定机构是从规范公允价值信息披露开始公允价值相关会计准则制定的,即从信息视角制定会计准则,主要是规范披露的项目和内容,增加附注的披露。如国际会计准则第32号要求对金融工具公允价值信息进行披露,以后第39号国际会计准则开始提出金融工具确认和计量要求;国际财务报告准则第7号和第13号进一步完善金融工具披露和计量规则,要求报告主体披露有助于财务报告使用者对金融工具进行评价和判断的信息,包括金融工具对财务状况和经营业绩的重要性、金融工具带来的风险的性质和范围等。

决策有用论的计量视角在信息视角的基础上进一步主张通过改善计量属性来增强财务信息的决策有用性。采用公允价值计量模式提供的财务信息被认为是与投资者决策相关的信息,因此改进和完善公允价值计量模式,向投资者提供决策有用的信息,将有助于保护投资者、促进证券市场和金融体系的健康发展。这样从计量视角来看,决策有用性目标又被具体化为公允计量,即要对会计要素进行公允计量,财务会计并不直接用于计量企业的价值,但它提供的信息要有助于那些愿意进行这种计量的人们去估计企业的价值。在市场经济中,作为会计主体的企业本身又是一种特殊的商品,这种商品的买卖者(即投资者)时刻关心被买卖对象的真实价值,所以需要各种信息来评估企业的价值。这就要求会计人员要承担起用公允价值计量企业会计要素的责任,从而要求其在财务报告中更多地采用公允价值计量属性。这表明,从信息视角提出的充分披露目标在某种程度上并不能完全满足信息使用者对信息的需求。计量视角的理论分析导致国际会计准则委员会等会计准则制定机构在越来越多的会计准则制定中除提出公允价值信息披露的要求外还提出了公允价值确认和计量的规范要求。

二、混合计量模式将长期存在

在相当长的时期内,公允价值将与历史成本以及其他计量属性同时出现在财务报表中,即会计计量实务实际上表现为一种混合计量模式。这可以从两个方面进行说明,一是从一些研究成果看,不是所有的财务报表项目的公允价值信息都具有价值相关性;二是从实务角度看,可靠性与相关性同等重要,可靠性同样符合决策有用性目标,公允价值计量的项目在财务报表中所占比重并不大。

在学术界,对公允价值问题多从价值相关性角度进行研究,实证研究主要是从财务信息与企业价值的相关关系方面展开的。一般的前提是,公允价值从概念上说与财务报表使用者评估企业价值相关,如果某一财务报表项目提供的信息有助于报表使用者评估企业价值,则该项目可以说具有价值相关性(Barth 等,1995)。

会计准则的制定在很大程度上参考了理论研究的成果[①],同时会计准则的实施又为理论研究提出了新的课题。在与公允价值相关的会计准则实施后,有关的理论研究成果反映出不同报表项目的公允价值信息有不同的市场反应,这使得公允价值计量模式的发展提出了一个需要思考的问题,即不同报表项目的公允价值信息是否都具有决策有用性。美国有的研究人员发现有些财务报表项目的公允价值信息具有明显的市场反应,而有的项目则缺乏有说服力的证据。比如美国的研究成果表明金融工具公允价值信息具有显著的价值相关性,是决策有用的信息,然而油气储备会计的历史成本信息与公允价值信息不分伯仲,并不表现出哪种信息更具有信息含量。

美国 FAS69 要求石油天然气公司补充报告已证实油气储备的现值信息(即 RRA,储备确认会计)。但此后的一系列实证研究表明,与历史成本数据相比,RRA 与股价异常变动的相关性并不大。比如 Harris 和 Ohlson(1987)发现,油气资产的账面价值对其市值有显著的解释能力,而 RRA 的解释能力小于历史成本数据。Harris 和 Ohlson(1990)进一步研究发现,历史成本油气储备数据的信息含量优于 RRA。Doran,Collins 和 Dhaliwal(1988)的研究结果认为与 Harris 和 Ohlson(1987)的发现一致,历史成本盈余对油气企业来说是可行的和相关的计量。

从逻辑上讲,由于油气行业的高度勘探风险决定了其未来的油气储备丰瘠有很大偶然性,投资者很难搜集有关信息,故此决定了油气公司提供的 RRA 数据应当有相当大的决策有用性。但从上述几个研究成果来看,历史成本数据的解释能力并不亚于 RRA,RRA 的有用程度相当有限。

为什么油气储备与金融工具二者的公允价值信息的有用性有明显的区别呢?一个可能的原因是会计信息的质量问题,通常会计信息的质量越高,会计信息与股价异常变动的相关性(即有用性)就越大。评论会计信息的质量,需要权衡信息的相关性和可靠性。公允价值的相关性要高于历史成本,而历史成本比公允价值更为可靠。美国以金融工具为研究对象的研究文献,都是根据市场比较完善、交易活跃的金融工具的市场价格为样本数据进行研究的,这样的市场上价格形成机制充分有效,因而能保证其市场价格(公允价值)

---

① 国际会计准则委员会委员 Barth(2008)教授介绍说:"我的经验表明,学术研究可以对准则制定中的争论提供有价值的投入。国际会计准则委员会的工作人员对于令人伤脑筋的议事题目总是寻求了解学术研究中揭示出了什么问题。虽然工作人员在研究方面一般都没有经过训练,但他们能够理解论文中所涉及的问题及其发现。他们找那些在研究方面经过训练的研究人员(包括学术界的委员会委员)帮助他们评估研究结果的意义。工作人员在准则委员会议事题目的分析中包括研究发现意味着准则委员会在讨论工作人员的建议时考虑了学术研究结果。"

的可靠性。而油气储备相对来说并不存在像金融工具那样交易活跃的市场,油气储备的现值数据主要由管理层使用现值模型计算而得,因此投资者对 RRA 的可靠性存在质疑,不会贸然根据 RRA 信息进行决策,故 RRA 信息的市场反应并不明显。

由此可以认为,不是所有报表项目的公允价值信息都具有价值相关性或者说决策有用性,当公允价值信息的可靠性得不到信息使用者的认可时,公允价值信息的相关性也会受到使用者的怀疑,这就会大大影响公允价值信息的有用性,在这种情况下保持历史成本计量属性应该是明智的选择,以此推论也就是说那些不具有价值相关性的项目应当保持历史成本计量。会计准则制定机构意识到这一点后,对有些会计准则中公允价值计量属性的选用提出了以可靠性为前提的标准,如国际会计准则关于固定资产的第 16 号准则,允许实体在历史成本模式和重估价模式中进行选择,但是采用重估价模式的前提包含计量的可靠性标准,即只有公允价值能够可靠计量时才可以采用重估价模式[①]。

由此可见,目前的理论研究成果不支持所有报表项目都采用公允价值计量,故此当前财务报表项目中只有部分项目采用公允价值计量。因此就目前的任何一个时点来看,只要没有对财务报表项目全部要求进行公允价值会计处理,则财务报表都成为了一个混合计量模式的结果。比如金融资产和金融负债采用公允价值计量,存货采用成本与市价孰低的方法处理,固定资产则以历史成本计量为主。

从实务的角度看,目前的实务也是一个混合计量模式的现状,公允价值计量的项目在财务报表中所占比重并不大。美国证券交易委员会在提交给国会的报告中指出,它的抽样调查表明,使用公允价值较多的金融机构的资产负债表中公允价值计量的比重仍占少数,平均来说资产中有 45%、负债中有 15% 采用公允价值计量,资产的公允价值变动对利润的影响不到 25%(SEC,2008)。可以说在美国以公允价值计量的资产和负债均占少数。在作为发展中国家的中国,企业财务报表中以公允价值计量的项目更是比重不大,2008 年末 1 624 家上市公司中以公允价值计量的交易性金融资产和可供出售金融资产合计占资产总额的 8.14%;存在投资性房地产的 690 家上市公司中,采用公允价值模式的为 20 家,只占不到 3%(财政部会计司,2009)。总体来看,各国普遍的情况是财务报表中公允价值计量的项目仍占少数,这既有需要时间逐步发展公允价值会计准则的问题,也有需要理论和研究支持哪些财务报表项目需要公允价值计量的问题。

三、通货膨胀会计的现状

世界上某些国家或一个国家的某些时期出现通货膨胀问题,人们普遍认为通货膨胀已扭曲了财务报表的数字,但是对于怎样调整财务报表甚至是否应调整财务报表的问题并没有取得完全一致的意见。这就形成了国际上在通货膨胀会计领域内,各种意见、观点、方法和措施方面的多样性。

20 世纪 70 年代,在英国通货膨胀率比较高的时期,经过多次反复讨论,原会计准则委员会于 1979 年 4 月发布了"现行成本会计"的征求意见稿(ED24),后对征求意见稿进行修改后,正式发布了第 16 号标准会计实务说明书。

---

① 见国际会计准则第 16 号第 31 段。

然而,英国20世纪80年代以后的低通货膨胀率使得公司执行关于通货膨胀会计的第16号标准会计实务说明书的热情大大降低,许多上市公司决定停止公布有关现行成本的资料,尽管审计师在审计报告中指出公司未遵守第16号会计准则,但公司和社会对此都没有大的反响,到1984年末时公布现行成本信息的上市公司的数量只有50%,1985年6月第16号准则被暂停执行,1988年4月又被最终撤销。

欧洲大陆的一些国家,如德国和瑞士,20世纪70年代以来物价上涨平均都低于5%的年通货膨胀率,在80年代以后也都不超过两位数,结果在这些国家中对通货膨胀会计都不很热心。在另外一些国家中70年代后期的通货膨胀率已达到两位数字。法国和意大利是西欧各国中通货膨胀率较高的国家,曾有过调整通货膨胀影响的建议和要求,但是纳税计算和财务报告的密切联系使得这些国家始终没有离开历史成本原则。

北美有大量的关于通货膨胀会计的文献,但对实际的财务报告并没有太大的影响。在美国有研究人员和实务工作者提出了许多调整通货膨胀影响的会计方法,但在实务中并没有普遍运用。在20世纪60年代至70年代,一些企业公布反映一般购买力水平的补充财务报表。美国财务会计准则委员会于1974年发布了"按一般购买力单位编制财务报告"的征求意见稿。许多企业家和会计师提出一般购买力财务报表所提供的益处不足以抵偿所付出的代价。另外,美国证券交易委员会明确表示这种报告制度最好建立在重置成本的基础上。1976年,美国证券交易委员会发布《会计公告文集》第190号使美国关于通货膨胀会计的争论进入了一个新的阶段,这个文件要求主要的上市公司在每个财务年度末在呈送证交会的财务报表中都要披露重置成本的信息,但并没有要求这种信息也应在提交股东的年度报告中公布。

美国证券交易委员会发布了重置成本的规定后,财务会计准则委员会决定集中精力研究财务报表的目标,希望这将有助于寻求收益计量中更令人满意的方法。1977年发布了一个讨论稿"企业财务报告的目的和财务报表的要素"。这份讨论稿于1978年11月以财务会计概念公告第1号"企业财务报告的目标"的形式正式发表。

关于"目的"的公告发表后,财务会计准则委员会又回到了通货膨胀会计问题上,于1978年12月发布了一项新的征求意见稿"财务报告和价格变动"。这个文件要求美国的大型公司应以一般购买力或现行成本原则为基础编报补充的财务报表。1979年10月,财务会计准则委员会发布了财务会计准则第33号"财务报告和变动的物价"。与讨论稿所不同的一点是一般购买力和现行成本的财务报表都要公布而不是选择其一。长期公布一般购买力和现行成本的有关数据将有助于财务报表使用者确定通货膨胀影响的类型以及通货膨胀会计信息的种类。不可避免地,财务报表的编制者因提供两种补充资料要耗费大量时间和金钱会产生许多抱怨。

20世纪80年代以后由于西方主要资本主义国家通货膨胀率一直很低,通货膨胀会计在这些国家中再无任何进展。美国于1985年发布了第82号财务会计准则,减轻了第33号准则的要求。然而,由于1984年和1985年美国的通货膨胀率不到3%,使许多会计师呼吁彻底取消有关通货膨胀会计的准则。这样财务会计准则委员会于1986年发布了第89号准则,将第33号关于通货膨胀会计的准则改为自愿遵守的规定。之后,绝大多数美国公司不再公布有关通货膨胀会计的信息。

在加拿大，最初的通货膨胀会计方面的建议是以一般购买力财务报表为基础的，但是在实施方面得到的支持不够。后来，对现行价值会计进行过充分的讨论，在这期间，有些公司公布补充的通货膨胀会计报表。加拿大会计职业团体于1979年发布关于"现行成本会计"的会计准则征求意见稿，后于1982年10月正式发布"报告物价变动的影响"的会计准则，但是在该准则所涉及的300家公司中，不到25%的公司按要求公布有关的信息，随着通货膨胀率的降低，这一比率再也没有提高过。澳大利亚会计职业团体在20世纪70年代曾发布过有关现行成本会计的暂行公报，1981年发布了关于通货膨胀会计的准则草案。然而在征求意见后，会计职业团体于1983年决定不发布正式的会计准则，而是将该会计准则征求意见稿转变成一个指导会计实务指南，对提供现行成本信息的公司给予指导。

大多数南美国家都经历着高度的通货膨胀，因此在这些国家中都必须执行通货膨胀会计制度。这些国家基本采取一般物价水平调整的不变购买力会计模式，由国家公布权威的物价指数，各公司按该物价指数调整期末报表，因为缺乏令人满意的个别资产的物价指数，似乎南美国家不可能实行现行成本会计。有人认为南美将在世界上继续成为实验通货膨胀会计的"沃土"[①]。

在巴西，从20世纪50年代开始就进行通货膨胀会计的调整了。在70年代，巴西的年通货膨胀率平均超过了30%。通货膨胀会计的完整制度是在1964年建立起来的，它是国家削减通货膨胀有害影响战略的一部分。在这个制度下，固定资产和投资在每个财务年度末必须进行调整，调整的基础是政府公布的官方物价指数。折旧根据重新估价后的资产数字计提。对于营运资本项目也要求进行调整，目的是为保持存货和净货币性项目的购买力而提供一种准备。对利润表和资产负债表等主要财务报表都有规定的调整要求，调整后的利润数字可用于计算应纳税金。

在阿根廷，会计职业界一直在下大力气发展通货膨胀会计，早在1972年就发布了一项公告，建议企业从1973年开始公布补充的一般购买力财务报表。布宜诺斯艾斯的会计职业团体提出从1979年10月1日起的财务年度要提供一般购买力的资料，这对实务界产生了一定的影响。在智利，会计职业界从20世纪70年代初开始多年来一直试图引入一般购买力会计。据报道智利已成为第一个接受一套既用于财务报告又用于纳税计算的综合一般购买力会计制度的国家。在墨西哥，会计职业团体于1975年9月发布了一项关于一般购买力会计的征求意见讨论稿，1978年的另一份讨论稿发布后最终形成了一项会计准则。在其他国家，如秘鲁和乌拉圭等国家，多年来一直允许为计提折旧而重报固定资产数字，其中主要的目的是纳税申报而不是建立修订的会计制度。

在亚洲和非洲的一些国家中尽管通货膨胀率比较高，但却未采用通货膨胀会计制度。在非洲唯有南非制定了详细的规定，1978年8月南非特许会计师协会发布了"关于披露价格变动对财务成果影响信息的指南"。这个文件只涉及利润表。在此之前，南非的一些公司，主要是英国持股公司的一些子公司，已公布调整通货膨胀的财务报表。不过南非的这项指南并非强制执行的。

---

① Nobes C W, Parker R H. Comparative International Accounting[M]. Prentice-Hall, Inc., 1998: 408.

在亚洲,像印度尼西亚、日本和韩国等国家在过去的三四十年中发布过临时性法规允许使用调整后的固定资产和折旧数字。在大多数情况下,提出的调整是为了纳税计算而不是财务报告。1978年,日本财政部指定了一个研究小组注意观察英美通货膨胀会计的动向,但没有立即采取行动。

在中国,大量地介绍国外通货膨胀会计的理论与实务是从20世纪70年代末开始的,而通货膨胀会计研究的热潮则是在80年代中后期掀起的。这与中国改革开放后的政治经济环境关系极为密切。长期的计划经济模式没有形成研究通货膨胀会计的气候,而改革开放后出现的通货膨胀现象引起了人们对外国通货膨胀会计研究的兴趣。

有人认为中国实行通货膨胀会计的各种条件尚不具备,但个别项目的物价变动程度又影响了企业的会计信息质量。因此,主张对物价变动较大的单项资产进行调整。单项资产调整包括:存货的调整、固定资产与折旧的调整以及货币性项目的调整等。20世纪末,中国通货膨胀回落,物价持续偏低,因此关于通货膨胀会计的主张和争论也就逐渐淡化了。

国际会计准则委员会于1977年公布第6号国际会计准则"会计对物价变动的反映";1981年又发布第15号国际会计准则"反映物价变动影响的信息",取代第6号准则。第15号准则建议上市公司应采用调整物价变动的任何方法,披露下列信息:①地产、房屋和设备及其折旧费的调整金额或调整后金额;②销货成本的调整金额或调整后的金额;③筹资调整额(如果这种调整通常是所采用的报告物价变动信息方法的一部分);④重新计算企业的经营成果,以反映①、②两点所述项目的影响。如果采用现行成本法,应披露存货和房屋设备及土地的现行成本。用来计算通货膨胀调整的方法也应予以披露。2002年在经过征求意见后,国际会计准则委员会做出一项决定,决议对2005年1月1日或以后日期开始的年度撤销《国际会计准则第15号》的执行。

复习思考题

1. 通货膨胀对财务信息产生了哪些影响?
2. 简述各国在会计实务中所采取的反映通货膨胀影响的普遍做法。
3. 通货膨胀会计与物价变动会计有何异同?
4. 资本保全概念有哪几种?
5. 价格变动对会计原则的影响有哪些?
6. 简述现行成本会计模式的原理及其优缺点。
7. 简述一般购买力会计模式的原理及其优缺点。
8. 为什么说公允价值会计能满足决策有用性目标?
9. 为什么混合计量模式将长期存在?

本章参考文献

[1] 常勋. 财务会计三大难题[M]. 上海:立信会计出版社,1999.
[2] 葛家澍. 通货膨胀会计[M]. 北京:中国财政经济出版社,1985.

［3］郝振平,赵小鹿. 公允价值会计涉及的三个层次基本理论问题［J］. 会计研究,2010(10).

［4］Choi F D S, Meek G K. International Accounting［M］. 7th ed. Pearson Prentice Hall, 2011.

［5］Rosenfield P. "Correcting for Inflation and Value Changes" in Accountants' Handbook［M］. 6th ed. Seidler L, Carmicheal D R. John Wiley & Sons, Inc., 1981.

［6］Radebaugh L H, Gray S J, Black E L. International Accounting and Multinational Enterprises［M］. 6th ed. China Machine Press, 2007.

［7］Scapens R W. Accounting in an Inflationary Environment［M］. 2nd ed. the Macmillan Press Ltd., 1981.

第九章 外币业务会计与外币报表折算

外币业务会计是一国的企业与外国企业进行以非记账本位币标价的交易而产生的会计问题。例如，购进的商品以外币标价并以外币计价结算，从而产生了以外币计算的采购支出和应付账款；或者是销售的商品以外币标价并以外币计价结算，从而产生了以外币计算的销售收入和应收账款；还有以外币计价的各种费用、以外币计算的借款还款业务等。外币报表折算是一个企业或一个集团向国外直接投资，设立分支机构，控制国外子公司或与外国经营者联合经营设在国外的企业，因而在由许多公司组成的企业集团需要把各下属公司以不同货币表示的财务报表折算成以同一货币表示的财务报表，以便编制集团合并财务报表、反映整个集团的财务状况和经营成果时运用的会计程序。

第一节 概　　述

一、外汇和外汇市场

当企业的经营活动处于国际环境之中时，其会计核算可能涉及多种货币；企业的产品会销往不同的国家、购买的资产也会来自多个国家，债权人和债务人可能是不同国家的商人或企业，因而涉及用哪种货币进行结算的问题，跨国公司集团内母公司和各子公司分设于世界各地，各自可能用不同的货币编制财务报表。一个企业只能以一种货币为计量单位进行核算，整个集团也只能以一种货币为单位提供报告。

企业在国内环境中从事经营活动时，正常情况下自然是以本国货币为计量单位的。但是，在国际经营环境中就提出了选择记账货币和报告货币的问题，所有的业务必须以同一货币来确认和计量，这样才能得到一个实体以同一货币反映的总括财务状况和经营成果。因为不同的货币不能直接相加，需要从企业涉及的各种货币中选择一种作为记账本位币或报告货币，把用其他货币计算的业务或编制的报表折算成按记账本位币或报告货币列报的报表来反映。

因此，一般企业选择本国货币作为记账本位币，也有的企业选择一种业务中使用最多的外币作为记账本位币。跨国公司的合并报表，一般是以母公司所用的货币作为报告货币进行综合反映。

外汇是指为各国普遍接受的、可用于国际债权债务结算的各种支付手段。外汇是以外国货币表示的，外国货币实际上是一种特殊的商品，可以进行买卖。外汇市场即进行外汇买卖的交易场所，是外汇流通、交易的市场。在外汇市场上一般是由买方和卖方通过银行或经纪人进行外汇买卖的。

在外汇买卖交易中一国货币单位用另一国货币单位表示的价格，即两种不同货币的比价叫汇率，又叫外汇牌价。汇率有直接标价和间接标价两种表示方式：直接标价是指每单位外币可兑换的本国货币的金额,以本国货币的数额增减变化来反映汇率的升降,如一种外币可兑换的本国货币数额增加,表明外币行市上涨,本国货币币值下降;反之,则表明外币价值下降,本国货币币值上升。间接标价是指每单位本国货币可兑换的外国货币的金额,以外币数额的增减变化来反映汇率的升降。大多数国家采用直接标价法,其中包括中国。

二、外汇交易与外币折算

不同货币之间按一定的外汇牌价进行的兑换构成外汇交易,可以是外币换成本国货币,也可以是本国货币换成外币,还可以是不同外币之间的交换。外币兑换时有买入价和卖出价之分,银行或经纪人收入外汇、付出本国货币时按买入价换算;银行或经纪人付出外汇、收入本国货币时按卖出价换算,买入价和卖出价之间的差额为银行或经纪人买卖外汇的收益。

按交割期限的长短外汇交易可分为即期外汇交易和远期外汇交易两大类。即期外汇交易又称现汇买卖,是指外汇买卖成交后,在两个营业日内即办理有关货币收付交割的外汇交易,其适用的汇率为即期汇率,从事即期外汇交易的市场称为即期外汇市场。远期外汇交易也称为远期买卖,是指成交在先、交割发生在某一约定的未来日期,即买卖双方在成交时先就交易的货币种类、价格、数量及交割的期限达成协议,并签订交易合同,然后在规定的交割日再结清有关货币的收付的外汇交易,其适用的汇率即为远期汇率。从事远期外汇交易的市场则称为远期外汇市场。

对大多数货币而言,远期汇率通常有30日、90日和180日几种,分别标价。即期汇率与远期汇率往往不同,当远期汇率低于即期汇率时,称该货币远期贴水,其差额称为贴水额;当远期汇率高于即期汇率时,则称该货币远期升水,其差额称为升水额。西方外汇理论认为,远期汇率与即期汇率的差异,反映了市场对于该货币汇率未来变动趋势的预期。

将以外币表示的金额换算成以本国货币表示的金额的过程构成外币折算,外币折算在会计上主要表现在外币报表的折算方面,它是指将报表上以非记账本位币或非报告货币表述的金额换算成以记账本位币或报告货币表示的金额的过程。一个企业的报告货币是企业编报财务报表时所用的货币,一般与企业的记账本位币是一致的,但在跨国公司中,各子公司的记账本位币和报告货币可能会有多种,在编制集团合并报表时需要进行外币折算。

外币折算会计中涉及几种不同的汇率,主要有:①现行汇率,又称结账日汇率,即会计核算中经济业务发生时通行的汇率或是结账日和编表日通行的汇率。企业日常的记账汇率往往采用现行汇率,有时为了简化核算,在汇率波动不大时也可采用当月1日汇率为记账汇率。②历史汇率,即从以后某一时点来看的、外币经济业务最初发生时通行的汇率,一般都是已登记入账的账面汇率。现行汇率经过一段时间,汇率发生了变动就成为了历史汇率。③平均汇率,即某一期间内平均的汇率,包括简单平均汇率和加权平均汇率。

三、汇兑损益

外汇牌价实际上是一种价格,像任何价格一样,汇率在市场上经常处于波动之中。汇兑损益就是由于汇率变动而发生的损益,包括交易损益和折算损益。交易损益是经济业务发生日的汇率不同于结账日汇率或结算日汇率而产生的损益。交易损益包括两种,即已实现的交易损益和未实现的交易损益。例如,某一中国公司在20×5年12月1日向德国客户出售商品,应收货款20 000欧元,当时汇率为1欧元等于8.65元人民币,折算后20 000欧元等于173 000元。这年12月31日和下年1月31日1欧元兑人民币的汇率分别为8.95元和8.70元。中国公司于20×6年1月31日收回款项。中国公司在这年12月31日有未实现的交易收益6 000元(179 000-173 000);20×6年1月31日则有已实现的交易收益1 000元(174 000-173 000)。

各国外币会计实务中对汇兑损益的处理有多种不同的做法。有的将汇兑损益直接计入当期损益,在利润表中作为非常项目列示,但具体做法也不尽相同。有的国家规定只能将已实现的汇兑损失列入本期营业费用,未实现的汇兑损失在利润表中予以补充说明,已实现的汇兑收益列入本期营业收益,未实现的汇兑收益则不做任何反映;有的国家只反映已实现汇兑损益,不反映未实现汇兑损益;有的国家将汇兑损益作为递延项目处理,有的则只将金额较大的汇兑损益作为递延项目处理等。

在财务报表项目由一种货币折算成另一种货币时由于汇率变动而产生的损益称作外币折算损益。对外币折算损益的处理有很多不同的做法。做法之一是在当期利润表中作为非常项目列报;做法之二是在资产负债表中作为折算调整额列报;做法之三是在资产负债表中作为递延项目处理。

第二节 外币业务会计

一、记录外币经济业务中的两种业务观

外币经济业务是以企业记账本位币或报告货币以外的货币标价交易的经济业务。例如一个以人民币为记账本位币的企业向一个美国公司出售以美元标价的产品并收取美元就是一项外币经济业务。但是如果产品标价和收取货款都以人民币计算,则即使买方是美国公司,也不能将其视为一项外币业务。外币经济业务通常包括以外币标价的商品和劳务买卖业务、外币借款还款业务以及外币股利的收付业务等。

对于外币经济业务,企业通常要涉及四方面的会计处理:一是最初的经济业务记账;二是在随后的资产负债表日外币业务余额的反映;三是汇兑损益的处理;四是业务最终结算时的记账。对这四方面的会计问题进行处理的不同观点形成了外币经济业务中的不同会计方法。不同观点的最基本划分是一项业务观和两项业务观。

(一)一项业务观

一项业务观认为一项经济业务最初的确认和嗣后的结算是同一事件。在外汇业务中汇率变动对同一事件中一个账户的影响也要对另一对应账户产生影响。例如,赊购货物

中的"存货"账户和"应付账款"账户,在应付账款结算前,汇率发生变动,既要影响应付账款也要影响已入账的存货价值。直到应付账款结算,存货的账面价值才能固定下来,在账款结算前,整个业务从存货和应付账款确认到货款结算被视为一项业务。

【例9-1】 假设中国甲公司于20×5年12月15日从美国进口一套设备,价值$120 000。该日汇率为$1=¥6.12。20×5年12月31日的汇率为$1=¥6.23。该货款于20×6年3月15日付讫,该日汇率为$1=¥6.19。按一项业务观所作的会计分录如下:

(1) 20×5年12月15日

借:固定资产——设备(¥6.12×120 000)　　　　　　734 400
　　贷:应付账款　　　　　　　　　　　　　　　　　　734 400

(2) 20×5年12月31日

借:固定资产——设备[(¥6.23−6.12)×120 000]　　 13 200
　　贷:应付账款　　　　　　　　　　　　　　　　　　 13 200

(3) 20×6年3月15日

借:应付账款(¥734 400+13 200)　　　　　　　　　747 600
　　贷:银行存款(¥6.19×120 000)　　　　　　　　　742 800
　　　　固定资产——设备[(¥6.23−6.19)×120 000]   4 800

至20×6年3月15日这项业务才算完结,在这期间,汇率发生变动产生的影响,既要调整货币类的"应付账款"账户,也要调整非货币类的"固定资产"账户。最后固定资产价值确定为742 800元,该设备在其使用年限内将按此金额计算各期的折旧。

(二) 两项业务观

两项业务观认为一项经济业务最初的确认和嗣后的结算是两个事件、两项业务,前一项业务往往属于经营业务,如购货、销货;后一项业务有可能是筹资业务或其他业务,如利用供货商的信用期,产生"应付账款",可列为筹资活动的范围。汇率变动对涉及最终结算账户的影响作为汇兑损益处理,不影响最初业务记录时的对应账户。如上例中,赊购设备中的"固定资产"账户和"应付账款"账户,在应付账款结算前,若汇率发生变动,则将汇率变动对应付账款形成的影响额记作汇兑损益。设备的账面价值在设备确认入账时即已固定下来,购买设备的业务已经完成。采用赊购方式的嗣后付款属于另一项业务。按两项业务观处理外币业务,对资产负债表日产生的未实现汇兑损益有两种处理方法:一是当期确认法,即在当期损益中确认;二是递延确认法,即递延到结算日确认。

【例9-2】 假设上例购买设备的业务改按两项业务观处理。

(1) 采用当期确认法,年底未实现汇兑损益在当期损益中确认,应作分录如下:

① 20×5年12月15日

借:固定资产——设备(¥6.12×120 000)　　　　　　734 400
　　贷:应付账款　　　　　　　　　　　　　　　　　　734 400

② 20×5年12月31日

借:汇兑损失[(¥6.23−6.12)×120 000]　　　　　　 13 200
　　贷:应付账款　　　　　　　　　　　　　　　　　　 13 200

③ 20×6 年 3 月 15 日

借：应付账款（¥734 400＋132 000）　　　　　747 600
　　贷：银行存款（¥6.19×120 000）　　　　　　　742 800
　　　　汇兑收益[（¥6.23－6.19）×120 000]　　　4 800

20×5 年 12 月 31 日汇兑损失为未实现的汇兑损失，计入了该年的损益之中。20×6 年 3 月 15 日结算账款时，实际产生汇兑收益 4800 元，算作 20×6 年的收益。

(2) 采用递延确认法，则 20×5 年 12 月 31 日和 20×6 年 3 月 15 日应改作如下会计分录：

① 20×5 年 12 月 31 日

借：递延汇兑损益[（¥6.23－6.12）×120 000]　　13 200
　　贷：应付账款　　　　　　　　　　　　　　　　13 200

② 20×6 年 3 月 15 日

借：应付账款（¥734 400＋13 200）　　　　　　747 600
　　汇兑损失　　　　　　　　　　　　　　　　　　　8 400
　　贷：银行存款（¥6.19×120 000）　　　　　　　742 800
　　　　递延汇兑损益　　　　　　　　　　　　　　　13 200

20×5 年 12 月 31 日未实现的汇兑损失未计入该年的损益之中，而是计入了"递延汇兑损益"，这是一个资产负债表项目，该金额列入期末资产负债表中。20×6 年 3 月 15 日结算账款时，将上年末的递延汇兑损益转出，借贷方相抵后产生实际汇兑损失 8 400 元，算作 20×6 年的损益。

国际上大多数国家接受两项业务的观点。美国第 52 号财务会计准则要求采用两项业务观的做法，并且将未实现的汇兑损益在产生的当期予以确认。国际会计准则第 21 号"汇率变动的影响"有类似于美国 52 号准则的规定。外币业务处理已逐步走向国际趋同。

二、期汇交易的会计处理

期汇交易通常是以期汇合同为基础的，期汇合同是外汇买卖双方约定在未来某日以签约时市场上的远期汇率作为兑换牌价兑换不同货币的一种协议。期汇交易的会计处理中，一般按企业签约的目的不同需要对期汇合同进行分类，对不同目的的期汇合同在账务处理方面有所不同。这些分类主要有：①为规避可确指的外币承诺事项可能给企业带来风险而签订的合同；②为已发生外币业务确定固定的汇率，避免交易日与结算日之间由于汇率波动可能给企业带来风险而签订的合同；③为进行外币投机生意而签订的合同。以此分类为基础形成了目前国际上较为通行的期汇交易会计处理惯例，期汇合同会计处理的一个明显特点是，由于按目的确定会计处理方法，故完全相同的期汇合同可能在不同的企业、不同的时期采用完全不同的确认和计量程序进行处理。

下面举例说明上述第(1)类业务中涉及期汇合同的会计处理，这类业务中期汇合同所保护的对象只是一种承诺，这种承诺在会计记录中没有反映，故汇率变动只表现为对期汇合同的影响，所影响的金额在会计处理中一般予以递延，至交易实际发生时再冲回。

【例 9-3】 假设中国乙公司 20×4 年 12 月 10 日向美国供货商订购设备共计价值

300 000美元,货款将于60天后支付。中国乙公司以人民币为记账本位币并核算经营损益,故同日,乙公司与银行签订了60天后购买300 000美元的期汇合同。有关的汇率如下:

20×4年12月10日,即期汇率:US＄1＝￥6.25;

20×4年12月10日,60天远期汇率:US＄1＝￥6.32;

20×4年12月31日,即期汇率:US＄1＝￥6.30;

20×5年2月10日,即期汇率:US＄1＝￥6.40。

中国乙公司60天后要向美国供货商支付300 000美元,为了使购入这300 000美元所需的人民币能够固定下来,避免因汇率变动造成汇兑损失,与银行签订了60天后按远期汇率(US＄1＝￥6.32)购买300 000美元的期汇合同。这样60天后无论汇率如何变动,乙公司肯定能以1 896 000元(￥6.32×300 000)买入300 000美元。据此可编制如下分录进行反映。

(1) 20×4年12月10日,中国乙公司与银行签订期汇合同,约定在60天以后支付1 896 000元,取得300 000美元。这300 000美元按签约时的即期汇率折算相当于1 875 000(￥6.25×300 000),两者之间的差额从签约的时点来看可视为折价出售人民币,该折价是购买设备的一种代价,用于调整设备的成本。可作如下分录:

借:应收账款(应收美元——银行)(￥6.25×300 000)　　　　1 875 000
　　期汇合同递延折价[(￥6.32－6.25)×300 000]　　　　　　　21 000
　　贷:应付账款(应付人民币——银行)(￥6.32×300 000)　　　　　1 896 000

(2) 20×4年12月31日,结账日记录期末汇率变动产生的影响,应作如下分录:

借:应收账款(应收美元——银行)[(￥6.30－6.25)×300 000]　　15 000
　　贷:期汇合同递延利得　　　　　　　　　　　　　　　　　　　15 000

(3) 20×5年2月10日,应作如下分录:

① 记录汇率变动产生的影响:

借:应收账款(应收美元——银行)[(￥6.40－6.30)×300 000]　　30 000
　　贷:期汇合同递延利得　　　　　　　　　　　　　　　　　　　30 000

② 记录向银行支付人民币和从银行收到美元:

借:应付账款(应付人民币——银行)(￥6.32×300 000)　　　　1 896 000
　　贷:银行存款(人民币户)　　　　　　　　　　　　　　　　　1 896 000
借:银行存款(美元户)(￥6.40×300 000)　　　　　　　　　　1 920 000
　　贷:应收账款(应收美元——银行)(￥1 875 000＋15 000＋30 000)　　1 920 000

③ 记录购入的设备和支付的款项:

借:固定资产——设备(￥1 896 000＋21 000－45 000)　　　　1 896 000
　　期汇合同递延利得(￥15 000＋3 0000)　　　　　　　　　　　45 000
　　贷:银行存款(美元户)(￥6.40×3 00000)　　　　　　　　　　1 920 000
　　　　期汇合同递延折价　　　　　　　　　　　　　　　　　　　21 000

在例9-3中,中国乙公司在20×4年度发生支付外币的承诺业务,这种承诺在执行前会因汇率变动而产生损益。企业通过签订期汇合同来规避这种风险。20×5年2月

第九章　外币业务会计与外币报表折算

10日乙公司按合同约定以 1 896 000 元取得了 300 000 美元,若不签订该期汇合同,按当时的即期汇率购入 300 000 美元则需支付 1 920 000 元(¥6.40×300 000),所以,签订合同获益 24 000 元,如果人民币贬值更大,则乙公司会受益更大。不过,如果汇率朝相反的方向变动,乙公司仍然要按合同约定支付较多的人民币换取该笔美元,因而相对来说要遭受损失。

下面举例说明上述第(2)类业务中涉及期汇合同的会计处理。

【例 9-4】 假设中国丙公司 20×4 年 12 月 20 日向澳大利亚购货商出售货物共计价值 60 000 澳元,信用期两个月,经运输、验货和汇款等程序后,货款将于 60 天后结算、收讫。丙公司以人民币为记账本位币并核算经营损益,故同日,丙公司与银行按 60 天远期汇率签订了 60 天后出售 60 000 澳元的期汇合同。有关的汇率如下:

20×4 年 12 月 20 日,即期汇率:AUD＄1＝¥5.25;
20×4 年 12 月 20 日,60 天远期汇率:AUD＄1＝¥5.18;
20×4 年 12 月 31 日,即期汇率:AUD＄1＝¥5.20;
20×5 年 2 月 20 日,即期汇率:AUD＄1＝¥5.05。

中国丙公司 60 天后要收到 60 000 澳元,为了使这 60 000 澳元兑换成的人民币能够固定下来,不致因汇率变动造成汇兑损失,与银行签订了 60 天后出售 60 000 澳元的期汇合同,这样 60 天后无论汇率如何变动,丙公司肯定能收到 310 800 元人民币(¥5.18×60 000)。据此可编制如下分录进行反映。

(1) 20×4 年 12 月 20 日,中国丙公司向澳大利亚购货商出售并发运货物。该批货物应收款项 60 000 澳元按当日汇率折算计算销售收入。

借:应收账款(应收澳元——××购货商)(¥5.25×60 000)　　315 000
　　贷:销售收入　　　　　　　　　　　　　　　　　　　　　　315 000

(2) 同日,丙公司与银行签订期汇合同,约定在 60 天后按远期汇率 ¥5.18 出售 60 000 澳元,取得 310 800 元人民币。应付银行的 60 000 澳元按签约时的即期汇率折算相当于 315 000 元人民币(¥5.25×60 000),与按远期汇率折算的金额两者之间相差 4 200 元,该差额实际为澳元折价,即这批澳元表现为按折价出售。可作如下分录:

借:应收账款(应收人民币——银行)(¥5.18×60 000)　　　310 800
　　期汇合同折价[(¥5.25-5.18)×60 000]　　　　　　　4 200
　　贷:应付账款(应付澳元——银行)(¥5.25×60 000)　　　315 000

(3) 20×4 年 12 月 31 日,结账日应作如下分录:

① 记录期末汇率变动产生的影响,对汇兑损益采用当期确认的方法:

借:期汇合同损失　　　　　　　　　　　　　　　　　　　　3 000
　　贷:应收账款(应收澳元——××购货商)[(¥5.25-5.20)×60 000]　3 000
借:应付账款(应付澳元——银行)[(¥5.25-5.20)×60 000]　　3 000
　　贷:期汇合同利得　　　　　　　　　　　　　　　　　　　3 000

② 摊销 10 天的期汇合同折价:

借:折价费用(¥4 200/60×10)　　　　　　　　　　　　　　700
　　贷:期汇合同折价　　　　　　　　　　　　　　　　　　　700

若20×5年1月31日计算当月损益,则需比照上述分录进行调整。

(4) 20×5年2月20日,应作如下分录:

① 记录汇率变动产生的影响:

借:期汇合同损失   9 000
 贷:应收账款(应收澳元——××购货商)[($5.20－5.05)×60 000] 9 000
借:应付账款(应付澳元—银行)[￥5.20－5.05)×60 000] 9 000
 贷:期汇合同利得   9 000

② 记录收到澳大利亚购货商所付的澳元:

借:银行存款(澳元户)(￥5.05×60 000) 303 000
 贷:应收账款(应收澳元——××购货商)(￥315 000－3 000－9 000) 303 000

③ 记录向银行支付澳元和从银行收到人民币:

借:应付账款(应付澳元——银行)(￥315 000－3 000－9 000) 303 000
 贷:银行存款(澳元户)(￥5.05×60 000) 303 000
借:银行存款(人民币户) 310 800
 贷:应收账款(应收人民币—银行)(￥5.18×60 000) 310 800

④ 将期汇合同折价余额计入本年损益:

借:折价费用 3 500
 贷:期汇合同折价(￥4200－700) 3 500

从例9-4可以看出,中国丙公司在20×4年度和20×5年度除将期汇合同折价摊销外,均未再因汇率变动而产生损益,因为一个项目产生损失的同时,另一个项目产生了利得,两者对冲之后消除了汇率变动产生的影响。20×5年2月20日丙公司如数收到310 800元人民币,若不签订该期汇合同,按当时的即期汇率出售60 000澳元则只能收到303 000元人民币(￥5.05×60 000),所以,签订合同获益7 800元,如果人民币升值更大,则乙公司会受益更大。当然,如果汇率朝相反的方向变动,丙公司会丧失换取更多人民币的机会,相对来说遭受损失。

对于为进行外币投机生意而签订的期汇合同,其会计处理与上述两类业务相似,且比其简单,一般不确认折价或溢价,最终以外币收、付交割为止。公司签订这类期汇合同的目的旨在利用汇率的变动套利,但同时也是在冒险,有可能套利不成反遭损失。汇率的剧烈波动会使有的公司取得巨额利得,而有的公司则可能破产倒闭。在合同期间内,市场汇率与合同汇率之间的差额构成了这种投机生意的损益。对这种期汇合同损益的会计处理有两种,一是在发生的各期逐期确认,二是在合同到期时一次确认。

三、衍生工具带来的会计问题

国际金融市场由于衍生金融工具的发展而发生了巨大的变化。在国际金融市场上除传统的股票债券等金融工具外,越来越复杂的衍生工具如期货、期权、互换等得到了很大的发展。许多公司往往将这些衍生工具用于风险管理,但是这些衍生工具往往本身带有很大的风险,可能会改变公司的风险状况。国际会计准则委员会、美国财务会计准则委员会等准则制定机构一直在研究制定相应的会计准则,旨在使这些衍生工具的影响在公司财务报表中能得到反映。衍生工具包含的内容十分广泛,而且品种还在不断地增加。

国际会计准则第 32 号"金融工具:列报"中定义的衍生工具,指具有以下特征的金融工具:①其价值随特定利率、证券价格、商品价格、汇率、价格或利率指数、信用等级或信用指数或类似变量的变动而变动;②不要求初始净投资,或与对市场条件变动具有类似反映的其他类型合同相比,要求较少的净投资;③在未来日期结算。

衍生金融工具区别于基础金融工具的最根本特性,是未来性、杠杆性和契约性。衍生金融工具交易是在现在的时点对基础工具未来可能产生的结果进行的交易,交易结果取决于基础工具未来某个时点的状态,具有不确定性;衍生金融工具定价以标的物的价值为基础,但只需支付占其较小比例的保证金,以小博大,潜在的风险较大;衍生金融工具是一种形成一个企业的金融资产同时形成另一个企业的金融负债或权益工具的合同,其交易的对象是基于基础工具未来状态的契约化权利和义务。衍生金融工具种类繁多,但其基本类型有四种,远期、期货、期权和互换。以下简要介绍两个与外币有关的衍生工具。

(一)外汇期权

外汇期权是指在未来某一时日买卖一笔外汇的合约,包括买权和卖权,买权是在约定时日买入一笔外汇的合约;卖权是在约定时日卖出一笔外汇的合约。外汇期权交易是于 20 世纪 80 年代从美国逐步发展起来的。外汇期权作为期权的一种,有着与其他期权共同的特征,具有标准的合同和规格,按份进行交易。

下面举例说明,假设一家中国公司 30 天后需要一笔欧元,它可以为此而买入 30 天的外汇买权,30 天后当汇率对公司有利时,它可以行使该买权;不利时,则可不行使。再假设该中国公司 30 天后需要 40 000 欧元,为此以 400 元人民币买入 40 000 欧元 30 天到期的买权,另付经纪人费用 400 元,合约约定的汇率为 1 欧元等于 6.58 元人民币。30 天后若即期市场汇率变为 1 欧元等于 6.64 元人民币,该中国公司可行使买权,以 6.58 元人民币换 1 欧元的汇率用 263 200 元人民币取得 40 000 欧元,这比按当时的即期市场汇率 6.64 元人民币换 1 欧元节约 2 400 元(¥265 600−263 200),减去买入期权的支出和经纪人费用 800 元,共节约 1 600 元,由此可见,当出现人民币大幅度贬值时,买入该买权会使公司大大受益。30 天后若人民币升值,市场汇率变为 1 欧元低于 6.58 元人民币,则公司可按市场汇率购入欧元,这时公司所损失的只是买入期权的支出和经纪人费用 800 元。

(二)外币互换

外币互换是指一项同时进行的即期和远期交易。例如,一家中国公司从日本的子公司收到了日元股利,但是在收到股利后的 60 天内,中国公司并不需要动用日元,因而可以将其存入银行以赚取利息,不过该中国公司目前需要人民币支付某些费用,但是现金比较紧张。在这种情况下除向银行申请贷款外,该中国公司也可以用这笔日元进行外币互换,即到银行将日元按即期汇率换成人民币,使用 60 天,同时签订一个 60 天的远期合同,约定按 60 天的远期汇率在 60 天后换回该笔日元。

再如一家中国香港公司想在日本金融市场上借入日元,但由于缺乏资信需以负担较高利息的代价才能借到;同时,有一家日本公司欲在中国香港金融市场上借入港币,同样由于缺乏资信而不能以市场通行的利率借到港币。这两个公司可通过外币互换来解决各自的问题。日本公司在当地以一般市场利率借入日元与中国香港公司在当地以一般市场利率借入的港币进行互换。假如双方签订外币互换合同,进行日元和港币的互换。约定的汇率为100日元换8港元,日本公司在当地借入1 000万日元,中国香港公司也在当地借入80万港元,互换后,两个公司各自得到了自己所需要的货币。在利息支付日,日本公司将支付港币利息,中国香港公司则支付日元利息。在合同到期日,日本公司再以港币与中国香港公司的日元交换,各自用换回的本地货币偿还借款。

在上述互换举例中,日本公司面临的汇率变动风险包括两个方面:一是利息支付日要购买的港币受汇率变动的影响;二是合同到期再买回花掉的港币时受汇率变动的影响。中国香港公司也面临着同样的风险。为规避风险,两个公司可再各自签订期汇合同,将未来购买港币/日元需支付的本币固定下来。

衍生金融工具的发展带来一系列会计问题,如在会计系统中如何确认、计量衍生工具,如何及时、充分、真实地披露衍生工具信息等。衍生金融工具对传统会计模式的权责发生制、历史成本计量、报表披露方式等造成了很大的冲击。

20世纪80年代以来,国际会计准则委员会以及美、英、加、澳等国的准则制定机构开始着手研究并制定衍生金融工具会计准则。之后,国际会计准则委员发布了第32号准则"金融工具:列报"(1998)和第39号准则"金融工具:确认和计量"(1998),进入21世纪后,经过多次研讨和征求意见,又发布了第9号国际财务报告准则"金融工具"(2009)。美国财务会计准则委员会发布的相关准则有:SFAS105"对具有表外风险和信用集中风险的金融工具的披露",SFAS107"金融工具公允价值的披露"(1991),SFAS 115"某些债权性及权益性证券的会计处理"(1993),SFAS119"对衍生金融工具以及金融工具公允价值的披露",SFAS125"金融资产的转移与服务以及债务消亡的会计处理"(1996),SFAS133"衍生金融工具和套期行为的会计处理"(1998),SFAS138"某些衍生工具和某些套期活动的会计处理"(2000),SFAS155"某些混合金融工具的会计处理"(2006),SFAS161"衍生工具和套期活动的披露"(2008)。英国、加拿大和澳大利亚等国也发布了类似的准则。

第三节 外币报表折算

在不同国家从事经营活动的企业,一般是以其所在国的货币为单位编制财务报表的,跨国公司母公司和子公司来自不同国家的、以不同货币编制的财务报表必须首先进行外币折算,折算为相同货币的金额才能进行合并,编制集团合并财务报表。由于各国的国际收支状况、政治状况及政府的干预程度、市场利率、通货膨胀率甚至投机和谣言等诸多因素的影响,使得汇率处于波动之中,起伏不定,从而使外币报表折算出现了种种难题。

一、外币报表折算的意义与方法

外币报表折算就是将财务报表项目中以一种货币表示的金额用另一种货币的一定金额来表示,是将以非记账本位币或非报告货币表述的金额换算成以记账本位币或报告货币表述的金额的过程,如以美元为单位的报表项目换算成以日元为单位的项目来表示;英镑报表项目换算成用欧元来表示。折算的结果只是账面上或报表上转换货币的种类,并不发生实际的货币兑换,故外币折算与货币兑换有着明显的区别。

在外币报表折算过程中涉及两个主要问题:一是折算汇率的选择,二是折算损益的处理。由折算汇率选择方式的不同而区分出了不同的折算方法。历史上曾先后有四种外币折算方法被采用过:①结账日汇率法,又称现行汇率法;②流动与非流动法;③货币与非货币法;④时态法。下面举例说明不同的折算方法,先以资产负债表的折算为例。折算损益的处理采用在资产负债表中作为折算调整额列报的方法进行。

(一) 资产负债表的折算

1. 结账日汇率法

在结账日汇率法(closing rate method)下,以结账日的现行汇率折算所有的资产和负债各项目,以结账日计算的平均汇率折算收入和费用各项目,只有资本项目以资本实际收到日时的历史汇率折算。这种方法是一种单一汇率法。运用这种方法进行折算,就是用被折算项目乘以现行汇率或平均汇率来求得折算后金额,这里的乘数实际上是一个单一的常数,因此折算后的财务报表能保持原来各项目之间已存在的比例关系,除资本项目外,不会产生折算差额。

下面举例说明结账日汇率法的折算过程。

【例9-5】 20×4年12月31日S公司以美元表示的资产负债表如表9-1所示。该日汇率的中间价为 US\$1=¥6.32;公司收到股本时的汇率为 US\$1=¥7.56。

表 9-1　　　　　　　　S公司资产负债表(原始资料)
20×4年12月31日　　　　　　　　　　　单位:美元

资　产		负债及所有者权益	
现金	3 000	应付账款	4 500
应收账款	6 000	长期负债	369 000
存货	74 000	普通股本	150 000
固定资产(净值)	552 000	未分配利润	111 500
合　计	635 000	合　计	635 000

现将S公司20×4年12月31日以美元表示的资产负债表折算成以人民币表示的资产负债表。折算过程是:以原始资料各项目的外币金额分别乘以汇率¥6.32就可得到折算后各项目的人民币金额,其中普通股股本项目乘以历史汇率¥7.56得到按历史汇率折算的金额,再用按现行汇率折算后的净资产金额减去按历史汇率折算的普通股股本和未分配利润的合计数后为折算调整额。也可以这样计算:(¥6.32−7.56)× US\$150 000=−¥186 000。折算后的合计数可用原合计数乘以汇率求得,也可将折算后的各项目的金额直接相加求得。其中未分配利润的金额从利润表中转来。折算后资产负债各项目原来的比例关系不变。折算结果如表9-2所示。

2. 流动与非流动法

采用流动与非流动法(current-noncurrent method),首先要将被折算项目按仍将继续存在的期限进行划分,即将资产负债表上的被折算项目划分为流动性项目和非流动性

表 9-2　　　　　　　　S公司资产负债表(结账日汇率法)
　　　　　　　　　　　20×4年12月31日　　　　　　　　　　　单位：美元

资　产		负　债　及　所　有　者　权　益	
现金	18 960	应付账款	28 440
应收账款	37 920	长期负债	2 332 080
存货	467 680	普通股本	1 134 000
固定资产(净值)	3 488 640	未分配利润	704 680*
		折算调整额	−186 000
合　计	4 013 200	合　计	4 013 200

* 根据利润表。

项目两大类。凡是一年以内到期的项目为流动性项目，如流动资产和流动负债，流动性项目按结账日的现行汇率进行折算；除此以外的项目为非流动性项目，非流动性项目按其各自入账时的历史汇率折算。由于使用了不同的汇率，折算后的财务报表打破了原来各项目之间已存在的比例关系。采用这种方法使流动性项目暴露于汇率变动之中，因此折算调整额为流动性项目采用结账日汇率折算产生的差额合计数。

仍以前述资料为例说明这种方法的运用。

【例 9-6】　资产负债表中各项目的历史汇率是各不相同的，实务中需要根据各项目的历史汇率对非流动性项目进行折算。本例中为简化起见，假设所有的历史汇率均为US\$1＝￥7.56，折算结果如表 9-3 所示。其中折算调整额为流动性项目净额乘以汇率变动差额的结果：$-97\,340=(3\,000+6\,000+74\,000-4\,500)\times(6.32-7.56)$。

表 9-3　　　　　　　　S公司资产负债表(流动与非流动法)
　　　　　　　　　　　20×4年12月31日　　　　　　　　　　　单位：美元

资　产		负　债　及　所　有　者　权　益	
现金	18 960c	应付账款	28 440c
应收账款	37 920c	长期负债	2 789 640h
存货	467 680c	普通股本	1 134 000h
固定资产(净值)	4 173 120h	未分配利润	842 940*
		折算调整额	−97 340
合　计	4 697 680	合　计	4 697 680

注：c 表示按现行汇率计算；h 表示按历史汇率计算。* 根据利润表。

3. 货币与非货币法

采用货币与非货币法(monetary-nonmonetary method)，首先要将被折算项目按货币性进行划分，即将资产负债表上的被折算项目划分为货币性项目和非货币性项目两大类。货币性项目按现行汇率进行折算，非货币性项目按历史汇率折算。这种方法的基本原理是货币性资产和负债有着相似的性质，它们的价值与汇率的变动有密切的关系；随着汇率的变动，它们被折算货币的等价物也要变动，这些项目主要是现时货币或代表着未来货币的债权债务，因此应按现行汇率进行折算。非货币性项目主要包括存货、固定资产以及股

第九章　外币业务会计与外币报表折算

东权益等除货币性项目以外的其他项目,它们的价值不随汇率的变动而变动,因此应按历史汇率进行折算。同流动与非流动法一样,由于使用了不同的汇率,被折算的财务报表各项目之间原有的比例关系要被打破。采用这种方法使货币性项目暴露于汇率变动之中,因此折算调整额为货币性项目采用结账日汇率折算产生的差额合计数。

仍以前述资料为例说明这种方法的运用。

【例 9-7】 同样资产负债表中各项目的历史汇率是各不相同的,实务中需要根据各项目的历史汇率对非货币性项目进行折算,在此为简化起见,假设所有的历史汇率均为 US＄1＝￥7.56。前述 S 公司有关资料运用这种方法折算结果如表 9-4 所示。其中折算调整额为货币性项目净额乘以汇率变动差额的结果：451 980＝(3 000＋6 000－4 500－369 000)×(6.32－7.56)。

表 9-4　　　　　　S 公司资产负债表(货币与非货币法)

20×4 年 12 月 31 日　　　　　　　　　　　　　　单位：美元

资　产		负债及所有者权益	
现金	18 960c	应付账款	28 440c
应收账款	37 920c	长期负债	2 332 080c
存货	559 440h	普通股本	1 134 000h
固定资产(净值)	4 173 120h	未分配利润	842 940*
		折算调整额	451 980
合　计	4 789 440	合　计	4 789 440

注：c 表示按现行汇率计算；h 表示按历史汇率计算。＊根据利润表。

4. 时态法

采用时态法(temporal method)的基本做法是,根据时态的原则确定资产负债表中各项目应选取的折算汇率,以现行价值、可变现净值或现行重置成本反映的项目以及代表未来金额的项目,选取结账日汇率进行折算；反映历史成本的项目按历史汇率折算。资产项目中以过去的交换价格记录的,反映的是历史成本,就要按历史汇率折算；按市价记录的、反映现行价值的,就要按现行汇率折算。例如,一项固定资产是以其被购买时的当时货币价格记录的,就要按购买这项资产时的汇率进行折算,以结账日现行重置成本计价的,就要按现行汇率折算；负债代表的是未来金额,要按结账日汇率折算。时态法同样会打破被折算财务报表各项目之间原有的比例关系。采用这种方法使采用结账日汇率折算的项目暴露于汇率变动之中,因此折算调整额为按结账日汇率折算的项目采用结账日汇率折算产生的差额合计数。

仍以前述资料为例说明这种方法的运用。

【例 9-8】 假设 S 公司的存货中有 50％是按现行市场价格计价的,另有 50％是按历史成本计价的。折算后的资产负债表如表 9-5 所示。其中折算调整额为以现行价格计价的项目净额乘以汇率变动差额的结果：406 100＝(3 000＋6 000＋74 000×50％－4 500－369 000)×(6.32－7.56)。

表 9-5　　　　　　　　　　S 公司资产负债表（时态法）

20×4 年 12 月 31 日　　　　　　　　　　单位：美元

资　产		负债及所有者权益	
现金	18 960c	应付账款	28 440c
应收账款	37 920c	长期负债	2 332 080c
存货	513 560c/h**	普通股本	1 134 000h
固定资产（净值）	4 173 120h	未分配利润	842 940*
		折算调整额	406 100
合　计	4 743 560	合　计	4 743 560

注：c 表示按现行汇率计算；h 表示按历史汇率计算。* 根据利润表。

**513 560=74 000×50%×6.32+74 000×50%×7.56。

（二）利润表的折算

现在说明一下各种方法在利润表折算中的运用。采用结账日汇率法，对于收入和费用按结账日现行汇率折算或按某种合适的平均汇率折算，结账日汇率法的优点是折算后仍保持子公司报表中原有项目之间的各种比例关系。采用流动与非流动法或货币与非货币法时，大多数公司是将折旧费和摊销费按历史汇率折算，其他收益和费用项目按当期平均汇率折算，也有的公司将全部项目均按平均汇率折算。

在时态法下，按照时态原则，收入和费用各项目应按业务发生日的汇率折算。不过在实务中，各公司通常采用合理的近似汇率进行折算，如平均汇率。与资产有关的费用，如折旧费和摊销费，用历史汇率折算；销货成本则按与所售货物成本相适的汇率折算。在折算销货成本时，期初和期末存货通常以存货积累期间内的平均汇率折算，购货项目按存货购入时已存在的平均汇率折算。其他收益和费用按以销售量为权数计算的平均汇率进行折算。一个公司可以按月折算利润表，然后将各月经过折算的利润表简单地加在一起形成年度利润表。

资产负债表中所有者权益部分一般包括实收资本和未分配利润两部分。未分配利润可通过利润分配表计算，利润分配表有时也并入利润表。期初未分配利润数就是上期末的期末数，所以可使用上期末该项折算后的数字作为本期的期初未分配利润数。净损益经上述利润表折算后可求出。股利按宣布股利时的实际汇率折算。期末未分配利润就是期初未分配利润加净利减股利后的余额，由于资产负债表与利润分配表都采用了不同的汇率进行折算，使资产负债表中与利润分配表的折算产生了折算损益。

二、折算损益的披露

以上比较各种折算方法时，都没有过多地阐述折算损益的处理问题，只是简单地将折算中产生的差额作为折算调整额在所有者权益部分列示。这种做法只是处理折算损益的一种办法，即资产负债表处理方法。此外，也有将折算损益列入利润表作为利润表项目处理的，即利润表处理方法。一般来说，时态法下往往采用利润表处理方法。下面举例说明时态法下折算损益的列示。

【例 9-9】　假设美国某公司采用时态法对其国外子公司财务报表进行折算，折算损益在当期利润表中确认。另设所得税在全年内均衡支付，股利于年底宣布。再设该国外子公司所用货币为FC,有关汇率如下。

(1) 20×4年12月31日结账日汇率:FC1＝＄3.25。

(2) 期末存货积累期间内的平均汇率:FC1＝＄3.12。

(3) 固定资产购买时的历史汇率:FC1＝＄2.95。

(4) 股票发行时的历史汇率:FC1＝＄2.90。

(5) 20×4年平均汇率:FC1＝＄3.05。

(6) 期初存货积累期间内的平均汇率:FC1＝＄3.02。

(7) 存货采购期间内的平均汇率:FC1＝＄3.10。

折算后的资产负债表和利润及利润分配表如表9-6和表9-7所示。

表9-6　　　　　　　　　　资产负债表

20×4年12月31日

资产				负债及所有者权益			
项目	当地货币	汇率	美元	项目	当地货币	汇率	美元
现金	FC300 000	3.25	975 000	应付账款	FC350 000	3.25	1 137 500
存货	500 000	3.12	1 560 000	应付债券	400 000	3.25	1 300 000
固定资产	1 200 000	2.95	3 540 000	普通股本	600 000	2.90	1 740 000
累计折旧	(200 000)	2.95	(590 000)	未分配利润	450 000		1 307 500
合 计	FC1 800 000		5 485 000	合 计	FC1 800 000		5 485 000

表9-7　　　　　　　　　　利润及利润分配表

20×4年

项 目	当地货币	汇率	美 元
销售收入	FC1 400 000	3.05	4 270 000
销售成本			
期初存货	FC325 000	3.02	981 500
购货	850 000	3.10	2 635 000
小计	1 175 000		3 616 500
期末存货	500 000	3.12	1 560 000
货物成本	675 000		2 056 500
人工成本	300 000	3.05	915 000
折旧费	100 000	2.95	295 000
推销及管理费用	125 000	3.05	381 250
折算损益			(925 850)
税前利润	200 000		1 548 100
所得税	50 000	3.05	155 600
税后利润	FC150 000		1 392 500
期初未分配利润	FC80 000		240 000
本期净利	150 000		1 392 500
减:股利	100 000	3.25	325 000
期末未分配利润	FC130 000		1 307 500

表 9-7 中的折算损益可这样计算：利润表中不包括折算损益项目的税后利润美元数为 466 650 美元。期末未分配利润应为：

期初未分配利润	$ 240 000
净利	466 650
小计	706 650
减：股利	325 000
期末未分配利润	$ 381 650

利润及利润分配表中期末未分配利润应有数为 $381 650，资产负债表中未分配利润数经平衡调整计算应为 $1 307 500，两者之间的差额 $925 850 为折算损益，在当期利润表中折算损益项目中予以确认。

三、折算方法的发展与应用趋势

外币折算方法在理论上和实务中都是逐步发展起来的。其中结账日汇率法是最悠久的，结账日汇率法简便易行，自然成了首先形成和被使用的方法。为了应对汇率的经常波动，在美国产生了流动与非流动法，1931 年美国注册会计师协会在第 92 号公报中提出这种方法，后又通过几个文件对这种方法进行了补充。提出采用这种方法的理由是汇率在未来几个月或几年内可能会上下波动几次，因此，对于非流动项目，在结账日不必确认由于汇率变动而产生的损益，汇率在未来的变动有可能又向着这些非流动项目的历史汇率的方向发展。

然而，后来由于美元对其他货币的汇率的变动不再围绕着固定的均衡比价波动，使得那种认为汇率的变动要保持上下反转的观点变得不合理了。对于非流动负债来说，结账日汇率也许是这些项目未来汇率的最好估计。这样，产生了另一种可供选择的方法，即货币与非货币法。

货币与非货币法是美国密执安大学教授塞缪尔·R.海普沃思(Samuel R. Hepworth)于 1956 年在他的专著《国外经营报告》中提出的。他认为应按各项目的性质而不是到期日选择折算汇率进行折算。这样，被折算项目不是划分为流动的和非流动的两大类，而是要划分为货币性的和非货币性的两大类。货币非货币法与流动非流动法的不同在于将长期负债而不是存货暴露于汇率波动之中。1965 年会计原则委员会意见书第 6 号正式提出了这种方法。

不同的意见认为采用货币与非货币法对利润的影响较大。在母公司货币贬值的情况下，长期负债折算的结果要出现损失，而固定资产或存货却没有折算收益。与这种汇率变动的实际结果相反，在母公司所用货币贬值的情况下，实际上会使子公司的利润以母公司的货币表示时增大。

在时态法提出之前存在着前述三种折算方法，这三种方法各自都存在着一定的缺陷。美国注册会计师协会为了寻找更好的折算方法，于 20 世纪 70 年代初指定伦纳得·洛伦森(Leonard Lorensen)对此进行全面的研究。洛伦森于 1972 年提交了研究报告，发表在美国注册会计师协会的《会计研究文集》第 12 集中。报告中提出了按"时态原则"进行折算的理论和方法。1975 年美国财务会计准则委员会发布的财务会计准则第 8 号正式要求采纳这一方法。时态法的基本理论是试图为折算中汇率的选择提供一种逻辑基础。然而时态法也是不完善的,折算后的财务信息仍然失真,对外币反映的财务状况和经营成果产生歪曲。

前述四种折算方法分为两类:①单一汇率法,即现行汇率法或结账日汇率法;②多种汇率法,包括流动与非流动法、货币与非货币法和时态法。多种汇率法中,理论上相对比较完善、实务中广泛采用的是时态法。因此外币折算方法的选择,实际上是采用单一汇率折算还是采用多种汇率折算的选择,是结账日汇率法与时态法之间的选择。

结账日汇率法历史较久,它的优点是操作中简便易行,折算结果基本不改变原币报表中各项目之间的比例关系和原来的经营成果,因而根据折算后的金额计算的许多财务比率与折算前是一致的。国外子公司是一个单独的实体,只有它的资本净值承担风险,而不是所有每个项目的余额。这样,所有的余额都应按相同的汇率折算,这个汇率应是资产负债表日的流行汇率。否则,使用不止一种汇率会搞乱各项余额之间原有的关系。

结账日汇率法的缺点是与历史成本原则不一致,国外子公司的历史成本余额按结账日汇率折算会变得毫无意义,因为这种折算结果既不是历史成本,也不是现行成本。

时态法克服了以前曾采用过的流动与非流动法和货币与非货币法中存在的缺陷,使多种汇率法达到了一个比较完善的地步。采用时态法的优点是保持了历史成本原则的一致性。时态法的缺点在于它不能吸收结账日汇率法的优点。它操作复杂,而且折算结果往往要改变原币报表中各项目之间的比例关系和原来的经营成果。因此采用时态法进行折算后提供的财务信息是不能令人满意的。时态法改变的太多。

美国1975年10月发布的第8号财务会计准则是实施时态法的正式文件。但是,时态法尽管在理论上可行,而一旦付诸实施,问题就接踵而来,导致对它的批评声四起。第8号准则实施两年以后的1978年5月,财务会计准则委员会在征求公众对第1~12号准则的意见的过程中,收集的大多数意见是关于第8号准则的,评论信件达200多封。批评者认为按第8号准则的要求进行外币折算所得的结果不能反映国外经营活动的基本经济现实。人们已经发现这种会计结果不能反映基本经济状况的表现主要有两个方面:①所报告的盈亏反复无常;②财务成果和财务关系不合常规。这些问题的原因是:①当期确认未实现的汇率变动调整额;②存货和固定资产按历史汇率折算而债务按现行汇率折算。

1981年美国财务会计准则委员会发布了第52号财务会计准则,提出了确定职能货币(functional currency,或译功能货币)的方法,国外子公司或分支机构的财务状况和经营成果首先以职能货币进行计量,然后再考虑与报告货币相一致的问题。第52号准则提出了6项确定职能货币的指标。这6项指标如表9-8所示①。

第52号准则第12段规定,财务报表的所有要素都要用现行汇率折算。资产和负债项目使用资产负债表日的汇率,收入、费用、利得和损失等项目,一般应采用这些项目确认日的汇率,为简化,也可以采用当期近似的加权平均汇率。如果一个国外实体的账簿记录不是用职能货币登记的,那么在折算之前要将有关记录重新计量为职能货币,如果国外实

---

① 根据 FASB Statement No. 52, "Foreign Currency Translation" par. 42 整理。

表 9-8　　　　　　　　　确定职能货币的指标

经济因素	应以母公司所在国的货币作为职能货币的情况	应以子公司所在国的货币作为职能货币的情况
现金流量	直接影响母公司的现金流量,经常向母公司汇款	以当地货币支持日常的经营周转,不影响母公司的现金流量
销售价格	对汇率变动有反应,由世界范围内的竞争所决定	对汇率变动基本上没有反应,主要由当地的竞争所支配
销售市场	主要在母国,以母公司所在国的通货标价	主要在东道国,以当地通货标价,也有可能有大量的出口
费用	生产成本和经营费用主要与从母国进口的资源有关	生产成本和经营费用主要由当地环境和条件所决定
理财	财源主要来自母公司,或依靠母公司偿付债务	主要依赖当地货币,当地实体的经营现金流量足以偿付债务
内部交易	大量的公司间内部交易,母公司和国外实体的经营活动之间有着广泛的相互联系,或国外实体是母公司投资或筹资的手段	少量的公司间内部交易,母公司和国外实体的经营活动之间没有广泛的相互联系,但是,国外实体可能要依赖母公司或联营公司的竞争优势,如专利和商标

体的职能货币就是报告货币,那么重新计量为职能货币也就计量为报告货币了,折算的过程也就完成了。重新计量的过程中要使用历史汇率完成有关货币之间的转换,其中产生的汇兑损益要予以确认。国外实体的财务状况和经营成果最终是以职能货币计量的,整个重新计量的过程实际上是时态法的运用。如果国外实体所用的货币本身就是职能货币,或经过重新计量以后已折算为职能货币,职能货币又与报告货币不一致,那么按第12段的要求折算为报告货币的过程实际上是结账日汇率法的运用。

这样,第52号准则实际上规定要根据具体情况分别采用时态法和结账日汇率法。对于相对独立的国外实体,采用结账日汇率法折算;对于构成母公司整体之一部分或是母公司经营活动之扩展的国外实体,采用时态法折算。

美国在外币折算方面的理论和实务是居于领先地位的,所以影响也是很大的。英国1983年颁布的第20号标准会计实务说明"外币折算",基本上与美国的相同。英国是一直坚持使用结账日汇率法的国家,在第20号标准会计实务说明中,又进一步规定了可以采用时态法的条件:"国外企业的交易比其自己的报告货币更加依赖投资公司货币所处的经济环境"(第55段),并且列举了适用时态法的情况,例如推销机构、垂直的整体经营活动中的一部分、避税港的经营活动等。第21号国际会计准则"汇率变动的影响"也有类似美国的规定,将国外经营单位分为主要使用当地货币的国外实体和作为母公司经营活动有机组成部分的国外实体两大类,前者应选用结账日汇率法,后者应选用时态法。

结账日汇率法并不是一种完善的折算方法,这一点我们已经指出。折算长期项目所得的结果容易使人误解。不过,这一缺陷是可以补救的,比如通过附表或附注的形式,分别列示国外子公司中长期项目本身的增减变动数额和汇率变动引起的增减变动数额,参照之后即可得出正确的结论。

第九章　外币业务会计与外币报表折算

四、外币报表折算与通货膨胀调整

母公司在合并其设在不同通货膨胀环境中的国外子公司的报表时,在外币报表折算中还要涉及通货膨胀对财务报表的影响。在这一领域中,目前有以下三种观点和做法。

(一) 先调整后折算

这种方法是从子公司观点出发,先按子公司所在东道国的物价变动影响进行调整,对外币金额进行重新表述;然后折算为母公司本国货币。这种论点的提倡者认为:这样可以使报表的使用者既能按照各国子公司的当地货币来评价以历史成本为基础的经营成果,又能评价各国通货膨胀对这些子公司的个别经营成果的影响。同时,也能使母公司管理当局更好地判断、评价各子公司在保持财务资本的前提下所达到的经营业绩。批评者则认为:各个子公司分别按照其东道国的物价变动水平进行重新表述,将导致公司的计量基础多重性。此外,重新表述后再折算将导致通货膨胀因素的重复计算,因为外汇汇率的变化已经包含了通货膨胀因素。

(二) 先折算后调整

这种方法是从母公司观点出发,先按母公司的本国货币对国外子公司的财务报表进行折算;然后,按母公司本国的物价变动影响进行调整,并重新表述。这种论点的提倡者认为:这种方法不仅显示了外币汇率的变动对国外子公司财务报表的影响,而且能揭示出本国的通货膨胀对母公司股东可望得到的投资报酬的影响;也不会重复计算通货膨胀的影响;还可以避免计量标准的多重性,使其统一在母公司本土国的物价水平上。对这种论点持批评意见者认为:这种程序抹杀了各国不同程度的通货膨胀对子公司的个别经营成果的影响。

也有人主张:当国外子公司的外币报表折算采用"现行汇率法"时,即国外子公司以其东道国货币为功能货币时,采用"先调整后折算"程序;当国外子公司的外币报表折算采用"时态法"时,即国外子公司以母公司本土国货币为功能货币时,采用"先折算后调整"的程序。

(三) 以现行成本先调整后折算

这一观点是美国的乔伊和米勒在他们合著的《国际会计》一书中提出的①。首先,对所有的国外子公司和国内子公司以及母公司的财务报表都按现行成本进行调整,反映特定物价的变动;然后,应用各种外币的现行汇率把所有国外子公司的外币报表折算为母公司本国货币。这种观点的实质是:在通货膨胀会计中,以现行成本模式替代历史成本会计模式;在外币折算中,以现行汇率法替代时态法,并采用"先调整后折算"的程序。

复习思考题

1. 企业发生外币经济业务时,涉及哪些会计问题?
2. 分别解释一项业务观与两项业务观的概念及原理。

---

① F.乔伊,G.米勒. 国际会计[M]. 常勋,陆祖汶,等,译. 上海:立信会计图书用品社,1984:201-207.

3. 请举例说明什么是衍生金融工具。衍生金融工具给我们带来了怎样的会计问题？

4. 假设中国香港公司 2014 年 12 月 15 日向美国供货商订购设备，共计价值 85 000 美元，货款将于 60 天后支付。香港公司以港币为记账本位币并核算经营损益。为实现套期保值，同日，香港公司与银行按 60 天远期汇率签订 60 天后购买 85 000 美元的期汇合同。有关汇率如下。

2014 年 12 月 15 日，即期汇率：US＄1＝HK＄6.25。

2014 年 12 月 15 日，60 天远期汇率：US＄1＝HK＄6.28。

2014 年 12 月 31 日，即期汇率：US＄1＝HK＄6.22。

2015 年 2 月 15 日，即期汇率：US＄1＝HK＄6.35。

试写出自期汇合同签订至合同执行期间所涉及的所有会计分录。

5. 简述外币报表折算的意义与四种折算方法的原理，并完成下列习题。

2014 年 12 月 31 日某公司以美元表示的资产负债表如表 9-9 所示。该日汇率的中间价为 US＄1＝￥6.28；公司收到股本时的汇率为 US＄1＝￥7.20。

表 9-9　　　　　　　某公司以美元表示的资产负债表　　　　　　　单位：美元

资产		负债及所有者权益	
现金	8 000	应付账款	12 000
应收账款	15 000	长期负债	102 000
存货	47 000	普通股本	45 000
固定资产	156 000	未分配利润	15 000
减：累计折旧	52 000		
合　计	174 000	合　计	174 000

要求：分别运用四种折算方法将该公司以美元表示的资产负债表折算成以人民币表示的资产负债表。

6. 简述外币报表折算与通货膨胀调整的不同做法。

本章参考文献

[1] 常勋. 财务会计三大难题[M]. 上海：立信会计出版社，1999.

[2] 法博齐，迪利亚尼. 资本市场：机构与工具[M]. 唐旭，等，译. 北京：经济科学出版社，1998.

[3] Choi F D S, Meek G K. International Accounting[M]. 7th ed. Pearson Prentice Hall, 2011.

[4] Nobes C W, Parker R H. Comparative International Accounting [M]. 10th ed. Prentice-Hall Inc., 2008.

[5] Nobes C W. "A Review of the Translation Debate" in International Accounting and Multinational Enterprises[M]. 2nd ed. Arpan J S, Radebaugh L H. John Wiley & Sons, 1980.

[6] Radebaugh L H, Gray S J, Black E L. International Accounting and Multinational Enterprises[M]. 6th ed. China Machine Press, 2007.

第十章 国际审计与会计监管

国际审计是审计活动向国际化方向发展的结果。由跨国经营活动而导致一些审计活动从一个国家逐渐扩展到多个国家,从而使这些审计活动不再纯粹是一个国家范围内的事情,审计过程和结果涉及多个国家有关方面的利益,具有国际影响,由此产生了国际审计。

第一节 国际审计的基本概念

一、国际审计产生的原因

国际审计是由审计对象跨越国境、被审计单位具有不同于单纯国内企业的特殊性以及审计师和审计准则的国际性而形成的一个审计领域。引起审计国际化的原因主要有以下几个方面。

(一)跨国公司国际经营活动的发展

跨国公司开展国际经营活动,促使原来为其服务的审计机构将其业务活动相应地扩展到国外,这样才能完成所承担的审计任务,实现审计目标,由此使审计活动从国内走向国际,并促进了国际性会计师事务所的发展。

跨国公司是一些受到中心控制的自治实体的组合体。然而从财务报告编制者的角度看,每一个子公司都是一个自治个体,它们必须按照所在国的财务报告准则和法规制度来编报财务报表和各种文件,同时承担各种由所在国要求的法定责任。因此,由母公司所在国的会计师事务所审计国外子公司会产生一些不同以往的问题,比如对当地的法律、会计准则、股利发放政策、税务及审计规则等的了解和熟悉问题。跨国公司的审计师必须考虑所能提供的审计可以在多大程度上满足跨国公司的要求,为了不断满足这种要求,会计师事务所必须将审计业务向国际方向发展。

(二)资本市场的国际化

国际资本市场需要有可比的和可靠的财务信息予以支持,审计是满足这种需求的重要途径,资本市场的国际化必然使为其服务的审计活动向国际化方向发展。

在国际资本市场上进行筹资的公司,所提交的必须是经过审计的财务报告,这些不同公司的财务报告可能由许多不同国家的审计师进行审计,或者是一家跨国公司母公司和各子公司的财务报表可能由不同的会计师事务所的审计师审计过,审计时所依据的是各种不同的审计准则。在国际资本市场上逐步形成了对承担国际审计业务的会计师事务所的资格要求以及应遵循国际公认审计准则的执业要求。因此,具有承担国际审计业务的会计师事务所的形成和国际公认审计准则的制定与完善促成了国际审计这一特殊领域的产生和发展。

(三) 会计的国际化

独立执行审计业务的注册会计师面对日益国际化的会计实务展开审计工作,在解决各国会计实务差异的同时所形成的特有审计观念、方法和技术将审计活动推向国际化。

从技术的角度来看,执行跨国公司审计的审计师是对合并报表进行审计并提交报告,而不仅是针对个别子公司的报表。但是作为合并报表的编制基础,子公司报表的正确性具有很重要的意义。这意味着当审计师准备对合并报表提交审计报告时实际上是对集团中所有公司的报表发表了审计意见。然而这些子公司可能处于其他国家,它们的会计记录和财务报表是根据不同的会计准则编制的,这样使国际会计师事务所逐步形成了一套应对会计国际化的国际审计程序,由此推进了国际审计的发展。

二、国际审计中的国别差异

(一) 审计环境的差异

各国审计环境的差异造就了各国不同的审计实务。各国政治法律制度和经济体制与发展状况的不同不但对会计环境产生影响,而且同样对审计环境产生影响。各国的差异在最基本的"审计"概念上就存在,对跨国公司进行审计时,母公司审计人员对审计的理解可能与子公司审计人员对这一概念的理解不同,因此对子公司的审计人员报告已经完成一项审计任务时,按照母公司审计人员的理解可能只完成了一半的审计任务。

各国审计制度和观念因此而存在着一定的差异,如在一些国家,审计的任务就是对财务报表进行全面的评审,确保它们与公司的会计记录相一致;在另一些国家则除了要求审计师查实财务报表是否与会计记录核对相符外,还要检查会计记录是否真实与公允地反映了公司财务状况和经营成果,是否遵守法律法规。基本概念方面的差异必然导致审计观念和审计准则方面的差异。执行跨国公司审计的审计师需对这些差异有充分的了解。

对大型跨国公司的审计可能是由具有不同文化背景、使用不同语言的不同国家的审计师共同完成的。文化上的差异会使不同国家的审计师对审计中的一些问题有不同的看法,例如对被审单位违反税法的行为,在有些国家中是一个很大的事件,会立即引起各方的关注,审计师会很谨慎地处理这种事情,而在另一些国家中,偷漏税并不被人们认为是很严重的事情,甚至会得到人们的同情,审计师不会将其作为重大事项处理。语言问题在国内审计中是不存在的,但在国际审计中有时有可能成为一种障碍。跨国公司审计中,母公司审计人员和子公司审计人员母语不是同一种语言时,日常的信息交流和传递必须使用一种工作语言,他们之间无论是直接使用这种语言还是通过翻译进行交流,都存在着误解的可能。意义上的细微差别和言语之中的情感含义可能反映不出来、传达不出去或不能被人理解。

(二) 审计实务的差异

各国审计实务的发展状况不尽相同,使得各国审计实务存在着一定的差异。在19世纪公司发展的早期一般要求公司审计师由公司的一名股东来担任。后来随着经济的发展,对上市公司的审计就由可以胜任这个职位的独立会计师来担任了。然而各国审计实务都有很大的不同,这种不同不仅仅体现在审计的准则和依据方面,而且体现在审计的概念和目的上,以及体现在对审计师的培训及职责的要求上。

对一个集团的财务报告进行审计很大程度上依赖于各个子公司的财务报告是否根据相同的依据进行了有效的审计。能否对大型企业集团进行统一和一致的审计反映着一个国家审计实务发展水平。审计师与政府的关系也反映着各国审计实务的一定差异。在一些国家,由政府给审计师颁发执照,而在其他一些国家审计师是属于一些独立的职业团体,这些团体负责审计师的注册和监督。

审计实务中一个比较有争议的方面是审计师可以提供服务的范围和责任,即审计师是否可以向其审计客户提供审计服务的同时提供非审计服务。一般为了能使审计师给出一个客观公正的意见,审计师要完全独立于被审计单位。在欧洲大陆国家中,法律规定向一个公司提供审计服务的审计师不得再向该公司提供审计以外的其他服务,如在法国审计师除了审计业务外不能向客户提供审计之外的其他业务,在德国也是如此。在英、美等国中,发生安然事件之前一直没有禁止注册会计师在做审计业务中兼做其他业务,这在美国一直都是有争议的。《萨班思-奥克斯雷法案》明确划定了注册会计师在执行审计业务的同时被禁止的非审计业务,如簿记或其他类似业务;设计及运行财务信息系统;评估或估价业务;精算业务;某些领域的管理、咨询、顾问或专家服务业务等。由此结束了争论已久的审计、咨询是否应该分开的问题。

(三) 审计对象的差异

对跨国公司进行审计往往涉及多种不同的会计规则。一般跨国公司的合并报表是母公司和所有子公司采用同样会计准则后进行抵销合并的结果,这套会计准则可能是母公司采用的会计规则,也有可能是国际会计准则或美国公认会计原则。在这种情况下外国子公司往往编制两套报表:一套根据公司所在国当地的会计制度编制,用来作为公司所在国当地的报告文件及缴税依据;另一套是根据合并报表的要求按某种集团规定的会计准则编制。

跨国公司解决这种由母子公司会计制度不同所带来的问题主要有两种办法。第一种办法是在整个集团内部使用统一的会计程序,大部分以母公司的会计准则为基础。这样做的好处是合并报表可以与子公司的报告系统建立直接的联系。所有的管理人员对各子公司的年度报告及每月的管理报告都使用统一的衡量尺度。同时它使得内部控制和内部审计变得简单起来,也减轻了集团内部审计师的负担。不过,在这种方法下子公司在当地为了所在国国内纳税和提交报告的需要再编制一套报告,有时这种重新编制的报告需要当地审计师提供服务、进行审计。

第二种方法是允许子公司自己决定自己的会计程序和方法。在这种情况下子公司根据当地的会计规则,作为一个独立的公司来编制报表。然后这些报表被送到母公司进行合并。母公司会计人员的责任是将这些报表根据统一的会计规则进行重新调整。这要求母公司的会计人员对子公司所在国的会计规则以及对各个报表的细节都有详细的了解。这种调整还要经过集团审计师的仔细检验。

第二节 国际会计师事务所

一、国际会计师事务所初步形成阶段

国际会计师事务所是随着跨国公司的发展而发展的,一般提供审计、税务和管理咨询等服务,其中国际审计业务的客户往往也是大型跨国公司。各国会计规则、税务规定和审计要求的不同使跨国公司审计不同于一般国内公司审计,主要表现在选择会计师事务所作为公司审计师方面。一般跨国公司会选择一个国际会计师事务所满足它们在全球范围的审计需要。跨国公司的需求促进了国际会计师事务所向大型化方向发展。大型国际会计师事务所在20世纪下半叶经历了几次合并扩张的过程,从原来的"九大"、"八大"合并为后来的"六大"、"五大",进一步拉大了与下一层次会计师事务所的差距,成为国际会计市场上的"巨人"企业。20世纪80年代初,"九大"会计师事务所如表10-1所示。

表10-1　　　　　"九大"国际会计师事务所概况[1]　　　　　单位：百万美元

事务所名称	业务费收入		
	1983年	1982年	1981年
安达信(Arthur Andersen, AA)	1 238	1 168	973
毕马威(Peat, Marwick, Mitchell & Co., PMM)	1 230	1 219	979
永道(Coopers & Lybrand, C&L)	1 100	1 098	998
普华(Price Waterhouse, PW)	1 013	1 003	850
庄柏彬(Klynveld Main Goerdeler & Co., KMG)	1 000	970	850
安永(Ernst & Whinney, E&W)	972	914	706
雅特杨(Arthur Young & Co., AY)	955	977	750
德勤(Deloitte Haskins & Sells, DH&S)	900	920	800
杜罗司(Touche Ross & Co., TR)	—	832	700

国际会计师事务所的规模可以用多个标准来确定,如业务费收入、合伙人数量、雇员数量、分支机构数量等。至20世纪70年代,无论用哪种标准进行衡量,排名前九位的国际会计师事务所与下一层次的事务所都有着明显的差距,故有"九大"事务所之称。在庄柏彬事务所成立之前,除庄柏彬事务所之外的"八大"事务所称雄,世人熟知"八大"。1979年美国的两个会计师事务所宣告合并,并立刻开始与其他发达国家的大型事务所谈判合并,于当年宣告成立庄柏彬国际会计师事务所,其中包括当时荷兰、丹麦、瑞士、加拿大四国最大的会计师事务所,以及德国第二大、英国第七大、澳大利亚第八大会计师事务所。庄柏彬会计师事务所的成立,形成当时的国际"九大"。

二、国际会计师事务所合并发展阶段

20世纪80年代开始了国际会计师事务所"巨人"合并的时代,合并达到高潮。1987年,

---

[1] Campbell L G. International Auditing[M]. Macmillan Publishers Ltd., 1985: 209-210.

庄柏彬与毕马威合并；1989年，雅特杨与安永合并，杜罗司与德勤合并。于是在80年代末形成了"六大"国际会计师事务所的格局。表10-2是这六大事务所1989年和1995年的基本情况。1995年"六大"以下的主要国际会计师事务所如表10-3所示。

表10-2　　　　　　　　　"六大"国际会计师事务所概况①

事务所名称	业务费收入/百万美元		合伙人/人		雇员/人		分支机构/个	
	1989年	1995年	1989年	1995年	1989年	1995年	1989年	1995年
安永	4 278	6 870	6 100	5 288	62 831	46 779	850	685
毕马威	3 900	7 500	5 050	6 003	57 450	49 884	650	840
德勤	3 761	5 950	5 470	4 650	43 014	42 000	969	680
安达信	2 820	8 100	2 016	2 563	33 568	82 121	217	361
永道	2 653	6 200	3 600	5 228	46 400	70 500	498	755
普华	2 218	4 460	2 568	3 246	26 736	38 985	424	434

表10-3　　　　　　　1995年"六大"以下的主要国际会计师事务所②

事务所名称	业务费收入/百万美元	分支机构/个	合伙人/人	雇员/人
柏德豪(BDO International)	1 230	456	1 770	11 186
均富(Grant Thornton Int)	1 200	549	2 155	11 159
摩斯伦(Moores Rowland Int)	922	472	1 565	8 425
罗申美(RSM International)	871	416	1 448	7 283
萨美(Summit International)	754	369	1 222	6 051
皮刻夫(PKF International)	720	360	792	6 421
浩华(Horwath International)	590	289	1 144	6 624
那夏(Nexia International)	589	301	887	5 326
浩信(HLB International)	536	353	1107	5611

20世纪90年代后期，普华与永道合并，组成普华永道会计师事务所，至此国际会计师事务所前五名形成"五大"。从1999年前10名国际会计师事务所排名情况看，"五大"与下一层次的事务所界限十分明显，如表10-4所示。安达信会计师事务所由于在安然公司和世界通信公司财务报表的审计中有违规行为而宣告破产，"五大"缩减为"四大"。

三、国际会计师事务所形成国际网络

国际会计事务所不仅像它们的客户一样是一种一体化的国际性集团，而且是一个网络。它们可以在本国进行服务，也可以提供国际服务，它们共同享用一样的培训设施，一样的程序守则，一样的质量控制标准。一家总部在底特律的跨国公司请美国的一家国

---

① 1989年数据来源：郝振平、张立民、石爱中：《会计师事务所的组织与管理》，天津科学技术出版社，1999年，第7页。1995年数据来源：Walton P, A Haller, B Raffournier. International Accounting, International Thomson Business Press, 1998, p.417.

② 资料来源：Walton P, A Haller, B Raffournie. International Accounting, International Thomson Business Press, 1998, p.417.

表 10-4　　　　　　　　1999 年度前 10 名国际会计师事务所①

事务所名称	业务费收入/百万美元	合伙人/人
普华永道（Pricewaterhouse Coopers）	15 300	10 000
安达信（Arthur Andersen）	13 900	2 788
安永（Ernst & Young）	10 900	6 200
毕马威（KPMG International）	10 400	6 790
德勒（Deloitte Touche Tohmatsu）	9 000	5 608
柏德豪（BDO International）	1 601	1 732
均富（Grant Thornton Int）	1 506	2 335
浩华（Horwath International）	1 185	1 790
罗申美（RSM International）	1 182	1 864
摩斯伦（Moores Rowland Int）	1 141	1 884

际会计师事务所做它的审计师，那么它在国外的子公司便会由该国际会计师事务所在国外的分支机构进行审计。这样总公司只需要与当地的会计师事务所联系，其子公司的审计问题也就解决了。国际会计师事务所已经有了较高的声誉，任何想要上市或者扩股的公司如果选择"四大"作为审计师，那么该公司信息的可信程度就会大大增加。目前大部分重要的跨国公司都使用"四大"的服务。

国际会计师事务所在各国当地设有分支机构，这样可以通过在各国的分支机构来完成跨国审计业务。在四大会计师事务所中，雇员在各个国家之间较易进行流动，但是各国都有一些有该国资格认证的合伙人来完成在该国的审计业务。因此虽然这些公司是进行跨国的业务，但是一般某个国家的业务都由该国的人员来完成，这样可以减少人员流动过多而增加的费用。

世界贸易组织有专门研究职业服务业务的工作组，他们准备在各国间建立协议，促进注册会计师在各国间的承认，使得审计师在进行跨国服务时减少障碍。这个工作组为各国将签订的书面协议提供了框架。在各国有可能签订的协议中规定在 A 国获得资格认证的注册会计师，只要进行一次关于 B 国法规的测试，就可以在 B 国提供服务。

这类协议在某些国家之间已经存在，如在欧盟各国之间，在加拿大和美国、澳大利亚和新西兰之间等。这些国家都是发达国家而且具有相似的职业组织结构。在发达国家与发展中国家之间签订类似协议尚有一定的困难。目前世界贸易组织正在继续为这个进程而努力，促进发展中国家建立自己的国际网络，从而改变国际业务的性质。

中国实行改革开放政策以后，随着国外资本流入中国，国际会计师事务所也随之进入中国。1980 年 12 月和 1981 年 1 月中国财政部先后批准当时的永道和安永两家事务所分别在上海和北京设立常驻代表处，这是中国政府批准设立常驻代表处的最早两家国际会计师事务所。此后，经财政部批准，又有普华、安达信、杜罗司、毕马威、庄柏彬、德勒和雅特杨等九大事务所中的其他事务所分别在北京、上海、广州、福州等地设立常驻代表处。这样在国际会计师事务所形成的国际网络中中国成为重要的组成部分。

---

① 资料来源：http://www.accountancymagazine.com.

第三节　各国审计准则与国际审计准则

一、各国审计准则

审计准则像会计准则一样在各国之间存在较大差异,其主要原因是各国的经济和经营环境各不相同。从美国在 20 世纪 30 年代末开始制定审计准则以后,许多国家先后制定了本国的审计准则。各国审计准则的差异也造成了各国审计实务的差异。在伦敦签发的一份审计报告,可能要被纽约证券市场上的投资者和分析家们、法国的贷款者们或者澳大利亚的雇员们查阅,成为他们进行经济决策的依据。这些阅读者如果熟悉审计报告签发者所遵循的审计准则,对他们理解财务报表的可比性和可靠性会有极大的帮助。

目前,各国的审计准则一般都是由会计职业团体制定的。美国于 1939 年最早开始制定审计准则,该年美国注册会计师协会成立了一个称为"审计程序委员会"的机构,通过总结审计实务,制定颁布"审计程序说明书"。后来美国注册会计师协会的审计准则制定机构是审计准则委员会,该委员会制定颁布"审计准则说明书"。《萨班思-奥克斯雷法案》颁布之后,公众公司会计监管委员会被授权制定与上市公司审计报告有关的审计准则。谈到美国的审计准则,最重要的、被认为是处于最高层次的是十条"公认审计准则",它在审计界有着重要的影响,"审计准则说明书"等都被认为是对十条准则的扩充。

其他一些国家制定审计准则的机构,如澳大利亚审计和鉴证准则委员会,加拿大审计和鉴证准则委员会,英国财务报告委员会下设的审计和鉴证准则委员会,日本企业会计审议会以及日本注册会计师协会,法国、德国和荷兰等国的会计职业团体也颁布类似审计准则的指导性文件或建议书。

二、国际审计准则

国际会计师联合会下设的国际审计与鉴证准则委员会,负责制定国际审计准则和国际审计实务说明书。这些国际审计准则及说明书已经被证券委员会国际组织接受作为上市公司编报审计报告应遵循的规范。国际审计与鉴证准则委员会已颁布的国际审计准则及相关准则的结构见图 10-1,具体准则见表 10-5。

国际审计准则与国际会计准则一样,为提高财务报告在国际资本市场和跨国经营活动中的价值发挥了重要作用。国际审计准则也为某些规则不完善的国家发展本国审计准则提供了参考。

国际会计师联合会致力于在其成员国中推行上述国际审计准则及相关鉴证业务国际准则,尤其某一国家审计规则与国际审计准则相抵触时,国际会计师联合会宪章要求其成员团体要设法在本国贯彻国际审计准则,或努力使本国准则向国际审计准则靠拢。当然,国际审计准则是建议性的,而不是强制性的,通过国际审计准则协调各国审计实务、缩小各国审计实务差异是一个渐进的过程,不可能在短期内消除差异。国际审计准则实施中的难点不在于怎样执行它,而在于在何种程度上执行它。

图 10-1　国际审计与鉴证准则委员会所颁发各类文件的结构

表 10-5　已颁布的国际审计准则

编号	标题
质量控制国际准则	
1~99	事务所对执行财务报表审计和审阅、其他鉴证和相关服务实施的质量控制
国际审计准则	
200	独立审计师的总体目标以及按照国际审计准则执行审计
210	就审计业务约定条款达成一致意见
220	对财务报表审计的质量控制
230	审计记录
240	财务报表审计中与舞弊相关的审计师责任
250	财务报表审计中对法律法规的考虑
260	与公司治理层中的负责人进行交流
265	向公司治理层和管理层中的负责人就内部控制缺陷进行通报
300	计划一项财务报表审计
315	通过了解被审计单位及其环境识别和评估重大错报风险
320	计划和执行审计中的重要性
330	审计师对评估出的风险的回应
402	对被审计单位使用服务机构的审计考虑
450	评价审计过程中识别出的错报
500	审计证据
501	审计证据——对选定项目的具体考虑
505	外部证实
510	初次业务约定书——期初余额
520	分析程序
530	审计抽样

第十章　国际审计与会计监管

续表

编号	标 题
国际审计准则	
540	对会计估计的审计,包括对公允价值会计估计和相关披露的审计
550	关联方
560	期后事项
570	持续经营
580	书面声明
600	对集团财务报表审计的特殊考虑
610	利用内部审计师的工作
620	利用审计专家的工作
700	对财务报表形成审计意见和出具审计报告
705	在独立审计报告中对审计意见的修正
706	在独立审计报告中增加强调事项段和其他事项段
710	比较信息——对应的数据和比较财务报表
720	审计师对包含已审计财务报表在内的文件中其他信息的责任
800	对特殊目的财务报表审计的特殊考虑
805	对单一财务报表和财务报表特定要素或项目进行审计的特殊考虑
810	对简要财务报表出具报告的业务

三、中国审计准则

中国从20世纪90年代开始制定审计准则。1995年12月财政部发布了关于印发第一批《中国注册会计师独立审计准则》的通知,要求于1996年1月1日起执行该批准则,中国注册会计师职业第一次有了比较系统的、与国际接轨的职业准则。1996年12月、1999年2月中国注册会计师协会又发布了第二批、第三批独立审计准则。2006年中国审计准则完成了一次重大调整和修订,2月15日,财政部在京举行会计审计准则体系发布会,发布了新的注册会计师审计准则体系。2010年中国审计准则又完成了一次重大调整和修订。

中国制定审计准则的目标可以概括为以下四点:①建立执行审计业务的权威性标准,规范注册会计师的职业行为,促进注册会计师恪守独立、客观、公正的基本原则,有效地发挥注册会计师的鉴证和服务作用。②促使各会计师事务所和注册会计师按照统一的执业准则执行审计业务,提高审计工作质量,提高业务素质和职业水平。③明确注册会计师的执业责任,维护社会公共利益,保护投资人和其他利害关系人的合法权益,促进社会主义市场经济的健康发展。④建立与国际审计准则相衔接的中国注册会计师执业准则。

中国注册会计师审计准则体系由以下层次组成:鉴证业务基本准则、审计准则、审阅准则、其他鉴证业务准则和会计师事务所质量控制准则。鉴证业务基本准则由鉴证业务的定义和目标、业务承接、鉴证业务的三方关系、鉴证对象、标准、证据、鉴证报告等内容组成,是鉴证业务的基本要求,是制定审计准则、审阅准则和其他鉴证业务准则的基本依据。

目前中国注册会计师审计准则体系内容如表10-6所示。

表 10-6　　　　　中国注册会计师审计准则体系

审 计 准 则

序号	题　　目	序号	题　　目
1101	注册会计师的总体目标和审计工作的基本要求	1324	持续经营
1111	就审计业务约定条款达成一致意见	1331	首次审计业务涉及的期初余额
1121	对财务报表审计实施的质量控制	1332	期后事项
1131	审计工作底稿	1341	书面声明
1141	财务报表审计中与舞弊相关的责任	1401	对集团财务报表审计的特殊考虑
1142	财务报表审计中对法律法规的考虑	1411	利用内部审计人员的工作
1151	与治理层的沟通	1421	利用专家的工作
1152	向治理层和管理层通报内部控制缺陷	1501	对财务报表形成审计意见和出具审计报告
1153	前后任注册会计师的沟通	1502	在审计报告中发表非无保留意见
1201	计划审计工作	1503	在审计报告中增加强调事项段和其他事项段
1211	通过了解被审计单位及其环境识别和评估重大错报风险	1511	比较信息：对应数据和比较财务报表
1221	重要性	1521	含有已审计财务报表的文件中的其他信息
1231	针对评估的重大错报风险采取的措施	1601	对特殊目的财务报表审计的特殊考虑
1241	对被审计单位使用服务机构的考虑	1602	验资
1251	评价审计过程中识别出的错报	1603	对单一财务报表和财务报表特定要素审计的特殊考虑
1301	审计证据	1604	对简要财务报表出具报告的业务
1311	对存货、诉讼和索赔、分部信息等特定项目获取审计证据的具体考虑	1611	商业银行财务报表审计
1312	函证	1612	银行间函证程序
1313	分析程序	1613	与银行监管机构的关系
1314	审计抽样	1631	财务报表审计中对环境事项的考虑
1321	审计会计估计和相关披露	1632	衍生金融工具的审计
1323	关联方	1633	电子商务对财务报表审计的影响

审 阅 准 则

序号	题　　目	序号	题　　目
2101	财务报表审阅		

第十章　国际审计与会计监管

续表

其他鉴证业务准则

序号	题 目	序号	题 目
3101	历史财务信息审计或审阅以外的鉴证业务	3111	预测性财务信息的审核

相关服务准则

4101	对财务信息执行商定程序	4111	代编财务信息

会计师事务所质量控制准则

5101	会计师事务所对执行财务报表审计和审阅、其他鉴证和相关服务实施的质量控制

第四节 跨国公司审计实务

一、跨国公司审计的基本点

会计师事务所执行跨国公司审计,在计划、执行及控制等各个方面都要比单一公司的审计复杂很多。一些关键的审计步骤,比如战略计划、风险评估、确定报告的步骤等都是跨国公司审计中绝对必要的组成部分。尽管不同的审计业务的各个步骤顺序有很大的不同,但是每个审计项目必然有这三个关键的程序,国际审计也不例外,即计划、执行和完成。这三个步骤将审计程序分为一个有限的有始有终的过程。在实践中审计其实是一个循环的过程:完成了一年的审计工作一般就进入了下一年的审计计划阶段。

会计师事务所要对跨国公司及其子公司的合并报表发表审计意见。这里既涉及当地会计准则问题,也涉及当地审计准则问题。合并财务报表最终将用来为跨国公司筹集资金或向股东进行报告服务。作为集团的审计者,审计师有责任对整个集团的合并报表发表审计意见,并且负责制订整个集团的审计计划,确定集团在全球的审计范围。整个事务所要有合伙人(一般在总部)来建立整体的审计计划并且监督审计业务的圆满完成。

为了能够使被审计集团的审计计划建立在一个合理的基础之上,同时又可以对各个分支机构的审计提出明确的要求,主要的审计合伙人通常要首先弄清和了解以下问题:①集团的管理结构和企业文化;②集团管理当局的期望;③集团在各地的主要经营行为;④地理、政治等一些对企业会产生重大影响的环境因素;⑤可能产生重大风险的因素;⑥法律、少数股权及租赁协议等可能要求较大规模审计的情况。

会计师事务所的总部在计划阶段要充分考虑客户子公司在提供一些需要公开的文件时会遇到的问题,也要考虑事务所分支机构在对这些文件进行报告时会采取的步骤,审计师需要根据判断要求母公司及时通知子公司相关的情况。如果母公司做不到,那么事务所的总部就要采取一些其他步骤来保证分支机构不会因为这些问题而出具错误的报告。承担集团整体审计任务的审计师要对各地审计师的工作承担责任,因此他们必须要给各地的审计师发出详细、明确的指令要求,并且控制、复核各地的报告和其他资料。

审计是一种以客户为中心的服务行业,审计判断贯穿在整个审计业务中,审计师在评价客户财务报告中的一些决定、估计是否合理时要使用职业判断,同时在评价一些说明性的证据而非结论性的证据时也要使用职业判断。当被审计客户陷入财务困境的时候,其已公布的财务报表及其审计报告是最容易引起诉讼的,需要审计师为自己的职业判断提供合理的证据。

二、审计策略

审计策略是建立在与管理当局进行会谈的基础之上的,它应该考虑到被审计集团的控制结构和运营环境。为使审计工作能圆满完成,集团审计师的合伙人要从上到下使整个事务所承担集团审计的工作人员对被审计集团的经营哲学、组织文化以及公司的目标都有一个详细的理解,对客户整个管理组织结构和管理计划、合同签订、控制操作的方式有详细的了解。

审计策略是根据对客户财务报表的完整性、真实性、公允性和相关性进行判定这样的审计目的而确定的。整个审计的计划和执行过程都是为了对财务报表没有重大的错报提供一个合理而非绝对的保证。因此集团的审计师们主要关心的并不是个别业务或者余额的情况,而是将整个财务报告作为一个整体考虑。

集团审计策略主要包括以下要素:①考虑重大错报风险,在确定客户控制系统的有效性之前,对财务报表存在重大错误及不合规情况应有正当的职业怀疑态度;②考虑控制环境及其对控制风险的影响,控制系统有可能不能防止或检测出存在的重大错报及不合规的情况;③考虑检查风险,审计程序不能发现存在重大错报及不合规情况的风险;④将集团分为若干经营单位,对每一个单位确定其审计范围、重大错报风险及重要性标准;⑤分析财务报表的要素,考虑每一种要素的重大错报风险。

在计划阶段集团审计师要确定此项审计业务中的重要审计风险所在。通过他们的职业判断,选择可以将审计风险降到可以接受水平的审计程序。集团的审计师要考虑由客户经营的性质、各种财务计划和其他固有因素所造成的风险,分析和判断这些风险概率及其后果,最终目的是将审计风险降低到可以接受的程度。

三、审计范围

对于跨国和跨地区的审计业务一般会涉及对不同经营单位进行审计的问题,即涉及审计范围的确定问题。另外,对被审计公司的不同机构或不同部分要实施不同程度的审计测试和检查。对于跨国公司来说,子公司当地的审计师对审计范围的确定是以母公司审计师所确定的重要性程度和审计风险标准为基础的。审计范围的确定会因为在审计过程中出现的实际情况和重要数据的变化而发生变化。

审计范围的确定是为了保证集团审计师能够对合并财务报表总体发表审计意见。为此,对那些从集团整体来看财务地位不是十分重要的部分以及对当地审计来讲不需要详细审计的部分就可以相应地减少审计工作量、缩小审计范围。因此母公司审计师要根据集团审计的需要来确定不同的审计范围及审计工作量。

在客户集团中对各个单位审计范围进行确定时要考虑以下因素:①公司管理人员的素质和诚实度;②管理和财务控制系统;③审计师对集团经营条件和运营变化的了解;

④相关的规章制定部门的最新要求；⑤以前审计中有关的审计发现；⑥为了高效务实而进行的审计重点循环。

事务所的总部对各个经营单位的审计范围进行确定时有以下几种情况：①向各个分支机构提供总体计划的备忘录和详细的审计项目情况，包括对全部或某一个审计领域审计范围的决定；②要求分支机构根据总部确定的重要性标准来进行对特定账户或整个财务报表的审计；③要求分支机构对某一个项目或账户根据自己的判断来进行审计。

母公司审计师需确认作为合并报表的每一个要素都应该已经在各地作过不同程度的审计。当存在审计程序的简化或者是审计重点的循环这样的审计方法时，母公司审计师要让集团的管理当局理解因此而存在的审计局限性。

母公司审计师对分支机构提出上报的文件，一般包括以下内容：①测试的目的；②对将要测试的经营单位的描述；③工作时间表；④工作的范围；⑤涉及的会计审计问题；⑥工作报告；⑦非审计服务；⑧收费情况；⑨相关工作人员名单；⑩一些相关的年度报告或内部审计控制等报告的复印件。

四、与其他注册会计师的合作

跨国公司有时会在各个子公司聘用互不相关的会计师事务所来进行审计。这样集团审计师就会遇到如何利用或依赖对子公司进行审计的其他不相关的事务所的工作。这是集团审计或跨国公司审计中经常遇到的利用其他注册会计师的工作的问题。这使得集团审计师不但有审计工作能否顺利按照集团审计的目的进行的问题，而且还可能牵扯到一些是否合法的问题。

集团审计师需要认可其他注册会计师的职业声誉、独立性和资格，对此进行评价时要做以下工作：①调查其他审计师的职业声誉和立场；②调查其他审计师是否熟悉有关会计审计法规；③调查其他审计师的独立性；④通知其他审计师为了能够正确编报合并报表需要与他们进行合作；⑤通知其他审计师有可能依赖或在可能的情况下引用他们的报告。

集团审计师最终对整个跨国公司审计负完全的责任，因此对其他审计师审计的结果还要采取以下措施：①走访有关的审计师并与其探讨审计程序及其结果；②复审其他审计师的工作，进行必要的追加审计；③查阅其他审计师的工作底稿；④在可能的情况下要求对方完成审计问卷；⑤与由其他审计师审计的子公司的管理当局进行讨论。

在采取上述各种步骤之前集团审计师要将其计划通知集团母公司及子公司。当集团审计师对其他审计师的职业水平不满意时，需在集团审计报告中提到进行说明，同时要说明他们做出的补救措施和进行的追加程序，如果最终还是无法对其工作表示满意，需在审计报告中进行说明。

五、对合并报表进行审计

集团审计师对合并报表进行审计，包括以下内容：①验证对子公司的报表被恰当地进行了合并；②审计相关的抵销分录；③评价由分支机构提出的调整项目；④对整个合并报表进行分析性复核。

集团审计师最后要检查分支机构的审计报告和关于测试的备忘录,在需要的时候可能还会要一些其他信息,将这些报告和资料的内容与分析性复核的结论进行对比,以便做出全面的分析。

跨国公司在合并报表的编制过程中会涉及抵销与合并的操作,还会有一些比较复杂的业务,如财务年度不同的调整、外币折算、年内进行的并购、少数股东权益的计算、税务影响的计算等。除了要对资产负债表和利润表进行合并审计之外,集团审计师还要对报表的附注进行审计测试。

集团审计师将各个分支机构的情况进行汇总,然后与集团的管理当局进行讨论,确定对不当之处进行适当的更正或调整。集团审计师将对结果进行评价,确定是否有未解决的调整问题会影响到对整个合并报表发表审计意见。

为了能够使审计报告覆盖从得到分支机构审计报告到出具集团审计报告这一期间的所有情况,集团审计师还要进行期后事项审计。这些程序保证在分支机构出具报告之后没有需要披露说明的新情况和新事件发生。集团审计师还要对整个披露情况及有关的法律政策等情况做出说明,保证集团报表符合有关的要求。

近几年,董事会对年度报表的责任得到了越来越多国家的重视,各国要求在年度报告中表明董事会等高层管理人员对内部控制系统和年度财务报告所承担的责任。因此在整个审计过程的最后,集团审计师会向审计委员会作一报告,对内部控制情况和一些其他需要注意的情况提出建议。

六、中国跨境企业的审计

改革开放以后,中国企业开始不断增加境外投资,尤其是一些有实力的国有企业境外资产规模日益壮大,因而相应的监管措施需要跟上,以避免造成国有资产流失。审计是重要的监管措施之一,由此中国也产生了跨国和跨境审计问题。

由于在日益壮大的境外投资中国有企业占主导地位,故政府审计在其中发挥了重要作用。国资委、审计署和商务部等部委采取行动,要求加强境外国有资产的监督。审计署于2008年新设成立境外审计司专门负责国有资产境外审计。注册会计师行业也适时开展境外审计服务,为境外国有资产的安全完整提供更多保障。注册会计师境外审计是境内或境外注册会计师依据国际审计准则或东道国(或地区)的审计准则,对境外公司按国际会计准则或东道国(或地区)会计准则调整的财务报告进行的审计。

国有企业境外投资的审计监管中,审计署是最重要的政府监督主体,同时也委托会计师事务所或内部审计机构进行监督。审计署开展的第一次境外审计活动是在1999年,主要审计了香港明华船务公司和中国工商银行香港分行。随后的跨境企业审计中,审计署在2000年和2004年分别审计了华润集团、中国石化和中国银行香港分行等部分跨境企业,审计重点放在香港地区。内部审计的主体可以是境内投资单位的内部审计机构,也可以是境外企业的内部审计机构,这两个机构都可以单独或同时对境外企业的经营活动进行审计监督。

第五节 跨国公司内部审计与审计委员会

一、跨国公司内部审计

内部审计是公司整体控制系统的有机组成部分,是更高层次的控制系统,即对控制的再控制。跨国公司子公司和各种分支机构众多,分布在许多国家和地区,组织结构也表现为管理层次多、人员构成复杂,所以,要实现公司的总体目标,就必须设置有效的管理信息系统和内部控制制度,而检查和保证管理信息系统和内部控制制度运转正常和行之有效对跨国公司显得更加重要,内部审计在其中发挥着越来越重要的作用,日益引起跨国公司的高度重视。

综观世界范围内的跨国公司,多以股份公司为主要的组织形式,公司的最高权力机关是股东大会,日常管理由董事会统一负责。内部审计在行政上一般由公司总经理领导,但是要向董事长报告工作。内部审计的经费在公司中有专门的独立预算。这样设置是为了保证内部审计的独立性,保证工作进程的客观公正和审查结果的真实公允。

跨国公司内部审计与一般国内公司相比有一些明显的不同之处。跨国公司各子公司处于不同的法律环境之中,公司内部审计人员需要了解这些不同的法律环境,这是做好对各子公司进行审计的基础;各子公司通常遵循当地的会计准则,整个跨国公司会计实务存在着较大的差异,目前跨国公司尚不能做到在全球范围内实现公司内部会计实务的标准化;各子公司使用不同的货币作为记账货币,并用不同的语言记账;文化背景的不同和距离的遥远在跨国公司内部审计中也成为需要考虑的因素。所有这些都是跨国公司内部审计所面对和所应解决的问题。

公司内部审计已经有了几十年的发展历史,世界各国的内部审计师也已经形成了一支庞大的队伍。1941年在美国成立了内部审计师协会(Institute of Internal Auditors,IIA),该协会现已发展成为一个国际性组织,总部仍设在美国。协会的目标是通过思想和信息的交流提高内部审计师的各种素质、促进内部审计职业的发展。内部审计师协会的活动包括各分会组织的讨论会、协会组织的大型研讨会、通过其研究基金会开展研究活动、出版专业杂志(《内部审计》)、对现代内部审计政策和实务提出报告以及执行各种教育方案。内部审计师协会还制定内部审计准则、指南,提供有关内部审计的信息。

内部审计师协会颁发注册内部审计师(Certified Internal Auditor,CIA)证书,经过近30年的努力,该协会的证书已成为一种国际认可的职业资格证书。此外该协会还颁发控制自评证书(Certification in Control Self-Assessment,CCSA)、政府审计职业证书(Certified Government Auditing Professional,CGAP)。各种组织中的内部审计师在促进经营管理水平的提高、加强和完善会计信息系统和管理控制系统等方面发挥了重要作用。

内部审计师协会在其《关于内部审计师职责的声明》中指出:"内部审计是在一个组织内部以检查会计、财务和其他经营活动为基础来为管理部门服务的一项独立的评价活动。它是一项管理控制,用于衡量和评价其他控制的有效性。内部审计的主要目的是通过进行目标分析、评价,提出建议以及对所查活动提出中肯意见,帮助所有管理人员有效地履行自己的责任。审计的目标包括以合理的成本促进有效的控制。"

二、跨国公司审计委员会

许多跨国公司都设有审计委员会,有的作为董事会的下属委员会,有的作为监事会的下属委员会。审计委员会成员由股东大会选举产生,由非执行董事组成。审计委员会的职责主要包括:协助董事会或监事会履行监督职能,对内部审计的独立性提供必要的保证,审查其工作计划和接受其工作汇报,协调内部审计和外部审计的关系。

审计委员会的具体工作包括:选择对本公司进行审计的外部审计师;与外部审计师签订审计约定书,审查外部审计师的工作计划;审查内部审计部门的预算、工作计划、审计结果和审计报告;检查公司经营政策、工作程序和内部控制系统;分析新颁法律法规对公司的影响等。

审计委员会的作用主要表现在:①使内部审计部门的独立性得到强化,同时也使内部审计的地位得到提高;②保证各种监督机制和控制制度的正常运转,从而保证财务信息和其他管理信息更为可信和客观;③保证内部审计工作的高质量,通过指导和监督内部审计部门的工作,确保其按计划开展工作和及时解决工作中存在的问题,从而提高内部审计工作的质量;④更好地协调董事会、外部审计和内部审计之间的关系。

第六节 会 计 监 管

一、《萨班思-奥克斯雷法案》及监管新模式

在发生了安然公司报表造假等几个影响巨大的财务丑闻之后,美国国会于2002年颁布实施了《萨班思-奥克斯雷法案》,该法案扩充了对公司治理结构、财务信息披露以及对审计职业界进行监管的要求。该法案最重要的一个方面是通过建立公众公司会计监管委员会构造了一个全新的审计职业监管模式。公众公司会计监管委员会是一个独立的准政府机构,受证交会监督,其最高管理者是五名委员,由证交会任命,任期五年,其中两人为注册会计师、三人为非注册会计师。

公众公司会计监管委员会的主要职责包括:制定与上市公司审计报告相关的审计准则、质量控制准则、职业道德准则等;对上市公司审计业务进行监管;对会计师事务所进行检查、调查或处罚;向证交会或其他监管机构报告特定案件以便做进一步的调查处理等。

根据《萨班思-奥克斯雷法案》,所有在美国证券市场上执行上市公司审计业务的会计师事务所都必须向公众公司会计监管委员会登记注册,都必须接受公众公司会计监管委员会的监督检查。审计客户超过100家的会计师事务所必须每年接受检查,审计客户不足100家的会计师事务所每三年接受一次检查。公众公司会计监管委员会在其网站上公布对会计师事务所的检查结果报告,通过访问该网站一般公众可以了解哪些会计师事务所在什么时候接受了检查,检查发现的主要问题是什么以及是如何处理的。

二、若干国家的会计监管制度

21世纪之初,英国政府对职业监管问题进行了审查,根据政府的审查结果和与职业界的讨论,英国于2004年作为财务报告委员会改革的一部分建立了职业监管委员会,将原来的职业界自我监管制度改变为独立监管制度。职业监管委员会有如下法定职责:独立监管法定审计师合规状况;对欧盟以外的审计师进行监管;受理法定审计师的变动通知;对总审计师作为法定审计师的履职情况进行监督。职业监管委员会每年就工作中发现的问题向商务、革新与技术部部长提交报告。

德国的监管机构是审计师监管委员会,负责德国注册会计师协会会员和所有有关审计师的公共监管事务。根据注册会计师法,审计师监管委员会的监管包括所有与注册会计师协会对其成员负有监管责任的领域,该职责范围包括:①职业考试;②对国外合格审计师的能力测试;③注册会计师的执照发放;④审计事务所的执照发放;⑤执照的撤销;⑥注册会计师和审计事务所的注册;⑦纪律检查;⑧外部质量保证;⑨职业规则的采纳。

澳大利亚证券和投资委员会是澳大利亚公司、市场和金融服务的监管组织,是一个独立的联邦政府机构,旨在保证澳大利亚金融市场公正和透明,得到有信心、知情的投资者与消费者的支持。该委员会的主要职责是:维持、促进和提升金融体系以及其中各类实体的业绩;促进金融市场中投资者和消费者充满信心和充分知情条件下的参与;有效执法并减少程序性要求;落实法定要求、发挥法律作用;有效及时地接收、处理和存储各类信息;将有关公司及其他实体的信息尽快向公众公开。

加拿大公共会计责任委员会是加拿大的审计监管机构,旨在保护投资公众的利益。上市公司审计师必须向加拿大公共会计责任委员会进行注册,上市公司的财务报表必须经注册过的审计事务所进行审计。至2013年9月30日,共有300家审计事务所向加拿大公共会计责任委员会进行了注册。加拿大公共会计责任委员会的工作侧重在四个方面:①风险管理。上市公司会给投资公众带来风险,加拿大公共会计责任委员会将风险管理和审计检查结合在一起有助于加拿大公共会计责任委员会在上市公司监管方面更好地利用资源。②思想领先。通过提高主要利益相关者对审计质量的认识来提高审计质量和投资者保护。③利益相关者参与。加拿大公共会计责任委员会通过与关键利益相关者沟通,使他们对审计质量的持续改进产生影响。④高效检查。通过改进检查方法更好地弄清质量缺陷的根源,提出有效的具体建议和要求。

日本注册会计师和审计监管委员会于2004年4月1日根据注册会计师法建立,设立在政府的金融服务局(Financial Services Agency,FSA)下,负责调查与注册会计师和审计制度运行情况有关的事宜,调查与注册会计师、准注册会计师、外国注册会计师违规方面有关的事宜,以及调查监查法人处分方面的事宜。注册会计师和审计监管委员会委员在10人以内,为非专职职位,其中一人可以设为专职职位。注册会计师和审计监管委员会可以向金融服务局局长提出采取惩戒行动或其他措施的建议。

三、会计监管机构国际性组织

会计监管机构国际性组织主要有两个,一个是欧洲审计师监管机构集团(European Group of Auditors' Oversight Bodies, EGAOB);另一个是独立审计监管机构国际论坛。

欧洲审计师监管机构集团旨在保证在欧盟范围内建立的对法定审计师和审计事务所的新公共监管制度的有效协调和运行,该集团的成员包括来自欧盟成员国负责法定审计师和审计事务所公共监管的机构中的高水平代表,这些代表不能是从业人员。在确定代表的过程中,欧盟委员会以公开和透明的方式广泛征求市场参与者、消费者、审计职业界以及终极用户的意见。

欧洲审计师监管机构集团在欧盟委员会为实施有关法定审计的第8号欧盟指令中准备采取措施时提供技术支持。第8号欧盟指令要求欧盟成员国建立针对法定审计师和审计事务所的公共监管制度。根据第8号欧盟指令,公共监管制度将对如下监管内容承担最终责任:①法定审计师和审计事务所的批准和注册;②职业道德准则、审计事务所内部质量控制准则以及审计准则的接受采纳;③继续教育、质量保证以及调查与惩戒制度。

独立审计监管机构国际论坛(International Forum of Independent Audit Regulators, IFIAR)于2006年9月15日由来自18个行政区域的独立审计监管机构建立,目前成员机构发展到来自49个行政区域。之后该论坛逐步成立了几个工作组各自侧重于对审计监管机构比较重要的不同工作领域,与论坛的年度会议和研讨会一起构成该组织的核心活动。

独立审计监管机构国际论坛主要从事下列活动:①分享审计市场环境的知识与独立审计监管活动的实务经验,主要是对审计师和审计事务所的检查监督;②增进监管活动中的合作与一致性;③提供一个与其他对审计质量感兴趣的国际组织进行对话的平台。

复习思考题

1. 国际审计是审计活动向国际化方向发展的结果。引起审计国际化的原因主要有哪些?
2. 简述国际会计师事务所的发展历程。目前国际会计师事务所主要有哪些?
3. 中国独立审计准则与国际审计准则相比的异同点有哪些?
4. 借鉴国际会计师事务所的发展经验探讨中国会计师事务所的发展方向。
5. 在一些主要发达国家中建立了怎样的会计监管机构和制度?

本章参考文献

[1] 中国注册会计师协会. 中国注册会计师审计准则体系. 中国注册会计师协会网站, http://www.cicpa.org.cn.
[2] Campbell L G. International Auditing[M]. Macmillan Publishers Ltd., 1985.
[3] Nobes C W, Parker R H. Comparative International Accounting[M]. 10th ed. Prentice-Hall Inc., 2008.

[4] Radebaugh L H, Gray S J, Black E L. International Accounting and Multinational Enterprises[M]. 6th ed. China Machine Press,2007.

[5] Walton P, Haller A, Raffournier B. International Accounting[M]. International Thomson Business Press,1998.

[6] 国际会计师联合会,http://www.ifac.org/Guidance/index.tmpl

[7] 毕马威国际会计公司,http://www.kpmg.com/global/en/pages/default.aspx,http://www.kpmg.com/cn/zh/Pages/default.aspx

[8] 普华永道国际会计公司,http://www.pwc.com/,http://www.pwccn.com/home/chi/index_chi.html

[9] 安永国际会计公司,http://www.ey.com/GL/en/home,http://www.ey.com/CN/ZH/Home

[10] 德勤国际会计公司,http://www.deloitte.com/view/en_GX/global/index.htm,http://www.deloitte.com/view/zh_CN/cn/index.htm

[11] 国际内部审计师协会,http://www.theiia.org

第十一章 跨国公司的内部控制与预算管理

跨国公司全球范围内的管理控制旨在执行公司战略、保证公司战略目标实现。管理控制系统中越来越重要的内容是内部控制框架的构建和有效运行。预算是企业总体战略计划的具体化,是控制未来经营活动的财务计划,它用具体的数量指标将总体战略计划分解为可以在实际中运行的标准和目标。

第一节 跨国经营活动的全球控制

一、管理控制的发展阶段和主要内容

斯科特(Scott,1981)认为,管理控制系统的演变是从封闭系统向自然系统转变的过程;是从理性系统向开放系统转变的过程。他将管理控制系统的发展分为四个阶段:

(1) 封闭、理性系统阶段。这一阶段的控制模式是将内部管理控制目标明确化、定量化,管理者在控制系统中处于执行的地位。

(2) 封闭、自然系统阶段。这一阶段的控制模式目标是不确定的,管理者可确定并调整目标。

(3) 开放、理性系统阶段。这一阶段的控制模式往往考虑企业内外部控制环境变化,同时内部管理控制目标明确、定量,管理者不能随意调整控制目标。

(4) 开放、自然系统阶段。这一阶段的控制模式在考虑企业内外部控制环境的同时,内部管理控制目标也由管理者根据控制环境变化进行调整。

安松尼等(Anthony and Govindarahan,1998)的《管理控制系统》一书对管理控制系统进行了全面详尽的阐释,整个系统包括管理控制环境和管理控制过程。管理控制环境包括对战略的理解、组织中的行为、责任中心(收入中心、费用中心和利润中心)、转移定价以及对所运用资产的计量和控制。管理控制过程包括战略计划、预算编制、分析财务业绩报告、业绩的计量以及管理人员的激励。在企业的战略规划与管理系统中有三个层次的管理活动,最高层次的管理活动主要是战略确定;基层的管理活动主要是进行具体的任务控制;管理控制则是介于二者之间。

西蒙斯(Simons,1995)总结出四种管理控制系统模式:

(1) 边界控制系统。其目的是规定组织可接受的活动范围,保证组织中所有人员都明确哪些事能做,哪些事不能做。

(2) 诊断控制系统。用于监督结果、纠正偏差的控制系统,帮助管理人员追踪个体、部门或生产线是否遵循企业的战略目标,并通过计量、比较、调整等手段监控目标的实现。

(3) 信任控制系统。其目的是激发和指导员工去探索和发现,去追求企业或组织的核心价值,要吸引企业的所有参与者去关心企业的价值创造。

(4) 交互控制系统。是一个重视未来和变化的系统,要追踪不确定性,注重持续变化的信息,使高层管理人员意识到潜在战略目标。

跨国公司管理控制系统作用的发挥离不开对决定公司战略目标外部环境的理解与把握。最高管理层不仅要考虑母公司所在国的经营环境,还必须充分了解国际政治形势、各国法律法规的具体内容及其变动趋势、各国经济发展的前景、世界科学技术发展状况及未来可能的新突破、社会意识、文化观念及生活习俗对消费者需求的影响、国际市场行情及竞争对手的动向等。同时要分析和把控公司内部经营环境和运行状况,跨国公司最高管理层必须考虑经营活动范围、管理状况、生产技术条件、组织结构、人员素质等,在实现公司总体战略目标的过程中根据内外部经营环境相互制约、相互影响的条件,恰当地实施调节和控制。

公司管理控制系统的运行,一是要符合公司战略目标的要求;二是要考虑组织结构、企业文化、人力资源的状况。这些都是影响与决定公司管理控制系统运行的重要内部环境。在设计跨国公司的控制系统时,子公司管理层自主进行决策的权力范围是一个非常重要的考虑因素。分权制的跨国公司将权力下放给子公司,使其行为独立程度较高;集权制的公司则将决策权力保持在小范围的高层管理人员手中。一般来说,子公司所在国家与母公司距离越远,母公司与之沟通的成本越高(所需费用增加、时间增长),同时地方管理人员对于地方上的环境状况更为了解,能够在较短时间内对突发事件做出反应,则地方子公司的自治程度也就越高。

公司战略与管理控制系统关系的分析可以从以下几个方面进行。战略制定与管理控制相辅相成,战略制定是决定组织目标和达到这些目标的战略部署的过程,管理控制是落实战略部署保证公司战略实现的过程。战略制定与管理控制的区别主要体现在,战略制定是决定公司运动方向的过程;管理控制是决定如何执行战略使公司朝既定方向运行的过程。从系统的观点来看,二者的重要区别在于战略制定一般是非系统性的,而管理控制往往是一个系统的过程。战略的提出和确定通常涉及的人不多,而管理控制过程则涉及组织中各个层次的管理者和员工。

二、管理控制与组织结构

公司管理控制系统与公司组织结构紧密相关。公司组织结构包括公司治理结构以及责任中心的设置。如第四章所述,跨国公司的组织结构可分为自主子公司结构、国际业务部结构、全球职能结构、全球区域结构、全球产品结构、全球混合型结构以及全球矩阵结构等。不同的企业组织结构,其管理控制方式与权限各具特点。从责任中心角度看,跨国公司组织结构可分为成本费用责任中心、收入利润责任中心和投资责任中心。不同的责任中心其管理控制的方式是不同的。

(一)直接控制方式

从财务控制角度看,母公司总部财务部门作为统一的权力机构,对整个跨国公司的资金筹集、运用及利润分配实行高度集中的管理,统一下达指令给下属子公司、经营单位的财务部门。

（二）直接控制与间接控制相结合的方式

母公司总部对各子公司或地区总部进行直接控制，各子公司或地区总部对其管辖业务具有自主权。如从财务控制角度看，这种控制结构的母公司总部对子公司或地区总部的主要财权进行集中，只对重大的、全局性的财务事项做出决策，如重大的筹资、投资决策等，而将有限规模的财务决策权力根据需要下放给各子公司或地区总部。在这种控制结构下母公司总部与各子公司或地区总部之间划分财权，使集团各层次拥有一定的自主经营权力。

（三）间接控制方式

从财务控制角度看，这种控制结构的跨国公司的财务决策权由各子公司或地区总部分散行使，子公司或地区总部独立决策、独立经营、独立核算。然后这些子公司或地区总部又在各自的下属企业之间选择集权、分权或放权的管理控制体制。

三、管理控制的实务分析

（一）全球管理控制实务中的主要问题

1. 目标一致性问题

跨国公司在国际市场上参与竞争，每个子公司都必须能适应当地市场的情况，独立地应对当地市场的各种风险和挑战。从跨国公司整体战略来看，各子公司的经营活动又必须相互配合，统一围绕实现集团总体目标来运转。因此，跨国公司的管理控制必须能够解决每个子公司或分支机构的具体目标与集团总体目标相互可能出现的矛盾，尽可能保持两者的目标一致性。

2. 控制难度问题

跨国公司业务规模扩大后，其各子公司与母公司在空间上的实际距离越来越大，规模和距离有可能增加管理控制的难度。全球经营活动的扩展使往来交通和信息传递的时间、费用及可能出现的信息传递误差会大幅度增加。跨国公司的管理控制系统需要能够及时根据具体情况进行调整，用更大的精力和更完善的控制系统解决规模和距离扩大带来的问题。

3. 不确定因素问题

跨国公司在全球经营活动中可能会遇到更多的不确定因素，其管理控制系统必须能够及时、准确地甄别表明不确定性因素存在的各种迹象，按规定程序反馈到适当的管理层次，并能够采取有效的防范措施控制不确定因素，保证公司目标的实现。

4. 信息的准确性问题

跨国公司各子公司、各分支机构与母公司或总部在距离上相距遥远，且管理层次增多，这给信息在集团内部交流带来了很大的困难。由于距离遥远，信息的传递需要增加时间和成本；在传递过程中被"干扰"的可能性增大；各国文字的差异会增加文字处理的时间和成本，甚至还会产生误解；由于受教育水平和工作经历不同的影响，不同国籍和不同文化背景的管理人员之间存在着沟通方面的障碍，给信息的直接交流带来困难。跨国公司母公司在进行集团总体战略决策时所依据的信息可能会存在不准确、不及时、不完整的情况,依据这样的信息做出的决策、制订的计划在实施的过程中往往会暴露出不符合实际的问题,因此,跨国公司的管理控制必须要有一定的灵活性,能够随时弥补和调节不稳定因素引发的各种问题。

5. 集权与分权问题

跨国公司集权与分权的矛盾可能会影响其管理控制制度的建立和实施。跨国公司的管理控制体系需要既能保证为集团最高管理部门提供必需的信息,使其有效地协调全球的经营活动,并确保各子公司和各分支机构的经营活动符合集团整体目标的要求;又能为各子公司和各分支机构留有一定的灵活余地,使其能够根据经营环境和所在地市场的变化调整经营活动。

6. 不同会计准则问题

跨国公司由于母公司和各子公司所在国的会计准则各不相同,使得各实体的会计核算依据和结果不尽相同,影响了财务报表的统一性和财务信息的可比性。跨国公司母公司和各子公司财务信息不一致不仅影响内部财务报表的编制和对外财务报告,而且也会影响到管理控制的有效性发挥。

7. 效率和负担问题

跨国公司高层管理部门为了实施控制往往要求下属机构和各子公司上报大量的各种各样的文件和报表,使得下级部门的报送工作量过大,甚至影响下级管理部门的正常工作和日常经营管理活动,最终会导致管理控制系统效率的降低。因此,跨国公司控制系统需要恰当确定下级单位应当报送的信息量,在保证实施控制所需信息的前提下,尽可能减少下属部门编报文件和报表的工作量,使下属部门管理人员更多地投入到实际经营管理活动中,实现提高效率和减轻报送负担的均衡。

总之,跨国公司的控制系统的建立和发挥作用面临各种各样的问题,管理会计师需要将公司内部和外部信息融合在一起,通过比较计划(目标)和实际执行(结果),为公司管理层在必要时能够做出正确决策提供依据。也就是说,控制系统必须既能解决其在国内经营中所遇到的问题,又能克服其在国际竞争中所遇到的各种障碍,既能强化集团总体的集中控制,又能完善对各分支机构的分散控制,使两者处于最佳的平衡状态。

(二)管理控制的实施步骤

管理控制的目的是要以最高的效率和最佳的效果来完成公司目标,这一过程可以通过以下几个步骤来完成。

1. 进行战略规划,明确责任目标

跨国公司战略规划一般可以分为三个层次,最高层次的战略目标是企业集团的长远、总体目标,涉及资源的取得、分配和处置的总体战略;为实现企业战略目标而确定的若干年度的行动计划是企业的中期目标,涉及企业总体目标的实施阶段和步骤,包括对企业集团各职能部门经营活动效果和效率的监视;一个年度或一个生产周期的经营活动安排是企业的短期目标,涉及企业总体目标各实施阶段和步骤的具体落实,包括对企业集团各层次管理部门和人员日常经营活动的控制。

跨国公司各子公司及基层单位目标确定之后,必须以最及时、有效和可靠的方式传达给适当的责任中心,使各责任中心及时了解企业集团总体战略目标并据此确定本责任中心的中期目标和短期目标。在实现公司总体战略目标的过程中,对不同的责任中心在管理控制和业绩考核方面会有所不同。

2. 建立评价机制,确定业绩标准

对跨国公司各责任中心要建立业绩考核机制,不同的责任中心适用的评价标准会有所不同;财务和非财务指标是两类重要的评价标准,即使是同一责任中心,在其处于不同的发展阶段或是外部环境发生变化时也有可能选取不同的标准进行评价。

跨国公司在确定评价标准时一般要考虑不同的责任中心其目标和部门战略会有所不同这一因素,因此所有子公司采用统一的标准并不恰当。收入利润中心的目标是开拓市场并保持市场份额,其评价标准应该是市场占有率、销售量等指标;成本费用中心的目标重点是提高生产效率、完成产量任务、实现技术进步等,其评价标准为成本费用控制、技术更新速度等指标;投资中心负责进行投融资活动,其评价标准为投资回报率、剩余收益等。在确定评价标准时要考虑海外子公司无法控制的外部因素,如政府管制、法规限制、员工素质等。

对于成本费用中心来讲,评价经营业绩的标准应主要是可控成本和费用,即该责任中心管理人员在特定时间内可以直接控制其发生的那些成本和费用,包括:①责任中心通过自己的行为能有效地影响其数额的成本费用项目;②责任中心通过使用某种资产或劳务所产生的成本费用项目;③责任中心虽不能直接控制,但可以通过影响上级部门的相应决策而间接控制的成本费用项目。

对于收入利润中心,应以实现利润的情况作为评价经营业绩的标准。但是尽管利润指标具有综合性,利润的计算也具有强制性和较好的规模化程度,但单一指标的评价标准仍然是不够的,需要一些非货币表示的衡量指标作为辅助,比如生产率、市场份额、产品质量、职工态度、社会责任的履行、长短期目标的均衡等。

对于投资中心,主要的经营业绩指标有投资报酬率、剩余收益等。投资报酬率是一个相对数指标,反映部门的税前净利与该部门所拥有资产额的关系,用这个指标衡量部门业绩比较客观,并且具有可比性,通过这一指标的进一步分解,还可以对资产和各收支明细项目进行分析,以对整个部门经营状况做出评价。剩余收益是一个绝对数指标,它等于部门净利减去部门资产与资金成本率的乘积;这一指标还可以使用不同的风险程度调整资金成本,使其运用更加灵活。

3. 实施监控措施,适时进行反馈

跨国公司全球经营活动的管理控制系统中需要有相应的监控措施,以保证管理控制行之有效。控制过程中的重要一步就是对员工的行为进行规范和评价,获取评价信息的途径既有正式的报告,也可通过谈话、会议、个人观察等手段。这种评价包括日常的监测,即对员工实际业绩和评价标准进行连续比较和对差异的及时、准确报告。

反馈控制系统在监控过程中具有重要作用,正是由于反馈机制才使得管理控制得以顺利实现。对分支机构和子公司进行监控既可依赖财务指标,也可运用非财务指标,比较重要的非财务性标准有:产品质量和生产率、消费者满意程度、员工接受培训状况、新产品研究开发、市场增长率和环境保护责任等。

第十一章 跨国公司的内部控制与预算管理

4. 进行差异分析，采取调整措施

当实际经营业绩与既定评价标准间存在差异时就须对差异原因进行分析和调查，找出导致差异产生的主要原因，有的可能是由于评价标准确定不当，也有的则会是由于执行过程中存在失误。找出原因，分清主次，采取最为有效的改进措施，尽可能缩小实际经营业绩与既定目标间的差异，这样才能使控制系统的目的得以实现。

明确管理控制的对象和内容与确定管理控制的步骤一样重要，跨国公司面临错综复杂的经营环境，其控制对象主要有两个方面，一是对结果的控制，即根据企业战略计划和经营计划，对各部门和各分支机构的收入、成本、利润、投资收益等生产经营业绩进行监测和评价，并对发现的问题及时做出反应；二是对行为的控制，即在事前或事后对各部门和各分支机构的决策行为、投资行为、生产行为和销售行为施加影响，以保证这些行为有利于实现企业既定的各种目标。对结果的控制与对行为的控制相辅相成，在很多情况下是不能截然分开的，比如对投资效果进行控制，既包括对投资收益率等结果的监测和评价，也包括对投资决策行为的监测和评价。

第二节 跨国公司的内部控制

一、内部控制的性质和作用

内部控制是公司董事会、经理层以及其他员工相互作用和共同活动的过程，它的设计旨在为公司实现其经营、报告与合规目标提供合理保证。建立内部控制制度就是在公司内部对生产经营和信息加工各环节设计并执行必要的核对、检查、牵制和纠偏等程序，使从下到上各层次生成准确可靠的信息进而确保经营目标的实现和相关法律法规的遵循，也可以说内部控制是在这些程序的基础上建立和实施的一系列政策、措施、方法和步骤的总和。

企业内部控制属于管理控制的范畴，内部控制制度的建设和内部控制的实施侧重于发挥以下几方面重要的作用。

（一）提供可靠的信息

企业在生产经营决策和管理过程中需要大量的信息，而信息的可靠性是决定决策成败的首要因素，因为依据不真实、不可靠信息做出的决策不可能是有效的。而健全的内部控制可以较好地对企业内部各方面提供信息的渠道进行控制，使收集、处理和传递信息的过程不存在任何的偏差，以保证管理部门所获得信息的可靠性，并确保最终的财务信息的真实可靠。

（二）保护企业资产和记录的安全和正确

保护企业的资产和记录的安全对于企业各项生产经营活动的顺利进行至关重要，只有健全的内部控制才能较好地保护企业资产和记录的安全，才能避免由于管理不善造成资产流失、损坏和记录不完全、被篡改而给企业带来的损失。

（三）提高经营效率，防止资源浪费

企业要想在激烈的市场竞争中立足，就必须具备运用有限资源获取最大利润的能力，

而健全的内部控制可有效地防止企业各种资源的损失浪费,提高生产、管理和经营的效率,从而降低费用、增加收益。

(四) 保证贯彻企业的方针政策,遵守政府的法律法规

健全的内部控制可以较好地保证贯彻企业的既定方针政策和发挥规章制度的作用,保证企业遵守政府的法律法规,从而保证顺利实现企业的经营目标。

二、内部控制和风险管理的基本框架

长期以来,公司财务报表舞弊事件在世界各国不时出现,这些事件中许多是因为公司内部控制失效造成的,如美国五个职业团体[①]出资建立的特里得魏委员会(Treadway Commission)调查发现被调查的编报虚假财务报告的案件中大约50%与内部控制失效有关[②]。美国一些团体和学者率先开始研究如何建立和改进公司内部控制,并为公司内部控制的建立和实施提供指导和建议。特里得魏委员会专门成立"科索"(COSO)委员会,试图通过内部控制的建立和实施来促进公司目标的实现和改进各类报告的质量。"科索"委员会在1992年首次制定发布了《内部控制——整合框架》的文件,提出了内部控制五要素的概念。

《内部控制——整合框架》发布之后逐步得到了世界各国的普遍接受和采用。自从该文件发布之后的二十多年中,企业经营环境发生了巨大的变化,经济业务变得越来越复杂,经济活动越来越全球化。根据环境的变化,"科索"委员会经过研究和广泛征求意见于2013年5月发布了更新后的《内部控制——整合框架》。

(一) 内部控制要素

"科索"委员会更新后的《内部控制——整合框架》仍然坚持了原框架内部控制五要素的结构,该五要素如下所述。

1. 控制环境

控制环境是实施内部控制的基础,决定着内部控制的标准、流程和结构,控制环境对内部控制的整个体系产生全面影响。一个组织中的最高管理层对该组织的内部控制起着决定性作用,从组织的最高层为内部控制的重要性确定基调,组织中各个层级一般遵循这种基调展开各种管理活动。一个良好的控制环境包括组织的诚信和道德价值观,能够使最高管理层行使治理职责的监控体系,能够吸引、培养和保留人才的用人机制,保证实现绩效目标的绩效衡量、激励和评价系统。

2. 风险评估

任何组织都面临着各种不同的外部风险和内部风险。风险是对实现组织目标将产生不利影响的事件发生的可能性,风险评估是一个确认和估计对实现目标形成风险的动态和反复的过程,组织目标实现过程中的风险与所确定的风险容忍度有关,因此风险评估构成了一个组织确定如何管理风险的基础。风险评估的前提条件是在组织中各层次建立相

---

① 这五个团体包括内部审计师协会、美国注册会计师协会、美国会计学会、管理会计师协会和财务经理人协会。
② Root S J. Beyond COSO——Internal Control to Enhance Corporate Governance[M]. John Wiley & Sons, 1998: 75.

互联结的目标,管理层要明白无误地明确与经营、报告和合规相关的各类目标,以便能够确认和分析对这些目标产生的风险。风险评估还要求管理层考虑外部环境可能变化产生的影响和内部经营模式变化导致内部控制失效的可能性。

3. 控制活动

控制活动是通过制度和流程所确立的行动,旨在确保管理层所确立的目标以及降低风险的方针得以实现。在组织的各个层级、业务的各个环节以及信息系统的整个环境中都需要实施控制活动。从性质上看,控制活动可以是预防性的,也可以是检查性的;从范围上看,控制活动应该覆盖手工控制和自动控制;从流程上看,控制活动包括授权、批准、复查、核对和业务绩效评估。控制活动中必须设计和实施的是不相容职责相互分离。如果不相容职责分离无法实施,管理层应选择和推进替代性的控制活动。

4. 信息和交流

任何组织在实现其目标的过程中、在评估风险和实施控制活动的过程中都离不开对信息的依赖,对于任何组织而言,信息在推进内部控制建设、促进组织目标实现中是必不可少的。管理层从内部和外部获得或生产信息,并且使用相关的有质量的信息来支持内部控制其他要素的正常运转。

沟通是一个持续和不断重复的过程,在这个过程中影响内部控制的有关各方提供、分享和获得必要的信息。内部沟通是信息传递的一个手段,通过内部沟通使得信息在整个组织中向上、向下和横向扩散,这样使得员工能够接受来自高管层的清晰的信息,确保控制的职责得到认真实施。外部沟通包括两个方面:一方面将外部的相关信息传入组织内部,另一方面根据组织的要求和目标,向外部相关各方提供信息。

5. 监督

内部控制是否完善并发挥作用需要对其进行持续的和独立的评价,由此构成了内部控制体系中不可或缺的重要一环即监督活动。通过监督活动确认五个要素以及每个要素下的原则是否完整存在以及是否发挥其功能。监督包括事中评价和独立评价,或两者某种程度的结合。事中评价构建在组织内部各个层次的业务活动过程之中,嵌入整个业务体系的持续评价可以提供及时的信息;独立的评价需要定期开展,其范围和频率可能因风险评估、持续评价的有效程度以及管理层的其他考虑而有所不同。评价中的发现应结合外部监管者和内部管理层所设定的标准进行评估;对于内部控制中存在的缺陷必须向组织最高管理层进行报告。

(二) 内部控制原则

COSO委员会将旧版框架中已有的原则加以规范、使其更加清晰明确,共列出了17项原则,分属五大要素中的某个要素。每个内部控制要素中的原则如下。

1. 控制环境中的原则

第一项原则,任何组织都应对诚信和道德等价值观做出承诺;第二项原则,最高治理层和管理层应适当分权,如董事会应独立于管理层,以此对内部控制的建立与实施形成监督和制约;第三项原则,管理层应围绕组织目标建立权责匹配机制,即在治理层监督下,应建立健全组织架构和报告体系,进行合理的授权与责任划分;第四项原则,任何组织对认同其目标的人才在吸引、培养和保留等方面应做出承诺;第五项原则,组织应根据其目标,使员工各自担负起内部控制的相关责任。

2. 风险评估中的原则

第六项原则,风险评估以组织目标为依据,因此需要对组织目标做出清晰的设定,据此识别和评估相关的风险;第七项原则,组织应对影响其目标实现的风险进行全范围的识别和分析,并以此为基础来决定应如何进行风险管理;第八项原则,组织在风险评估过程中,应考虑潜在的舞弊行为;第九项原则,组织应识别和评估对内部控制体系可能造成较大影响的改变。

3. 控制活动中的原则

第十项原则,任何组织必须通过开展控制活动来将风险对其目标实现的影响降到可接受水平;第十一项原则,任何组织对以信息技术为基础的信息系统都应实施一般控制以支持其目标的实现;第十二项原则,任何组织实施控制活动都应通过合理的政策和制度作保证,这些政策和制度都应通过切实可行的流程和程序来作保证。

4. 信息与沟通中的原则

第十三项原则,任何组织都应获取或生产并使用相关的、有质量的信息来支持内部控制发挥作用;第十四项原则,任何组织都应在其内部通过信息系统传递包括内部控制的目标和责任在内的必要信息,以支持内部控制发挥作用;第十五项原则,组织应与外部相关方就影响内部控制发挥作用的事宜进行沟通。

5. 监督活动中的原则

第十六项原则,组织应选择、建立并实施持续且独立的评估机制以确认内部控制是存在且正常运转的;第十七项原则,组织应在适当的时间范围内对内部控制缺陷做出评价,并根据具体情况与那些能够采取正确行动的相关方(如管理层、治理层)进行沟通。

每一原则都由多个关注点予以支持,这些关注点代表着这些原则的相关特点和具体要求,各个关注点为管理层提供指南,协助其评估内部控制的各个要素是否存在并发挥效用。

(三) 法规体系的要求

2001年美国发生的以安然、世通等公司财务舞弊案为代表的会计丑闻,一方面给美国经济及资本市场造成了极大的伤害,另一方面这些事件也暴露出了美国公司在内部控制上存在的问题。美国国会于2002年颁布的《萨班思-奥克斯雷法案》明确了公司最高管理者及财务主管对公司内部控制负直接责任,提高了对会计舞弊的处罚力度,强化了内部审计、外部审计及审计监管。由此促成了美国资本市场制度的一次大的进步,也使人们对内部控制的重要性有了更深刻的认识。

COSO委员会的内部控制整合框架是通过各类法规制度在不同的组织中实施的。因此一个组织如何实施新版框架需要根据该组织的性质和类型做出决定。在美国上市的公司,需要遵守《萨班思-奥克斯雷法案》的404条款,故要关注美国证券交易委员会的规则变化。美国证券交易委员会规定企业管理层评价其内部控制的标准必须符合以下条件:制定过程严谨适当,经过广泛散发和公众评议;非营利而无偏见;能一致性地定性或定量分析内部控制;全面包括所有影响内部控制的因素;与企业财务报告中的内部控制相关等。最终,证交会认为"科索"委员会的《内部控制-整合框架》符合上述规定,同时指出未来符合上述要求的相关文件也都可以认可。

（四）企业风险管理框架

"科索"委员会认为，内部控制是风险管理的一部分。因此，该委员会在《内部控制-整合框架》的基础上，又于2003年制定和发布了《企业风险管理框架》。《企业风险管理框架》继承并包含了《内部控制-整合框架》的主体内容，同时扩展了三个要素，即增加了目标设定、事件识别和风险对策三个要素，这样风险管理有八个组成要素：控制环境、目标设定、事件识别、风险评估、风险对策、控制活动、信息与沟通、监督。另外，《企业风险管理框架》增加了一个目标，更新了一些观念，旨在为各国的企业风险管理提供一个统一术语与概念体系的全面的应用指南。

《企业风险管理框架》提出了风险组合与整体管理的观念，要求从企业层面上总体把握分散于企业各层次及各部门的风险暴露，以统筹考虑风险对策，防止分部门分散考虑与应对风险，如将风险割裂在技术、财务、信息科技、环境、安全、质量、审计等部门，并考虑到风险事件之间的交互影响，防止两种倾向：一是部门的风险处于风险偏好可承受能力之内，但总体效果可能超出企业的承受限度，因为个别风险的影响并不总是相加的，有可能是相乘的；二是个别部门的风险暴露超过其限度，但总体风险水平还没超出企业的承受范围，因为事件的影响有时有抵消的效果。此时，还有进一步承受风险、争取更高回报与成长的空间。按照风险组合与整体管理的观点，需要统一考虑风险事件之间以及风险对策之间的交互影响，统筹制定风险管理方案。《企业风险管理框架》已成为许多跨国公司的指导性文件，它的观念和要求正影响着越来越多的跨国公司实务。

第三节 国际经营活动中的预算管理

一、战略在预算管理中的重要性

许多跨国公司规模庞大、经营领域广泛、活动地域宽广，因而一个跨国公司的存在和发展必须有长期和完备的战略以协调各子（分）公司及研究开发和销售机构之间的行动，从而以最有效率的方法把公司控制的人才、资金、制度、信息等资源加以整合，并通过预算保证公司整体中长期目标的实现。

战略关系到公司的宗旨和大局，跨国公司的全球化战略是指跨国公司规划和行动要服务于集团全球发展目标和全球行动部署。企业战略体现着企业的发展意图或目标，包括确定企业的理念与使命，制定旨在实现企业目标、用于指导企业资源运用策略的计划，它可以协调企业经营行为和组织模式，其核心内容是实现企业的经营目标、实现内部结构与外部环境的动态平衡和统一。

因此，战略是跨国公司存在的生命线，跨国公司的比较优势取决于一个整体的战略以及围绕整体战略的具体策略的实施。跨国公司具有的比较优势包括：具有集中化和职能化经验传递的能力；具有较高管理效率的潜力；具有在更多市场上分摊研究开发成本的潜力等。

跨国公司的战略是一个分层次、分功能的子战略的集合体。由于战略是"全局性"的，因此,只有各个战略单位、各个基层部门所有的工作都实现了围绕战略而制定的部门战略和目标,跨国公司的管理战略才能够有效实现。各个基层单元既是公司总体战略的有机组成部分,都承担着实现公司整体战略的部分功能,同时各个部门又有按照功能或者按照区域划分的次级战略和目标。

二、预算在国际经营活动中的意义和作用

预算是控制公司运营并可以监测运营状况的管理工具,预算可以明确地将整个公司的目标具体化。预算可以提供一种比较实际运营状况的基准,分析实际脱离预算的差异可以对业绩进行评价,通过控制和消除差异可以提高未来运营的效率。以跨国公司为代表的国际经营活动日益呈现出多样化、复杂化和广泛化的发展趋势,对国际经营活动的预算和控制提出了更多更高的要求。

通过预算所确定的标准和目标,具有强制性和固定性,规定了完成计划所必需的最低要求,同时又具有一定的灵活性和弹性,使实际操作者能够根据实际情况的变化灵活变通。因此,良好的预算往往被视为利用企业现有资源实现最佳生产效率和获得较高盈利能力的控制措施。

跨国公司总部一般是以各个外国子公司的预算来作为整个跨国公司预测的基础的,并以此来修正和确定整个跨国公司的预算。总部的分析是在掌握广泛信息的基础上进行的,包括对可能的环境的了解、目标的了解以及对整个国际经营环境的了解。从总部反馈回的预算信息对子公司来说也是行动指南,因为总部下达的预算要用于评价子公司的业绩。

预算的作用是多方面的,预算在国际经营活动中的作用可以概括为:

(一)控制

有了预算才能实施控制,预算成为实施控制的一个必要前提。控制是一种管理过程,通过实际运作结果与预算的对比,掌握两者的差异,以预算作为调整的尺度和督导的工具,确保经营活动达到既定的目标。在国际经营活动中企业可能遇到的不确定性因素会更多,通过完善的预算系统可以将对未来不确定性因素预测的结果转变为管理部门可以具体利用的较为直观的信息,通过先进的预算方法还能使这一转变过程更加简捷,获得的信息更加可靠和相关。预算的制定和实施离不开各种具体的计划,计划使企业经营目标用可数量化的指标予以具体化,使企业目标得以有秩序地实现。

(二)交流

预算在制定和执行过程中具有通过交流增进理解的作用。在预算的执行过程中,反馈系统的有效运作将可以保证各机构、各部门之间信息的顺畅流通,保证信息交流的及时性和可靠性。信息通过预算系统在公司内部进行交流有两种方式:一种是自下而上的,称为参与式,即由各机构、各部门编制自己的部门预算,向上汇总到企业的预算委员会,由预算委员会进行总体的协调;另一种是自上而下的,称为命令式,即由预算委员会编制各机构、各部门的预算,并征求各部门的意见。一个公司采取何种方式取决于公司的管理体制和所处的具体环境。

(三) 协调

预算可以起到协调内部各部门、各机构使其较好合作的作用,在留有余地的前提下,使各部门、各机构都能以企业总体目标为基准,实现部门目标和企业总体目标的一致。跨国企业在国际经营的运作中,如何保证各个分支机构、各个职能部门间的合作是至关重要的,因为每个单独部门的业绩将直接影响整个企业的业绩。比如,生产部门和销售部门必须通过有效的协调才能较好地合作,才能避免出现供货不足或库存积压的问题。

(四) 激励

预算系统的实施可以激励员工提高工作效率、降低费用消耗,公司目的的实现与员工的努力分不开,因此预算系统中的控制措施注重组织行为对员工的影响,强调用制度激励员工,根据员工完成预算的情况对员工进行奖励或惩罚,使企业的各级员工都能以实现企业总体目标为己任,充分发挥自己的潜能。

(五) 评价

预算委员会通过定期进行实际运作结果与预算的比较,可以考核各级预算指标的实现情况。预算系统通过建立具体的指标,为企业各级员工的工作确立了目标,同时也成为评价员工业绩的最好标准。在企业组织结构日益庞大和复杂的情况下,预算指标作为评价员工业绩的标准是较为规范和公正的。

三、配套管理信息系统的建立

跨国公司预算的实施需要建立配套的管理信息系统,在国际经营环境中建立管理信息系统主要有三种类型。

(一) 以本国系统为标准

坚持以本国系统为标准的原则强调把本国系统的标准和做法应用到海外子公司和分支机构中去,在管理控制方面,母公司对海外经营活动实施严密的控制,在信息处理方面,海外经营活动都直接按本国的标准来计量和交流,因此,根据这一原则跨国公司只需将本国的管理信息系统移植到海外即可。一般刚开始海外经营活动的跨国公司多采用以本国系统为标准的原则,因为它比较简单,便于推广,成本也较低。

(二) 建立世界性单一系统

建立世界性单一系统,强调跨国公司的海外分部或子公司都是集团整体经营网络的重要组成部分,跨国公司整体中的各个组成部分都要为实现全球性最优目标而努力。跨国公司通过整体战略安排,力争做到生产资源在世界上成本最低的地方取得,产品在生产率最高的地方生产、在实现收入最大的地方出售等。这样的战略要求管理信息系统必须能够从跨国公司整体的角度进行协调,支持全球经营决策的实施,因此必须根据全球经营战略和环境特点,重新设置全球性单一标准的管理信息系统。专门设置面向世界的管理信息系统虽然成本很高,但有时却是必需的。

(三) 设置多中心灵活系统

设置多中心灵活系统,强调给予跨国公司海外分部或子公司更大的自主权,允许海外分部或子公司多样化的发展,这时海外分部或子公司管理部门所需要用于决策的信息和母公司管理部门所需要用于控制的信息是不完全一致的。因此必须建立扩大的管理信息系统,使之能够满足不同的但又是平行的信息需求。在这个系统中,所有的信息都经过统一的处理并存储到中心数据库中,任何级别的管理部门都可以随时获得所需要的任何信息,这种平行的系统已成为目前多数跨国公司建立管理信息系统时普遍采用的形式。

四、影响预算的主要因素分析

由于预算反映了跨国公司的战略目标和经营手段,所以公司经营内外环境中的许多因素都会影响预算的编制和执行。其中比较重要的影响因素有以下几点。

(一)公司战略

跨国公司致力于在全球实现资源配置最优化、生产成本最小化和赚取利润最大化的战略目标,所以世界各地的分支机构或子公司在编制自己的预算时必须由母公司统一协调,围绕公司总体目标进行预算安排,保证跨国公司战略的实现。

(二)经营范围

如果跨国公司的销售和生产活动范围比较小,那么由公司总部集中编制预算是比较合理的;在跨国公司经营范围日益扩大的情况下,需要预算编制人员熟悉各地子公司不同的环境状况,为了使各级地方管理人员能够充分发挥其知识优势,必须采用多级分权的预算编制体系。

(三)子公司的独立性

当国外子公司独立性较大时,预算应该由子公司自己来做。因为本地的管理者对于当地的经营情况有着较深的了解,他们的经验十分重要。这样制定的预算比较切合实际,有助于控制公司运营并且使目标的实现成为可能。预算也给当地的管理者制定他们自己的业绩标准提供了机会,有调动当地管理者积极性的作用。不过当地管理者制定预算的经验水平不一样,当地的商业习惯也会影响预算的制定过程以及以后预算的执行,管理者自己制定预算作为业绩评价的工具,也存在诱发管理者滥用预算的条件,这些都是跨国公司制定预算中要考虑的因素。

(四)汇率变动

海外子公司编制预算时使用的是当地货币,而上报时则要换算成母公司的报告货币,以便与母公司货币保持一致,这时公司采用的外币会计政策和国际市场上汇率的变动都会影响到海外子公司的预算编制和执行。

(五)政府政策

各国政府通常都会制定鼓励出口、限制进口的政策,同时也会限制资本向海外流动。海外子公司则经常和母公司或其他海外子公司发生业务往来,所以在编制往来业务的预算时要将各国政府的限制政策考虑进去。

五、可供选择的预算形式和方法

（一）预算的形式

预算的形式有多种，国际上已有的预算形式主要有以下几种。

（1）固定预算，只反映单一业务量下各收入、成本等项目的具体数额，它为企业的生产经营提供了一个确定的目标，编制相对简便。

（2）弹性预算，分别确定与多个业务量相适应的收入和成本项目金额，可以提供与实际情况相近的预算结果，便于从不同的角度进行成本差异的分析，更能发挥预算作为一种控制手段的作用。

（3）零基预算，对有关预算项目进行逐个分析和定量并完全从零开始编制的预算。可以使管理部门更关注未来期间可能出现的各种新情况、新问题，将注意力集中在未来。

（4）增量预算，以前期预算作为列入本期预算的起点，作适当调整后编制。

（5）定期预算，预算以一定的期间为限，有效期随着时间的推移而日益缩短，直至预算期限结束，再重新编制新的预算。

（6）滚动预算，预算的有效期随时间的推移而推移，不断地续编，从而始终保持相同的时间长度和相同的预算期限。

（7）作业基础预算，每个部门预算的编制都应以引发相关预算项目的作业活动为起点，首先确定相应的成本驱动，再围绕该成本驱动形成相应的成本积聚，从而确定各预算项目的具体数额。

（二）编制预算的两种方法

1. 销售预算起始法

预算编制方法从编制货币金额预算开始，第一步先编制以预算金额表示的销售预算，接着根据预测价格得出销售数量预算；第二步利用销售数量预算、产品期初库存数量、预测期末库存数量等推算出产成品的生产数量；第三步根据生产预测推算出原材料、劳动工时和其他生产费用开支的预测使用表；第四步根据要素预测使用表预测出生产过程所需各项要素的购置使用预算，包括原材料采购预算、人工成本预算、存货预算、管理费用预算、现金预算、资本支出预算等。最后编制以财务报表形式表示的总预算，包括利润表、资产负债表、现金流量表等。

这种预算的编制方法无需先编制数量预算，因为在有些情况下，确定相关的数量指标是很困难的，比如在以提供服务为主的行业中，这样只编制货币金额预算就避免了这一问题。但是，由于各成本项目都是以销售总额的一定百分比计算出来的，所以这些成本项目表面上好像都是以变动成本的性质出现的，如果每年的百分比固定不变的话，这些成本项目就会表面上看起来是随销售总额的变动而变动的，这将影响成本性态的分析、使预算脱离实际过大。

2. 关键要素决定法

与上一种方法的不同在于，关键要素决定法不是从编制货币金额预算开始入手，而是首先寻找关键要素。跨国公司从事国际性经营活动，需要国内外各方面的资源和条件，包括人力、物力、财力、市场份额、出口配额等。从绝对的角度来讲,这些资源和条件都是有限的,但从相对的角度来讲,这些资源和条件有些是不足的,有些又是充裕的。编制预算时所要寻找的关键要素就是相对稀缺的资源或条件,它是制约企业总体预算的变量,其他因素都将受到该因素的约束,因此必须首先考虑该关键因素,否则总体预算将无法实施,这一关键要素在预算中被称为基本预算要素。

找到关键要素之后,应先编制以该关键要素为主的预算,其他预算都要以该关键预算为基础进行编制,最后综合形成总体预算。假设经过调查和分析,确定市场占有量是关键要素,那么总体预算就必须从销售预算开始,先确定预算销售量,其他预算如生产预算、原材料预算、人工预算等都要以销售预算为基准。假设跨国公司确定某种原材料供应量为整个集团的关键要素,则应先编制原材料采购预算,其他预算再以其为基准继续编制。

(三) 资本预算

资本预算是一种特殊的预算,涉及的时间长、资金量大,包括长期投资的计划、确认和评估。恰当的资本预算是跨国公司合理使用资金、保证资金成本最小化、实现利润最大化的有效手段。跨国公司编制资本预算时往往面临缺少海外投资市场和有关国家各项经济指标的有效信息,使得公司无法对现金流量进行合理准确的预测,造成跨国公司进行海外资本投资的风险性增大。当考虑风险因素时,除了基本的经济因素外,海外投资还必须考虑被投资国家的政治稳定情况。在不同国家投资面临的政治风险是不同的。

评估长期投资的方法主要有:回收期法、投资报酬率法、净现值法和内部报酬率法等。回收期法的基本思路是比较各投资项目回收资金的速度,项目回收期越短越好;投资报酬率法可用以比较各投资项目按照会计政策计算出来的回报率大小,一般来说,在其他条件相同的情况下,应选择投资报酬率高的项目;净现值法和内部报酬率法是在考虑了货币的时间价值的基础上对投资项目进行分析评价的方法。当分析单一项目时,要求项目净现值应为正值、内部报酬率应达到设定的水平,当多个项目比较分析时,一般选择净现值大、内部报酬率高的项目。

(四) 预算中的反馈

通过反馈,管理部门可以及时了解预算的实际运行情况,而只有掌握了实际与预算的差异,才能采取最佳的反应措施。如果是由于预算的编制不当,则可以根据实际结果及时修正预算;如果是由于对预算的执行不当,则应采取改进措施使预算能得以更好地实施。

为保证反馈措施的有效性,必须保证与差异相关的任何信息都能及时地传递给控制预算运转过程的管理部门,而所采取的相应改进措施也必须在有效的时间范围内生效。只有这样才能保证预算系统和反馈控制的有效性。跨国公司建立完整有效的管理信息系统是保证预算执行情况得到及时反馈的重要条件。

(五) 关于预算松弛问题

预算是对企业未来整体经营规划的总体反映,是一项重要的管理工具,其主要功能是帮助管理者进行计划、协调、控制和业绩评价,实现公司战略。目前许多跨国企业采用参与性预算编制程序。预算执行者为了能顺利完成预算,倾向于制定较为宽松的预算标准,使完成各项任务所预算的资源数量大于实际所需要的资源数量,或使预算的产出量小于可能的产出量,这种现象就是预算松弛。预算松弛主要发生在预算编制过程中,表现为预算执行者低估收入、高估成本、低估产销量甚至销售价格、夸大完成预算的困难、低估利润等。

有人认为预算松弛与参与性预算有一定关系,参与性预算给基层单位的管理者提供了创造松弛预算的机会。不过参与性预算与预算松弛之间的关系是否如此简单有不同的观点。自 20 世纪 60 年代起,美国许多会计学者就此做了大量的理论分析和实证研究,不少人认为参与性预算编制过程与预算松弛的结果是正相关的,但也有人持相反看法,认为参与性预算过程实际上可以减少预算松弛,因为参与预算编制过程使管理者能够充分交流信息、加强沟通、了解公司的战略目标,因此管理者在预算编制过程中真正参与进去并理解了公司的战略意图,就会认为没有必要再去刻意建立松弛性的预算。

参与预算编制过程意味着参与者可以为达到自己的意愿进行"讨价还价"。达成预算的过程实质上是责任中心的管理者和其上级管理者进行协商谈判的过程。已经通过的预算就是一份双边协议。在许多情况下,处于各国的基层业务单位和子公司的预算方案上报后,总部高层管理者会根据整个跨国公司的目标和资源配置情况对预算进行调整与平衡。基层业务单位和子公司为了防备总部的资源指标削减或任务指标加码而将各项指标定得很宽松,上级管理者考虑到这一点必然会采取相反的措施。由此形成一种恶性循环,后果是预算松弛逐步制度化。

预算松弛产生的直接影响是,难以激发企业管理人员的潜力,还可能带来无效成本,成本没有实现最小化,利润就达不到最大化。预算松弛的存在还可能为管理者提供掩盖失误的弹性空间,影响到业绩评价的客观性。松弛的预算使一些预算执行者在营运良好的年份调低利润,在营运困难的年份又转回利润,这样使企业管理者可以进行利润平滑化,长期下去会助长盈余管理行为的蔓延。

复习思考题

1. 全球管理控制实务中的主要问题有哪些?
2. 简述跨国公司管理控制的实施步骤。
3. 内部控制有哪些作用?
4. "科索"(COSO)委员会更新后的《内部控制——整合框架》主要内容是什么?
5. 预算在国际经营活动中有哪些作用?
6. 影响跨国公司预算的主要因素有哪些?

本章参考文献

[1] 财政部、证监会、审计署、银监会、保监会. 企业内部控制基本规范及配套指引,2008 年及 2010 年。
[2] Anthony R N, Govindarahan V. Management Control Systems[M]. 9th ed. McGraw-Hill, 1998.
[3] Appleyard A R, Strong N C, Walton P J. Budgetary Control of Foreign Subsidiaries[J]. Management Accounting (UK),1990(9).

[4] Bailes J C, Assada T. Empirical Differences between Japanese and American Budget and Performance Evaluation Systems[J]. The International Journal of Accounting, 1991, 26(2).
[5] COSO. Internal Control——Integrated Framework, 1992.
[6] COSO. Internal Control over Financial Reporting——Guidance for Smaller Public Companies, 2006.
[7] COSO. Guidance on Monitoring Internal Control Systems, 2009.
[8] COSO. Internal Control——Integrated Framework, Executive Summary, 2013.
[9] Mcnally J S. The 2013 COSO Framework & SOX Compliance——One Approach To An Effective Transition[J]. Strategic Finance, 2013(6).
[10] Scott M S. Development in Organization Series: 1960—1980[M]. American Behavior Scientist, 1981.
[11] Simons R. Control in an Age of Empowerment[J]. Harvard Business Review, 1995, March-April.

第十二章 外汇风险管理

跨国经营与一般的企业经营和商业活动一样,不可避免地要面对各种风险。风险源于未来事件的不确定性,风险管理的成败轻者影响公司利润的升降,重者则影响公司本身的生存。企业经营和商业活动中遇到的风险可以概括为两大类,即经营风险和金融风险。外汇风险是金融风险的一种,本章讨论外汇风险管理问题。

第一节 外汇风险管理的概念及汇率影响因素

一、外汇风险管理概述

(一) 外汇风险管理的基本概念

外汇风险源于外汇汇率的不利变动。汇率的不利变动可能给公司带来的损失就构成了外汇风险。跨国公司在世界各地的经营中往往涉及多种货币对资产、负债、收入和费用等进行计量和记录,其中一般会有大量的外币现金流动、货币兑换、外币折算等业务,这些业务都有产生风险的可能性。

外汇风险管理(foreign exchange risk management)是指涉及外汇业务的企业或其他实体通过使用对外汇风险的识别、计量、控制等方法手段,预防、转移或规避外汇业务中的风险,从而减少或避免可能产生经济损失的管理活动,旨在努力达到在风险一定条件下的收益最大化或收益一定条件下的风险最小化。

进行风险管理需要首先明确一些基本概念,与风险密切相关的一个概念是"敞口",它是指企业经济活动中能够受到汇率波动影响的项目,具体来说是公司资产、负债、收入和费用中以外币金额进行计量和记录的部分,也叫受险部分。敞口金额暴露在汇率变动的影响之中,反映了一定外汇波动条件下企业受到影响的范围广度,敞口越大,一定外汇风险下的受险金额越大,风险程度就越大,反之亦然。

因此,外汇风险是否存在及风险的大小取决于公司经营活动中是否存在敞口及敞口的大小。外汇风险管理即是对敞口进行决策、调整、控制和分析的过程。如果公司的敞口金额不大,或者考虑到汇率变动的双向性,公司可能对敞口不采取任何措施。但对于跨国公司来说,往往有较大的外币敞口,必须进行外汇风险管理。

外汇风险管理的基本思路是,识别外汇风险、确定敞口规模、寻找规避风险的方法和措施,对防范风险的方案做出决策,根据方案采取有针对性的行动。外汇风险管理可遵循分类防范原则,对于不同类型和不同传递机制的外汇风险,采取不同方法来分类防范,如对于外币债券投资汇率变动风险,可采取各种以保值为主的防范措施;对于外币交易结算风险,应以选好计价结算货币为主要防范手段,辅以其他方法等。

(二) 外汇风险管理的主要策略

外汇风险管理的基本策略包括进攻性管理和防御性管理。进攻性管理是企业管理当局积极主动地进行汇率变动预测，根据预测结果采取相应的有力措施，避免或减少汇率变动给企业可能带来的损失。防御性管理是企业尽可能地将某种货币表示的资产与该种货币的负债相配合，或某种货币的现金流入与该种货币的现金流出相配合，这样，某种货币的资产发生损失，这种货币的负债会产生收益，或者某种货币的现金流入发生损失，这种货币的现金流出就会产生收益，以此来避免风险。

对跨国公司来说不可能规避所有的风险，对于可能的风险要区别具体情况采取不同的策略，这方面可采取的策略包括完全抵补策略、部分抵补策略或不抵补策略。进行外汇风险管理主要是寻找规避风险的办法、选择应对风险的策略和确定采取措施的时机。

采取完全抵补策略，即要采取各种措施消除外汇敞口，锁定预期收益或锁定成本，以达到规避风险的目的。一般情况下，采用这种策略比较稳妥，适用于汇率波动幅度大的情况，尤其是实力单薄的企业应采取这种策略，这样的企业往往涉外经验不足、市场信息不灵敏。

采取部分抵补策略，是敞口部分有一定盈利可能性的情况下，采取措施保护部分敞口金额，保留部分受险金额，也是保有部分盈利的机会，当然这样也留下了部分损失的可能。

不抵补策略是任由外汇敞口金额暴露在外汇汇率变动风险之中，这种情况适合于汇率波幅不大、外汇业务量小或者盈利的可能性比较大的情况，在面对低风险、高收益的外汇交易时，企业也容易选择这种策略。

(三) 汇率变动原因的理论分析

在进行外汇风险管理的过程中重要的是认识引起汇率变动的原因和影响因素，从而能把握汇率变动的趋势。在这方面一些学者的研究成果值得借鉴。阿利伯和斯蒂克尼(Aliber and Stickney,1975)根据经济学理论论证的"购买力均等定理"和"费雪效应"具有较大的影响，它们分别阐释了汇率变动与物价变动、汇率变动与利率变动之间的关系，对于人们根据一个国家物价变动和利率变动情况推测汇率变动情况有一定作用。

根据购买力均等定理，在两个国家之间，汇率的变动与该两国相对的物价水平的变动成正比。即汇率变动总是伴随着物价的变动，一国的物价水平发生变动，会使得该国货币的汇率对另一国货币的汇率发生变动，结果使该国货币的购买力在汇率和物价发生变动之前和之后保持不变，一种货币在汇率变动后换得的另一种货币的购买力水平与汇率变动前换得的该种货币的购买力水平相同，购买力保持均等。

一般认为，购买力均等定理从长期(比如 10 年以上)来看在一定程度上与现实相符，物价和汇率的变动是相互影响的，物价变动会引起人们用一种货币去换另一种货币，从而引起汇率的变动，这在可自由兑换货币之间比较明显；另一方面，汇率的变动也会产生引起物价变动的结果。因此该定理从长期观察来看是对实际情况的较好反映。但从短期来看，物价变动不会立即引起汇率变动，或不会立即引起汇率与物价成等比例的变动，因而一国货币的购买力不会在汇率和物价变动之前和之后保持均等，必须经过一定时间以后才能达到新的均衡。

费雪效应是说,在两个国家,若在同类财务性资产上所赚得(或支付)的利息不同,则经市场调节后,两国利率不同的差异比将等于预期的汇率变动的差异比。一国货币的汇率会随利率的变动而变动,一国的贷款利率高于另一国的贷款利率时,该国的借款人就会到另一低利率国去寻求借款,这种寻求借款者增多以后,会引起两国间汇率和利率的变动,直到从低利率国取得借款换成本国货币后的实际利率与在本国取得借款的实际利率相等时为止。所以一国货币的汇率对另一国货币的汇率发生变动时,该国的贷款利率往往也在发生变动。

与购买力均等定理一样,费雪效应从长期(比如10年以上)来看在一定程度上与现实相符,利率和汇率的变动是相互影响的,利率变动会引起人们到其他资本市场去投资或筹资,从而引起汇率的变动;同样,汇率的变动也会产生引起利率变动的结果。因此该观点从长期观察来看是对实际情况的较好反映。但从短期来看,利率变动不会立即引起汇率变动,因而一国的利率变动是逐渐地和汇率的变动相互影响的,要经过一定时间以后才能达到新的均衡。

二、影响汇率变动的主要因素

在任一时点上,都存在货币的均衡汇率。随着时间的推移,货币的需求与供给受到各种因素的影响而发生变动,从而导致汇率发生变动。了解汇率变动的影响因素是外汇风险管理的基础。综合有关国际会计、国际金融和国际财务管理方面的文献,影响汇率变动的因素可概括如下。

(一)利率水平

两国间利率水平的变动会引起两国间投资和融资活动的变化,影响资金的流动,从而影响两国货币的需求与供给,导致汇率发生变动。一般而言,在其他情况不变的条件下,如果本国的利率相对于另一国有所提高,将吸引更多的国外投资,导致外国对本国货币的需求提高,本国对外国的货币供给减少,本币升值;同时,本国对外国货币的需求下降,外币的供给增加,外币贬值。例如,假定日本利率不变而美国利率水平提高,则在美国存款或投资于债券将更富有吸引力,会促使日本企业和投资者将其持有的日元兑换成美元投资于美国,由此引起美元需求增加而日元供给增加,同时,由于投资于日本的吸引力减小,美国企业和投资者不愿投资于日本,导致日元的需求下降而美元的供给也减少,这样,将造成美元升值,日元贬值。具体的升贬值幅度将由利率变动幅度、两种货币需求与供给的利率弹性等因素决定。

两国货币间的汇率在某些情况下还会受到第三国利率水平变动的影响。例如,1987年初,加拿大利率提高后,吸引大量日本投资者,导致日本对以美元标价的证券的投资减少,美元对日元的汇率下降。

尽管相对较高的利率水平倾向于吸引外国投资从而引起货币升值,但如果较高的利率水平反映了相对较高的通货膨胀预期,则由于高通货膨胀对当地货币向下的压力,较高的利率水平并不一定伴随着汇率的提高。因此,在分析汇率变动趋势时还应考察实际利率水平。实际利率要在名义利率的基础上减去通货膨胀率后得到,即

$$实际利率=名义利率-通货膨胀率$$

（二）物价水平

两国间相对物价水平的变动会影响国际贸易活动，即两国相互间产品和劳务的流动，进而影响各自货币的需求与供给，导致汇率的变动。一般而言，在其他情况不变的条件下，如果一国的物价水平相对于其他国家有所提高，将导致本国产品相对于外国产品更加昂贵，本国对外国产品的需求增加，而外国对本国产品的需求降低，使本国对外币的需求增加，外国对本国货币的需求减少，同时，本国货币对外国的供给增加，外币的供给减少，最终将导致本国货币相对于外币贬值，而外币将升值。例如，假定美国的物价水平不变而英国通货膨胀率突然大幅提高，这将导致美国对英镑的需求下降，英镑的供给增加，从而英镑对美元的汇率下降；与此同时，英国对美元的需求增加，美元的供给减少，美元对英镑的汇率提高。当然，具体的升降幅度将由英国通货膨胀率提高的幅度、两国间产品的需求与供给弹性等因素决定。

（三）政府干预

各国政府及其中央银行可以采取多种管制措施干预外汇市场来影响外国货币对本国货币的汇率，这些干预措施主要包括：①实施外汇壁垒；②设置贸易壁垒；③通过买卖外币干预外汇市场；④通过影响诸如物价、利率、收入等宏观经济变量来调控该国货币汇率，等等。例如，假定美国利率水平相对于日本有较大幅度的提高从而使日元面临贬值的压力，日本政府可以采取提高对本国企业和居民来源于国外投资所得征税等措施来降低对美元的需求，阻止日元的贬值。

（四）经济形势和相对收入水平

经济形势向好、经济实力强大会吸引更多的投资者，从而导致对该国货币需求的增加。一国相对于其他国家而言收入水平的升降会影响该国对外币的供求情况的变化，从而导致外币汇率的升降。比如，假定日本收入水平不变，而美国收入水平有较大程度的提高，将导致美国对日本物品的需求增加，进而增加了对日元的需求，日元对美元的均衡汇率将提高。

（五）市场预期

市场预期是受市场心理变化影响的，像其他金融市场一样，外汇市场对任何具有未来影响的消息都会做出反应，因为这些消息会使市场参与者结合对各种因素进行综合评估后形成汇率变动的预期。例如，有关美国通货膨胀率将大幅提高的消息会使得市场形成美元贬值的预期，导致交易者抛售美元，形成美元贬值的压力。在国际外汇市场上，很多机构投资者根据其对各国利率变动的预期而决定是否持有各种货币头寸。例如，如果他们预计英国利率会提高，就会暂时将资金投到英国，因为利率提高将促使英镑升值，待英国利率提高时，他们将从中获利。市场预期未必都与实际相符，基于预期而持有某种货币头寸也同样冒有一定的风险，但不可否认的是，预期确实会促使投资者增减其持有的货币头寸，从而造成汇率的变动。

总之，上述各种因素是影响汇率变动的主要原因。跨国公司海外子公司所在国的政治社会环境和对待海外投资的政策、经济增长幅度、通货膨胀趋势以及国际收支净额等方面的因素都会对该子公司经营活动中涉及的汇率产生影响。而且，影响汇率变动的各种因素在特定情况下将从不同的方面、不同程度地制约着汇率的实际变动。

第二节　外汇风险的类别和计量

一、外汇风险的类别

外汇风险的存在可能对公司经济活动绩效产生不利影响。这些不利影响一般表现在几个方面：一是导致公司外币资产或负债在未来兑换成本币或以本币进行清偿时发生损失，这种风险称为交易风险；二是汇率波动导致公司未来现金流入量的现值减小或现金流出量的现值增加，这种风险称为经济风险；三是导致跨国公司合并财务报表中外币折算后的合并数字发生不利的波动，这种风险称为折算风险。

因此企业在外币交易中要了解究竟存在哪些外汇风险，是交易风险、经济风险，还是折算风险；或者了解面临的外汇风险哪一种是主要的，哪一种是次要的；哪一种货币风险较大，哪一种货币风险较小；同时，要了解外汇风险持续时间的长短。

上述三类外汇风险分别对应三类敞口，即交易敞口、经济敞口和折算敞口。各种货币敞口程度的计量和调整是外汇风险管理的核心。跨国公司开展的外币业务要求未来的现金流入或流出用外币进行收付，由此产生交易敞口的原因是由在交易发生日和未来外币收付日之间汇率发生变动造成的。汇率波动不仅影响一定金额的外币能够兑换的本币金额，存在交易敞口，还对企业外币金额本身产生影响，也就是说，即使是不涉及外币业务的纯国内企业，如果其产品市场受到国外产品的竞争，汇率变动也会对其现金流量产生影响，这是产生经济敞口的原因。汇率变动使外币财务报表折算中可能产生损失是折算敞口产生的原因。

敞口有正敞口和负敞口之分，对于有外币资产和外币负债的公司而言，如果其外币资产大于外币负债，那么该公司净资产的敞口是正的，反之则是负的。在折算外币报表时，不是所有的外币项目都作为敞口对待，只有那些根据现行汇率进行折算的报表项目才属于敞口的范围，这些项目受汇率变动的影响，而那些根据历史汇率折算的项目则不属于敞口部分。表12-1概括的是正敞口与负敞口的几种情况。

表 12-1　　　　　　　　正敞口与负敞口情况汇总表

汇率变动	正敞口	负敞口
	外币资产＞外币负债	外币资产＜外币负债
外币升值	换算或折算利得	换算或折算损失
外币贬值	换算或折算损失	换算或折算利得

实业界和学术界普遍认为外汇风险与企业，尤其是与跨国公司高度相关。尽管企业无法准确地预测汇率的未来数值，但至少可以计量外汇风险的敞口程度。如果其敞口程度较大，则可以考虑采用适当的技术来减少敞口，以降低外汇风险。外汇风险控制就是跨国公司为保护自己不受汇率波动的不利影响或减小这种影响而采取的各种手段和措施。

二、外汇风险的计量

跨国公司负责外汇风险管理的会计师需要综合分析所获得的数据和汇率情况,将风险暴露敞口和风险损益值进行计算,把握这些汇率风险将达到多大程度,会造成多少损失。外汇风险计量方法可以用直接风险度量方法和间接风险度量方法,根据风险的特点,从各个不同的角度去计量汇率风险,这样才能为规避风险提供更准确的依据。

(一)交易敞口的计量

计量交易敞口时,需要按照货币种类,分别预计未来一定期限内包括所有子公司在内的合并现金净流量。例如,假定甲子公司的美元净流量为 \$600 000,而乙子公司的美元净流量为－\$400 000(即为净流出),则整个跨国公司的美元净现金流量(净头寸)为 \$200 000。如果在这些现金流量发生实际收付之前美元贬值,将对甲子公司产生不利影响,对乙子公司产生有利影响。从整个跨国公司的角度来看,其影响是不利的,但影响不大,因为甲子公司与乙子公司的现金流量具有抵销的作用。可见,决定整个跨国公司对某一货币的敞口程度的是其合并现金净流量。

影响跨国公司交易风险的因素除合并净现金流量外,还有货币的波动程度和各种货币间的相关关系两个因素。在外汇市场上,不存在波动程度完全相同的两种货币。在敞口程度相同的条件下,波动程度大的货币的敞口所带来的交易风险相对也较大。各种货币的波动程度一般以其汇率的标准差来加以反映。为了解各种货币的波动程度,可以收集其历史汇率数据来计算标准差,作为衡量其波动程度的标准。

各种货币间的相关关系也对交易风险产生影响。假设有两家美国的跨国公司 A 和 B,在合并了各自所有的子公司的货币流量后,A 公司有大量的欧元流入敞口,而 B 公司有大量的加拿大元流入敞口和美元流出敞口,哪家公司的交易风险更大呢?如果只从货币波动性着眼,有稳定的欧元敞口的 A 公司的交易风险应较小,而具有不稳定的加拿大元和美元的 B 公司的交易风险应较大。但这种推理忽视了货币相关性这一因素。当企业具有的两种货币敞口不同(即一种货币为流入暴露,另一种货币为流出暴露)时,如果两种货币的波动呈高度的正相关,则两种货币的交易暴露将部分抵销,从而大大降低交易风险;如果两种货币的波动呈现负相关,则不会产生敞口抵销作用。在该例中,由于加拿大元和美元间具有正相关关系,会使 B 公司的交易敞口部分抵销,交易风险降低,所以 B 公司的交易风险未必比 A 公司大,这要看敞口的具体金额和两种货币间的相关系数而定。

(二)经济敞口的计量

一个企业所在国的本币升值时,该企业的国内销售额、国外销售额(无论以本币定价还是以外币定价的)都倾向于下降。因为在国内市场上,企业将面临较便宜的外国产品的竞争;在国外市场上,以本币定价的产品由于本币升值而对外国消费者变得更加昂贵,需求数量会因此而下降;以外币定价的产品尽管其国外需求量不受影响,但等量的外币能兑换的本币金额将减少。也就是说汇率的波动能够影响跨国公司在海外的竞争地位和未来现金流量。海外子公司涉及进出口(如从国外购入原材料、产品销往国外等)时其产量和价值会随汇率变动而变化。表 12-2 总结了汇率变动带给海外子公司竞争地位、运营利润和现金流量方面的变化情况。

表 12-2　　　　　汇率变动带给海外子公司几方面的变化情况

汇率变动趋势	产品出口增加	产品出口减少
	原料进口增加	原料进口减少
子公司所在国币种升值	状况恶化	状况好转
子公司所在国币种贬值	状况好转	状况恶化

现金流入量的变化还表现为国外投资的收益因本币升值而兑换成较少的本币。本币升值使现金流出量方面受到的影响表现为以外币定价的货物所需支付的本币金额将下降,国外贷款的利息支出也将减少。由此可见,本币升值后,以本币计价的现金流入量和流出量都趋于减少,所以很难确切判定现金净流量的变动情况,这要视构成现金流量的各要素受货币升值的具体影响程度而定。例如,如果一家产品出口企业的原材料和资金供应均来自国内,则其现金流入量的减少将远远超过流出量的减少,本币升值将导致企业净现金流量减少。相反,产品主要在很少外国产品竞争的国内市场销售的企业的现金流量受本币升值的影响则很小;如果这类企业的原材料和资金供应来自国外,则其现金流出量将减少,从而导致其现金净流量增加。本币贬值将产生与上述相反的结果。

(三) 折算敞口的计量

一般来说,折算敞口的大小与国外子公司的规模相关。国外子公司的规模大,在跨国公司总体业务中所占的比重就大,其资产或负债数额也会比较大,这样该子公司在合并财务报表中的折算敞口也就比较大;此外其报表各项目在合并时的折算金额还将受到东道国货币稳定性的影响,东道国货币的稳定性越差,折算风险越大。

目前,世界各国折算财务报表的方法尚不统一,各种折算方法对同样的报表进行折算时会得出不同的折算结果。不过折算方法在实务中已趋向于向采用结账日汇率法(现行汇率法)为主、在某些情况下采用时态法为辅的方向发展。采用不同的折算方法,折算敞口的范围就会不同,若子公司报表中的存货项目因属于流动性项目而按现行汇率折算时就属于折算敞口的范围,但若将存货归于非货币项目而按历史汇率折算则不受汇率波动的影响,就要排除在折算敞口的范围之外。其他一些项目,如长期负债、以重置成本计价的固定资产等,也会由于折算方法的不同而得出不同的折算金额。

第三节　外汇风险的控制

外汇风险的控制就是在识别和计量的基础上采取措施控制外汇风险,避免产生较大损失。汇率风险规避方案的确定需要在企业国际贸易汇率风险规避战略的指导下选择具体的规避方法。企业应该在科学的风险识别和有效的风险度量的基础上,结合企业自身的性质、经营业务的规模、范围和发展阶段等企业的经营特色,采取全面规避战略、消极规避战略或是积极规避战略。各种规避战略只有适用条件不同,并没有优劣之分。

企业在确定其规避战略的基础上,进一步选择避险方法。可供企业选择的避险方法归纳起来有两大类：一类是贸易谈判结合经营策略来规避汇率风险；另一类是利用金融衍生工具来规避交易风险，主要有期汇、期货、期权及其他金融衍生工具。不同的方法对应着不同的操作，但目的都是为了使"不确定性"得到确定，从而规避风险。

一、交易敞口的控制

（一）交易敞口控制的基本思路

对交易敞口，一般要从跨国公司整体的角度进行集中控制。之所以如此，是因为各子公司的交易敞口之间往往可以部分抵销，进行集中控制有利于充分利用这种抵销作用，减小整个公司需要面对的敞口，节约交易风险控制的费用支出。

跨国公司处理交易敞口的基本思路一般有以下四种：①风险转移。即公司要求用本币进行收付结算，这样就将交易敞口转移到交易的另外一方。②风险共担。即买卖双方达成协议，当汇率变动不超过一定的范围时，该项业务的结算和收付将采用协议中规定的价格和汇率。当汇率变动超过协议的范围时，交易风险由买卖双方共同承担。③价格调整。即买卖双方经过协商，同意一旦汇率变动产生不利影响，则通过调整交易价格来减少交易暴露的程度。④外币交易。即公司单方面通过业务交易之外的渠道（如金融机构提供的各种外币保值手段）对交易敞口进行冲减。

跨国公司对交易敞口的控制，一般是从两个方面着眼的，一是进行套期保值，二是调整收入或支出货币的种类，使之与需要支出或收入的货币匹配。例如，假定一家中国香港公司由于向德国出口货物而产生大量欧元应收款。如果该公司同时从德国的其他公司进口产品，则可以将进口结算货币定为欧元，由此产生的欧元应付款便可起到减少欧元敞口的作用，从而减轻汇率波动对公司的影响。当然，付款货币的调整并不能完全消除交易敞口，因为很难使一种货币的应收款和应付款的金额完全相同并且收付时间完全匹配，对此，可以考虑采用套期保值的方法进行补充。

（二）交易敞口控制的主要手段

1. 选好或搭配好计价货币

首先，尽可能选择本币作为计价货币，这样不涉及货币兑换，则不会产生外汇风险。其次，尽可能选择自由兑换货币作为计价结算货币，便于外汇资金的调拨和运用，一旦出现外汇风险可以立即兑换成另一种有利的货币。再次，选择有利的货币作为计价结算货币，一般的基本原则是"收硬付软"。由于一种结算货币的选择，与货币汇率走势，与他国的协商程度及贸易条件等有关，因此在实际操作当中，必须全面考虑、灵活掌握，真正选好有利币种。

尽可能搭配好计价货币，选用"一篮子"货币，通过使用两种以上的货币计价来消除外汇汇率变动带来的风险；进行软硬货币搭配，软硬货币此降彼升，具有负相关性质。进行合理搭配，能够减少汇率风险。交易双方在选择计价货币难以达成共识时，可采用这种折中的方法。

2. 采取平衡抵消法进行避险

平衡抵消法亦称配对法，是指交易主体在一笔交易发生时，再进行一笔与该笔交易在货币、金额、收付日期上完全一致,但资金流向相反的交易,使两笔交易面临的汇率变化影响抵消。

具体做法包括两种:一是单项平衡法,是用一种货币进行单项平衡;二是综合平衡法,是在交易中使用多种货币,软硬货币结合,将所在单项多头与空头合并,由此使多空两相抵消或在一个时期内各种收付货币基本平衡。该平衡法比单项平衡法更具灵活性,效果也较显著。

3. 利用国际信贷进行避险

外币出口信贷一般是指在大型成套设备出口贸易中,出口国银行向本国出口商或外国进口商提供低利贷款,以解决本国出口商资金周转困难或满足外国进口商资金需要的一种融资业务。它包括两种形式:一是卖方信贷,即由出口商所在地银行对出口商提供的贷款;二是买方信贷,即由出口商所在地银行对外国进口商或进口方的银行提供的融资便利。出口商可以利用卖方信贷避免外汇风险。

4. 运用系列保值法进行避险

一种做法是在合同中加列保值条款。保值条款是经贸易双方协商,同意在贸易合同中加列分摊未来汇率风险的货币收付条件。在保值条款中交易金额以某种比较稳定的货币或综合货币单位保值,清算时按支付货币对保值货币的当时汇率加以调整。

另一种做法是调价保值。调价保值包括加价保值和压价保值等。在国际贸易中出口收硬币,进口付软币是一种理想的选择,但在实际当中有时只能是"一厢情愿"。在某些场合出口不得不收取软币,而进口被迫用硬币。此时就要考虑实行调价避险法,即出口加价和进口压价,借以尽可能减少风险。

5. 通过期货合同或远期合同进行避险

通过期货合同进行避险是指具有远期外汇债务或债权的公司,委托银行或经纪人购买或出售相应的外汇期货,借以消除外汇风险的方法。企业可通过买卖货币期货合同来运用期货合同进行套期保值,以此消除汇率波动的可能影响。如果企业具有某种货币的净流出敞口,则可以通过购买期货合同以获得在未来某一特定日期按照规定汇率取得一定数量的该种货币的权利。持有该合同,企业便可将需要于未来支付的外币所需的本币金额锁定。如果企业具有某种货币的净流入敞口,则可以通过出售期货合同的方式获得在未来某一特定日期按照规定汇率出售一定数量的该种货币的权利,由此将需要于未来收入的外币能够兑换的本币金额锁定。

与期货合同的性质基本相同的另一种手段是远期外汇合同。远期外汇合同是与银行签订的场外交易协定,可以满足客户的个性化要求,与此不同,期货合同是在期货交易所里进行的,每份合同的规模是标准化的,在任何时候都只有一个市场价格,所以它们的交易场所和交易方式都有所差别。[①] 外汇交易额较大的企业通常采用远期外汇合同进行保值。

具体做法是,出口商在签订贸易合同后,按当时的远期汇率预先卖出合同金额和币别的远期,在收到货款时再按原定汇率进行交割。进口商则预先买进所需外汇的远期,到支

---

① 布赖恩·科伊尔.货币风险管理(下)[M].亓丕华,等,译.北京:中信出版社,2002:23,24.

付货款时按原定汇率进行交割。这种方法优点在于：一方面将防范外汇风险的成本固定在一定的范围内；另一方面，将不确定的汇率变动因素转化为可计算的因素，有利于成本核算。

例如，如果一家中国公司一个月以后需要向其法国供应商支付 2 000 000 欧元，则可以同银行签订一份远期外汇合同，银行将按照远期汇率在一个月以后卖给该公司相应金额的欧元。通过远期外汇交易，企业可以事先确定将于未来支付的外币所需的本币金额。相反，如果企业将于未来收取一定金额的外币，则可以通过签订远期外汇合同卖出外币的方式事先确定可以兑换的本币金额。

远期外汇交易与外汇期货交易一样，只能事先确定未来买卖外汇的价格，从而消除汇率波动的影响，但并不一定会使企业实际受益。例如，交割日的即期汇率可能会低于合同规定的买价，或高于合同规定的卖价，无论哪种情况都将使从事交易的企业丧失一定的收益。

6. 通过短期借贷进行避险

货币市场上的短期借贷行为即是通过货币市场进行套期保值，短期借贷可以建立具有配比或抵销性质的债权和债务，进而达到减少和消除交易敞口的目的。

企业具有净流入敞口或持有外币应收账款时，可以事先通过货币市场借入该种外币，建立新的债务，以抵销原有的净流入敞口。例如，假定一家美国公司的应收账款 500 000 欧元将于 90 天以后收回，为防止外币在未收回期间发生贬值，该公司可以先借入欧元并将其兑换成美元。假定欧元 90 天借款的利率为年率 6%，则为完全抵销原敞口，需借入的金额是：500 000/(1+0.15)＝434 783 欧元。所借入款项到期需偿还的本息额将是 500 000 欧元，可用届时收回的应收账款偿还。

当企业具有净流出敞口或持有外币应付账款时，可以以闲置现金或借入的本币兑换成外币存入银行，建立新的债权，以抵销原有的净流出敞口。例如，假定一家美国公司需于 30 天后偿付其到期的 2 000 000 英镑应付账款，并且公司无闲置现金，则可先借入美元并兑换成英镑，然后将英镑存入银行，建立新的外币债权，存款到期时其本息和应与外币应付账款金额相等。假定英镑存款利率为年率 6%（30 天利率为 0.5%），则企业需存入的英镑金额为：2 000 000/(1+0.005)＝1 990 050。现进一步假定即期英镑汇率为 1 英镑＝1.65 美元，据此计算需借入的美元金额为：1 990 050×1.65＝3 283 582。通过建立英镑存款，并使得其期限与应付账款的期限一致，可以免受汇率波动的影响。

7. 通过外币期权进行避险

外币期权与远期外汇合同相比，更具有保值作用。因为根据远期合同届时必须按约定的汇率履约。但采用期权合同可以根据市场汇率变动作任何选择，即既可履约，也可不履约，最多损失期权费。

期权在市场上具有一定的价格，外币期权的价格受外币即期汇率、实施价格（即规定的买进价格或出售价格）等因素的影响，具有波动性。期权定价理论已成为近年来西方财务、金融、投资等学科探讨的热门领域。期权分为买进期权和卖出期权两种。买进期权的持有者在期权到期时，有权按规定价格买进一定金额的某种货币，同时，其持有者也可以放弃权利。卖出期权的持有者在期权到期时，有权按规定价格出售一定金额的某种货币，也可放弃权利。

企业如果拥有外币债权或净流入敞口,在运用货币期权进行套期保值时,则应考虑采用卖出期权;反之,企业如果负有外币债务或净流出敞口,则应考虑采用买进期权。例如,假设一家中国公司有 100 000 美元的应付账款于 90 天后到期,市场上美元买进期权的价格是 0.04 元/美元,其实施价格为 6.30 元,为抵补其应付账款,公司购买买进期权所需支付的价格为 4 000(100 000×0.4)元。如果到期时美元的即期汇率小于 6.30 美元,则公司将放弃该期权而直接从外汇市场上购买美元现汇,此时公司付出的总支出不会超过 634 000(100 000×6.30+4 000)元;如果到期时美元的即期汇率高于 6.30 美元,则公司将实施期权,无论即期汇率较 6.30 元高多少,公司的总支出都是 634 000 元。可见,采用期权进行保值,公司为偿付外币债务所需的本币的最大金额是已知的,如果到期时市场汇率低于实施价格,公司还可放弃期权而直接按市价买进外币,从而仍然享有汇率下降而带来的收益。由于外币期权到期时,期权持有者有权选择实施(交割)或放弃实施,使得期权具有不剥夺持有者获取价格波动带来收益的权利的优点,因此成为近年来发展较快并得到日益广泛应用的一种创新金融工具。

8. 通过长期远期外汇交易进行避险

近年来超过一年的远期汇率在西方各大银行都有挂牌,最长期限可达五年,而以前远期外汇交易的交割期限一般短于一年。长期的远期交易对于那些未来较长时间的进出口价格已由合同确定又希望免受汇率波动影响的企业来说,是非常适用的。

9. 通过货币互换进行避险

货币互换是对长期交易敞口进行套期保值的一种方法,可采用多种形式,能够满足两个企业不同的长期资金需要。例如,假定一家英国公司受雇于一家美国银行从事长期项目咨询工作,其收入为美元并且主要于五年后收到;同时,一家美国公司为英国建造天然气管道,其收入是英镑并且也将于五年后项目完工时收到。这两家公司可以签订货币互换协议,按照商定的汇率于五年后进行一定数量的货币交易。通过这种方式,美国公司可以确定其五年后将能够收到的美元数量,同时英国公司也可以确定其收到的英镑数量。两家公司都可免受汇率波动的影响。

10. 通过平行贷款进行避险

平行贷款是指两家跨国公司达成协议,同意各自向对方设在本国的子公司提供金额相等的本国货币贷款,贷款期满后,再重新换回各自的本金。实质上,平行贷款包含两个货币互换协议,一个是贷款发生之初,一个是贷款到期的期末,由此两家跨国公司都降低了交易暴露。

二、经济敞口的控制

对于经济敞口,跨国公司一般采用调整营业结构的方法进行控制。这里营业结构指企业的外币业务在其各个现金流量中的分布情况,主要包括三个部分,即外币销售、外币采购和外币筹资。其中外币销售影响现金流入量,外币采购影响现金流出量,外币筹资既影响现金流入量也影响现金流出量。

如果外币变动对企业现金流入量的影响比流出量的影响大,则为规避敞口,企业要从以下方面调整其营业结构:①减少外币现金流入量,如减少出口或出口改按本币定价;②增加外币采购的现金流出量,更多地采用外国原材料;③增加外币投资的现金流出量,尽早地偿还外币借款。

如果外币变动对企业现金流出量的影响比流入量的影响大,则要采用相反的方式调整营业结构以规避经济暴露:①增加外币现金流入量,如增加出口或出口改按外币定价;②减少外币采购的现金流出量,减少使用外国原材料;③减少外币投资的现金流出量,推迟偿还外币借款。

为减少经济敞口,首先在开展海外业务之前就要将其包括在可行性分析中一并考虑;其次跨国公司总部可以借鉴证券市场中的"证券组合"这个思路,母公司利用某子公司的正敞口来冲抵其他子公司的负敞口;由于汇率变动十分频繁,跨国公司必须尽可能地对经济敞口进行弹性计划,以应付意想不到的情况;当海外子公司所在国币种的不利变动已无法避免,跨国公司则必须采取其他方法(如价格和营销方面的各种手段)进行弥补。

三、折算敞口的控制

当跨国公司拥有国外子公司,并且需要将国外子公司财务报表反映的业务活动、财务状况和现金流动并入母公司报表编制合并财务报表时,就产生了折算敞口。如前所述,只有那些根据现行汇率进行折算的报表项目才会产生折算敞口。有人基于财务报表的合并并不影响跨国公司的实际现金流量的事实而认为折算敞口无关紧要;有的跨国公司则认为由于合并财务报表反映了企业的经营业绩并影响有关的决策,所以折算风险确实存在并应得到高度重视。

对于折算敞口,一般采用资产与负债配比的方式进行控制,即创设新的外币资产或负债来抵销原来存在折算敞口的外币资产或负债。可以采用的具体方法与控制交易敞口的各种套期保值方法相同。例如,假定一家美国跨国公司在英国有一家全资子公司,某年年初预计子公司全年盈利为1 000 000英镑,子公司计划将盈利全部用于在当地重新投资,则该跨国公司尽管不存在可预见的交易敞口(无需将英镑兑换成美元),却存在折算敞口。要消除这1 000 000英镑投资所存在的折算敞口风险,跨国公司需要在全球范围内设法创立金额大体相当的英镑负债。年底时,如果英镑汇率提高,跨国公司将由于拥有负债而发生一笔损失,但同时合并子公司损益时又将产生金额相当的一笔收益,两者相互抵销;如果英镑汇率下降,则拥有负债所产生的收益正好抵补合并盈利的下降,保证子公司盈利合并时不因汇率变动而减少。

对折算敞口进行套期保值在实务中存在难于解决的问题,如盈利预测不够准确、某些货币无法获得远期合同等,更为严重的是,有时为了消除折算敞口却带来交易敞口,从而形成两种敞口无法同时消除的尴尬局面。因此,应对折算敞口的最好办法是,外汇风险管理中致力于交易敞口和经济敞口,而对折算敞口,只需在财务报表中说明本期合并盈利受折算敞口影响而升降的金额即可。

四、中国企业外汇风险管理问题

中国在1996年实现了人民币经常项下可兑换,资本账户的开放正在积极有序地推进。实现包括经常项目可兑换与资本项目可兑换在内的人民币完全可兑换，是中国外汇管理体制改革的长远目标。现阶段中国对跨境资本流动仍实行一定的限制，特别是严格控制短期资本的流入和证券类的资本交易。

由于存在机会成本，企业往往觉得汇率的变动是天经地义的事，汇率变动所带来的亏损也是天经地义的。许多企业觉得多一事不如少一事。比如，如果一个企业决定用汇率掉期来做外债的风险管理，未来可能会有两种结果：所借货币可能升值，也可能贬值。如果所借货币升值了，那么做汇率掉期的效果将非常好，因为企业借此可以锁定负外债的成本，使汇率的变动对企业的影响降到最少。但是如果所借货币贬值了，可能就会遭到非议，为什么要做汇率掉期，否则企业会因为外债贬值而获得收益，少付利息和本金。所以一些企业的负责人认为，如果锁定汇率，万一外币贬值就会吃亏。但实际上，不做保值，就等于把本钱也做了投机。

中国企业目前面对的汇率风险主要表现为两个方面，一是在进出口贸易中，结算货币汇率变化带来的风险；二是国际融资中，在借款期间汇率变化带来的风险。与在贸易中的汇率风险相比，外债的汇率风险更大。由于外国政府贷款具有期限长、利率低的优势，一直深受我国地方政府和企业的青睐，有不少企业通过此途径取得了外币贷款。因为这些外币贷款的期限比较长，通常是20年或者30年，其中经历汇率波动的风险相应会较大。

企业借助银行做货币掉期进行外债风险管理的成本并不高。在通常情况下，商业银行在帮助企业做货币掉期时会收取一定的手续费，一般为1‰～2‰。而政策性银行开展代客保值业务的出发点主要是提高银行转贷业务的资产质量，服务对象仅限于银行转贷外国政府贷款的企业，因此这项业务的目的主要是帮助客户锁定债务成本，规避汇率风险，收取的手续费也就相应更低一些。

复习思考题

1. 跨国公司外汇风险管理应有怎样的基本思路？外汇风险管理的主要策略有哪些？
2. 影响汇率变动的主要因素有哪些？
3. 什么是"外汇风险"？什么是"交易敞口"和"经济敞口"？
4. 不同类别的外汇风险如何计量？
5. 简述跨国公司处理"交易敞口"和"经济敞口"的基本思路及控制方法。
6. 什么是"折算敞口"？决定"折算敞口"的因素有哪些？
7. 汇率变动与物价变动、与利率变动之间的关系怎样？影响汇率变动的主要因素有哪些？

本章参考文献

[1] B.科伊尔. 货币风险管理[M]. 亓丕华，等，译. 北京：中信出版社，2002.
[2] 法博齐，迪利亚尼. 资本市场：机构与工具[M]. 唐旭，等，译. 北京：经济科学出版社，1998.
[3] Aliber R Z, Stickney C P. Measures of Foreign Exchange Exposure[J]. Accounting Review, 1975(1).

[4] Choi F D S, Meek G K. International Accounting[M]. 7th ed. Pearson Prentice Hall, 2011.
[5] Dufer G, Giddy I H. "Management of Corporate Foreign Exchange Risk" in International Finance and Accounting Handbook[M]. 3rd ed. New York: John Wiley, 2003.
[6] Radebaugh L H, Gray S J, Black E L. International Accounting and Multinational Enterprises[M]. 6th ed. China Machine Press, 2007.

第十三章 国际转移价格

根据经济合作与发展组织的统计,进入 21 世纪世界贸易中大约 60% 实际上是在跨国公司内部进行的[①]。在跨国公司所采取的各项经营策略和管理方法中,国际转移价格的定价策略和方法是重要的一个方面。一般来说跨国公司总是设法到海外寻求新的资源、开辟新的市场,最终实现"在成本最低的国度生产产品,在价格最高的国度出售产品,从而赚取最大限度的利润"的目标。

第一节 国际转移价格的意义和目的

关联企业之间商品或劳务的交易中由企业管理层确定的内部价格即是转移价格。关联企业是指这样的交易双方,一方能控制另一方或能对另一方的经营决策和财务决策施加重大影响,或双方都同为第三方所控制或第三方同时能对双方的经营决策和财务决策施加重大影响。跨国公司母公司及其子公司就是关联企业,它们在交易结算时所采用的价格称为国际转移价格。

跨国公司利用国际转移价格的目的可概括为以下几个方面。

一、实现利润最大化

对于跨国公司来说,在许多不同国家从事经营活动,面对各种不同的税收制度和规则,通过比较各国的税收制度和规则,利用各国税收法规之间的差异,总是试图从中寻求最大的利益,降低公司的整体税负,这已成为跨国公司利用转移价格实现利润最大化的一个重要方面。比如跨国公司通过制定有利的国际转移价格,将利润转移到低所得税税率的国家,可以实现整个集团税后利润最大化。

二、确保资源最佳利用

国际转移价格的制定要考虑在跨国公司内部使有限的资源达到最佳配置、发挥最大效用。尤其是不存在外部中间产品市场的情况下,公司内部之间的交易是垄断性的。对这种内部交易的卖方来讲,可以说不存在竞争对手,这样,很有可能卖方公司失去提高其产品或服务质量、努力降低成本、提高资产运营效益的动力。在这种情况下,如果恰当运用国际转移价格定价机制对其进行管理,就会促使卖方公司想方设法来提高其资产的运营效益,优化资产结构,努力降低成本,使资源得到最佳利用。

---

① "OECD Insights," OECD Insights, http://oecdinsights.org/2012/03/26/pricefixing/, 18 April 2013 Debate the Issues.

三、完善公司经营策略

国际转移价格被认为是跨国公司经营策略的一个重要组成部分,在实施一定的经营策略时应有相应的转移价格策略与之相配合。例如,跨国公司实行新产品策略,新产品是由两个子公司协作生产的:其中一个子公司提供中间产品,另一个子公司将其加工成最终产品出售。在这个策略的实施中,需要两个子公司全部依赖内部交易,即供应方公司生产的中间产品要全部用于内部交易,不得对外出售;而购买方公司所需的中间产品也必须从内部交易中获得。这主要是从商业保密的角度来考虑的,因为若自由进行外部交易时,则有可能泄露生产和商业机密。这时就要为该类内部交易设定合适的转移价格,这种转移价格既对供需双方有约束作用,又对外部市场具有竞争力。此时,转移价格已成为该跨国公司新产品策略的一个重要组成部分。

四、促进分权经营管理

国际转移价格是跨国公司的一种管理工具,为了充分发挥各级组织机构经营管理的效率性和效益性,跨国公司在分权经营的体制下,实行责任会计,把决策权经由各种责任中心分授给各个责任中心的主管人员,配合实行"目标管理"和"预算控制",激励下属单位努力完成公司的总目标。跨国公司的分权和授权必须辅之以控制和考核,国际转移价格定价系统可在其中发挥重要作用,因为国际转移价格最明显、最基本的作用是能够在一定程度上影响各部门之间的利润分配,所以转移价格的制定和实施将影响跨国公司对子公司经营绩效的评价。

第二节 国际转移价格的影响因素和定价方法

一、国际转移价格定价的影响因素

跨国公司的国际转移价格定价的影响因素可以分为内部因素和外部因素。内部因素是指公司本身在组织管理上和经营活动方面具有影响力的因素,外部因素是指公司所处的外部环境中的影响因素。

(一)内部影响因素

1. 公司组织结构的分散程度

公司的集权或分权程度对国际转移价格定价过程影响很大。集权化程度较高的公司往往要求集中确定内部交易的转移价格,一般情况下,采用成本为基础的定价方法。而分权化程度较高的公司则往往将转移价格定价权下放给各下属公司或部门,一般情况下采用市场价格定价法或协议定价法。还有一些公司对一部分产品的生产实行集权化管理而对其他产品实行分权化管理,在这类企业中,往往同时运用多种转移价格定价方法。总之,跨国公司在确定国际转移价格时,总要考虑公司的分散程度这一影响因素。

2. 公司的策略

国际转移价格定价决策也是公司策略的一个必不可少的组成部分。公司策略包括公司经营各个方面的策略,如新产品策略、营销策略、扩张策略等。策略之间存在着内在联系并且相互影响,共同组成公司的策略系统。跨国公司在确定国际转移价格时要考虑现行的策略,要将国际转移价格定价作为策略系统的一个有机组成部分来看待,与策略系统中各种策略保持协调。

3. 公司的业绩评价体制

跨国公司在业绩评价体制的实施过程中,对转移价格定价系统有着明显的影响。转移价格制定得如何决定着各利润中心业绩的好坏。无论采用哪一种转移价格定价方法,都应该能对公司下属的各子公司或分支机构及其主管人员在其控制范围内的营业绩效进行充分和科学的测量,并且同时应能激励各下属公司取得更好的成绩。因此,公司的业绩评价体制成为转移价格定价过程的重要影响因素。

(二) 外部影响因素

1. 所在国政府的管制措施

跨国公司母公司及其下属子公司所在国的政府,从维护国家利益的角度出发,往往对跨国公司在本国的经营行为进行各种各样的监督管理,其中包括对跨国公司内部转移价格做出的规定、对外国公司利润返还的限制等。跨国公司利用转移价格减少税负意味着公司所在国政府税收收入的减少;子公司利润返还的增加则意味着所在国外汇的流失。目前,各国政府都已认识到这些问题,采取了相应的措施来限制跨国公司内部转移价格的随意制定。所以,跨国公司在制定国际转移价格时,需要充分考虑到母公司和子公司所在国政府对国际转移价格制定的限制,必须在合法的前提下利用国际转移价格策略为本公司的利益服务。

2. 不同国家之间的所得税和关税

各国的所得税征收规定和所得税税率都有一定的差异。国家之间不同所得税税率使得跨国公司在确定国际转移价格定价时给予特别考虑,从跨国公司的立场上来看,将产品或货物从一个子公司转移到位于不同国家的另一关联公司中去时,这宗内部交易的价值在这相应的两个国家内分别形成纳税收入和抵税成本,纳税收入部分就要增加应纳税额,而抵税成本的部分则要抵消应纳税额,从而这宗内部交易的发生对跨国公司的整体税负产生影响。在这个过程中,内部交易的价值主要是由跨国公司所确定的国际转移价格来决定的。如果跨国公司内部交易的国际转移价格确定得好,就会使公司的收入集中到低所得税的国家而公司的成本则集中到高所得税的国家,从而降低企业的整体所得税负,反之则会增加企业整体所得税负。故跨国公司在确定其国际转移价格定价系统时一般要考虑各公司所在国之间不同所得税税率的影响,总是力图使公司的整体所得税税负最低。

各国关税税率的差别也很大,对跨国公司内部转移价格产生影响的主要是从价关税。由于关税计算时所依据的关税完税价格主要是由交易的价格所决定的,所以跨国公司在制定国际转移价格时要充分考虑到各国关税税率以及关税政策之间的差异,力争减少公司整体支付的关税,从而降低跨国公司的经营成本,使其整体利润最大。

一般情况下,跨国公司对进入低关税国家的货物制定较高的内部国际转移价格,而对进入高关税国家的货物制定较低的转移价格。另外,跨国公司下属的两个位于不同国家的子公司之间进行内部交易时,除了买方公司要向其所在国交纳进口关税外,卖方公司也要就这批货物向其所在国交纳出口关税。这就存在着一个权衡的问题,因为跨国公司制定的内部国际转移价格不能同时既减少这宗交易的出口关税,又减少其进口关税。不过,由于大部分国家都鼓励出口,出口税率一般较低,有的甚至是零税率政策,故跨国公司在制定内部国际转移价格时主要考虑买方公司所在国的进口关税因素。

3. 外汇交易风险

由于跨国公司在外国设立的子公司的资产和负债一般都是用外币来计价的,而在浮动汇率制下,外币与母公司所在国的货币的汇率并不总是稳定的,这就使得跨国公司面临着较大的外汇交易风险。比如母公司向子公司出口商品,如果子公司所在国的货币贬值,则会使得跨国公司母公司蒙受外汇交易损失,但如果外币升值,母公司将获得一部分外汇交易利得。国际转移价格的制定则是跨国公司对付外汇交易风险常用的一种工具,因为通过控制内部交易的转移价格,可以将软货币国家里的资金转移到硬货币国家中去,从而减少外汇交易风险。

以上讨论的这些内部影响因素和外部影响因素之间是相互影响和相互作用的,在实际工作中,它们有时对国际转移价格的制定影响并不一致,比如,跨国公司的内部转移价格定价可以减少所得税税负,但却可能增加外汇交易风险。所以,跨国公司要综合考虑所有的因素,并分析它们之间的相互作用,在它们之间进行权衡,以便明确目标,制定适合本公司的转移价格。

二、国际转移价格定价方法

在理论上单纯从方法的角度看,跨国公司确定转移价格的定价方法可以分为以下几类。

(一)成本基础定价法

1. 全额生产成本法

全额生产成本法是指跨国公司将供应方公司所提供的中间产品或服务的全额成本作为内部交易的转移价格的定价方法。全额生产成本包括:直接材料、直接人工和制造费用。全额生产成本法按照成本确定的方式不同,又可分为全额实际生产成本法和全额标准生产成本法。

运用全额实际生产成本法确定转移价格有一定的缺陷。首先,如果供应方公司确信其全部生产成本可以通过转移价格转移到购买方公司中去时,那么供应方公司就失去控制产品成本、提高生产效率的动力,从而对公司的整体利益造成损害。其次,如果供应方公司所提供的中间产品的全额实际生产成本高于市场价格,那么作为购买方公司在其权限范围内就会做出从外部市场购买该中间产品的决策,这样便会损害公司的整体利益。再次,在这种方法下,购买方公司将供应方公司生产中间产品所耗费的固定成本视为其变动成本,而对公司整体来说,这部分应视为固定成本。这种情况会导致购买方公司根据其会计信息所做出的决策对企业整体来说不一定是最优决策。

为克服这些缺陷,有些跨国公司制定合理的成本标准,采用全额标准生产成本法制定国际转移价格,这可以在一定程度上避免上述情况的出现。一般来讲,实务中倾向于采用全额标准生产成本法,因为以标准成本为定价基础的转移价格使供应方公司按照公司总部制定的标准成本来组织生产,能够提高其生产效率;但是对于原材料、中间产品以及服务来说,标准成本不太容易确定,因此许多跨国公司采用相关标准作为转移价格的基础。相关标准成本一般按照部门过去的生产行为,或是类似部门和类似公司在相同产品的生产过程使用的成本标准来确定。

2. 变动生产成本法

变动生产成本法是指跨国公司将供应方公司所提供的中间产品或服务的变动成本作为内部交易的转移价格的一种定价方法。产品的变动生产成本包括:直接材料、直接人工和变动制造费用。变动生产成本法又可分为实际变动生产成本法和标准变动生产成本法。一般来讲,后者要优于前者。

运用变动生产成本法确定转移价格可以使得购买方公司所生产的最终产品的变动成本与从跨国公司整体来看的该产品变动成本保持一致。它可以使得下属公司所作的决策是代表公司整体最大利益的。但是利用变动生产成本法确定转移价格,会使得供应方公司的利润为零或呈现出数额相当于生产该产品所耗费的固定成本的亏损,这可能有损于国际转移价格定价系统的业绩评价目标。

3. 成本加成定价法

这种方法是指跨国公司将供应方公司所提供的中间产品或服务的实际或标准的生产成本再加成一定利润来作为内部交易的转移价格的一种定价方法。加成的部分一般是成本的一个统一比例,比如加成10%。这里的成本既可以用全额生产成本(实际或标准),也可以是变动生产成本(实际或标准)。

成本加成定价法的优点在于:简单、清晰,近似于市场价格,这一点特别是在中间产品不存在外部市场时,显得尤为有意义;比较有利于业绩评价目标的实现,因为同前面几种以成本为基础的定价方法相比,它在成本的基础上加成了一块利润。正是由于上述这些优点,使得成本加成定价法在实务中得到广泛应用。但是这种方法只是按照成本加成公式计算确定转移价格,而不看其加成的比例是否与其所处的经济环境相关,制定时有一定的武断性,有可能会导致非最优决策。

(二)市场基础定价法

市场基础定价法是指在跨国公司的内部交易中,供应方公司将其产品或服务出售给另一家公司时,以市场价格为基础确定内部转移价格的定价方法。这种方法又可以分为完全市场价格定价法和市场价格扣减法两种。完全市场价格定价法所确定的价格和出售给公司外部的购买者所采用的市场价格一样,是完全的市场价格;市场价格扣减法是在市价的基础上减去一定百分比的扣减额后作为转移价格的定价方法。

利用市场基础定价法确定转移价格有以下几个好处:首先,有利于对利润中心进行业绩评价,因为在市场基础定价法下,各利润中心就如同在经营一个完全独立的企业,能够激励各利润中心降低成本、提高自身业绩。所以,其业绩报告上的营业利润是能够反映其经营实际情况的。其次,由于市场价格往往是一种公允价格,所以采用市场基础定价法确定转移价格可以避免有内部交易的公司与本国政府有关法规之间发生冲突。

但是,在实际运用市场基础定价法确定转移价格时也存在着以下几个问题:首先,由于现在的市场瞬息万变,所处的时间、地点不同,市场价格也就不同,所以较难建立一个稳定的市场价格转移定价系统。其次,有许多公司的中间产品根本就不存在一个外部市场,或即使存在,也是一个很不完善的市场,这样很难得到一个公允的市场价格作为其转移价格。

(三) 协议价格法

这种方法是通过协商确定转移价格的方法,是指在跨国公司的内部交易中,买方公司和卖方公司通过谈判和协商来形成双方都能接受的转移价格。这种方法保持了利润中心之间的独立性,使它们能为自己的实体做出正确决策,并为这个决策所带来的后果负责。因此,这种方法能够激励各利润中心的经营人员控制其产品成本,提高其经营业绩。

但这种方法在使用中,两个利润中心有可能联合起来,做出对它们两家有利但却损害公司整体利益的转移价格决策。另外,这种方法要求买方和卖方进行协商和谈判,一般会需要很长时间,这往往会影响决策的及时性,有时甚至还得需要高层管理人员的介入来解决两者之间的争端。因此,许多较大规模的公司常为此成立一个由精通经济业务并有组织才能的专家组成的"议价委员会"或"议价小组",处理这方面的问题。

以上论述的跨国公司内部国际交易可以采用的基本转移价格定价方法中,从跨国公司管理系统的角度分析,分权经营程度较高的跨国公司通常采用市场价格定价法、协议定价法等方法;而分权经营程度较低的跨国公司则往往采用全额成本定价法、变动成本定价法等方法。

这里需要指出的是,对于跨国公司来讲,不存在唯一的、能够满足系统要实现的所有目标要求的转移价格定价方法。这主要是因为:①国际市场上环境因素的快速变化和跨国公司策略的相应变化,使得跨国公司在不同条件下,不同时间上要采取不同的转移价格定价方法;②跨国公司内部国际转移价格定价系统的目标之间在实现上存在着矛盾,不可能存在一种转移价格定价方法的运用能满足所有目标的要求;③跨国公司转移价格的制定往往要受到各国政府有关规定的限制。

第三节 跨国公司转移价格定价策略

跨国公司如果利用国际转移价格实现集团利益最大化,则一般可以将其利用的转移价格定价策略分为两类,一类是低价销售、高价购买的策略,另一类是高价销售、低价购买的策略。

一、低价销售、高价购买的策略

跨国公司中,母公司(或卖方公司)以低于市场公允价格的转移价格向另一国的子公司(或买方公司)出售货物、提供劳务,或以高于市场公允价格的转移价格从另一国的子公司(或卖方公司)购买货物、接受劳务,其结果是将利润和资金转入了该子公司。采取这一策略所考虑的因素有:

(一) 所得税

通过转移价格,使整个跨国公司缴纳最少的所得税,实现利润最大化。如前所述,跨国公司利用转移价格将高税率国公司的利润转移给低税率国的公司,高税率国的公司可以少交税,甚至不交税;低税率国的公司取得了较大的利润,但由于其所在国的所得税税率较低,而只需缴纳较少的所得税,从而实现整个公司利润的最大化。

【例13-1】 美国M公司在中国香港拥有一家全资子公司S公司,该子公司生产A产品,然后出售给美国的母公司M公司,M公司在美国市场上出售A产品。S公司每年生产A产品800 000件,每件生产成本为5美元,全部卖给M公司,A产品在美国市场上的售价为10美元。S公司和M公司的销售与管理费用分别为800 000美元和1 200 000美元。假设中国香港的企业所得税税率为15%;美国的企业所得税税率为35%。在这种情况下,制定的国际转移价格越高,转移到中国香港的利润和资金就越多,比如将转移价格定为6美元、7美元或8美元,集团合并税后利润会得到不同的结果。据此编制中国香港S公司、美国M公司和整个集团合并的利润表列示,如表13-1、13-2和13-3所示。

表13-1　　　　　集团合并利润表(转移价格定为6美元)　　　　　单位:美元

项　目	中国香港S公司	美国M公司	集团合并
销售收入	4 800 000	8 000 000	8 000 000
销售成本	4 000 000	4 800 000	4 000 000
毛利	800 000	3 200 000	4 000 000
销售和管理费用	800 000	1 200 000	2 000 000
税前利润	0	2 000 000	2 000 000
所得税(15%/35%)	0	700 000	700 000
税后利润	0	1 400 000	1 400 000

表13-2　　　　　集团合并利润表(转移价格定为7美元)　　　　　单位:美元

项　目	中国香港S公司	美国M公司	集团合并
销售收入	5 600 000	8 000 000	8 000 000
销售成本	4 000 000	5 600 000	4 000 000
毛利	1 600 000	2 400 000	4 000 000
销售和管理费用	800 000	1 200 000	2 000 000
税前利润	800 000	1 200 000	2 000 000
所得税(15%/35%)	120 000	420 000	540 000
税后利润	680 000	780 000	1 460 000

表13-3　　　　　集团合并利润表(转移价格定为8美元)　　　　　单位:美元

项　目	中国香港S公司	美国M公司	集团合并
销售收入	6 400 000	8 000 000	8 000 000
销售成本	4 000 000	6 400 000	4 000 000
毛利	2 400 000	1 600 000	4 000 000
销售和管理费用	800 000	1 200 000	2 000 000
税前利润	1 600 000	400 000	2 000 000
所得税(15%/35%)	240 000	140 000	380 000
税后利润	1 360 000	260 000	1 620 000

（二）关税和进口限额

降低转移价格可以少交从价关税。降低转移价格少交关税，还可以增加进口公司的进口量。在东道国政府对某些货物有进口价值限额时，低价向该国子公司销售货物，就可在限额内增加该国子公司的进口量。

【例 13-2】 在例 13-1 中，假设美国政府对 A 产品征收 10% 的进口关税。仍将转移价格定为 6 美元、7 美元或 8 美元，据此编制的中国香港 S 公司、美国 M 公司和整个集团合并的利润表如表 13-4、表 13-5 和表 13-6 所示。从表中可以看到，尽管转移价格提高到 8 美元时，由于进口关税增加使美国 M 公司出现亏损，但由于中国香港 S 公司增加的税后利润超过了 M 公司的亏损，所以仍使集团合并利润增加。

表 13-4　　　　集团合并利润表（转移价格定为 6 美元）　　　　单位：美元

项目	中国香港 S 公司	美国 M 公司	集团合并
销售收入	4 800 000	8 000 000	8 000 000
销售成本	4 000 000	4 800 000	4 000 000
进口关税		480 000	480 000
毛利	800 000	2 720 000	3 520 000
销售和管理费用	800 000	1 200 000	2 000 000
税前利润	0	1 520 000	1 520 000
所得税（15%/35%）	0	532 000	532 000
税后利润	0	988 000	988 000

表 13-5　　　　集团合并利润表（转移价格定为 7 美元）　　　　单位：美元

项目	中国香港 S 公司	美国 M 公司	集团合并
销售收入	5 600 000	8 000 000	8 000 000
销售成本	4 000 000	5 600 000	4 000 000
进口关税		560 000	560 000
毛利	1 600 000	1 840 000	3 440 000
销售和管理费用	800 000	1 200 000	2 000 000
税前利润	800 000	640 000	1 440 000
所得税（15%/35%）	120 000	224 000	344 000
税后利润	680 000	416 000	1 096 000

表 13-6　　　　集团合并利润表（转移价格定为 8 美元）　　　　单位：美元

项目	中国香港 S 公司	美国 M 公司	集团合并
销售收入	6 400 000	8 000 000	8 000 000
销售成本	4 000 000	6 400 000	4 000 000
进口关税		640 000	640 000
毛利	2 400 000	960 000	3 360 000
销售和管理费用	800 000	1 200 000	2 000 000
税前利润	1 600 000	−240 000	1 360 000
所得税（15%/35%）	240 000	0	240 000
税后利润	1 360 000	−240 000	1 120 000

第十三章　国际转移价格

(三)当地环境

当地环境包括竞争状况、通货膨胀、政府补贴等。

低价向某国的子公司提供货物和劳务,可以使该国的子公司降低成本,从而以较低的成品价格参加当地的市场竞争,夺取更大的市场份额;子公司利润增多可以取得一个良好的有实力的企业形象,能较容易地取得当地的各种资金。

一个国家通货膨胀率低,币值稳定,就较容易使得利润和资金流向该国。跨国公司利用转移价格将资金和利润转移到通货膨胀率低的国家,可以减少由于通货膨胀而造成的损失。

东道国政府为了鼓励出口,按出口品价值给予补贴或减免税收时,跨国公司母公司就会以高价从该子公司购买货物,以使子公司享受更多的政府补贴或减免税负。

(四)其他外部条件

一个国家政局稳定,对外国子公司汇回利润或股利无限制,对外汇不实行严格的管制,就会吸引跨国公司利用转移价格将利润和资金转向该国。

二、高价销售、低价购买的策略

跨国公司中,母公司(或卖方公司)以高于市场公允价格的转移价格向另一国的子公司(或买方公司)出售货物、提供劳务,或以低于市场公允价格的转移价格从另一国的子公司(或卖方公司)购买货物、接受劳务,其结果是将利润和资金转出了该子公司。采取这一策略所考虑的因素有:

(一)减少子公司过高的利润

有时子公司利润过高可能会带来许多不利的后果。比如,雇员可能要求提高工资福利;东道国政府可能会取消某些优惠条件;过高的利润可能会招来许多竞争者;当地合伙人会分到更多的利润,等等。为了避免这些不利的后果,跨国公司母公司就会利用转移价格从该国子公司中转出利润。

(二)当地环境

比如价格控制,东道国政府若以生产成本为依据对产品价格的上涨进行控制时,也会促使跨国公司利用转移价格增加该国子公司进口货物的成本,从而使该国子公司合法地提高其产品的价格。再如通货膨胀,一个国家通货膨胀率较高,币值不稳,那么将利润和资金留在该国的时间越长,造成的损失可能会越大,这将促使跨国公司利用转移价格将利润和资金转出该国。

(三)其他外部条件

比如,子公司所在国的政局不稳、存在着对子公司实行国有化的可能性、所得税税率较高、对子公司汇出股利加以限制、实行严格的外汇管制等,存在这些情况时,跨国公司就会尽可能利用转移价格将利润和资金转出该国。

三、跨国公司转移价格定价策略中的两难境地

跨国公司利用转移价格时往往处于一种两难境地,因为转移价格的各项因素是同时

发挥作用的,某一因素是有利的,另一因素就可能是不利的,顾此失彼,很难两全。

所得税税率低的国家,可能在汇出股利方面有不少限制,或实行严格的外汇管制,或通货膨胀率较高。这样将利润转移到该国,固然可以取得较多的税后利润,但不能自由地分配和汇出,甚至可能发生贬值,得不偿失。

高价向子公司出售货物,可以减少子公司过高的利润,转出资金,但要交纳较高的从价关税,减少子公司在价值限额内的进口量,增加子公司的成本,削弱其竞争力。

低价向子公司提供货物,增强其竞争力,可以使子公司以较低的价格去占领当地市场,但这样可能引起当地其他企业的报复,又以更低的价格与其争夺市场,结果导致价格大战,两败俱伤。同时也会使子公司管理人员过分依赖母公司的转移价格政策,自身的竞争意识和能力下降;而且也给对子公司管理人员的业绩评价带来一定的困难。

减少子公司的利润避免与子公司当地合伙人平分更多的利润或避免被东道国政府收走过多的利润,结果可能损害当地合伙人和东道国政府的利益,失去它们的真诚合作和优惠条件,会使子公司在当地的经营中处处遇到困难。

第四节 各国政府对跨国公司转移价格的监管

跨国公司的转移价格是一个相当敏感的问题,日益引起各国政府的关注。跨国公司利用转移价格片面谋求本公司集团的利益最大化,既引起了它们与母公司所在国政府的矛盾,也引起了与子公司所在国政府的矛盾。发达国家和发展中国家的政府都在采取一定的措施对跨国公司转移价格的制定进行监督和管制。许多国家都在不断地加强对跨国公司经营活动的检查。

一、各国政府的反应

跨国公司利用转移价格在全球范围内分配其收入和费用以使集团利益最大化,这样做的结果给有关国家的政府带来了税收损失。因而许多国家的政府早已对这个问题给予了高度的重视并采取了一定的措施加以管制和监督。跨国公司和各国税务当局关注的焦点是转移价格的定价方法是否公平合理。

发达国家的政府经常对跨国公司转移价格及其制定政策进行检查,往往通过立法的形式达到防止跨国公司利用转移价格转移利润、逃避所得税的目的。美国政府长期以来一直对跨国公司转移价格进行监管,根据美国《国内税收法规》(Internal Revenue Code)的规定,国内收入署有权检查有关联的公司之间进行交易所使用的价格是否公平合理,每个企业是否都能得到合理的利润。美国政府的直接干涉使得公司间任意定价的情况大为减少,这种做法为其他国家的政府树立了榜样,有不少国家的政府采取类似的措施,对跨国公司转移价格的制定实行有效的管理。

如果跨国公司无法证明其所使用的转移价格是公平的,则须采用按成本加合理利润的价格确定内部交易价格。国内收入署根据"局外价格"计算各公司应得的利润,如果发现定价不合理而转移了利润,则要对其收入进行调整。调整的方法是通过调整总收入对公司集团中的收入进行再分配,从而调整税基,并且按调整后的所得额纳税。如果通过局外价格检查,发现母公司利用转移价格将利润转移到低税国子公司时,就按局外价格计算增加母公司的应纳税所得额,以此提高其应纳所得税。

有的政府通过"比较定价"来对转移价格进行监督,即把某一行业相同产品的一系列交易价格和利润进行比较,如果某一跨国公司进口货物或出口货物价格偏高或偏低,距离该行业的平均利润率较大时,税务当局可以要求按正常价格进行计算,使该公司取得平均利润,然后补交税金。

许多国家的税务当局针对跨国公司的转移价格定价的合理合法性经常开展税务审计,这样跨国公司如何应对税务当局的税务审计成为了一个重要的事项。于是在一些国家出现了税务当局和跨国公司签订"预先定价协议"(advance pricing agreement,APA)的做法,即双方就转移价格定价方法通过协商预先达成协议,成为约束双方的一种机制。通过这种协议可以减少甚至取消针对转移价格的税务审计,这样大大节省了双方的时间和金钱。"预先定价协议"的做法是1991年在美国出现的,很快流行到其他许多国家。这种协议的约束一般有一个固定的期限,在美国通常是三年。

相对来说,发展中国家的政府在管制跨国公司转移价格方面缺乏强有力的措施。这一方面是由于发展中国家需要跨国公司向其投资、提供技术和增加就业机会,不便管制过严;另一方面也缺乏有关跨国公司制定转移价格方面的资料,不能进行有效的监督。为此,广大发展中国家强烈要求跨国公司公布有关制定转移价格方面的信息。在对跨国公司转移价格的监督和管制方面,需要发展中国家团结起来才能取得一定的效果。

二、各国税务当局认可的定价方法和采取的措施

有些国家的税务当局制定了详细的监管转移价格和收益分配的规则。其中的核心原则是转移价格应建立在公平交易(arm's-length principle)的基础上,公平交易是指在竞争的市场上无关联的各方之间进行的交易。经济合作与发展组织向其成员国推荐了一些可接受转移价格确定方法,只在经济合作与发展组织成员国中认可的一种方法叫交易净边际法(transaction net margin method,TNMM)。

美国《国内税收法规》根据公平交易原则规定了确定转移价格是否公平时可采用的方法。综合来看这些方法包括:可比的无控制价格法;可比的无控制交易法;再售价格法;成本加成法;可比利润法;利润分割法;其他方法。

(1) 可比的无控制价格法:采用这种方法,转移价格参照在可比的交易中独立公司之间或该公司与无关第三方之间所用的价格确定。

(2) 可比的无控制交易法:这种方法主要适用于无形资产的转让交易,转移价格参照在同样或类似的交易中无控制的无形资产交易所用的价格确定。

(3) 再售价格法:这种方法是从交易品出售给无控制一方所用的最终销售价格为起算点来确定公平的转移价格的方法。在最终销售价格中减去适当的销售费用和正常利润来推算公司间转移价格是否公平。

(4) 成本加成法:在产品成本或其他货物成本的基础上加上一定百分比的利润来确定转移价格的方法。

(5) 可比利润法:采用一定的估算利润的方法(如资产报酬率、销售利润率等)来推

算利润,即可比的独立企业将会获得的报酬,以此来确定转移价格。

(6) 利润分割法:这种方法适用于无可供参考的产品或市场的情况,基本的做法是根据公平交易的原则将关联企业之间交易产生的利润进行分割,具体计算方法又分为两种,一种是可比利润分割,另一种是剩余利润分割。

(7) 其他方法:能够根据公平交易原则计算出更为公平、更为准确的转移价格的方法。

澳大利亚、加拿大、日本和美国于1980年组建的税务机关太平洋协会(PATA)旨在打击收入转移、增进跨境信息流动、培育更协调的关系。这些税务当局负责执行世界上最综合的转移价格法规。澳大利亚、加拿大和日本的税务当局以经济合作与发展组织推荐的转移价格定价方法为基础,一般情况下以交易为依据的方法优先于以利润为依据的方法。相比之下,美国国内税收署的税收法规第482款规定"最佳方法"规则,要求跨国公司必须采用能够得到最接近公平价格的方法确定转移价格。有关更加详细的情况见表13-7。

表13-7 税务机关太平洋协会成员国涉及转移价格的有关情况

项目	澳大利亚	加拿大	日本	美国
税务当局	Australian Tax Office(ATO)	Canada Revenue Agency(CRA)	National Tax Agency(NTA)	Internal Revenue Service(IRS)
相关税法	所得税评估法第三部分	所得税法,§247	特别税计量法,第66-4款	国内税收法规
可接受的转移价格定价方法	CUP,再售价格法,成本加成法,利润分割法,TNMM	CUP,再售价格法,成本加成法,利润分割法,TNMM	CUP,再售价格法,成本加成法,利润分割法,TNMM	CUP,再售价格法,成本加成法,利润分割法,CPM
优先的方法	最合适的方法,以交易为基础的方法优先于以利润为基础的方法	最合适的方法,以交易为基础的方法优先于以利润为基础的方法,利润分割法优先于TNMM,剩余利润分割法优先于其他利润分割方法	以交易为基础的方法优先于以利润为基础的方法	最佳方法
APA可用情况	TR95/23(单边/双边)	信息通告94-4R(国际转移价格:APA/单边,双边和多边)	单边和双边APA均可,NTA倾向于双边	税收程序2004-40(单边和双边)

复习思考题

1. 简述跨国公司利用国际转移价格的目的。
2. 影响跨国公司国际转移价格定价的因素有哪些?
3. 跨国公司国际转移价格定价的方法有哪些?
4. 跨国公司有怎样的确定转移价格的策略?
5. M跨国公司母公司所在国的所得税税率为40%,其某一子公司所在国的所得税税率为20%,子公司生产的产品A由母公司收购并在母公司所在国的市场上出售。子公司生产产品A的单位成本是$50,产品A在母公司所在国市场上的售价是$90。请说明在目前条件下,M跨国公司应确定何种转移价格策略,其子公司出售给母公司的产品A的转移价格定为多少可以使整个跨国公司的税后利润最大化,为什么?

　　6. 为什么说跨国公司利用转移价格时往往处于一种两难境地？

　　7. 各国政府对跨国公司转移价格有怎样的反应？

　　8. 各国税务当局认可的转移价格定价方法有哪些？

本章参考文献

[1] Abdallah W M. International Transfer Pricing Policies[M]. Quorum Books, 1989.

[2] Borkowski S C. Transfer Pricing Practices of Transnational Corporations in PATA Countries[J]. Journal of International Accounting, Auditing and Taxation, 2010(19).

[3] Choi F D S, Meek G K. International Accounting[M]. 7th ed. Pearson Prentice Hall, 2011.

[4] Emmanuel C R, Mehafdi M. Transfer Pricing[M]. Academic Press Ltd., 1994.

[5] LI J, Paisey A. International Transfer Pricing in Asia Pacific: Perspectives on Trade between Australia, New Zealand and China[M]. Hampshire, U. K.: Palgrave Macmillan, 2005.

[6] Nobes C W, Parker R H. Comparative International Accounting [M]. 10th ed. Prentice-Hall Inc., 2008.

[7] Radebaugh L H, Gray S J, Black E L. International Accounting and Multinational Enterprises[M]. 6th ed. China Machine Press, 2007.

第十四章 国际税务

在很多情况下,各项税款成为了跨国公司仅次于产品成本的最大支出项目。因此,税务方面的考虑对跨国公司来说可能影响到其去哪个国家投资、采取何种组织形式、如何筹集资金、怎样确定转移价格等方面的决策。税务是与会计紧密相关的一个重要方面,国际税务是因公司面对的税收制度、税务当局及相应的税务会计等涉及许多国家而产生的纳税问题。

第一节 税收原则与税基和税负

一、税收原则

各国的税收体制以及相应的税法税则等方面存在着很大的差异,给跨国公司经营管理和会计政策的制定带来了一定的影响。具体来讲,就是由于各国税法税则中关于会计处理方面的具体规定不同,跨国公司会计政策的选择要涉及许多国家不同的税收制度。比较各国的税收制度和税法要求,从中寻求最大的利益,成为决定跨国公司投资流向的一个重要因素。因此,跨国公司投资决策和经营决策中都要考虑税务这个重要的因素。

各国税法税则纷繁复杂,但其中总有一些基本的原则和概念,即是说各国税法税则的制定和执行中一般都遵循着一些基本的原则或有一些基本概念在起作用,这些基本原则或概念主要包括三个,即"中立"、"无偏"和"衡平"原则或概念。

"中立"原则是说税法税则的制定和实施不应对企业的资源分配决策产生影响,应该保持中立,企业的资源分配决策应以投资回报等经济因素为依据,如果过分考虑纳税的因素可能导致企业做出次优决策,不利于社会资源的最佳利用。然而现实中各国政府在税法税则的制定和实施中很少有坚持"中立"原则的,可以看到许多国家的政府都在通过税收的优惠措施或限制措施来吸引国际资本到本国投资、拉动本国经济发展,或者限制国际资本进入本国、保护本国民族产业地位。

"无偏"的原则是指税收政策应对企业经营产生不偏不倚的影响,一方面要使企业不论是在国内经营还是在海外经营都应承担相同的税负,即税收不应影响企业在国内投资还是在国外投资的决策;另一方面要使在海外设立的子公司承担和当地竞争对手相同的纳税负担,即税收不应影响企业是否在某国进行投资的决策。

"衡平"的原则要求,对情况相同的纳税人应该给予相同的对待,这一原则运用到国际环境中时,是指一个纳税人在国外取得的收益已在国外纳过的税,可以视同已经交纳了本国对同额的收益来源应课征的税款。不过,各国的税法税则往往是介于以上几种原则之间的某种规定,而且随着情况的变化还要经常进行调整,做出新的规定。

由于存在着各国税制、税率等方面的差异,跨国公司要求其会计人员要及时了解各国税收制度方面的各种变化,熟悉各国法律中税法的形式、内容和对会计实务的影响,懂得税务会计与财务会计之间的一致性和不同点,学会运用转移价格等途径合法避税,为跨国公司谋取最大的利益。会计人员的这项工作属于被称为"税务筹划"(tax planning)的范畴。

二、税种与税负

跨国公司在国际经营活动中会遇到各种各样的直接税和间接税。直接税和间接税是西方国家对税收较为普遍的一种分类。直接税是指立法时预期纳税人自己直接负担的税负,一般包括所得税和资本利得税。间接税是指立法时预期纳税人能转嫁给他人的税负,主要有周转税、增值税、消费税等。

公司所得税是除几个避税港国家和地区外几乎世界所有国家的政府都要征收的一个税种,是各国国家收入的主要来源。发展中国家有的实行高所得税税率的政策,因为所得税是政府的主要收入来源;有的则实行低税率政策,目的是吸引直接投资,尤其是国外的投资。

周转税是按生产经营过程中某一环节或某几个环节上的销售总额计算征收的。因此,它可能在生产完成阶段计征,在产品批发阶段计征,在产品零售阶段计征,或者在这几个阶段都计征。

增值税是在生产和销售的各阶段仅就其新增价值或商品附加值进行计征的税种。这种税是在20世纪50年代首先由法国计征的,以后又扩展到欧共体国家和世界上的其他国家,中国自1994年实施工商税制改革后开始计征此税。

各国公司的税负有着明显的区别。除税制、税种的不同外,税率的不同是造成税负差别的另一个重要原因。

公司所得税税率在各国间的差别,不仅是影响国际资本流向的一个因素,而且也是造成各国公司税负差异的主要原因。奥地利和英国是所得税税率比较高的国家,都在50%以上;澳大利亚、比利时、加拿大、丹麦、法国、爱尔兰、卢森堡、墨西哥、荷兰、新西兰和瑞典等国的税率一般在40%~50%之间。发展中国家为了吸引国际资本,所得税税率一般都低于发达国家的水平,巴西和韩国都是35%,中国现为25%。有时政府通过调整税率来调整经济活动。如美国里根政府期间,曾将美国的所得税税率降到34%,其目的一是吸引美国公司将利润带回国内;二是迫使外国政府降低税率来吸引美国的投资。

三、税基计算中的国际对比

在计算公司所得税、确定税基时,由于会计所得往往与应纳税所得不一致,需要对会计所得加以调整。这是许多财务会计与税务会计有所不同的国家经常遇到的一个问题。因为财务会计的目的是真实地反映公司的财务状况和经营成果,而税务会计的目的是正确计算税金。也有的国家其税法税则在会计和审计的发展中一直起着支配性作用,使得会计所得与应纳税所得没有什么区别。

折旧是在确定企业所得税税基中被各国税务当局关心较多的一个项目。英、美等国财务会计与税务会计产生差异的原因之一就在于折旧项目的处理规定不同,而在法、德等国,纳税申报中计算的折旧必须与财务报告中计算的折旧保持一致。

在英国,政府利用折旧政策来鼓励资本性投资,优惠规定的一种形式是对某些资产购买的第一年给予优惠。根据政府的优惠规定计算出的应纳税所得额在资产使用的前期较少,可以少交所得税,实际上是推迟交纳所得税,使公司能够及时收回投资,对公司的发展是一种鼓励。但是,在公司的会计记录和提交的财务报表中仍需进行真实与公允的反映。

在美国,对不同资产的折旧有不同的规定。在纳税计算中一般采用修正的加速成本回收制度,允许采用加速折旧法等多种方法。机器设备等固定资产的折旧年限分为3年、5年、7年等,以直线折旧率的两倍按递减余额计算折旧。工业用建筑物采用直线法按31.5年计算折旧。

荷兰的公司可以自己决定折旧计提方法,所有的资产都可采用直线法计提折旧,余额递减法可用于建筑物以外的固定资产。一般的折旧水平是:新落成的非住宅建筑物的年折旧率为14%,厂房为12%。

法国税法规定对所有的固定资产采用直线法计提折旧,折旧率一般是:工商业用建筑物5%,办公用房或住房4%,设备及装置10%~20%,运输工具15%~25%。对厂房设备可以采用余额递减法,折旧率按双倍的直线折旧率确定。对消除污染和节约能源的资产允许采用加速折旧法。

德国和日本都是由税法对折旧率做出规定的,除直线法外,两国都允许采用余额递减法。不过,德国规定建筑物必须采用直线法。德国一般的折旧率为:建筑物4%,厂房10%,办公设备20%,运输工具20%~25%。

四、资本利得与年度亏损计税规定的国际对比

资本利得是存货类资产以外的资本性资产出售或交换而实现的收入超过其账面价值(或确定应纳税所得时的其他价值)的部分。在荷兰、德国、日本和美国,资本利得要全部加到应纳税所得中。在法国,资产持有期限为短期的(两年以下)要全部纳税,而长期持有资产的资本利得按降低的税率纳税。在中国,企业处理固定资产的收益作为营业外收入入账,并入应纳税所得额中全部纳税。

公司某年度发生亏损,有的国家规定,可以用公司以前年度的利润加以弥补,用规定年限以前年度的利润不能完全弥补亏损的,可以在以后规定的年限内用各年所得加以弥补。有的国家则规定只可以用以后年度的利润弥补亏损。在用以前年度的利润弥补亏损时,以前年度利润已交纳的所得税可以由公司申请退税。对以前年度年限的规定,英国、日本为一年,德国为两年,美国、荷兰和法国为三年。对以后年度年限的规定,英国和德国没有限制,法国和日本为五年,荷兰为八年,美国为十五年。在中国,企业发生年度亏损,不可用以前年度的利润弥补,可以在以后五年内用所得税前利润延续弥补;连续五年仍未弥补的亏损,从第六年开始用缴纳所得税后的利润弥补。

第二节 国际所得税税制

国际所得税税制是各国所得税计征规则和制度,不同国家的所得税税制存在着一定的差别,由此决定了各国应纳所得税的计征方式各有不同。国际上计征所得税的税制主

要有以下三类①。

一、传统税制

传统税制(classical system)在所得税计征上实行公司与股东完全分开的原则,视应纳税的公司具有一种独立的人格,计算应纳税所得额时不能减去已经付给股东的股利,这些股利作为企业所得的一部分也要全部纳税。因此,在传统税制下,分配给股东的股利在作为企业的所得交纳一次所得税后,作为股东的所得还要交纳一次个人所得税。如果企业的利润不分配,则留存利润只被征一次所得税。美国、荷兰、卢森堡以及澳大利亚等国多年来一直实行传统税制。

实行传统税制的国家,一般要求各公司对分配给股东的股利要预扣应交的个人所得税,然后由公司将扣收的税款交付国家税务机关。也有的国家不要求公司预扣税,而由股东自己向税务当局报税。不同的做法,股东所交纳的税款和所得到的股利是完全相同的。但在前一种情况下,公司会计要增加个人所得税的扣收与交纳业务。

传统税制对股利的重复征税,使得公司与非公司组织形式相比,税负较重,人们一般认为,这种状况对公司来说是不公平的,也是公司这种组织形式相对于合伙企业和独资企业而言不利的一个方面。

二、归属税制

为了减轻重复征税问题,有些国家采用归属税制(imputation system)。归属税制是将公司所付所得税的一部分归属到股东应付的所得税上,视同股东支付的所得税。按照这一税制,股东个人的所得税是以公司纳税总额的一部分体现的,公司应纳税所得额乘以所得税税率得出的应交所得税实际包括了公司所得税和个人所得税两部分,所以这种税制下的所得税税率一般比较高。股东个人的股利收入就是税后收入,它所承担的所得税按该股利收入乘以税款贷项分式计算,该分式的分子为个人所得税税率,分母为(1－个人所得税税率),计算公式如下:

$$归属于股东个人的所得税 = 股东股利收入(税后收入) \times \frac{个人所得税税率}{1-个人所得税税率}$$

其中,股东股利收入＝公司分配给股东的股利－归属于股东个人的所得税。

欧盟国家中除荷兰、希腊和卢森堡等国以外的大部分国家都采用这一税制,加拿大也采用这种税制。

传统税制和归属税制哪种税制下公司所得税和个人所得税总额交得多要视股利支付的多少而定。股利支付得少,传统税制下所得税交纳的数额比归属税制下所得税交纳的数额要少;相反,股利支付得多,传统税制下所得税交纳的数额比归属税制下所得税交纳的数额要多。下面举一简例对传统税制和归属税制进行对比。

【例 14-1】 假设某个国家个人所得税基本税率为20%,传统税制下的公司所得税税

---

① 本小节例题参阅了 Nobes C W, R H Parker. Comparative International Accounting, Prentice-Hall, Inc., 2008, Chapter 22.

率为 35%，归属税制下的公司所得税税率为 40%。该国某公司某年度会计利润和应纳税所得相等，均为 $500 000。现分两种情况列示计算结果：①分配股利 $100 000；②分配股利 $200 000。两种税制计税对比计算表以及按两种税制计算结果汇总比较，如表 14-1～表 14-4 所示。

表 14-1　　　　　传统税制与归属税制对比计算表（少付股利）　　　　　单位：美元

项　目	传 统 税 制	归 属 税 制
公司：利润	500 000	500 000
公司所得税	(35%)175 000	(40%)200 000
可分配利润	325 000	300 000
分配股利总额	100 000	
减：个人所得税(20%)	20 000	
股利净额	80 000	80 000
留存利润	225 000	220 000
股东：现金股利收入	80 000	80 000
扣除的所得税	20 000	0
税款贷项(2/8)	0	20 000
股利总额	80 000	80 000
所得税负债(20%)	20 000	20 000
减：已扣税金	20 000	0
减：税款贷项	0	20 000
公司与股东所得税总额	195 000	200 000

表 14-2　　　　　　两种税制计算结果汇总比较表　　　　　　　单位：美元

项　目	传 统 税 制	归 属 税 制
公司应纳税额	500 000×35%=175 000	500 000×40%=200 000
股东应纳税额	100 000×20%=20 000	—
总纳税额	175 000+20 000=195 000	200 000
其中：		
归属于公司	175 000	200 000−20 000=180 000
归属于股东	20 000	20 000*

* $T=(100\,000-T)\times 20\%/(1-20\%)=20\,000$（其中，$T$ 表示所得税，下同）

表 14-3　　　　　传统税制与归属税制对比计算表（多付股利）　　　　　单位：美元

项　目	传 统 税 制	归 属 税 制
公司：利润	500 000	500 000
公司所得税	(35%)175 000	(40%)200 000
可分配利润	325 000	300 000
分配股利总额	200 000	
减：个人所得税(20%)	40 000	
股利净额	160 000	160 000
留存利润	125 000	140 000

第十四章　国际税务

续表

项 目	传统税制	归属税制
股东：现金股利收入	160 000	160 000
扣除的所得税	40 000	0
税款贷项(2/8)	0	40 000
股利总额	200 000	200 000
所得税负债(30%)	40 000	40 000
减：已扣税金	40 000	0
减：税款贷项	0	40 000
公司与股东所得税总额	215 000	200 000

表 14-4　　　　两种税制计算结果汇总比较表　　　　单位：美元

项 目	传统税制	归属税制
公司应纳税额	500 000×35%=175 000	500 000×40%=200 000
股东应纳税额	200 000×20%=40 000	
总纳税额	175 000+40 000=215 000	200 000
其中：		
归属于公司	175 000	200 000−40 000=160 000
归属于股东	40 000	40 000*

* $T=(200\,000-T)\times 20\%/(1-20\%)=40\,000$

三、分率税制

分率税制(split-rate system)是对已分配利润和留存利润分别按不同税率征收所得税的制度。在这种税制下，对未分配的留存利润按较高的所得税税率进行征税，对已分配的利润按较低的所得税税率进行征税。如实行这种税制的某国对留存利润按51%征收所得税，而对已分配利润按15%征收所得税。日本、挪威和奥地利实行这种税制。这种税制的实际含义是，公司取得的利润若分配给公司自己占有要交较多的所得税；而分配给股东个人占有就可交较少的所得税。

此外，还有其他一些避免重复征税的做法。例如，美国对传统税制有所修改，规定股东个人每年收到的股利中可以有一定的基数免纳所得税；在瑞典和爱尔兰，允许公司在计算应税所得额时扣减一定比例的股利。再者，上述三种税制并不是相互排斥的，有的国家既采用归属税制也实行分率税制；也有的国家在采用某种税制的基础上根据本国的情况进行某些修正。

所得税的多少有时直接影响投资者的投资决策，构成了影响国际投资决策的一个重要因素。因此，许多国家根据客观情况的需要不时调整自己的税制和税率，或做出一些补充规定，以便尽可能使税负合理，或使税法规定对本国的经济发展有利。

四、中国企业海外投资的所得税影响

中国企业在海外投资过程中，国内外税法的不同会对海外投资架构与运营模式产生很大的影响。所以进行海外投资的企业只有综合考虑国内税法、被投资国税法以及中国与被投资国(地区)签署的税收协定的影响,采取适当的投资架构与运营模式,才能获取较好的投资收益。

中国企业对外投资,包括直接投资和间接投资两种类型。无论是直接投资还是间接投资,《中华人民共和国企业所得税法》对其投资收益都有影响。

首先,需要考虑到海外投资设立的企业是否构成中国的居民企业。《中华人民共和国企业所得税法》规定,依照外国(地区)法律成立但实际管理机构在中国境内的企业,构成中国的居民企业,应当就其来源于中国境内、境外的所得缴纳企业所得税。也就是说,中国企业到海外投资设立公司,即使其投资地和经营机构都设在外国(地区),但如果其实际管理机构在中国境内,就构成中国的居民企业,该公司在海外的全部所得需要在中国缴纳企业所得税。

因此,为避免被双重征税,到海外投资的中国企业应特别关注海外公司的实际管理机构问题。有些中国企业向海外公司派驻人员进行管理,将其高层管理中心设在中国境外,在境外制定关键性决策和相关董事会决议,在中国境外保管公司签章、会计记录及账簿等方式,证明其投资设立的海外公司的实际管理控制机构在中国境外,以此避免成为中国的居民企业。

其次,中国企业到海外投资时,还应重视《中华人民共和国企业所得税法》中有关"受控外国公司制度"的规定。《中华人民共和国企业所得税法》及其实施条例规定,由居民企业,或者由居民企业和中国居民控制的设立在实际税负明显低于12.5%的国家(地区)的企业,并非由于合理的经营需要而对利润不作分配或者减少分配的,上述利润中应归属于该居民企业的部分,应当计入该居民企业的当期收入。这就是"受控外国公司制度"的规定。

"受控外国公司制度"的规定,对采取间接投资方式的企业有很大影响,使中国企业在海外投资设立的中间控股公司所产生的利润,有可能需要缴纳中国的企业所得税。因为一些企业对外投资时,往往会在巴哈马、百慕大、开曼、中国香港等低税率国家或地区设立控股公司,再由该公司对外投资。这种投资方式多数会受到"受控外国公司制度"的限制,投资利润在不分配的时候就需要在中国缴纳企业所得税。

因此,海外投资架构的设计还需要考虑中国企业设立的海外企业(尤其是中间控股公司)所在地的实际税负是否低于12.5%,以及将利润(例如股息和资本利得)保留在该公司的做法是否具有"合理的经营需要"。中国企业所得税法并未对"合理的经营需要"进行明确定义。在实践中,如果中国企业将其在海外低税率地区设立的中间控股公司定位为某一地区的投资平台,例如将毛里求斯公司定位为非洲的投资平台,将其取得的投资收益用于该区域其他项目的投资,则有可能被税务局认可为"合理的经营需要",而无需将利润分配回中国母公司缴纳所得税。

在直接投资方式下,中国企业从境外被投资企业取得的股利收入需要在当年计入中国企业的应纳税所得额,缴纳企业所得税。如果未来中国企业退出该投资,则需要在转让被投资企业股权的当年,就资本利得缴纳中国企业所得税。该股利和资本利得在境外缴纳的所得税可以在一定限额内抵免中国企业所得税。由于中国的企业所得税税率较高,

第十四章 国际税务

因此从整体税负以及纳税时间上来看,采用直接投资的方式会产生比较重的税务负担。

在间接投资的方式下,未来被投资企业分配的股利可以暂时保留在海外低税率国家(地区)的中间控股公司,暂时不分配到中国母公司,并且如果在"合理商业目的"的前提下,中国母公司可以在中间控股公司的层面上将该股利再用于其他海外项目的投资,从而在一定程度上达到资金高效利用、递延中国所得税纳税义务的目的。在投资东道国所得税税率低于中国企业所得税税率的情况下,这种方法可以有效改善集团现金流、降低整体税负[1]。

第三节 国际税务筹划

一、国际双重征税和税收管辖权

国际双重征税也是一种重复征税,双重征税与重复征税共同的特征是对同一征税对象或同一税源(即同一纳税客体)进行多次课征,而不论征税主体和纳税主体是否唯一。在1963年经济合作与发展组织《关于对所得和财产避免双重征税的协定范本》中,将国际双重征税定义为两个或两个以上的主权国家或地区的政府,在同一时期内,对参与或被认为是参与国际经济活动的同一或不同纳税人行使税收管辖权,造成对同一征税对象(国际所得)由两个以上国家或地区政府征税的情况。

国际双重征税有狭义和广义之分,狭义上的国际双重征税指的是在课征活动中只有征税主体具有非同一性,而纳税主体、纳税客体和纳税期间都是相同的,所课征的税种也相同或类似;广义国际双重征税则是指纳税客体的发生源泉相同,而征税主体、纳税主体和纳税客体都有可能不同。

国际双重征税涉及国家间税收管辖权的交叉重叠。一个主权国家,对在其所属领域内居住的本国人、外国人以及他们在该国从事的经济活动,有权依照本国的税法,行使课税的权力,这种权力称为税收管辖权。税收管辖权的主体分为征税主体和纳税主体两部分,在国际双重征税中征税主体即为各个主权国家,而纳税主体则有本国纳税人和外国纳税人,其应纳税所得额来源于多个国家的收入,对两个或两个以上国家负有纳税义务。

国际税务中的纳税主体分为两种,一种负有有限纳税义务,而另一种则负有无限纳税义务。前者是指纳税主体仅就其从某国国境内取得的收入向该国纳税,通常是该国的非居民;后者不但就其从某国国境内取得的收入向该国纳税,而且还要就其从该国境外取得的收入向该国纳税。这类纳税人通常是该国的居民,其广泛的纳税义务不受国境的限制。国际税务中涉及的税收管辖权的纳税客体主要指跨国纳税人的跨国所得,包括跨国经营和劳务所得、跨国投资所得和其他跨国所得。

各个国家根据本国的政治、经济和财政政策,决定自己主权范围内行使税收管辖权的原则和范围,故税收管辖权的行使原则并没有统一的国际规则。一般来说,世界各国实行的税收管辖权原则,通常分为属人原则和属地原则两种。

属人原则的税收管辖权包括居住管辖权和公民管辖权两种,分别以纳税人的居民身

---

[1] 参见2009年9月28日《中国税务报》。

份(住所或居住期限)和国籍为标准,确定国家行使税收管辖权的范围。前者对凡是属于本国的居民和法人,后者对凡是属于本国的公民和法人,其来自国内和国外的收入及其在本国和国外的财产,均应依照本国税法规定纳税。属地原则的税收管辖权又称地域管辖权或来源地管辖权,以纳税人的收入来源地或以其应税经济活动地为标准,确定国家行使税收管辖权的范围,即只对纳税人来自本国的或在本国境内从事的经济活动取得的收入依照本国税法规定课税,而对其来自国外的收入及在国外从事的经济活动则不予课税。

现在多数国家对所得税实行属人原则和属地原则两种原则并用的做法,使一个国家的政府既可以对本国境内的本国公司征税,也可以对本国境内的外国公司征税;既可以对纳税人在本国取得的收益征税,也可以对纳税人在国外取得的收益征税。由于属人原则和属地原则之间的权力交叉重叠产生了国际双重征税的问题。从跨国纳税人的角度来说,一笔收益只承担一次纳税义务是比较公平合理的。在一个国家已纳过税的所得,到另一个国家就不应再纳税。国际双重征税增加了跨国纳税人的税务负担,对国际投资活动会产生阻碍作用。

二、避免国际双重征税

国际双重征税对国际资本流动有一定的阻碍,并且违背税负公平原则。为了避免国际双重征税,许多国家采取了一定的措施来消除或减轻国际双重征税的影响。概括来说各国采用的方式可分为单边、双边和多边措施等三种。单边措施是指一个国家的政府单方面减免所得税或实施税额扣除,通过单方减免保证本国居民或公民纳税人的国外所得不会被双重征税;双边和多边措施有些类似,指的是两个或两个以上国家的政府通过谈判协商,签订双边或多边税收协定的手段来协调相互之间的税收分配关系、避免国际双重征税的方式。

常见的避免国际双重征税的具体做法主要有:

(一)政府间签订国际税收协定

前面曾经提到,第二次世界大战之后,经济合作与发展组织制定了《关于对所得和财产避免双重征税的协定范本》,提出了避免国际双重征税的两种方式,一是让具有领土管辖权的政府对其领土管辖范围内所产生的收益进行征税,免除纳税人在收益接受国纳税;二是允许收益产生国政府征税,同时也让收益接受国的政府对该项收益在国外所支付的所得税在国内作为应交所得税的抵免来进行计算征税。各国政府间签订的每一避免国际双重征税的协定采用其中的一种办法。联合国经社理事会于1980年也颁布了一份类似的文件——《发达国家与发展中国家关于国际双重征税问题的协定范本》,与经济合作与发展组织的范本不同的是,联合国经社理事会的范本条文中有较多的有利于发展中国家的要求和利益的规定。1997年经济合作与发展组织对其"范本"进行了修订,某些条款向联合国的"范本"靠拢,对收入来源地国家更为有利[①]。

国际税收协定分为特定税收协定和一般税收协定两类,特定税收协定指的是协定内容仅仅涉及缔约国之间某一单项业务的特定税收问题,例如关税方面的《关税及贸易总协

---

① 联合国和经济合作与发展组织的协定范本可参见程永强主编的《国际税收学》(中国税务出版社,1998年)第318-356页。

定》、欧盟内部达成的增值税协定等;而一般税收协定通常是指国家之间为避免双重征税和防止逃税漏税的协定。其内容通常包括如何预防、避免或消除协议双方的国际双重征税问题,如何实现协议双方税收无差别待遇、避免税收歧视,如何防止国际逃税和漏税等。目前世界上大多数国家都广泛利用签订国际税收协定这种手段来协调各国的税收政策。签订协定的做法首先流行于发达国家之间,并且由此促进了发达国家之间的资本流动。从20世纪50年代末起,广大发展中国家也开始与其他国家签订税收协定,到80年代,已有130多个发展中国家与其他国家签有税收协定。通过这些税收协定,使签约国的投资者避免被国际双重征税,从而促进了各国间的相互投资和经济发展。

中国从20世纪80年代以后,已与许多国家的政府签订了避免国际双重征税和防止偷漏税的协定。这些国家包括美国、法国、比利时、德国、日本、英国、马来西亚、丹麦、新西兰、新加坡、加拿大、芬兰、意大利、荷兰、瑞典、巴基斯坦、泰国、澳大利亚、西班牙、奥地利、巴西、印度、以色列、越南等。这些协定有力地促进了改革开放,促进了这些国家投资者来华投资的增加,同时也促进了中国企业对外投资的扩大。

(二)单方免税或抵免来避免国际双重征税

某国政府在不与他国政府签订协议的情况下,单方面规定,对本国纳税人在国外取得的收益,如果在国外已纳过税,在国内就不再对其征税,或者在国外所支付的所得税在国内可以作为计算应交所得税的抵免额对待。单方免税或抵免的做法与签订协议的做法的结果是一样的,而不同的是,这种做法是某国政府单方面作出的规定。这种规定的结果可以鼓励本国公司和其他投资者对外投资,特别是向那些低税率国投资,因为在与国内利润率相同的情况下,在国外的投资收益可以少交税而增加税后利润。

(三)以减税方式来抵免一部分国际双重征税

有的国家把在国外交纳的所得税从纳税人在国外取得的收益中减去后的余额作为应纳税所得额,再按本国的所得税税率计算征收所得税。这样纳税人在国外取得的收益中,相当于国外已交所得税税额的部分只交了一次所得税,其余部分则还存在国际双重征税的问题。所以只抵免了一部分国际双重征税。

下面举例说明上述免税、抵免和减税三种方式下计算所得税的不同结果。

【例14-2】 假设某公司在国外取得应纳税所得30 000美元,该国所得税税率为33%;本国所得税税率为45%。现将各种方式下的计算结果列示如表14-5所示。

表14-5　　　　　　　避免国际双重征税方式对照计算表　　　　　　单位:美元

项目	免税方式	抵免方式	减税方式
国外所得	30 000	30 000	30 000
国外纳税(33%)	9 900	9 900	9 900
国内应纳税所得	0	30 000	20 100
国内应纳税款(45%)	0	13 500	9 045
抵免税款	—	9 900	—
在国内纳税净额	0	3 600	9 045
国内外纳税总额	9 900	13 500	18 945
税后利润	21 000	16 500	11 055

从表 14-5 中可以看出,免税方式中企业国内外纳税总额就是企业在国外按照国外所得税税率计算的已纳税额,能够彻底避免双重征税。现实中的免税方式分为全额免税法和累进免税法,前者就是本例中的情况,而后者则是指虽然国家对居民的国外所得予以免税,但是在对居民的国内所得征税时,以国内外所得总额水平对应的较高的所得税率来课征国内所得税。目前大多数实行免税方式的国家都采用的是累进免税法。

抵免方式中企业国内外纳税总额为企业按照国内所得税税率计算得出的应纳税额,需要注意的是,绝大多数国家都规定国外已纳税额允许抵免的部分不得超过国外所得收入按照国内税率计算的应纳税额。也就是说,企业国外收入在本国应纳税净额最小为零,不能出现负值。因为负值意味着本国政府要倒贴企业国外已纳税额大于国内应纳税额的那部分税款,这样会损害本国的利益。这种抵免方式称为普通抵免或限额抵免,与此相对的是国外收入已纳税额的全额抵免,由于全额抵免容易损害本国的利益,因此事实上是不存在的。

此外从收入性质上分,抵免方式还可以分为所得抵免和股利抵免两种。所得抵免指的是本国居民直接交纳的外国所得税可以获得抵免,而股利抵免则适用于跨国公司采用股份制经营形式时,由下属海外子公司支付给上级母公司的股利的税收抵免。这是因为海外子公司支付的股利已经在国外缴纳过所得税,是税后利润的一部分,而母公司在将股利计入所得征税后就产生了股利部分的双重征税。这部分股利在国外已纳税额视为母公司间接缴纳,应该予以抵免。

减税方式由于存在着部分双重征税现象,其税后利润最低,单独采用的国家也较少,一些国家采用了抵免方式和减税方式并用的方法。

三、税收饶让和避税港

国际税务中还有以下两种情况值得跨国公司管理会计师和其他管理人员了解。

(一) 税收饶让

"税收饶让"是指通过税收协定、条约等规定,缔约国一方给予对方投资企业的税收优惠,对方政府予以承认,让企业实际真正享受到该税收优惠。税收饶让是国际税收抵免的一个特殊组成部分,是经济发达国家对本国公司在发展中国家设立的子公司所享受的税收优惠的那部分所得税,特准给予饶让,视同已纳税额而给予抵免,不再按照本国税法规定补征所得税。在投资企业的所得汇回母国缴纳企业所得税时,视同该优惠所得已按非优惠税率纳税,已缴纳税款可以抵免。

税收饶让产生于解决发达国家公司如何真正享受发展中国家政府给予的税收优惠的问题过程中。发展中国家为了吸引发达国家的投资,往往规定对某些具备规定条件的公司,在一定的期限内给予一定的减免所得税的优惠。按一般的抵免方式,发达国家对来源于国外的所得,只抵免其实际已纳所得税款,结果使得发达国家的公司因在国外未交或少交所得税而在本国仍要交纳或补交所得税,造成发达国家的政府增加了税收收入,而跨国公司实际并不能享受发展中国家政府给予的减免待遇的实惠,影响了发达国家中的跨国公司到所得税率较低或税收优惠较多的发展中国家进行投资经营的积极性。发展中国家政府旨在让与发达国家公司的税收收入,实际转移给了发达国家的政府。

采取税收饶让方式,发达国家承认其本国公司在发展中国家享受的减免税待遇,对享受的减免税款部分,视同已纳税款,与实际已纳税款一样同样准予抵免。这样将会有利于吸引发达国家的资本向发展中国家流动。税收饶让本质上是税收抵免的一种附加措施,但其在维护本国居民和法人从事跨国经营活动的积极性、保证各国税收鼓励措施正常发挥效果方面起到重要作用。

税收饶让方式需要由有关双方国家的政府签订条约或协定,其中要规定适用税收饶让的所得的项目。有些发达国家赞同税收饶让方式,如德国、法国、丹麦、日本、瑞典和英国等;有的国家则不赞成,如美国等。

税收饶让的具体实现一般出现于发展中国家与发达国家之间签订的国际税收协定当中,目前分为三种方式:差额饶让抵免、定率饶让抵免和普通饶让抵免。

差额饶让抵免是指政府对国内企业在国外按照税收协定中优惠税率缴纳的税额与按照税法规定税率计算的税额相比,以其差额视同已纳国外税款而给予抵免。也就是说国内企业虽然按照优惠税率在国外纳税,但是在国内按照外国税法规定的非优惠税率进行税额抵免,使得其在国外少纳的税额也受到了抵免待遇。

定率饶让抵免是指无论国内企业在国外得到多少税收减免的优惠政策,在国内均按照固定的抵免税率(已在双方的国际税收协定上明确该固定税率)计算允许给予的抵免额度。此时企业国内应纳所得税额按下式计算:

应纳所得税额＝应纳税所得额×(国内所得适用税率－固定饶让抵免税率)

普通饶让抵免是指国内企业在国外得到的减免税优惠,政府同意给予税收饶让,但按照两国签订的国际税收协定中规定的税种范围确定,视同已纳税额给予抵免。也就是说只要是在国际税收协定适用税种范围内,国外政府给予国内企业的税收优惠一般都可以按照实际得到的减免税数额与企业实际缴纳税额一起给予抵免。

(二) 避税港

避税港是指某些不征收所得税和一般财产税或对所得税和一般财产税实行低税率政策的国家或地区。经济发达的国家,所得税和财产税一般多采用高税率政策,这些国家的跨国公司则利用避税港来减轻或逃避税负,如它们在避税港投资设立子公司或金融机构,将其在高税率国家的营业收入设法转移到避税港的机构去实现,这样可以少纳税甚至不纳税,从而减轻税负或合法逃税。

属于避税港的国家和地区可以分为以下四类:①全无个人所得税、公司所得税、资本利得税、财产税、遗产税和赠与税等所得税和财产税,如巴哈马群岛、百慕大群岛、凯曼群岛、瑙鲁等;②以远低于国际一般水平的税率征税,如英属维尔京群岛;③对境外收入免税,对境内收入低税,如中国香港、巴拿马、哥斯达黎加等;④国家或地方政府本身存在规范的税收体制,但是给予特殊税收优惠,如巴巴多斯、牙买加、列支敦士登、澳门、摩洛哥和瑞士等。

这些避税港的共同特征是面积小、地理位置特殊、税率低、财政规模小,同时拥有其他收入来源。形成这些避税港有其历史、制度和经济上的各种原因。避税港的存在加剧了一些国家避税与反避税的矛盾。跨国公司将资金和利润转移到避税港的做法威胁到许多国家的收入,因此,各国政府都在采取反避税的措施来遏制跨国公司利用避税港的趋势,如加强反避税立法、规定跨国公司揭示相关信息、削弱银行保密制度的屏障作用、加强与其他国家税务当局之间的信息交流与合作等。

(三)中国企业享受税收优惠需有"税收饶让"配合

非洲、南美的发展中国家为吸引投资,制定了不少税收优惠政策。比如非洲多个国家对采矿、农业等行业提供了减征、免征所得税的优惠,其中苏丹对某些特定地区的战略性投资项目甚至给予10~15年免征企业所得税的税收优惠。

非洲、南美是中国企业主要对外投资地。这些国家采取的税收政策同中国改革开放初期为吸引外资采取的税收政策很相似。同当时很多外国投资者看重中国税收优惠一样,中国企业到海外投资也很看重当地的税收优惠政策。但是,中国企业要真正从这些税收优惠中获得实惠,还得有"税收饶让"规定的配合。

"税收饶让"有单边饶让和双边饶让两种。我国同一些发达国家签署的税收协定规定了单边饶让制度,即这些国家承认我国给予对方企业的税收优惠。随着我国企业对外投资的增多,近年来我国同非洲、南美一些国家签订的税收协定已经引入了双边饶让制度。

比如,我国同埃塞俄比亚签署的税收协定及议定书就规定,"产生于缔约国一方的营业利润,根据该国的法律和规章,在限定期间内被免税或减税的,则该营业利润在该国被减免的税收应在该营业利润的受益所有人为其居民的缔约国一方纳税时抵免。"例如,中国企业到埃塞俄比亚投资设立企业,该企业按照埃塞俄比亚的税收法律,享受减免税优惠,少缴税100万元。在该企业的投资所得汇回中国计算纳税时,可抵免的税额包括因税收优惠少缴的100万元。如果没有"税收饶让"的规定,该企业的投资所得汇回中国计算纳税时,因税收优惠少缴的100万元不能抵免,实际上就是在埃塞俄比亚享受了税收优惠,但在中国纳税时得补回来,中国投资者实际上等于没有享受到税收优惠。

因此,中国企业对外投资利用外国税收优惠时,要考虑中国和被投资国有没有税收协定,税收协定及议定书中有没有"税收饶让"的设计。如果没有"税收饶让"设计,则被投资国给予的税收优惠也就没有了实际意义。[①]

复习思考题

1. 各国税法税则的制定和执行中一般都遵循着怎样的原则或有哪些基本概念?
2. 各国对年度亏损在计税方面是如何规定的?
3. 简述国际上计征所得税税制的三种类型。
4. 国际双重征税会对国际资本流动带来阻碍,以及违背税负公平的原则。那么应该如何避免国际双重征税呢?
5. 什么是税收饶让?国际避税港有哪些特征?

---

① 参见2009年09月28日《中国税务报》。

本章参考文献

[1] 朱青. 国际税收[M]. 第 5 版. 北京：中国人民大学出版社，2011.

[2] 王德升，白肇鲁，阎金锷. 国际会计[M]. 北京：中国时代经济出版社，2002.

[3] Choi F D S, Meek G K. International Accounting[M]. 7th ed. Pearson Prentice Hall，2011.

[4] Hines Jr. J F. Lessons from Behavioural Responses to International Taxation[J]. National Tax Journal，1999(6).

[5] Nobes C W，Parker R H. Comparative International Accounting [M]. 10th ed. Prentice-Hall Inc.，2008.

[6] Radebaugh L H，Gray S J，Black E L. International Accounting and Multinational Enterprises[M]. 6th ed. China Machine Press，2007.

第十五章 跨国公司业绩评价

跨国公司战略目标的实现,要在管理控制和具体实施的基础上通过业绩评价来进行考核和总结。本章首先综述跨国公司常用的传统业绩评价指标,重点讨论较流行的跨国公司业绩评价系统,包括杜邦财务分析与业绩评价系统、经济增加值业绩评价系统和平衡计分卡业绩评价系统,最后概括跨国公司业绩评价指标设置中应关注的问题。

第一节 跨国公司常用业绩评价指标

一、传统的业绩评价指标

(一)利润指标

净利润指标有时也被称为净收益,这一指标一定程度上可以反映公司产品生产和市场营销等方面的工作质量,进而在一定程度上反映公司的经营管理水平。公司净利润越多,说明企业业绩越好。利润是一个总量绝对指标,不能反映公司的经营效率,缺乏公司之间的可比性。所以采用利润指标时往往同时采用销售利润率、投资报酬率等相对指标作为效率指标,这可以在一定程度上解决绝对指标存在的问题。

(二)剩余收益

剩余收益(residual income)指标是指净收益与投资成本之间的差异。这是 20 世纪 50 年代以后出现的一个衡量企业资本利用率的指标,它与一般净收益指标相比,其特点在于考虑了资本成本。计算公式为:

$$剩余收益 = 息税前利润 - 投资额 \times 资本成本$$

资本成本是根据投资的不同来源而有所区别确定的。一般来讲,如果资金是银行借入或发行债券筹集到的,借款或债券的利率就是资本成本;如果资金是以发行股票方式筹集的,就应当以股东所要求的投资报酬率作为资本成本。剩余收益与投资分析中的净现值法相似,只不过剩余收益未考虑货币的时间价值。确定所用的最低投资报酬率是使用剩余收益进行评价的关键。为此,在确定最低投资报酬率时,可参照内含报酬率,即计算平均的内含报酬等。以剩余收益作为评价公司经营业绩的尺度时,只要投资的收益率大于资本成本,该项投资便是可行的。不过,剩余收益仍是一个绝对值指标,在可比性方面有一定的局限性。

(三)营业现金流量

营业现金流量是指公司正常经营活动所产生的现金流入量与现金流出量。现金流量结合利润指标可以用来评价企业业绩,现金净流入量可以用来评价企业支付债务利息、支付股利的能力及偿还债务的能力。由于现金流量同净收益相比受权责发生制的影响较小,因而有助于理解企业经营活动持续稳定发展的现状和潜力。但单独的营业现金流量并不能反映企业业绩的全貌,也不能借以可靠预测将来的业绩。

(四) 企业的市场价值

从理论上说,一个企业经营业绩的好坏可以通过该企业市场价值的升降反映出来。一般来说,在一个有序和有效的证券市场中,投资者对企业业绩的评价可以反映在股票价格中,市场价格的变化可以是企业业绩的一个恰当的指示器。但是用市场价值评价企业业绩不可避免要受市场众多因素的影响,其中的很多因素都是企业不可控的。所以企业的市场价值是一个理论上正确、实务中较难操作的指标。

(五) 关键业绩指标

关键业绩指标(key performance indicators,KPI)是在企业若干业绩指标中最能反映企业业绩的重要指标,这些指标决定着企业业绩的高低,成为评价企业业绩的关键。确定关键业绩指标要通过对组织内部各流程的输入端、输出端的关键参数进行设置、取样、计算和分析,找出起决定作用的关键指标,把企业的战略目标分解为可操作的具体目标,成为企业绩效管理系统的基础,据此衡量企业绩效。

以上叙述的几个有代表性的传统业绩评价指标可以在一定程度上从不同角度反映企业的经营业绩,基本满足了企业大规模、多元化、跨国家发展后对其业绩评价的需要。但传统的业绩评价指标也有明显的缺陷,主要表现为:比较注重当期经营效果,容易使公司追求眼前利益产生短期行为;传统的业绩评价指标的预测能力较差,而对经营业绩的评价不仅要看已经发生的经济活动,而且要看未来的发展潜力,因为这直接影响到股东财富的增值;这些业绩指标容易被操纵,造成企业业绩良好的假象。

二、杜邦财务分析与业绩评价系统

美国杜邦公司在 20 世纪初兼并了几家企业后,认识到资源在不同部门之间的合理流动和分配是公司正常运转的基础,相关的投资决策和业绩考核变得十分重要。为此,杜邦公司开始使用投资报酬率指标,并逐步形成了著名的杜邦财务分析指标体系。这种财务分析方法和业绩评价体系从评价企业业绩中最具综合性和代表性的指标——净资产收益率出发,将其逐级分解为多项财务比率的乘积,层层分解至企业最基本生产要素的使用,成本与费用的构成和企业风险,从而满足经营者通过财务分析进行业绩评价的需要,在经营过程中如果发现净资产收益率非正常变动时能及时查明原因并对经营活动加以调整。

杜邦财务分析指标体系的计算公式如下:

$$净资产收益率 = 净利 \div 净资产 = 总资产收益率 \times 权益乘数$$

$$总资产净利润率 = 销售净利率 \times 总资产周转率$$

$$权益乘数 = 1 \div (1 - 资产负债率)$$

$$资产负债率 = 负债总额 \div 资产总额$$

$$销售净利率 = 净利 \div 销售收入$$

$$总资产周转率 = 销售收入 \div 资产总额$$

$$净利 = 销售收入 - 全部成本 + 其他利润 - 所得税$$

全部成本 ＝ 制造成本 ＋ 管理费用 ＋ 销售费用 ＋ 财务费用
资产总额 ＝ 长期资产 ＋ 流动资产
流动资产 ＝ 现金及有价证券 ＋ 应收账款 ＋ 存货 ＋ 其他流动资产

这些计算公式相互之间构成的指标体系关系如图 15-1 所示。

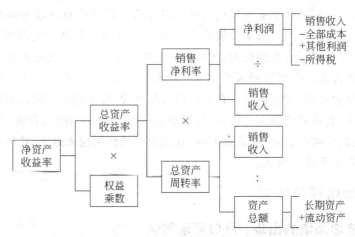

图 15-1　杜邦分析图

净资产收益率反映公司所有者权益的投资报酬率，具有很强的综合性。由公式可以看出，决定净资产收益率高低的因素有三个方面：销售净利率、总资产周转率和权益乘数。这样分解之后，可以把净资产收益率这样一项综合性指标升降的原因具体化，能提供更有价值的信息。

权益乘数主要受资产负债率影响。负债比率越大，权益乘数越高，说明企业有较高的负债程度，给企业带来较多的杠杆作用，同时也会给企业带来较多的风险。销售净利率高低的分析，需要从销售额和销售成本两个方面进行。对总资产周转率的分析，除了对资产的各构成部分从占用量上是否合理进行分析外，还可以通过对流动资产周转率、存货周转率、应收账款周转率等有关资产组成部分使用效率进行分析，以判明影响资产周转的因素及其影响程度。

杜邦财务分析指标体系是对企业财务状况进行的自上而下的综合分析。它通过几种主要的财务指标之间的关系，直观、明了地反映出企业的偿债能力、营运能力、盈利能力及其相互之间的关系，从而提供了财务分析与业绩评价的思路和途径。杜邦分析法有助于企业管理层更加清晰地看到权益资本收益率的决定因素，以及销售净利润率与总资产周转率、债务比率之间的相互关联关系，给管理层提供了一张明晰的考察公司资产管理效率和是否最大化股东投资回报的路线图。

第二次世界大战后，很多跨国公司的经营管理由集权向分权转变，净资产收益率由于计算简便而被广泛用于评价海外管理人员的业绩。净资产收益率同时也是投资报酬率，在目前仍是许多国家十分偏爱的评价公司经营业绩的指标。这一评价指标广泛流行的主要原因体现在四个方面：①净资产收益率能反映公司的综合盈利能力，还可以通过杜邦分析体系进行分解分析；②净资产收益率具有横向可比性，有利于比较海外各公司经营业绩的优劣;③净资产收益率可作为选择投资机会的依据,有利于调整资本流量和存量,为配置资源提供参考依据;④以净资产收益率作为评价海外子公司经营业绩的尺度,有利于引导公司管理行为。

从企业绩效评价的角度来看,杜邦分析法只包括财务方面的信息,具有一定的局限性,在实际运用中必须结合企业的其他信息加以分析。在评价企业过去和现在的经营成果的同时,需要关注企业创造未来价值的潜在能力,否则容易导致对短期财务结果过分重视,从而助长公司管理层的短期行为、忽略企业长期的价值创造能力的现象发生。在对企业经营业绩的评价关注内部管理水平和生产效率的同时,还要关注企业外在因素。财务指标反映的是企业过去的经营业绩,在目前的信息时代,技术创新等因素对企业经营业绩的影响越来越大,无形资产和人力资本(包括企业的专利权、商标权、商誉、员工的专业技能、员工对企业的忠诚度、客户的满意度等)在企业中的作用越来越大,这些都是在运用杜邦分析法时不能不考虑的因素。

三、经济增加值评价体系

(一)经济增加值的出现:可口可乐案例

可口可乐公司在19世纪成立之初,主要依靠独立的罐装厂来为其饮料产品进行罐装,这些罐装厂由此获得了在指定地区独家经销可口可乐产品的永久性权力。20世纪80年代,可口可乐公司考虑买下这些罐装厂。由此班纳特·思图尔特(Bennett Stewart)开始介入与可口可乐公司相关的价值评估事务,可口可乐的财务总监询问思图尔特,可口可乐公司已经为新装的罐装线安排了合适的人,那么如何来激励他们,以确保他们会尽其所能地创造出价值呢?

思图尔特深入思考这个问题之后意识到老是围绕现金流打转实际上是个错误,应该采用的是利润的概念,但这不是会计师们所谈的利润,而是经济学家所说的利润。思图尔特把它叫作经济增加值(economic value added,EVA),EVA就是减除资本成本后的利润。如果投资有好的回报,而且利润的增长超过了资本成本,EVA就会提高;反之,如果投资带来的收益无法弥补资本成本,即使会计利润看起来不错,EVA的利润也会降低。可以通过奖金的方式让罐装厂的经理们分享到他们所创造的EVA增量,这样他们就会有动力更明智地运用资产,并确保其投资增加价值。

1982年思图尔特与思滕(M. Stern)一起成立了思腾思特公司(Stern Stewart & Co.),对经济增加值指标做了进一步的完善,将EVA注册为商标,思滕思特公司专门从事推广EVA的应用和咨询服务工作,所以思滕思特公司是经济增加值(EVA)的创造者和商标持有人,是最重要的EVA推动者。

(二)经济增加值的基本概念

思图尔特和思滕将经济增加值定义为:公司经过调整的营业净利润减去其现有资产经济价值的机会成本后的余额,即在考核一个企业的收益指标时,应将该企业运用资本的资本成本考虑进去。经济增加值的基本理念是资本获得的收益至少要能补偿投资者承担的风险,也就是说,股东必须赚取至少等于资本市场上类似风险投资回报的收益率。实际上,经济增加值理念是剩余收益或经济利润理念的发展和提高。

经济增加值不仅计算债务成本,而且要计算权益成本,因此,它实际反映的是企业一定时期的经济利润。如果经济增加值为正值,则表示公司获得的收益高于为获得此项收益而投入的资本成本,即公司为股东创造了新价值。相反,若经济增加值为负值,则表示股东的财富在减少。经济增加值以公式表示如下:

$$EVA = NOPAT - k_w \times CE$$

其中,NOPAT 表示公司的税后净营业利润;k_w 表示公司的加权平均资本成本;CE 表示运用或占用的资本。

经济增加值的目的在于使公司管理者以股东价值最大化作为其行为准则。对投资者来说,企业业绩的最终表现应该是投资者投入资本的价值的增加,正确衡量投资者对企业的投入的价值成为衡量企业经营业绩的关键之一。投资者对企业的投入表现为企业资产的价值,这一价值可以用账面价值来衡量,也可以选择经济价值进行衡量。在经济增加值系统中业绩以企业现有资产经济价值的增值为衡量标准,从而消除了传统财务业绩评价体系中存在的一些弊端。

从理论上讲,经济增加值指标是剩余收益的进一步发展,在技术方法上改进了剩余收益的理念和计算,主要体现在以下几个方面:首先,在计算权益资本成本时,引进资本资产定价模型,使得权益资本成本能够直观准确地得到反映。其次,对会计数据进行调整,调整项目多达 160 多个,这样可以准确得出真正的经济收益。不过,在实际操作中,根据各公司的不同情况,一般只需进行 5~10 项重要的调整就可以达到相当的准确程度。

(三) 经济增加值的计算和调整

计算经济增加值时对会计数据进行调整的调整项目包括存货成本、重组费用、税收、营销费用、无形资产、货币贬值、坏账准备、重组费用以及商誉摊销等。由于 EVA 是思滕思特公司注册的商标,其具体的账目调整和运算目前尚未对外公开。一般来说,主要的调整包括:

(1) 研发费用资本化的调整。企业研发费用一般不予资本化,而是在发生当期作为费用处理。这样对那些研究开发费用较多的企业,在费用化时当期利润就会较小,导致了较小 EVA。随着时间的推移,企业从这些支出中获得收益,而相应的投资支出则不再考虑,导致了将来较高的 EVA。因此计算 EVA 时应对研发费用资本化。

(2) 对商誉项目的调整。商誉近似永久性的无形资产,不宜分期摊销,计算经济增加值时是不对商誉进行摊销的。对财务报表中已经进行的摊销,在调整时将以往累计摊销金额加入到资本总额中,同时把本期摊销额加回到税后净营业利润中。

(3) 对融资租赁支出的调整。许多企业融资租赁一般不计入投资成本,因此如果用报表数字计算 EVA,应将融资租赁计入投资成本。

(4) 物价变动影响的调整。如果企业处于一个通货膨胀的环境,收入和资本成本是依照最近的价值衡量,而投资成本和折旧是依照投资之初的价值衡量,这必然导致高估 EVA,解决的方法是通过计算名义资本成本率对其进行调整:

$$名义资本成本率 = (1+r) \times (1+f) - 1$$

其中:r 为实际资本成本率,f 为通货膨胀率。

第十五章 跨国公司业绩评价

(5) 折旧的调整。使用经济意义上的折旧,即考虑时间价值的折旧,可以更好地反映投资回报的经济内涵,故用时间价值对折旧进行调整。

(6) 递延税项的调整。当公司采用纳税影响会计法进行所得税会计处理时,由于税前会计利润和应纳税所得之间的时间性差额而影响的所得税金额要作为递延税项单独核算。计算经济增加值时对递延税项的调整是将递延税项的贷方余额加入到资本总额中,如果是借方余额则从资本总额中扣除。同时,当期递延税项的变化加回到税后净营业利润中。也就是说,如果本年递延税项贷方余额增加,就将增加值加到本年的税后净营业利润中,反之则从税后净营业利润中减去。

(7) 各种准备的调整。各种准备包括坏账准备、存货跌价准备、长短期投资的跌价或减值准备等。计算经济增加值时将准备金账户的余额加入资本总额之中,同时将准备金余额的当期变化加入税后净营业利润。

(四)经济增加值业绩评价体系

要正确衡量公司业绩,就必须把它和该企业为股东、社会创造的财富紧密联系起来,必须与员工的日常决策以及他们在工作过程中能影响的一些指标紧密相连,这些指标包括成本控制、生产率、供应链管理以及顾客满意度及顾客数量增长等。

经济增加值体系中常用4个M来归纳它的实质内涵,它们分别是评价指标(measurement)、管理体系(management)、激励制度(motivation)和理念体系(mindset)。这一体系中包含着业绩评价体系,与企业为股东、社会创造的财富紧密联系,因而经济增加值也是一种很好的激励制度,使管理者在为股东着想的同时也像股东一样得到报偿。

经济增加值体系中4个M的解释是:

(1) 评价指标。考核企业业绩的关键指标是要在考虑全部投入资本应得的净收益,即要在收益中扣除资本成本。经济增加值作为衡量业绩的尺度,对公司业绩可以做出较准确恰当的评价。

(2) 管理体系。经济增加值可以将企业管理的所有方面都囊括在内,包括战略目标、资源分配、年度计划的制定等,有助于促进公司树立以长期发展为本的经营战略。

(3) 激励制度。用经济增加值进行评价时,要考虑经营者所应用的资本量的大小以及使用该资本的成本大小。这样,经营者的激励指标就与投资者的动机(财产增值)联系起来。可以使所有者和经营者的利益取向趋于一致,促使经营者像所有者一样思考和行动。

(4) 理念体系。经济增加值是一套理念体系,试图将股东、经理和员工在利益一致的激励下,用团队精神大力开发企业潜能,最大限度地调动各种力量,形成一种人人关心经济增加值的奋斗气势,共同努力提高效率,降低成本,减少浪费,提高资本运营能力,创造最大价值。

经济增加值的评价体系和激励制度是通过奖励计划和"内部杠杆收购"计划来实现的。经济增加值奖励计划能够让员工像股东一样得到报酬,而"内部杠杆收购"计划试图实现员工对企业的真正所有。在经济增加值奖励制度之下,管理人员为自身谋取更多利益的唯一途径就是为股东创造更大的财富,管理人员创造的经济增加值越多,就可以得到越多的奖励;同时,管理人员得到的奖励越多,股东将越高兴。因为经济增加值的奖金没有上限,管理人员更有动力做长远打算,在进行投资时会重点考虑公司发展的长远利益。

发挥经济增加值业绩评价和激励机制有效性的关键是让经济增加值和相关评价指标与激励计划融入企业战略目标和管理流程中。这其中可以将股票期权计划与经济增加值评价体系结合起来。在员工报酬方案中,股票期权计划和奖金计划须达到员工承担的责任与风险、公司薪酬费用的付出及激励计划的效果之间的均衡。经济增加值可以成为联系、沟通、管理各方面要素的杠杆,它是企业各营运活动的核心。这样,管理者可以通过经济增加值评价激励体系获得回报,这种评价激励体系可以用简单有效的方式改变员工行为。

如果股票期权和奖金计划只是简单地加入到原有薪酬体系中,那么将会给股东们带来高昂费用,因为股东们要在管理者和员工拿到报酬后才能获得回报。怎样才能把引入激励机制的股东成本控制在一定范围内,同时又能使员工的风险得到补偿呢?经济增加值评价激励体系的设计思路是要解决这一问题。通过建立以业绩为基础的激励机制,管理者将会有动力去关心企业业绩及股东价值,同时对员工承担的股东风险做出补偿。

(五)经济增加值评价体系的优点与不足

总地来说,经济增加值作为一种创新的企业业绩评价体系,具有以下优点。

第一,能将股东利益与经理业绩紧密联系在一起,避免决策次优化。经济增加值考虑了权益资本成本,避免高估企业利润,能够真实反映股东财富的增加。

第二,经济增加值不仅可以用于业绩评价,而且也可以用于公司资本预算、收购、定价、激励性补偿计划等一些方面,有利于企业内部财务管理体系的协调和统一,避免财务决策与执行之间的冲突。

第三,经济增加值有利于减少传统会计指标对经济效率的扭曲,更真实地反映企业的经营业绩。由于经济增加值将权益资本成本也计入资本成本,从而能更准确地评价企业或部门的经营业绩,反映企业或部门的资产运作效率,有利于促进公司进行长期战略投资。

第四,经济增加值具有一定的前瞻性。在一定程度上能够指导企业的战略规划和经营决策,如当公司某投资项目经过调整的营业净利润大于该项投资经济价值的机会成本时,可以追加该项目的投资,扩大经营。反之,从这些项目中抽回资金。

第五,经济增加值在一定程度上起到了沟通企业和公司上下左右的文化语言作用。经济增加值的支持者们认为经济增加值是企业和公司财务经营业绩的衡量指标,是公司的管理制度和激励机制,是公司的文化语言。

经济增加值理论虽然取得了一定的成功,但其本身也有局限性,它只能解决企业业绩评价中某一方面的问题。一般认为,经济增加值业绩评价系统的不足主要体现在以下几点。

第一,经济增加值是一个绝对值,不便于不同规模企业之间业绩的比较,而且其计算较复杂,需要对财务报表进行大量调整,这在一定程度上妨碍了它的广泛应用。

第二,制度严肃性与灵活性的两难选择。经济增加值业绩评价系统一旦建立,不能随意修改;另一方面,当企业的经营环境确实发生变化后,要求对评价系统进行修改。但一旦允许灵活性,就会鼓励管理者努力修改游戏规则。分权化决策产生的背景恰恰就是瞬息万变的环境,而经济增加值业绩评价系统又是为分权化组织服务的。

第三,经济增加值不能解决不确定性条件下的业绩评价问题。首先,精确地估计资本成本是十分困难的,尤其是具有很多不同业务单位的分权化公司集团。尽管资本资产定价模型为确定资金的风险成本提供了理论框架,但是确定不同地区、不同国家各子公司或分支机构的系统风险是极为困难的,并且预期未来现金流量的估计也存在很多的不确定性。

第四,不能解决集团内部门之间存在协同性的情形下的业绩评价问题。要计算整个企业的协同效应并不困难,但要将协同效应产生的收益或成本在不同产品之间进行分配很困难。

第五,经济增加值仅对真正分权决策的公司有效。如果公司建立了EVA业绩评价系统和激励计划,但将决策权留在组织的最高层,那么经济增加值系统成效会降低。

第六,经济增加值仍然是一种单一财务指标,无法评价经理人员贯彻企业战略思想的情况,这也是EVA最关键的缺陷。信息时代的到来,无形资产的开发和利用对企业来说至关重要,各企业为了保持竞争优势,必须注重顾客满意程度,提升产品、工作与服务的品质、员工创新能力及弹性应变能力等多种成功因素。此时企业需要一套能考评企业多个指标,包括财务目标和非财务目标的执行情况的业绩评价体系。经济增加值系统对非财务资本重视不够,这在信息革命、各种技术革新和全球经济一体化的环境下,就无法全面衡量企业的业绩。

四、平衡计分卡绩效管理工具

(一)平衡计分卡的内容

平衡计分卡(balanced scorecard,BSC)是美国哈佛商学院教授罗伯特·卡普兰(Robert Kaplan)和咨询公司总裁大卫·诺顿(David Norton),在总结多家绩效测评处于领先地位公司经验的基础上,于1992年提出并推广的一种战略绩效管理工具。他们提出平衡计分卡理念的第一篇文章于1992年发表在《哈佛商业评论》上,随后又有相关的文章和书籍发表与出版。平衡计分卡逐步推广之后,世界500强企业中有80%的企业或多或少地在应用平衡计分卡绩效管理工具。

这种方法的思路是,只有量化的指标才是可以考核的,必须将要考核的指标进行量化;组织远景目标的达成要考核多方面的指标,不仅是财务要素,还应包括客户、业务流程、学习与成长。平衡计分卡中的目标和评估指标来源于组织战略,它把组织的使命和战略转化为有形的目标和衡量指标。主要包括:

(1) 客户:管理者们确认组织将要参与竞争的客户和市场部分,并将目标转换成一组指标,如市场份额、客户留住率、客户获得率、顾客满意度、顾客获利水平等。

(2) 业务流程:为吸引和留住目标市场上的客户,满足股东对财务回报的要求,管理者需关注对客户满意度和实现组织财务目标影响最大的那些内部过程,并为此设立衡量指标。在这一方面,平衡计分卡重视的不是单纯的现有经营过程的改善,而是以确认客户和股东的要求为起点、满足客户和股东要求为重点的全新的内部经营过程。

(3) 学习和成长:确认组织为了实现长期的业绩而必须进行的对未来的投资,包括对雇员的能力、组织的信息系统等方面的衡量。组织在上述各方面的成功必须转化为财务上的最终成功。产品质量、完成订单时间、生产率、新产品开发和客户满意度方面的改进只有转化为销售额的增加、经营费用的减少和资产周转率的提高,才能为组织带来利益。

(4)财务:列出组织的财务目标,并衡量战略的实施和执行是否能够为最终的经营成果的改善做出贡献。

平衡计分卡中的目标和衡量指标是相互联系的,这种联系不仅包括因果关系,而且包括结果的衡量和引起结果的过程的衡量相结合,最终反映组织战略。而平衡计分卡中的"平衡"是指在长期与短期目标之间、在外部计量(股东和客户)和关键内部计量(内部流程/学习和成长)之间、在所求的结果和这些结果的执行动因之间、在强调客观性测量和主观性测量之间四个方面保持平衡。这样,企业管理者可以计量他们的经营单位如何为现在和将来的顾客创造价值、如何建立和提高内部生产力,以及如何为改善未来经营而对人员、系统和程序进行改进。

平衡计分卡最突出的特点是将企业的远景目标和发展战略与企业的绩效评价系统联系起来,把企业的远景目标和战略转变为具体的可执行的目标和测评指标,实现战略和绩效的有机结合。平衡计分卡以企业的战略为基础,将各种衡量方法整合为一个有机的整体,它既包括财务指标,又包括非财务指标,通过客户满意度、内部流程、学习和成长等业务指标,来补充说明财务指标,这些业务指标是财务指标的驱动因素。

财务指标是企业最终的追求和目标,也是企业存在的根本物质保证;要提高企业的利润水平,必须以客户为中心,满足客户需求,提高客户满意度;要满足客户,必须加强自身建设,提高企业内部的运营效率;提高企业内部效率的前提是企业及员工的学习与创新。也就是说这四个方面构成一个循环,从四个角度解释企业在发展中所需要满足的四个因素,并通过适当的管理和评估促进企业发展。当某一个循环结束后,企业又会面临新的战略目标,开始新的创新,新的循环。平衡计分卡的内容与企业战略之间的关系如图15-2所示。

(二)平衡计分卡的特征

作为一个适应信息社会需要的新型业绩管理系统,平衡计分卡与传统的业绩管理系统相比,其特征主要体现在以下四个方面。

1. 以战略为核心

平衡计分卡业绩管理系统的产生不仅为企业提供了一种全新的业绩管理系统框架,同时也为企业的战略管理与绩效考核之间建立系统的联系提供了思路与方法。其方法主要是通过与企业关键成功因素和关键绩效指标相结合来设置业绩管理系统,描述企业的战略框架,并通过财务、客户、内部业务流程、学习与成长四方面指标之间相互作用的因果关系链来表现组织的战略管理轨迹,从而实现绩效考核与绩效改进以及战略实施与战略修正的目的。平衡计分卡把战略放在了其业绩管理过程的核心地位,通过相应绩效指标的设计与分解和绩效考核与激励将企业战略在企业各个层面进行层层落实。所以,在一定程度上讲,平衡计分卡既是一个业绩管理系统,又是一个战略管理系统。

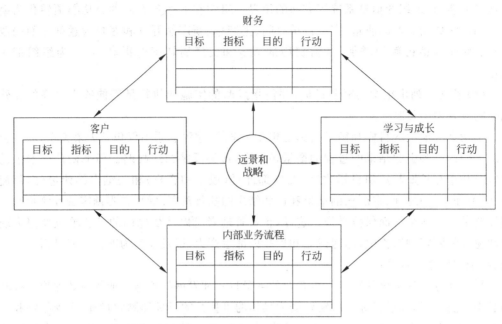

图 15-2　平衡计分卡的内容与企业战略之间的关系

2．过程管理与目标管理并重

平衡计分卡业绩管理系统的另一特征是既注重对经营目标完成程度的管理，又注重对经营目标实现过程的管理。一个良好的绩效管理系统应该是过程管理与目标管理并重。平衡计分卡业绩管理系统一方面通过财务方面的指标来对企业目标完成程度进行管理；另一方面则以目标实现过程中的因果关系链为基础分别设置客户、内部业务流程和学习与成长等三方面非财务指标来对企业目标完成过程进行管理，进而达到过程管理与目标管理并重的效果。

3．财务指标与非财务指标并存

平衡计分卡业绩管理系统在吸收原有业绩管理系统的优点的基础上又增加了客户、内部业务流程及学习与成长等非财务指标来补充财务指标以弥补其不足。财务与非财务指标的并存有助于企业一方面通过财务视角保持对企业短期业绩的关注；另一方面可以通过非财务视角明确揭示企业如何实现其长期的战略发展目标，并且在对非财务信息的分析过程中，企业也可以借此找出财务表现的根源。而且由于这些财务与非财务的考核指标都来源于企业的战略目标，是对它们自上而下进行分解的结果，因此它们之间可以共同作为公司未来财务绩效的驱动器。

4．短期目标与长期目标平衡

平衡计分卡业绩管理系统使用非财务指标和因果关系链，能够帮助企业寻找导致其成功的关键因素和相应的关键绩效指标，在此基础上确定企业可付诸行动的长期战略目标，使其不脱离实际，具有可行性，再通过因果关系链将长期目标层层分解为短期目标，使其不偏离长期目标。这样当企业实现了经过自上而下分解的短期目标时，实质上也是向企业长期战略目标靠近了一步。因此可以说，平衡计分卡业绩管理系统克服了单一财务指标的短期性和片面性,达到了兼顾短期和长期目标的目的,保持了两者之间的平衡。

(三) 实施平衡计分卡的十大问题

美国管理咨询顾问保罗·尼文(Paul Niven)被卡普兰教授评价为"是少数可以介绍如何在企业组织中实施平衡计分卡的人士之一"。尼文根据自己多年实施平衡计分卡的经验总结出实施平衡计分卡中会遇到的十大问题。这十大问题概括如下[①]。

1. 与管理程序之间缺乏成熟的联系

成功的平衡计分卡体系需要从评价系统到战略管理系统之间完成一次自然的渐进式过渡。通过将平衡计分卡纳入预算、报酬等管理体系,组织可以充分发掘这种动态管理模式的潜能,但盲目加快其中的步骤则是不成熟的做法。例如,当平衡计分卡指标与报酬挂钩时,员工的关注点被有效提高了,但过于匆忙实施可能导致管理层做出不当决策;对于全新指标而言,目标过高不现实,目标过低又不利于激发员工取得突破性的绩效。所以,恰当地设计平衡计分卡,而不是一味归咎于平衡计分卡的内在缺陷,才能有效地利用这一工具促进组织变革。

2. 平衡计分卡的使用缺乏层次

企业组织要在所有层次上分级使用平衡计分卡,才能使每一个员工都清楚地了解自己对组织整体成功所做出的贡献,实现真正意义上的协调。例如,有些小规模的公司或者企业的业务经营部门,只需要一个平衡计分卡就足以对全体员工绩效进行有效管理;但具备一定规模的企业组织,就必须从上到下分级采用平衡计分卡,才能取得预期效果。

3. 术语问题

使用平衡计分卡的企业需要各种指标指导组织内部的变革,在这种情况下,确保大家有共同的语言尤为重要。因为要将战略转化为各种指标就已经很困难了,如果术语的不一致再使人产生误解的话,会严重影响组织的变革速度和效率。

4. 没有新指标

在使用平衡计分卡时,通常是全新的,甚至是"缺失指标"与其他的指标综合使用,这才更能体现平衡计分卡的内在价值。在大多数情况下,需要补充新的、创新性指标才能确保战略的实施。纯粹照搬原有的绩效指标来设计平衡计分卡,所得到的结果势必和原来的一样,这是对平衡计分卡使用的误解。

5. 一贯的管理模式

平衡计分卡作为企业组织平衡的新范式,不仅平衡内外部利益相关者的需要、短期机会和长期价值创造的关系,绩效的滞后指标和前置指标的关系,还平衡财务指标和非财务指标的关系。有效地使用平衡计分卡,就要实实在在地开发并投身于与平衡计分卡内在整体目标相一致的管理流程,防止奖励行为与评价标准之间的失衡。

6. 时间间隔

时间间隔的长短都可能带来平衡计分卡问题。企业不必等到所有的指标都成熟后、所有数据来源都稳定后、所有的资料都获得后才开发平衡计分卡,这样会丧失很多机会,

---

[①] P.尼文.平衡计分卡——战略经营时代的管理系统[M].胡玉明,等,译.北京:中国财经出版社,2003:301-306.

坐失光阴。只要获得一些关键绩效指标,就可以开始实施平衡计分卡,对其结果的讨论,其价值不会低于一个完整的平衡计分卡。反之,企业试图在极短的时间内构建平衡计分卡并投入使用也是不现实的,即使聘请了咨询专家也不可能。因为要构建一个综合各种因果关系链、联系各种不同指标以全面表述战略的平衡计分卡,不是一蹴而就的,企业只有花费了足够多的时间就相关问题进行对话和讨论,实现从理论到实践的过渡,才能取得最佳效果,同时也有助于设计各种具有创新性的新指标和解决方案。

7. 没有为平衡计分卡项目设定目标

平衡计分卡在世界各地企业中的应用所带来的效果有目共睹,但这绝不意味着高层管理团队在转向平衡计分卡后不必再设定相关目标,而仅仅以为这么做就是对的。在运用平衡计分卡之前,一定要考虑平衡计分卡在企业组织中可以解决什么问题,如果没有清晰的相关目标,平衡计分卡很容易被误解,不仅不能有效发挥其在管理上的功用,而且可能导致其惨淡收场。

8. 没有战略

平衡计分卡理论的核心正是企业组织的战略,以此指导企业组织的所有行动和决策,确保全体员工目标一致。构建平衡计分卡的过程,基于围绕激发突破性业绩的必要绩效指标进行具体而深入的论证,因此有助于企业回归其战略。没有战略,要实施某项战略管理系统几乎是不可能的,就好像无本之木,无源之水。

9. 缺乏平衡计分卡的教育和培训

在平衡计分卡的开发初期,应当有足够的时间设计一个综合的平衡计分卡培训课程,内容应包括该观念的背景、实施目标、典型问题、成功范例和项目细节等。如果没有向使用该系统的人提供有意义且具体的培训,给人们造成这一能量巨大的新绩效评价系统容易掌握的误解。那么这种错误决策的代价会很快表现出来,例如设计不佳、使用频率不高、企业组织内部协调性较差等。

10. 没有高级主管

平衡计分卡在企业组织内部分级实施过程中,来自高层的支持和指导是贯穿整个过程的红线,缺乏高层领导有力、公开的支持,整个进程很快就会停滞不前。即使开始时没有相关的教育和培训,如果有高层领导全力的支持,平衡计分卡最终还是会成功。因此,在平衡计分卡的发展过程中,高层管理者不懈的、积极的、富有见地的支持是最重要的。

(四)中外运敦豪案例[①]

中外运敦豪(DHL)实施平衡计分卡中首先提出的问题是平衡计分卡平衡什么。它的平衡理念是内部与外部的平衡、结果与动机的平衡、数量与质量的平衡、短期目标与长期目标的平衡。卡普兰和诺顿(1996)认为平衡计分卡中的四个维度"应该被看作是一种模式,而不是一种束缚"。所以各企业可以根据自己的情况确定自己企业从几个维度设置指标。中外运敦豪根据自己企业的特点将平衡计分卡的内容确定为三个维度,即财务目标、效率指标、服务质量指标。财务目标包括已获收入与预算对比、超过预算的经营利润、

---

① 根据 Kaplan 教授 2003 年 3 月 18 日在北京演讲的讲义整理。

超过90天的应收账款等,权重占40%;效率指标包括周转率、顾客保有率、每日获得业务收入、每日送货里程等,权重占30%;服务质量指标包括客户服务覆盖水平、操作业绩、服务事故与受到的表扬等,权重占30%。

中外运敦豪平衡计分卡的实施步骤包括:
(1) 确立公司的战略。
(2) 建立一个委员会促进战略的实施,并确立实现公司战略目标的各项因素。
(3) 为每项因素确立具体的标准。
(4) 为每项标准确定每月和每年的具体目标。
(5) 加强内部沟通,让各层管理人员都知道公司的战略和业绩评价指标。
(6) 在实施过程中根据管理人员的反馈不断改进平衡计分卡制度。
(7) 将报酬奖励制度与平衡计分卡挂钩。

第二节 跨国公司业绩评价实务

一、美国跨国公司业绩评价指标的选择

20世纪70年代,McInnes(1971)对30家美国跨国公司的业绩评价指标进行了调查研究,得出了以下重要结论:①在30家被调查的公司中,有19家对国内和海外的分支机构采用完全一样的评价方法来评价经营业绩;②投资报酬率是最重要的业绩评价指标;③出现差异时,跨国公司对海外分支机构倾向于使用财务技术进行分析,而对国内分支机构则使用运营控制技术进行分析。

同一时代的另两位学者Robbins和Stobaugh(1973)对近200家美国跨国公司进行研究,得出了与McInnes非常接近的结论:①海外分支机构的评价标准与国内分支机构的评价标准相同;②分支机构业绩评价中使用最多的指标是投资报酬率;③由于投资报酬率本身的局限性和计算上的困难,几乎所有跨国公司都采用了一些补充指标来评价分支机构的业绩,在这些补充指标中运用最广泛的是预算比较指标;④即使使用预算作为业绩评价的补充指标的公司,在预算中投资报酬率也是一项关键指标。

到20世纪80年代,有学者对美国跨国公司的评价系统继续做了调查研究,Morsicato(1980)调查了70家跨国公司后得出的结论是,美国跨国公司选择业绩评价指标的优先顺序是:①利润;②投资报酬率;③预算与实际利润对比。

同一时代的另一位学者Abdallah(1984)对64家跨国公司进行了调查研究,得到的结果略有不同:美国跨国公司选择业绩评价指标的优先顺序是:①预算与实际利润对比;②利润;③投资报酬率。与20世纪70年代的跨国公司相比,80年代的跨国公司显然更重视利润方面的指标,投资报酬率的地位在下降。

20世纪90年代的两项调查则得出了基本一致的结论。Hosseini和Rezaee(1990)对109家跨国公司做了调查,而Duangploy和Gray(1991)调查了111家跨国公司,这两次调查的结论都表明,利润指标被跨国公司排在了最重要的位置,接下来的排序是预算与实际利润对比排在第二位,而投资报酬率排在第三位。可见在20世纪90年代,跨国公司对业

绩评价指标的认识基本上趋于一致,他们都非常重视公司的盈利能力。

二、英国跨国公司业绩评价指标的选择

有关英国跨国公司业绩评价指标的调研也有很多,在此介绍两次较重要的调研结果。Demirag(1988)调查了105家英国跨国公司,其调查结果见表15-1。

表15-1　　　　　　　　英国跨国公司业绩评价指标排序

评价指标	排序	评价指标	排序
预算与实际利润对比	1	子公司潜在现金流量	4
投资报酬率	2	利润	5
预算与实际投资回报率对比	3		

Appleyard(1990)调查了11家英国跨国公司的业绩评价情况,发现英国公司倾向于使用预算与实际对比指标,另一个重要的评价指标则是投资报酬率。

Demirag与Appleyard的调查结果基本相同,英国公司业绩评价指标的选择是比较稳定的,一贯比较重视预算的作用,表现出对计划控制的依赖,也说明公司在管理过程中倾向于对未来发展趋势做出较准确的预先判断。

三、日本跨国公司业绩评价指标的选择

同样有一些针对日本跨国公司业绩评价指标的调研,表15-2给出了其中比较重要的两次调研结果。

表15-2　　　　　　　　日本跨国公司评价指标排序

评价指标	排序		评价指标	排序	
	B & A	S C K N		B & A	S C K N
销售额	1	1	销售利润	4	3
净利润	2	2	可控利润	5	5
生产成本	3	4			

表中B & A是Bailes和Assada(1991)调查了256家日本跨国公司得出的结论,SCKN是Shields、Chow、Kato和Nakagawa(1991)合作调查得出的。虽然两项调查中评价指标的排序略有不同,但最重要的指标都是销售额,说明日本公司重视扩大销售量,抢占市场份额。另外,生产成本也进入了评价指标,显示日本公司有着强烈的资源意识,即要利用尽可能少的资源来生产出大量的产品。选择这些十分不同的指标是与日本独特的经济结构和资源状况密不可分的。

第三节　跨国公司业绩评价指标设置中的主要问题

为了正确设置业绩评价指标,使其发挥应有的作用,需要了解影响业绩评价指标的因素,解决其面对的主要问题。跨国公司业绩评价系统是跨国公司管理控制系统的组成部

分,它与跨国公司内部的其他系统发生联系,产生相互影响,而且它还受到跨国公司外部的多种环境因素的影响。因此在业绩评价指标设计和运用过程中,需要使业绩评价系统与公司内部的其他系统相互协调,同时还要使其与公司的外部经营环境相适应。

跨国公司的内部因素是随着跨国公司的建立和发展而产生的,包括跨国公司的组织结构、筹资安排、产品特征、激励系统、公司文化等方面,这些因素是公司管理者可以控制的,有许多因素是可以改变的,因此公司的管理者需要采取积极的态度,使业绩评价系统与这些因素相协调、相配合,共同实现公司的总体战略目标。

跨国公司业绩评价指标的外部影响因素是跨国公司生存和发展所必须依赖的环境因素,只有适应了这些因素的要求,跨国公司才有可能生存,否则就会被淘汰。这些因素包括通货膨胀、外币汇率、国际税收、国家风险、文化差异等。

跨国公司业绩评价指标设置中应关注的问题可以概括如下。

一、跨国公司组织结构的影响

跨国公司组织结构对业绩评价系统的影响主要表现在:集权模式和分权模式,内部组织结构的具体形式等。集权模式下的评价指标倾向于详细、具体和严格;分权模式下的评价指标则可以粗略、概括和宽松。内部组织结构的不同设置使得各部门、各基层单位的职责任务会有所不同,因而需要用不同的指标进行评价。

二、跨国公司筹资安排的影响

跨国公司筹资安排会对业绩评价产生影响。一般情况下,权益性和债务性财务安排往往由公司总部进行总体控制,在各经营单位之间进行资金运作的统一安排也是常见现象,这样,各经营单位的各项财务指标会受到一定程度的影响,这种影响有时会歪曲该经营单位真正的业绩,这不是各经营单位正常经营活动的反映。为减少这种影响,有的跨国公司以统一的平均资本成本水平结合该经营单位的风险进行适当调整后的假计利率来对该经营单位所使用的资金进行计息,以此作为采用经济增加值指标的条件。这样可以较真实地反映经营单位的实际业绩。以荷兰为总部的菲利普公司就在全球范围内使用假计利率以消除财务安排对业绩评价的影响。

三、产品特征对业绩评价指标的影响

跨国公司所涉及的产品领域非常广泛,每个产品的寿命周期特征会各不相同,这些都对跨国公司业绩评价系统产生很大的影响。随着产品寿命周期的不同,评价经营单位的标准也会有所变化。当产品处于试销投放期时,评价重点应放在这种产品是不是填补了市场的空白,有没有较大的市场增长空间;在产品处于增长期,评价经营单位的重点是市场份额增长的幅度;在产品处于成熟期,评价的重点是市场份额占有的大小,以及现金流量、产品质量稳定性水平、售后服务水平等指标;在产品衰退期,关注的焦点则是现金流量情况。可见,对经营单位进行评价时应联系其经营的产品所具有的不同寿命周期特征,选用不同的标准来研判其运作状况的好坏。

四、通货膨胀的影响

当今世界各国都避免不了通货膨胀的影响,跨国公司的管理和经营同样也受到通货膨胀的影响。由于跨国公司经营涉及的地区和国家很多,各国各地的通货膨胀率又极不相同,对跨国公司各地的经营活动及整体战略的影响也不一样,跨国公司业绩评价系统同样也受到通货膨胀影响,这种影响主要体现在评价指标的设计上。用当地的货币计量,应当扣除子公司管理人员无法直接控制的价格变动因素之后,来评价管理者的经营业绩,这样评价被认为是比较理想的,但是这样评价一般是难以实现的,完全排除价格变动影响的评价往往是不可能做到的。

如果外国子公司所在国的货币是稳定的,使用当地货币和使用母公司货币进行评价都是有意义的。当币值不稳定的时候,如果使用当地货币计量就会产生一些非经营因素引起的损益。币值波动较大时,会使子公司的经营结果产生较大的脱离预算的差异,而且使得以不同币值进行计量的各个子公司之间的业绩比较失去意义。

解决的办法之一是使用物价变动会计模式提供的财务报告来计算各种财务评价指标。但这种办法得到的各种评价指标数值往往是依据单个子公司或分公司的报表计算出来的,很难满足跨国公司总体战略分析、战略决策及资源配置的信息要求。另一种办法是选择受通货膨胀影响小的指标来评价子公司或国外经营单位。非财务指标也是在通货膨胀环境中评价子公司或国外经营单位的较好选择。非财务指标包括生产率、市场份额等,它们对正确的战略分析有很大的帮助。

评价经理人员反通货膨胀的能力也是一种评价思路。通货膨胀对跨国公司的经营会造成重大影响,将通货膨胀的不利影响降低至最低的限度,是衡量经理人员工作业绩的重要方面。可以增加一些可控预算指标,如在高通货膨胀环境下,货币贬值迅速,此时持有货币性资产会产生购买力损失,而持有货币性负债则会产生购买力利得,因此就要求经理人员必须合理安排资产和负债结构。若经理人员在营运资金方面有较大的决策权,可以增设"购买力损益"这一指标来评价经理人员在资产和负债安排上的有效性。

五、货币汇率的影响

国外子公司的会计记录和报表一般都是使用当地的货币作为计量单位,向母公司进行报告时需要将这些外币财务报表折算成母公司本国货币。那么评价国外子公司业绩时应当用什么货币计量的结果呢?

按照已有的理论,按地域的标准来划分,关于跨国公司业绩评价中使用什么货币有三种观点。第一种是母公司货币观,即以母公司所在国的货币作为基本货币,进行投资决策分析和业绩评价。由于母公司的股东大多数是母公司所在国居民,他们会自然接受用母公司货币评价的结果。第二种是当地货币观,当各子公司或分公司独立性较大,经营主要受当地环境影响,此时应当采取子公司当地货币观进行评价。第三种是第三国货币观,这是指跨国公司采用母公司和子公司所在国以外的第三国货币作为决策分析的依据。这往往是由于第三国的货币对跨国公司的经营活动影响较大,比如主要产品市场均使用第三国货币计价,主要原材料均从第三国进口等,此时用第三国货币进行业绩评价比较有意义。

实务中较常见的是母公司货币观。为了准备用母公司货币计量的报表，以外币计量的所有数据都必须要转换成母公司的货币。这是一个计量转换的过程，它要改变计量的单位，进行外币报表折算。外币折算后可以使整个集团公司内各子公司和分支机构的报表与合并报表使用统一的计量单位，具有可比性。

在折算中的关键问题就是关于折算汇率的选择。选择不同的折算汇率进行报表折算对经营业绩有着不同的影响，在子公司业绩评价中应将汇率变动因素排除，因为汇率变动属于子公司管理人员不可控的因素。从目前通行的国际惯例来看，各国财务会计准则中涉及外币折算问题时，一般规定要使用期末汇率来进行资产负债表的折算，使用本年的平均汇率来进行利润表的折算，即外币折算实务以现行汇率法为主。跨国公司对外报告使用的折算方法与它们内部报告使用的折算方法是相同的，对子公司以及其管理者的评价都使用相同的折算办法。现行汇率法是对业绩评价影响较小的一种折算方法，它基本上保持了原币反映出的经营业绩。若采用多种汇率法进行折算，则会给业绩评价带来一定困难。

六、国家风险问题

跨国公司的经营活动往往遍及多个国家和地区，管理者必须对东道国的政治、经济、社会等方面的风险做出判断，避免跨国公司可能遭受的损失。拉丁美洲由债务危机引发的社会危机、非洲国家不稳定的政治经济状况、东南亚国家曾出现过的金融危机等都使一些跨国公司的经营者失去了对自己经营结果的控制。因此跨国公司业绩评价系统中，需要考虑国家风险的因素。在衡量国外子公司资本回报水平时，要随着地区及国家风险水平的变化进行适当调整。国外子公司管理人员对国家风险引起的损失原则上是不负责任的。但是，对管理人员综合能力的评价可以包括与国家风险相联系的内容，如分析他们所提供的有关国家风险方面信息的准确性、及时性，以及对风险水平判断的正确性；当风险发生时，观察他们应对风险的能力及处理结果的恰当性。在业绩评价系统中考虑国家风险是业绩评价系统发展的趋势，对国家风险给予足够的重视，是跨国公司业绩评价系统成熟完善所必不可少的一个环节。

七、是否将管理者的业绩与子公司业绩分离

跨国公司总部通常从全球角度来分配资源及相应地制定内部转移价格，其目的是实现整个公司的利润最大化和集团内资金的正常流动。因此理论上和实务中都提出了是否要区分子公司管理者和子公司本身的业绩。在评价各个国外子公司的管理者的业绩时必须要首先考虑所有分配到他们运营中的资源的可控情况。在评价管理者的业绩时应当和评价作为一个投资对象的子公司的业绩区分开。对管理者的评价可能涉及一些比较主观的内容，比如考虑到子公司的特点、环境的特点、当地政府的行为以及被评价管理者的一些特别目标等。

从理论上说，由于不可控原因造成的子公司业绩较差不应据此认为管理者业绩较差，子公司业绩出众，也不能证明其管理人员的工作就非常出色，子公司业绩的好坏受到管理

者管理水平的影响,但二者之间的关系不是简单的一一对应关系。例如在某种产品需求大于供给的情况下,产品的价格会随着市场的行情上涨,国外子公司因此会获得迅速的发展,这主要是由于市场需求拉动造成的。同样,子公司在遭遇低潮的时候,也不能就由此断定管理人员的工作出现了问题,在管理人员控制能力之外的因素会对子公司经营结果造成十分不利的影响。如果管理者要承担他们可以控制的结果之外的责任,就会导致他们采取不符合总部目标的行动。

但在实际中很少有跨国公司进行这样的区分。在美国的一次调查中显示,跨国公司用来评价管理者和子公司业绩的财务指标是完全相同的,[1]如利润指标、投资回报率指标、预算与实际利润对比结果等。责任报告作为一种会计系统,可以用来追踪成本、收入、资产和负债并且最终找到对其负责的管理者。这样在业绩评价体系设计中要充分考虑这一因素。

八、是否将国外的子公司看作是利润中心

将国外子公司看作是利润中心的话,这些利润中心分布在各个具有不同环境的国家中,它们在具有不同的通货膨胀率,不同的经济、政治、文化及技术的条件下进行运营。利润中心的概念在外国子公司的应用中有时不像在本国子公司中的应用那样有用,所以它并非一种非常成功的业绩评价工具。跨国公司有一个全球的经营目标,在这样的环境下确认各个子公司的确切贡献往往是困难的。子公司的管理者不直接对子公司的所有行为负责,虽然一些控制权是下放的,但是一些影响整个跨国公司和个别子公司利润的主要决策还是由总部来制定的。

跨国公司的内部转移价格政策是一个重要的方面。内部定价在国内的利润中心之间时比较容易考虑各个分支机构的公平问题。然而国际上各个子公司的内部转移价格的制定要考虑到很多的因素,因此有时并不可能实现公平。

虽然存在着各种问题,跨国公司一般地还是将各国的子公司看作是利润中心。跨国公司的集中控制使得对当地管理者的业绩评价和对子公司资源运用情况的评价产生困难,因为这些管理者不能做出影响其运营结果的重要决策。这是跨国经营业绩评价中需特别考虑之处。

九、不可控因素对正确评价的影响

跨国公司母公司和子公司在经营过程中总是会遇到众多不可控因素,这些不可控因素既可能来自跨国公司外部,也可能来自跨国公司的内部。有些不可控因素已反映在前述的某些因素中,如通货膨胀、货币汇率、国家风险等,此外还有其他许多不可控因素,如国家税收政策、银行利率政策的调整,消费者偏好和购买力的改变,战争、自然灾害的发生,新技术的发展和劳动力市场供求关系的变化,职工的流动性增大、能力素质下降,集团内部各单位之间业务出现矛盾和脱节等。

在进行业绩评价时应当剔除这些不可控因素的影响,以增进评价结果公平性。但实

---

[1] 米勒,热农,米克.国际会计学[M].北京:机械工业出版社,1998:169,170.

务中这种剔除往往很难做到,而另一方面有些不可控因素还应当列入业绩评价过程之中,应当考察发生不利影响时,管理人员是否能较早地预见到情况的发生,是不是及时采取了应对措施,应对措施是否得当,收效如何,能不能有效控制不利影响的范围和程度等。从这一角度看,业绩评价系统应当包括评价管理人员积极主动应对外部不利影响的指标。所以实务中在评价系统中应当剔除哪些不可控因素、保留哪些是需要认真权衡的。

不可控因素的影响是不可避免的,只有针对不同的业绩评价对象采取不同的评价策略,才能正确、公正地评价跨国公司各经营单位的真实经营业绩,也才能得出符合实际情况的评价结果,从而使业绩评价系统在保证跨国公司实现战略目标、完成经营计划方面发挥作用。

十、关于关键业绩指标

目前国内外都有关键业绩指标评价体系的推介活动,它也被认为是一套业绩评价系统。关键业绩指标是通过对组织内部某个流程的输入端、输出端的关键参数进行设置、取样、计算、分析,据此衡量流程绩效的一种目标式量化管理指标,试图把企业的战略目标分解为可操作的具体目标,成为企业绩效管理系统的基础。建立明确的切实可行的关键业绩指标体系是做好绩效管理的关键。

一般认为关键业绩指标符合一个重要的管理原理——"二八原理"。在一个企业的价值创造过程中,存在着一种"20/80"规律,即 20% 的骨干人员创造企业 80% 的价值;而从每一位员工来看,80% 的工作任务是由 20% 的关键行为完成的。因此,必须抓住 20% 的关键行为,对之进行分析和衡量,这样就能抓住业绩评价的重心。实施中的难点在于关键业绩指标本身的确定。

建立关键业绩指标的要点是首先明确企业的战略目标,找出企业的业务重点,再找出这些关键业务领域的关键业绩指标,此为企业级关键业绩指标。接下来,各部门的主管需要依据企业级关键业绩指标建立部门级关键业绩指标,并对相应部门的关键业绩指标进行分解,确定相关的要素目标,分析绩效驱动因素(技术、组织、人),确定实现目标的工作流程,分解出各部门级的关键业绩指标,以便确定评价指标体系。然后,各部门再将关键业绩指标进一步细分,分解为更细的关键业绩指标及各职位的业绩衡量指标。这些业绩衡量指标就是员工考核的要素和依据。

指标体系确立之后,还需要设定评价标准。一般来说,指标指的是从哪些方面衡量或评价工作,解决"评价什么"的问题;而标准指的是在各个指标上分别应该达到什么样的水平,解决"被评价者怎样做,做多少"的问题。善用关键业绩指标考评企业和员工,将有助于企业组织结构集成化,提高企业的效率,实现企业战略目标。

复习思考题

1. 杜邦财务分析与业绩评价系统的产生背景和主要内容是什么?利用该系统如何进行业绩评价?它是跨国公司的一种有效业绩评价系统吗?

2. 经济增加值业绩评价系统的基本理念是什么?如何理解 EVA 体系中的 4 个 M?如

何发挥 EVA 业绩评价和激励机制的作用？经济增加值业绩评价体系有哪些优点与不足？

3. 平衡计分卡业绩评价系统的内容主要包括哪些？最突出的特点和特征是什么？实施平衡计分卡中会遇到哪些问题？

4. 跨国公司业绩评价指标设置中应关注哪些问题？

5. 是否应将管理者的业绩与子公司业绩分离？如何处理不可控因素对正确业绩评价的影响？

6. 什么是关键业绩指标？它与平衡计分卡能联系起来吗？

本章参考文献

[1] P. 尼文. 平衡计分卡——战略经营时代的管理系统[M]. 胡玉明,等,译. 北京：中国财经出版社,2003.

[2] 尚志强. 跨国公司业绩评价系统[M]. 上海：上海财经大学出版社,1998.

[3] Abdallah W M. Internal Accountability: An International Emphasis[M]. UMI Research Press,1984.

[4] Appleyard A R, Strong N C, Walton P J. Budgetary Control of Foreign Subsidiaries[J]. Management Accounting (UK),1990(9).

[5] Bailes J C, Assada T. Empirical Differences between Japanese and American Budget and Performance Evaluation Systems[J]. The International Journal of Accounting,1991,26(2).

[6] Demirag I S, Assessing Foreign Subsidiary Performance: the Currency Choice of U. K. MNCs[J]. The Journal of International Business Studies,1988,Summer.

[7] Duangploy O, Gray D. An Empirical Analysis of Current U. S. Practice in Evaluating and Controlling Overseas Operations[J]. Accounting and Business Research,1991(21).

[8] Hosseini A, Rezaee Z. Impact of SFAS No. 52 on Performance Measures of Multinationals[J]. The International Journal of Accounting,1990(25).

[9] Kaplan R S, Norton D P. The Balanced Scorecard: Measures that Drive Performance[J]. Harvard Business Review,1992,January-February.

[10] Kaplan R S, Norton D P. The Balanced Scorecard[M]. Harvard Business School Press, 1996.

[11] Mcinnes J M. Financial Control Systems for Multinational Operations: An Empirical Investigation[J]. The Journal of International Business Studies, 1971, Fall.

[12] Morsicato H G. Currency Translation and Performance Evaluation in Multinationals[M]. UMI Research Press, 1980.

[13] Robbins S M, Stobaugh R B. Money in the Multinational Enterprise: A Study in Financial Policy[M]. New York: Basic Books, 1973.

[14] Shields M, Chow C W, Kato Y, et al. Management Accounting Practices in the U. S. and Japan: Comparative Survey Findings and Research Implications[J]. Journal of International Financial Management and Accounting, 1991, 3(1).

教师服务

感谢您选用清华大学出版社的教材！为了更好地服务教学，我们为授课教师提供本书的教学辅助资源，以及本学科重点教材信息。请您扫码获取。

》 教辅获取

本书教辅资源，授课教师扫码获取

》 样书赠送

会计学类重点教材，教师扫码获取样书

清华大学出版社

E-mail: tupfuwu@163.com
电话：010-83470332 / 83470142
地址：北京市海淀区双清路学研大厦 B 座 509

网址：http://www.tup.com.cn/
传真：8610-83470107
邮编：100084